中国红十字运动史料选编·常州专辑二

（第十六辑）上

江　华　张　涛　主编

合肥工業大學出版社

图书在版编目(CIP)数据

中国红十字运动史料选编. 第十六辑,常州专辑. 二/江华,张涛主编. —合肥:合肥工业大学出版社,2020. 11

ISBN 978-7-5650-5073-2

Ⅰ. ①中… Ⅱ. ①江…②张… Ⅲ. ①红十字会—史料—常州 Ⅳ. ①D632. 1

中国版本图书馆 CIP 数据核字(2020)第 233044 号

中国红十字运动史料选编·常州专辑二(第十六辑)

江 华 张 涛 主编

责任编辑 章 建
出版发行 合肥工业大学出版社
地　　址 (230009)合肥市屯溪路 193 号
网　　址 www. hfutpress. com. cn
电　　话 总　编　室:0551-62903038
市场营销中心:0551-62903198
开　　本 710 毫米×1010 毫米 1/16
印　　张 34. 5
字　　数 595 千字
版　　次 2020 年 11 月第 1 版
印　　次 2020 年 12 月第 1 次印刷
印　　刷 安徽昶颉包装印务有限责任公司
书　　号 ISBN 978-7-5650-5073-2
定　　价 118. 00 元

《红十字文化丛书》编辑委员会

《中国红十字运动史料选编·常州专辑二》编辑委员会

总　　序

150 年前，高举人道主义旗帜，旨在促进人类持久和平的红十字运动在欧洲兴起并迅速走向世界。100 多年来，红十字会为世界和平与发展做出的巨大贡献有目共睹，因而日益受到世界各国、各地区的欢迎，已发展成为与联合国、奥委会并称的世界三大国际组织之一。究其原因，乃其所奉行的七项基本原则——也是红十字文化的内核——涵盖了世界上各种不同文化的共同点，能为文化和制度不同的国家所接受，故而具有强大的生命力。

100 年前，红十字运动东渐登陆中国。在其中国化的发展过程中，红十字会不断吸取中国传统文化的精髓，茁壮成长，逐步形成了“人道、博爱、奉献”的文化内涵，并成为中华文化的瑰宝之一。

百余年来，红十字运动在波澜壮阔的实践中积累了丰富的经验，也留下了许多教训。经验与教训需要上升为理论，也只有理论才能更好地指导红十字事业持续、健康发展。学界、业界对此都进行了持续的关注。

2005 年 12 月 7 日，苏州大学社会学院与苏州市红十字会携手合作，成立全国首家红十字运动研究中心，旨在通过学界和业界的联合，推动和加强红十字运动的理论研究，探究红十字运动中国化的过程与特色，凝练红十字文化价值，探求红十字运动在构建国家软实力和促进中华民族伟大复兴中的地位与作用。同年 12 月 9 日，中国红十字会总会也提出，“确定一批研究课题，组织专家学者开展对国际红十字运动及中国红十字运动的深入研究”①。由此，学界、业界共同开展了对红十字运动

① 中国红十字会总会：《关于加强和改进宣传工作的意见》，红总字〔2005〕19 号。

的学术研究与理论探讨。

多年来，红十字运动研究中心除通过专业网站（http://www.hszyj.net）发布和交流学界、业界动态外，已出版研究成果数十部；帮助一些地方红十字会建立与高校的合作，搭建平台，共同开展研究；举办了首届红十字运动与慈善文化国际学术研讨会；培养了一批专门研究红十字运动的生力军；积累了大量的学术资料。中心主要研究人员还借助在各地讲学的机会，传播重视红十字运动研究的理念。正是在红十字运动研究中心的引领之下，红十字运动研究在中华大地上呈现出生机勃勃的发展态势，并取得了丰硕的成果，“新红学”① 呼之欲出。仅以2011年为例，各地以纪念辛亥革命100周年为契机，纷纷整理、编辑出版了地方红会百年史；有的红会还与高校合作组建相关研究中心，等等②。这些方式有力地推动了红十字运动研究向更深更广的方向发展。

当今世界正处于大发展大变革大调整时期，多极化、经济全球化深入发展，科学技术日新月异，各种思想文化交流交融交锋更加频繁，文化在综合国力竞争中的地位和作用更加凸显。2011年10月18日，党的十七届六中全会通过的《中共中央关于深化文化体制改革推动社会主义文化大发展大繁荣若干重大问题的决定》，提出要推动社会主义文化大发展大繁荣。11月7日，教育部发布了《高等学校哲学社会科学繁荣计划（2011—2020年）》，强调要大力提升高等学校人才培养、科学研究、社会服务、文化传承创新的能力和水平。12月7日，全国人大常委会副委员长、中国红十字会会长华建敏在中国红十字会九届三次理事会上提出，“要深化理论研究，充分挖掘红十字文化内涵，推进红十字文化中国化，广泛传播人道理念，在全社会推动形成良好的道德风尚”③。红十

---

① 在2009年4月于苏州大学召开的“红十字运动与慈善文化”国际学术研讨会上，红十字运动研究中心主任、江苏红十字运动研究基地负责人、苏州大学教授池子华指出，经过100多年波澜壮阔的实践发展和学术界呕心沥血的开拓性研究，在人文社科领域构建一门“新红学”——红十字学，条件已经具备，时机已经成熟。见池子华：《创建“红十字学”刍议》，《中国红十字报》2009年4月17日。

② 池子华、郝如一：《2011年红十字理论研究之回顾》，《中国红十字报》2012年1月3日。

③ 《中国红十字会九届三次理事会召开》，《中国红十字报》2011年12月9日。

字“文化工程”已然成为红十字会总体建设目标之一[①]。进一步加强与拓展红十字运动理论研究，尤其是对红十字文化中国化的研究，已成为历史与现实的呼唤。

有鉴于此，红十字运动研究中心继续发挥高等学校与业界合作的优势，汇聚研究队伍，科学选题，出版一套“红十字文化丛书”，弘扬有利于国家富强、民族振兴、人民幸福、社会和谐的思想和精神，凸显红十字文化在中国文化园地中的地位，使红十字文化在神州大地上更加枝繁叶茂，促进中国红十字事业可持续发展，推动红十字文化的国际交流。

“红十字文化丛书”的出版，得到了中国红十字基金会、江苏省红十字会、苏州大学社会学院、上海市嘉定区红十字会、浙江省嘉兴市红十字会、江苏省盐城市盐都区红十字会等单位的鼎力支持，也得到红十字国际委员会东亚代表处及中国红十字会总会的关心和指导，在此谨致衷心感谢。

池子华

2012年6月于苏州大学

① 池子华：《“文化工程”应成为红十字会总体建设目标之一》，《中国红十字报》2009年12月11日。

序

常州文化博大精深，源远流长，常州的红十字运动和红十字文化是常州本土文化与西方文化结合的产物，是常州文化重要的组成部分。历史上，正是因为有了常州人的参与和常州红十字运动的探索，才引领了全国红十字运动不断走向高潮。近年来，常州市红十字会按照总会“深化理论研究，充分挖掘红十字文化内涵，推进红十字文化中国化”的工作要求，立足自身实际和工作实践，在做好各项业务工作的基础上，重视地方红十字运动资源的保护和挖掘，认真梳理百年来发生在常州大地上的红十字运动资料，开发红十字文化系列产品，着力从国内外红十字事业发展的具体实践中汲取营养，不断提高理论研究和历史研究的水平与能力。通过不懈的努力和探索，常州市红十字会正逐步走出一条具有常州地方特色的红十字理论研究之路。

一、探本溯源，发掘常州红十字运动历史“宝藏”

据史料记载，常州是一座有着5000年文明史、近3000年建城史的城市。2012年，常州市被评为“全国文明城市”；2017年，又成功跻身全国首批全域文明城市行列，拥有着“慈善之城、爱心之都”的桂冠。经过千百年的历史文化积淀，常州已经形成了“尚文”“尚德”“尚学”的独特城市品质。在这块富有人文关怀精神的土壤中，红十字运动的种子一经落地，就在常州大地上迅速生根发芽，茁壮成长。

简单来说，常州红十字运动的发展历程具有三个显著特点，即历史悠久、人物众多、资料丰富。

说历史悠久，是因为1914年就着手筹备，1921年正式成立了常州红十字会。迄今已经跨越了两个历史时期，风雨100年，其间虽两度中断，但红十字运动的发展脉络清晰可见。悠久的历史渊源，加上浓厚的慈善氛围，催生了常州红十字事业的发展和壮大。

说人物众多，是因为无论从总会、省会还是从市、县红十字会的层面上，均涌现出一批优秀的常州籍慈善界知名人物，包括官方任命的中国红十字会首任会长盛宣怀，率团赴日开展救护工作的总会理事长庄录，一生热爱公益、位列“海上四老”之首的闻兰亭，牺牲于日军屠刀下的红十字救护队长苏克己，常州分会奠基人王完白，分会首任会长屠寄，在家中设立妇孺救济院的龚承祖会长，临终遗言捐建“琢初桥”的伍琢初会长，复会功臣吴逸樵，乡村服务站创始人杨迪群，国际医防大队十一勇士，第35届南丁格尔奖获得者孙静霞及其学生邹瑞芳，感动中国的“信义夫妻”，我国首例为新西兰患者捐献造血干细胞的志愿者孙萌婷，为家乡捐赠100余幅书法作品成立爱心基金的恽建新，等等。正是有了这样一批无私奉献的红十字运动的领袖人物和模范人物，加上常州人的平和细腻、严谨执着、淳朴善良、乐于助人，才有了今天的“慈善之城、爱心之都”美誉，给常州人民乃至于全国人民带来了福祉。

说资料丰富，是因为在每一个历史阶段，常州红十字人都十分重视积累和保存资料，目前在中国第二历史档案馆和常州档案馆、常州图书馆等部门，都保存有相关档案。另外《申报》《时报》《兴华》《红十字月刊》《新中国红十字》《中国红十字报》《江苏红十字》等报刊，均载有大量常州红十字人的文章，这些历史资料为我们研究常州红十字运动提供了最可宝贵的第一手材料。而《大清万国红十字会档案》《盛宣怀资料选编》《上海图书馆藏盛宣怀档案萃编》《探本溯源：来自博爱论坛的声音》等资料书籍的出版，更是以铁的事实证明常州人盛宣怀是中国红十字会官方任命的首任会长，是常州的骄傲。

以上三点，经过百年的积累和沉淀，共同组成了一座研究常州红十字运动的“富矿”。

二、保护利用，开发常州“红十字文化系列产品”

前人为我们留下了宝贵的红十字文化的精神财富，如何才能保护好、利用好，并充分发挥其影响社会风尚的作用，这是我们当代红十字人一直在思考的问题，也是激励我们不懈探索和实践的动力。近年来，通过学习、借鉴、探索、创新，常州市红十字会逐渐具备了开发具有自身特色的“红十字文化系列产品”的能力和优势。目前，常州红会的“红十字文化系列产品”主要包括六大方面：

一是创办《常州红十字》季刊。依靠红会自身力量，独自办刊。刊物特别重视红十字理论研究和文化传播工作，每期刊发理论研究文章3～4篇、红十字运动历史资料3～4篇，两者占到刊物三分之一以上篇幅。

二是编撰首部《常州红十字志》。2014年，《常州红十字志》正式出版。该书记述了常州红十字运动100年的历史轨迹和发展历程，为后人研究常州红十字运动提供了真实可靠的依据。它是常州红十字会独立编撰的第一部志书，也是目前国内为数不多的市级红十字志。

三是编写《常州红十字会简史》。2010年，我们完成了《常州红十字会简史》的编写工作。该书在记述历史的基础上，突出了重要人物和重大事件的作用与意义，真实再现了常州红会在血与火的岁月中得到磨炼与提高的历程，是普及常州红十字运动历史和宣传常州红十字历史人物的较好材料，得到了市领导和相关部门的充分肯定。

四是编写《常州红十字人物传》。在编写《常州红十字会简史》的同时，我们广泛收集有关常州籍红十字人物的资料，组织力量编写了《常州红十字人物传》，目前已经完成了盛宣怀、闻兰亭、屠寄、王完白、苏克己、孙静霞等10余人的编写工作，并陆续刊发在《常州红十字》上。

五是完成了《报刊中的常州红十字》。该书收录了自1916年至2013年，全国重要刊物中有关常州地区红十字运动的报道和历史图片，共计30多万字。该书是研究本地区红十字运动的又一重要成果，其中仅民国时期的资料就达10万多字，在全国亦属不多见。

六是开展红十字理论研究的探索。我们建立了红十字宣传通讯员队伍，创办了网站和微信，鼓励全市的专、兼职红十字会干部结合工作实际开展理论研究，并通过论文征集、论文比赛等形式激励更多的人参与这项工作。每年，常州红会都有10篇以上的研究论文正式发表，在全国红十字会系统中有一定的影响力，一批优秀论文还被评为全省优秀论文。

通过开发以上六大“红十字文化系列产品”，我们实现了史、志、传三位一体全方位的红十字理论和文化研究格局。同时，通过创办刊物、整理资料、加强合作、深入研究等途径，不断扩大了常州红十字文化的传播范围和影响力，受到了越来越多的关注。

三、不忘初心，做红十字理论研究和文化传播的“使者”

常州市红十字会在理论研究和文化产品开发方面已有了一定的基础，下一步将在市委、市政府的正确领导和大力支持下，把红十字理论研究和文化传播纳入全市精神文明建设整体规划之中，形成具有常州特色的红十字文化。

2018 年底，中国红十字会总会改革方案正式出炉，再次将红十字理论研究提高到七大改革措施之一，要求“加强理论研究，大力开展宣传工作”，围绕红十字运动重大理论和现实问题开展研究。2019 年适值中华人民共和国成立 70 周年，为庆祝这一伟大的节日，并结合开展“不忘初心、牢记使命”主题教育活动，常州市红十字会计划将前期收集的史料（图片、档案）分别编撰为《民国卷》和《新中国卷》出版，并通过开展形式多样的党史、国史、改革开放史、会史教育，用先进人物的事迹激励人、鼓舞人。

历史是现实的镜子，无论是经验还是教训，都值得我们认真总结。中国红十字运动 110 年的奋斗历史，常州红十字运动 100 年的发展历程，都是党史、国史的组成部分，更是地方文化宝贵的精神遗产，值得深入挖掘、整理。可以预见，随着红十字事业的不断发展，红十字理论研究必将得到进一步加强。作为地方分会，常州市红十字会也将在理论研究、文化产品开发、红十字精神传播等方面做出自己的努力，为中国红十字运动的发展做出应有的贡献。

江　华

2019 年春于龙城

前　言

本书辑录的资料涉及大量的图书和报刊，辑录遵守以下原则：

一、辑录的资料一般按时间先后顺序排列（个别条目因相互关联，适当调整至相关条目之下），每条资料之后按原资料的作者署名情况、出处和时间等照录。

二、辑录的资料按照原文照录，不做改动，遇有错别字直接做了修改。

三、内容雷同的资料一般以最早者为准，其余从略。有重要存史价值的资料，则附录于相关条目之下。

四、资料中仅有部分内容涉及常州红会的，一般作节录处理。

五、部分资料由于缺少相关背景，编者适当加了按语，并以不同字体加以区别。

六、本书资料选取有所侧重，以《新中国红十字》《中国红十字》《中国红十字报》《江苏红十字》为主要来源。因《常州日报》和《常州晚报》所刊资料数量过于庞大，翻检不易，仅取可补史料之缺的部分。

七、本书资料以会务报道为主，理论研究和历史研究文章之刊于书报者不在本书辑录之列。

八、常州红十字会会务工作曾有中断，部分年份无史料。

由于编者能力有限，所见资料不全，遗珠之憾必然存在；加之时间仓促，疏漏之处在所难免，敬请读者批评指正。

目　录
（上）

1950 年

1951 年

1952 年

1953 年

1954 年

1957 年

1958 年

1959 年

1982 年

1983 年

1984 年

1985 年

1986 年

1987 年

1988 年

1991 年

1992 年

1993 年

1994 年

1995 年

1996 年

1997 年

1998 年

1999 年

2000 年

2001 年

2002 年

2003 年

2004年

2005 年

2006 年

1950 年

常州市分会要求补充药械

武进县解放后，即划分为两个行政区，城内为常州市，城外为武进县。市人口 20 余万，县人口 98 万余。原有武进分会事业，在市有 1 个诊疗所和 1 个义务小学，在县有 3 个服务站，变为县范围 3 个重要医疗机构。武进县属沿江滨湖一带，去年夏天堤岸决口，秋收大减，灾情严重。今年 2 月 5 日召开的武进县第一届人民代表会议上报告已有灾民 20 万人，3 月份以后可能要发展到 30 万以上。县人民政府一再号召生产自救，社会互济。3 月 2 日，杨迪群响应县长的号召，尽力筹组一个灾区巡回医疗队，配合救灾工作，解决灾民健康问题。经数日奔走，人力、财力稍具眉目。而消耗的卫生材料则欲全赖总会供给，以便常州分会配合乡村生产救灾工作。此外，解放以后由于天灾所致，农村经济一落万丈，农民无饭可吃。因乡村服务站病人逐渐增多，分会道义上的责任日渐加重，而经费毫无解决办法，进退维谷的乡村服务人员硬着头皮，甚至饿着肚子在工作。希望趁在沪之便得一明确指示。(1950 年 3 月 5 日)

常州分会报告灾情
要求组织巡回医疗队及补充药械

上海中国红十字会总会秘书长胡钧鉴:

查武进沿江滨湖一带灾荒严重，一般农村人民吃观音土、吃糠、吃麦麸、吃野草并非传闻，确已事实。本分会武进前黄服务站主动为配合武进县生产救灾工作，发扬红十字会服务宗旨，在千困万难中各方奔走，呼吁组织武进受灾农村巡回防疫医疗队，深入受灾农村工作，促进人民健康，增加劳动生产力量，并完全免费减轻劳动人民医药负担，业由本会及前黄服务站先后分呈钧会监核，并函武进县人民政府及运村区政府查照各在案。

兹承上海市民营广播电台公会、上海市评话弹词公会于4月30日假亚美麟记电台播送特别节目，劝募巡回医防队经费，除该队所需药械由主办之前黄服务站呈请外，敬希从速核发，俾便5月1日到达灾区，开始工作。救灾如救火，幸勿延误。再，前黄服务站目睹灵台乡灾状之惨，已购得麦麸10担，于4月23日交前黄乡政府转达该乡政府领取分发。由该站陆续设法备购麦麸50担分发，一并呈请备核为祷。

中国红十字会常州市分会

常州分会前黄站请领药品之情

农村经济一落千丈，农村服务机构大有不能继续维持之势。……今年农村庄稼十九无力购买肥料，初夏淫雨成灾，秋末竟月未雨。方寸之地竟有先后水灾、旱灾之别，加以支前万急，农村生活已不堪言状。农村人民生病求死而不死者有之，亦有生病怕死无力求医而待毙者。过去生男育女为毕生之大喜，现在孕妇竟有要求打胎者。……急盼钧会从速征求有志于红十字会服务事业者，予以短期训练授以红十字会教育，为广大人民健康服务。本站经费竭无办法，入秋以来……农村疟疾流行，影响人民健康。农业生产之大，本站即开展扑疟运动，以扑疟两千人为目标。此工作简单易举，收效宏大。次即展开妇婴保健工作。再次一俟乡村学校开学，即普遍学校儿童检查体格，并填送家庭建议书。以上三项是下半年工作的中心。……并请核发应用药品，祈遵为祷。（1950年9月20日）

（以上三篇转引自徐国普著《辉煌十五年（1950—1965）》，安徽人民出版社2009年版；原始资料现藏于中国第二历史档案馆，全宗号476，卷号29250）

总会农村巡回医防服务队在苏南农村三个月的工作总结

总会于1950年6月1日组织了一个农村巡回医防服务队（11人）。经过短时间的学习后，6月20日在队长何嘉明医师率领下赴苏南农村进行巡回医防服务。这个农村巡回医防服务队不是单纯的医疗机构，它还负有防疫工作和卫生宣传教育的任务。围绕“预防为主”的方针，医防队在农村首先开展防疫注射与环境卫生清理工作。在农村极其艰苦的条件下，队员们克服人员少、条件差的许多困难，以饱满的热情，开展卫生宣传，使群众了解防疫知识，并为两万余人进行四万多次的预防霍乱、伤寒的注射，门诊看病人数每天多达数百人。在苏南武进县短短的三个月内，医防队共为农民群众医病21813人次，取得可嘉的医防效果。

医防队员还为当地产妇接生，挽救了许多产妇和孩子的生命。有一次，医防队外出巡诊刚刚回来，已经十分疲劳的队员正端起饭碗，饭还没吃上一口，就望见一位渔民上气不接下气地从外面跑了进来，说有急诊求救。队员们立刻放下碗筷，背上急救箱，动身就走。那位渔民满头大汗，急忙引导队员奔向十多里外的船家。此刻的医防队员们，早已忘记疲劳和饥饿，像冲锋似的冲到产妇朱俞氏的家中。朱俞氏是异位难产，由当地接生的产婆已折腾了20多个小时，产妇仍然不能分娩。见势不妙，接生婆早已溜走。一位白发苍苍的老人站在门口，望见医防队员们奔来的身影竟失声痛哭。已经生命垂危的产妇见医防队员们赶到，微微睁了一下眼睛，眼角流出一串串泪珠。医防队员迅速穿好无菌衣，戴上无菌手套，鼓励产妇积极配合，终于使分娩顺利完成，母子平安。朱俞氏一家喜出望外，船家群众也十分感激医防队员，要准备酒菜，盛情款待。医防队员婉言谢绝了亲人般的挽留，背起急救箱，星夜赶回住地。由于这个产例，我们把握机会深入妇女群众宣传妇婴保健，工作有了进展。（总会农村巡回医防服务队）

（原载于1950年11月《新中国红十字》第3期，第15页）

武进县郑陆桥镇读者祁和鸣来信

编者先生：

我们一乡，而且旁及澄属邻地，今年太幸运了。正当农村经济非常艰苦，炎夏季节疫病容易侵袭时期，“中国红十字会总会农村巡回医防服务队”却于六月二十六日起进驻本镇东街的姚家大厅上，开始为农民完全免费施诊给药了。该队工作同志原计十一位，后因病人众多又添了两位。由队长何嘉明医师率领，分内外两大科，且有显微镜等化验设备。护士邹、白两小姐并义务为人接生。门诊时间上午八点至十二点，下午两点到五点，平均每天有二百五十个病人享受免费治疗。在乡村里有这样规模的医药治疗，而且从诊察、针药、包扎、化验到接生、手术等完全免费，是有史以来所未有的。他们工作认真，态度和蔼，病人如有言语不明，他们虽在百忙时也很耐心地对待病人。大厅内贴了许多标语，内有一张是“诚诚恳恳为亲爱的劳动农民们服务”。他们施诊一个多月来，已挽救不少危急病人。由于功效确实，使新知识不甚发达的农村对新医药得了更进一步的认识；对当局这个赐予也无不歌颂；对该队何嘉明、王述炎、周中行、杨凌泉、陆树人、孙德培等诸同志和邹、白两位小姐也都敬佩。他们对病人太亲爱了，我和他们是贴邻，也曾去就诊多次，见到他们的黑板上每天还写着业务报告，工作之余还在学习《社会发展史》。他们这种诚恳服务努力学习的精神，使人感动不已，所以我写这封信给你，希望披露表扬，更希望其他的医院与诊所都向他们看齐。（祁和鸣）

（原载于1950年8月3日上海《大公报》）

1951 年

常州分会前黄服务站
受到武进县人民政府一等功奖

与总会前农村巡回医防队受到武进县人民政府一等奖评的同时，常州分会前黄服务站，在 1950 年工作中工作努力，也受到武进县人民政府防疫工作一等功奖。该站每位工作同志也都受到一枚防疫工作积极奖章。该站负责人杨迪群同志也因为这一工作的努力得一等功臣的奖评。（吴逸樵）

（原载于 1951 年 1 月《新中国红十字》第 5 期，第 20 页）

常州分会欢送援朝医防队同志北上

常州市分会为了响应总会发动组织的援朝医防队到朝鲜为朝鲜难民服务的号召，通知了有关方面。该会外科医师萧益民首先报名，该会前黄服务站主任杨迪群等，以及医联会等十人也来常报名，武进医院刘毓秀、任志勤两同志本来要求赴朝鲜前线工作，这次知道红十字会组队赴朝也积极争取参加。二月十日晚十一时，杨迪群等十三位热爱祖国的医务工作者离常北上，到红十字会总会报到。

二月十日的下午举行了一个盛大的欢送会，即正是雪后放晴时，太阳也在欢笑，一个光辉灿烂值得纪念的日子。常州分会大门口挂着一幅红布白字的横幅，写着“常州市卫生科、红十字会医务工作者欢送参加中国红十字会援朝医防队同志北上”，墙上柱上贴满了鼓励表扬欢送的标语，五星国旗和红十字旗得意扬扬地在飘扬，少儿军乐队、腰鼓队边吹边跳地来到了，锣鼓军乐和无数群众的欢呼鼓掌，每个人的脸上堆满了光荣的微笑。

在会上，卫生科吴伯芳科长、中共常州市委宣传部王颖部长，红会常州分会副会长查秉初、李行甫及该会总干事吴逸樵、诊所主任于开明等，向参加医防队的十三位同志表示了敬意，并勉励他们要学习白求恩大夫的国际主义精神，克服一切困难，争取在抗美援朝运动中做一个模范的医务工作者。留在红会的工作同志也表示："虽然许多同志离开本会，但有信心和决心搞好今后工作。"参加医防队的任志勤同志说："解放前，由于反动统治，使我们不了解有祖国和爱祖国，解放后经过长期的学习，知道了我们今天有祖国也应爱祖国。今天美帝侵略了朝鲜和进占祖国的神圣国土台湾，今天祖国正号召我们，需要我们去保卫她，因之参加了援朝医防队赴朝鲜为朝鲜人民军、中国人民志愿军和朝鲜难民服务。"刘毓秀同志表示："摒弃一切思想顾虑，绝对服从组织分配，全心全意为中朝伤员及朝鲜难民服务。"杨迪群也表示他们一定能克服一切困难，帮助兄弟国家共同为击败美帝而努力。

大会从三时开始，到五时许，一个光荣的行列——援朝医防队，在欢送者和军乐腰鼓的拥护下，向市区行进，街道两边站满着群众，在热烈地欢呼和鼓掌。晚七时，武进医院的工会、学生会为了刘毓秀、任志勤两同志去朝鲜，同样举行了欢送会。学生会、工会和青年团代表们一致表示他们一定在医院搞好各项工作，如目前的时事学习和物资清查等工作。助产士王志超连夜为刘毓秀同志赶制了一副手套。职员白蕴彬说："因身体不好不能去朝鲜，决心在医院做好岗位工作，以答复美帝的侵略。"晚十一时，公立常州医院、武进医院、红十字会常州分会等代表四十余人，又到车站挥手送别了这一光荣的行列。（吴逸樵）

（原载于 1950 年 2 月《新中国红十字》第 6 期，第 4 页）

各地医务工作者表现高度爱国热情
纷纷报名参加抗美援朝医疗队

（新华社二十四日讯）各地医务工作者纷纷响应中国人民保卫世界和平反对美国侵略委员会和中国红十字会总会的号召，报名申请参加抗美援朝医疗队。从二月九日到十九日报名人数已有三百八十七人。向中国红十字会各地分会报名的有：常州分会十三人，洛阳分会五人，无锡分会二十三人，江阴长泾分会十六人，上海分会十二人，南京分会六人，安庆分会十二人，芜湖分会一人，即墨分会五十七人，济宁分会六人，仙游分会一人，南宁分会十八人，江门分会九人，福州分会二十二人，赣州分会三人，灌县分会五人，平凉分会四人，广州分会二十四人，汉口分会十二人，重庆分会七十人。直接向中国红十字会总会报名的有：河北省顺义县卫生院十一人，察哈尔省宣化县龙烟铁矿庞家堡医务站十人，华北人民革命大学附属医院三人，河北省磁县峰峰矿务局医院十一人，福建省武平县机动鼠疫防治队十四人，远在中国越南边境的云南省建水县医务工作者十二人，山西、河南、黑龙江、湖南等省及北京市个别报名的七人。

这些医务工作者在报名中都表现了高度的爱国主义与国际主义精神，坚决要求准许他们去朝鲜前线工作。中国红十字会灌县分会在给总会的电报中说："报名者都是满腔热忱，未便加以取舍，故全部报请总会审核。"常州分会和洛阳分会报名的十八人则已迳来北京，等待批准。

这一报名热潮目前正在各地继续高涨。已报名的医务工作者，将由中国红十字会总会审核批准后，再通知其来京集中，编入"中国红十字会国际医防服务队"，前往朝鲜工作。为使各地医务工作者在报名手续上得到方便，中国红十字会总会规定：凡附近有红十字分会的可就近向分会报名；如在机关中工作者，须取得行政上同意的介绍信；不是在机关中工作的，须取得当地医务工作者的团体或区以上政府的证明信。

（原载于1951年2月26日《人民日报》）

常州和洛阳等分会同志来京报到开始学习

常州、洛阳两分会参加国际医防服务队的十八位同志，已先后于二月十三、十九日来到了北京总会。他们以高度的热诚来自不同的方向及不同的出身，可是他们都抱着同一目标——协助朝鲜人民及我人民志愿军及早击败我们的死敌美帝。

到会后三天，就开始学习，第一次每人做了自我介绍，虽有方言不同的不便，但没有阻止彼此传达意见，而且亲如手足。任志勤同志是南北方言都通，而且讲了一口流利的国语，她说："我这做翻译的可真尽责，晚上睡在床上还得替他们做翻译呢！"可见大家的情绪是如何的热烈。

正式讨论会上，第一单元是对美帝的认识，杨宝煌同志给我们做了一个深刻的启发报告，分析了美帝的本质及其必败的原因。于是大家展开热烈的讨论，每个人都把自己对美帝阴谋的认识，过去对美国的崇拜思想是如何的错误，及现在为什么决心参加这个神圣的抗美援朝的工作，都做了生动的倾诉。有些同志说："我过去只是感到美帝是可恨的，可是他怎样的可恨及为什么这样可恨，我就不清楚了。通过这次的学习，我才从骨子里认识美帝是戴个'民主'的假面具，却进行着最阴毒侵略世界的盖天罪行，这样更使我奠定了革命的坚志。"

几位从教会医院里来的同志，谈到美帝利用宗教来侵略中国的种种事实，都是恨得咬牙切齿，当大家揭穿了美帝一向对中国的政治、经济、文化等项的侵略，恨不得一下子将它置于死地。

洛阳数同志初到作自我介绍时，竟变成一个诉苦大会……谈至伤心处，许多同志随之落泪不止。刘毓秀同志说："让我们把今天的泪水变成力量，将来到朝鲜，除了努力工作外，有机会活捉几个美国俘虏来报仇。"

通过第二单元"论国家"的学习和高清岳同志的启发报告，大家热烈讨论后，用阶级观点来分析和批判国家，才认识到国家到底是什么，原来是在阶级社会里一个阶级压迫另一个阶级的机器。当大家把具体事实一分析，才认识到过去历史上所说的国家，都是帝王将相的国家，而国家的真正主人翁，却是终世不见天日的劳苦大众，才第一次认识到人民的力量是伟大的。

大家认识到在阶级社会里存在着剥削的制度，于是联系每个人具体的思想情况来批判自己从旧社会带来的剥削意识，而更深地批判自己参加医防队的动机，分析结果除了三四位纯属高度国际主义动机外，其他多少带有个人成分。经过自我检讨及大家热心帮助，被检讨同志都认识到自己的错误，同时以放下思想包袱的愉快心情，坚决以最大信心来完成未来任务。讨论情绪极为严肃与热烈。

常州分会刘毓秀同志说："当我发现自己参加医疗队还有个人成分的因素存在时，经过仔细分析，我用革命的观点来批判，并立志在以后的行动上去表现及考验。"（中国红十字会总会）

（原载于1951年2月《新中国红十字》第6期，第8页）

发扬白求恩大夫精神，为朝鲜人民服务

——常州分会同志笔谈

我看了《学习白求恩》的书，有好几次激动得使我哭出来，他教育我更加强为朝鲜人民服务的决心。他是一个加拿大的共产党员，一个技术很高的外科医生，为了中国的抗日和解放事业，牺牲了他个人的幸福。那种正义忘我的精神，救活了无数为解放事业而奋斗的英雄，得到了广大人民的爱戴，使我惭愧感佩。我觉得我也是一个医务工作者，我要拿出我的力量来，在祖国需要的时候，不敢说做的会像白大夫那么好，至少应该尽我的责任，在工作中创造经验，在艰苦中锻炼和考验自己，努力做好为人民服务的工作，消灭罪恶的美帝法西斯。（常州分会助产士韩文娟）

我从抗日战争起，一直为红十字事业工作着，但是毫无立场地工作着，甚至被反动统治利用了。今天在世界革命人道主义的抗美援朝的具体任务上，我一定要献出我最大的力量，来弥补我过去的缺陷，为人民做好工作。（常州分会前黄站主任杨迪群）

为了要忠实于我们的业务，达到毛主席所说的“救死扶伤，实行革命的人道主义”，所以必须关心政治，关心战争，支持正义，反抗侵略，在抗美援朝保家卫国的行动中，担负起自己应负的责任。（武进医联医师柴元庆）

我虽然不是医生，而又年纪稍大，但是兼着我热爱朝鲜人民的心情，我保证可以帮助医生去做好一切事务的事情，使朝鲜人民因美帝灾难而得到的疾病早日痊愈，减轻他们的痛苦。（常州分会事务员萧东明）

当母亲知道我报名的消息时坚决反对，经过我耐心地解释，告诉她我是人民的血汗培养出来的，应当为广大的人民争取永久的和平而努力。在旧年的初一日，我已决定参加红十字会援朝医防队，在新年第一天，我鼓起勇气，向母亲提出，妈哭了一晚，终于答应了。而且在我临走的欢送会上她还讲了话，她说：“我虽然只有一个女儿，但是祖国需要她，我把她献给祖国。”（武进医院护士任志勤）

当我看到美帝无耻地侵略邻邦朝鲜与侵占我国领土台湾，更无耻地轰炸我国东北时，我怒不可抑地就抱定主张，当祖国需要的时候，我绝对要争取到最前线去，彻底消灭美帝国主义，使我们新中国好好地建设。当报上登载我国志愿军纷纷要求赴朝的时候，我想我枪虽不能拿，但救护工作是可以做的。那时不知到什么地方去报名，于是就写了一篇稿子到报社，要求赴朝为中朝伤员的同志服务，并希望常市能组织赴朝医疗队，报馆除发表我的意见后，还告诉我到抗美援朝保家卫国委员会去报了名。

当时思想上是有顾虑的，如组织上的不批准，另一方面对武进医院的享受有些留恋，又怕朝鲜冷，亦有些怕飞机、大炮，再有负担弟妹读书等问题。但经过了一整天的思想斗争，再想到白求恩大夫的牺牲精神，电影中“白衣战士”的英勇，又经过时事学习，终于把一切的思想顾虑克服了，后来家中知道了，父亲、母亲、哥哥连续地赶来，我用种种的正理告诉他们，结果父亲、哥哥是同意了，但母亲坚决反对，她主要是溺爱我，与弟妹读书等问题。我一直与她谈到晚上十二时，她就无可奈何地答应了。

但报名后，一直听不到去朝消息，尤其看到上海、南京等医疗队出发，使我更急了，常到报名处去问，他们总是说在继续动员。那时内心着急简直无法抑制。在一月二十五号看到《民报》上刊登武进县卫生院医生护士经苏南批准赴朝，同时又听到同学李慧芝说红十字医院决定十号赴朝，便即刻赶到红十字会，与吴逸樵同志接洽，他把总会的组织办法给我看，于是即刻赶回医院，向组织打报告。可是到九号上午十二时才批准，于是我跳跃了起来，即刻报了名。我这次赴朝，思想上早就有准备，一定把我献身祖国，把美帝赶出朝鲜，使朝鲜获得和平合理的解放。（武进医院护士刘毓秀）

（原载于1951年2月《新中国红十字》第6期，第9页）

我爱父亲，更热爱祖国

当我认识到今天的中国，在毛主席领导下的中国，才是人民自己的祖国，今天我们才真正地做了国家的主人，我是感到无限兴奋和荣幸。

因此我开始热爱我自己的祖国，但美帝死不甘心地与人民作敌，残暴无耻地屠杀朝鲜人民，把侵略战争的火焰燃烧到祖国的边境，甚至也伤害了我们同胞，破坏了我们建设，铁一般地证实了美帝血腥的罪行，再也抑制不住我内心的愤怒，以及全国人民的愤怒，热烈地开展了反美帝运动，高呼出“抗美援朝，保家卫国”的口号，把热情变成了行动，以致一度使我苦闷于要求抗美援朝。终于是我行动的机会来了，中国红十字会总会的抗美援朝医疗队的号召传到了常州分会，我是极端愉快地报了名，虽当时有存在着一些顾虑：朝鲜很冷而且很危险，但另一个思想涌进了我的脑中，死有重如泰山，轻如鸿毛，振作了我勇气，为和平、为祖国、为人民而死，死了也光荣。

我下了最大决心，愿牺牲一切为朝鲜难民全心全意去服务，我知道父亲绝不会同意我这个举动，他爱他的儿子，我也爱我的父亲，但更爱我祖国，所以我没有告诉我父亲，我是走向了白求恩大夫的光明的路途上去了。(常州分会医师萧益民)

（原载于1951年2月《新中国红十字》第6期，第10页）

中国红十字会国际医防服务队名单

第一大队

大队部

刘毓秀（护士）、杨迪群（副组长）

第二队

任志勤（化验）

第十队

萧益民（副队长）、韩文娟（助产士）、柴元庆（医士）、陈忠文（助护）、张冠英（助护）、萧东明（事务）

（原载于1951年3月《新中国红十字》第7期，第12页）

【注：殷友泉、孔繁芬、王俊、杨学濂等4名同志未赴朝鲜，改为参加支淮运动】

常州分会1951年一二两个月的动态

提高政治认识　创设业务条件

一个多月的分干学习，收获很多。1950年12月10日从北京总会学习归来，带回新中国红十字会无限的青春的希望，分会全体同人以无比的热忱听了传达报告，大大地提高了他们对新中国红十字会的认识，鼓舞起他们对发展红十字会为人民服务的信心。常州分会开始了新生，向着年青、活泼、进步与光明的前途迈进。

我们遵照着总会“了解政策，联系实际，根据需要，开展业务”的这个指示，研究了我们的具体工作，重点地布置和充实了化验部分和产科部分。为替防疫与妇婴卫生工作创设条件，我们又收了16个学员，进行初级医务人员的训练。

1951年开始到今天，两个多月，我们的工作和学习，一天比一天紧张，全体同人和学员一共28个人，团结得像一个大家庭。每天在紧张地工作，认真地学习，我们都懂得一切活动是为了服务于人民。

每天下午4点，下班的钟声响了以后，工作同志们和学员们拿了书本、文件、笔记等纷纷地走到课室里去，进行学习，这已经成为经常的课程了，大家知道学习和工作是一样的重要。听、学、做合一，大会报告，分组讨论，做出总结，互相批评。

学员们两个多月来通过时事政治的学习，思想上提高了一步，初步建立了为人民服务的观点，懂得了单纯技术观点是不行的，技术必须建筑在政治的基础上才能发挥高度的效率。对以预防为主的政策有了正确的认识，也明白了妇婴卫生的重要性。在总会抗美援朝运动的号召下，鼓舞起她们爱祖国的热情，对以美帝为首的强盗集团妄图扩大侵略战争和他们在朝鲜的残酷行为，引起无比的愤怒。她们响应了妇联号召的一颗心运动，大家热烈捐献，以实际行动表示对中国人民志愿军部队和朝鲜人民军的热爱，决心支援朝鲜直到美帝匪帮们滚出朝鲜。

学员们组成一个腰鼓队，每天余暇的时间，集合起来，在冬拔、冬拔、冬拔冬地打着，认真学习，不多几天就学会了几个节目，而且很整齐而纯熟了，这个白底红十字颇能引人注目的腰鼓队，在“三八”妇女节，参加了常州市五万妇女史无前例的大游行，这是对美帝武装日本的大示威！为了春季种痘，学员们全体动员学会了种痘、检痘的技术，准备在春季种痘工作中发挥她们的力量，保证完成种痘的任务。（吴逸樵）

（原载于1951年3月《新中国红十字》第7期，第32页）

常州分会这样进行种痘

常州分会接到总会《大力协助地方政府开展春季种痘工作》的指示

后，为保证胜利地完成此项任务，立即动员全体16个学员，连日认真学习天花与种痘的必要知识。她们学会了新法——多压法的种痘技术，也打通了思想，学会了如何耐心说服群众的本领，她们对工作有高度的热情。

该会应常州市防疫委员会之邀，担任了怀德路派出所辖区的种痘任务，除该区中西医师18人分任一部分外，红十字会担任70多个居民小组的种痘任务，并担任了卫生科派我们到火车站为旅客种痘的任务，也为工厂、商店、公私中小学校以及文艺工作者等团体种了痘，远至郊区，深入棚户，自3月9日开始，至4月14日止，统计种痘人数10600余人。

诊疗所主任于开明担任怀德区的防疫队长，为做好工作，邀集该区中西医师18人及派出所卫生组长等，在本会开会商讨，表现了中西医的团结精神。会议决定了分区负责制，18个医师分为9个小组，每2人为一小组，担任约10个居民小组的种痘任务，这样可使种痘工作更能负责完成任务。红会16个学员分成5组，每晨布置工作后，会同派出所同志及居民卫生组长一起工作。为使种痘工作更能广泛深入，事先由派出所召开居民座谈会，分会派员前去报告种痘意义。群众的认识一般都提高了，一致表示愿协助做好种痘工作。

每天下午四、五点钟，各组出发种痘的都陆续地回来，随时进行汇报，统计种痘人数，听群众的反应，有什么困难和缺点，也随时给以商讨，克服了困难，纠正了缺点，应用了从实际出发的方法，解决了许多问题。

关于检查工作，也非常认真执行的，按着种痘次序的先后，到第六、七天后，挨户检查，检查的结果，成绩很好，不出的极少，也随时就给他再补种了，统计2300多人的检查反应比率是：原发反应8.16%，无反应2.94%，化脓反应40.7%，加速反应33.3%，即时反应14.9%。

在这次种痘工作中，收到了成绩并取得了一些经验，这成功证明用多压法比旧法画线的效力进步得多，对多压法所得到的经验是，用苗省，只需一小滴，压的方法要有弹力，压的范围要小，约长一分，否则发得太大，反应就大了。因此该地群众对种痘的要求非常热烈云。（吴逸樵）

（原载于1951年4月《新中国红十字》第8期，第46页）

常州分会改组

本会常州市分会在该市人民政府领导下，邀请政府和人民团体代表27人，举行了三次改组协商会议。5月27日，召开了第一次理事会议，并选出吴伯芳等11人组织了常务理事会，并推吴伯芳为会长，常州市市长诸葛慎为名誉会长，刘国钧为名誉副会长，改组工作，随即顺利完成。在这首次理事会中，拟订了1951年的工作计划，并通过了分会的组织规则草案，即将着手开展业务，发动征求新会员，登记旧会员等主要工作。兹将该新名单公布如下：

名誉会长：诸葛慎（常州市长）、刘国钧（民主人士）

会长：吴伯芳（常州市人民政府卫生科科长）

副会长：徐元谟（常州市医师学会副主任）、李行甫（原分会副会长）、吴逸樵（原分会理事）

常务理事：查秉初（原分会副会长）、王颖（中共常州市委宣传部部长）、左偕余（常州市人民政府民政科科长）、顾峤若（原分会理事）、王进卿（常州市总工会劳保部部长）、何乃扬（常州市工商联合会主任）、屠揆先（常州市中医协会代表）、朱润农（常州市人民政府教育局局长）、朱士尧（中国新民主主义青年团常州市委员会书记）、王芝芬（常州市妇联主任）、陈舜名（苏南公立常州医院院长）、杨堃（武进医院外科兼妇产科主任）、汪剑农（工商界）、于开明（本分会诊疗所主任）、金逸声（常州市助产协会主任）、李杏卿（生产救灾委员会主任）、程俊观（原分会会长）、刘国钧（原分会理事）、刘靖基（原分会理事）、胡桐（原分会常务理事）、蒋鸿文（工商界）、赵一海（工商界）、汤梦熹（工商界）

总干事：吴逸樵（兼）

（原载于1951年6月《新中国红十字》第10期，第34页）

常州分会的初级医务人员训练班

本期举出常州分会于开明同志的一篇通讯稿作为一个例子，这一篇稿子已经过删改，把一些不十分重要的地方删节以后，所保留的都是原稿的基本材料，现在把它录在下面：

在旧社会里，大城市中每多设备较好的医院及诊所，乡村里面动辄数里或数十里求一简单医药机构而不可得，本会常州市分会针对此一实际需要，举办了初级医务人员训练班，于1951年开始招收学员18名（原定30名，因房屋条件限制），计化验5名、助产5名、医护5名、调剂3名，限期一年到一年半，教学方面预定如下目标：

一、培养新中国人民的新道德；

一、培养进步思想结合业务技术；

一、培养健全体魄、艰苦朴素作风，建立为人民服务观点。

本班学员计分两组，自开学以来，情绪甚高，生活紧张而愉快。每组自动订立学习公约，在组内还成立了互助小组，文化高的协助文化低的同学记笔记、识生字；小组讨论时，起初发言者不多，经过思想动员与批评教育后，较为前进分子每遇一问题均已能津津研究，踊跃发言。

时事政治学习，主要课题为抗美援朝与镇压反革命，起初有些学员认识模糊，经在小组内反复讨论，思想上提高他们的认识，现在已逐渐澄清了他们的模糊观点。

业务学习，除预定课程由各部门负责人按时授课外，采取活动教学方式，着重理论与实践一致，即联系当时当地的实际情况进行教学，例如春季种痘工作，一面教以多压法如何创造经验，节省痘苗，提高技术，先教学员互相练习自己做。常市本年春季种痘约四万人，本会种了一万五千余人，这一工作即完全由学员们担任的，成绩相当好。又常市麻疹与脑膜炎流行，即将该项传染病与天花一并提前教学，并在附近居民中进行宣传教育。

学习方法，以自习为主，加以启发，三月以来，已懂得预防工作之重要性，认识了纯技术观点是不正确的，技术必须联系政治才能发扬光大，对于面向工农兵，也有了正确认识。课程方面，因该办班系造就初级卫生人员，所以力取简易而浅显者，采用新华书店出版之医学小丛书之《解剖学》《急救学》《护病学》《助产学》《内科学》《外科学》等。

学员中典型人物是第一组组长陈永贤，一切学习进步很快，业务成绩亦较好。常州车站春季检疫工作，即由她掌握的，在试行多压法中，创造了一些经验，如针与皮肤面宜稍呈角度，即可经济时间，又能节省痘苗，面积不至过大，以免反应强烈。苏南卫生处规定一支苗种5人，本会已种了八九人，差不多节省了一半；内外科实习时，她担任部分注射工作，数月以来，从未有事故发生，尤其静脉注射相当纯熟，现在已

可以放手叫她去做了。（于开明）

【编者按：这一篇通讯稿的取材是适当的，像这样的题材是值得加以详细介绍，好让其他各分会吸取这种经验，继续举办，予以推广。……总体来说，于同志这篇报道除了没能深入掌握具体的材料加以介绍外，大体上还是好的。希望于同志下次写稿时能考虑我们的意见】

（原载于1951年7月《新中国红十字》第11期，第30页）

我们要遵照总会的一切指示而前进

美国侵略军在侵略朝鲜战争中，竟在屡次失败后，撕毁它自己曾经承认的日内瓦公约，在朝鲜竟把有显著红十字标志的医院诊疗所也滥施轰炸，并杀害红十字会的工作人员，这些灭绝人性的暴行，是无可饶恕的。

以美帝为首的一群帝国主义强盗集团，是无理可喻的，只有拿出力量来给他一个沉重打击，打得它服服帖帖，如今朝鲜停战谈判的可能性就是打出来的，没有中国人民志愿军和朝鲜人民军的英雄战绩，美帝匪帮们是决不会考虑停战谈判的。帝国主义的本质要侵略战争是必然的，谈和平乃是被逼的，绝不是心甘情愿的，何况这又一次地暴露它没有和谈诚意的阴谋诡计呢。因此，我们必须提高警惕！加紧提防！

为了保卫祖国的安全，保卫世界的持久和平，我们以实际行动来响应中国人民抗美援朝总会关于捐献飞机大炮、优待军烈属、推行爱国公约的“六一”三大号召，这才是打垮美帝最有力的具体表现，我们要坚决地贯彻实践！

总会于1950年9月完成改组后不久，即大力组织抗美援朝的国际医防服务队，领导全国各地分会，发挥抗美援朝的力量。改组一年来，由于总会的正确领导，在抗美援朝、根治淮河、改组分会、领导学习方面及在协助分会建设各方面都有显著的成就和飞跃的进步，收获是很大的。

我会在总会正确的领导下，在吴伯芳会长的直接领导下，不可否认地也是在逐步地建设起来，稳步地前进着。我们积极响应抗美援朝总会三项号召，在吴伯芳会长的领导下，做了如下的工作：

一、捐献飞机大炮。全体职工热烈响应，除一次捐献半个月薪工外，为了配合抗美援朝这一长期艰巨的任务，决定长期捐献，自7月15日起，放弃礼拜日休息，将增产的全部门诊收入的一半捐献飞机大炮，直至台湾解放为止。

二、优待烈军属。我会对长期的为烈军家属减费或免费的医药服务，早已实行。

三、推行《爱国公约》。我会已通过认真学习，更具体地修订了《爱国公约》，使每一条公约能够切实实践，化为力量，每半个月检查一次，坚决执行。

上月志愿军伤员来常休养，我会全体职工，尤其是学员们热情洋溢，争取为志愿军服务的机会，练习抬担架，准备到火车站抬志愿军到医院去，沿途设救护站为志愿军服务，一听到志愿军伤病员到的消息，无不争先恐后地争取任务，夜以继日精神百倍去欢迎，去慰问，学员们并报名为志愿军伤病员输血。这是我会全体职工和学员们对志愿军伤病员的衷心热爱，也是总会正确领导和吴伯芳会长指导下的成就。（吴逸樵）

（原载于1951年9月《新中国红十字》第2卷第1期，第40页）

常州市分会一年来的文娱活动

1950年9月8日，是总会的新生，而常州市分会的歌咏队，恰巧也是这个月里成立，在新中国红十字旗帜下发展起来的。今天，我们庆祝总会改组后一年来的伟大成就，这是要感谢毛主席和中国共产党的正确领导。现在，清晨午后，下班时间，一片热爱祖国歌咏，此起彼落，鼓动了大家团结如一家人。热情的流露，使年龄大的于主任，年龄较大的老钟也变成青年人一样了。歌声的活跃，激发了学习情绪，鼓励了我们更热爱我们自己的祖国。

我会为了要开展1951年会务和业务，除加强政治学习外，又照顾到工作与政治结合，政治与文娱结合，通过了文娱与群众结合，工作和学习是有了进步。我们累次的文娱活动，与群众心连心、手携手，打成一片。如配合常州医师协会下乡宣传种痘，帮助各业和居民集体缴税等。

在1951年3月，除原有歌咏队外，本会腰鼓队也成立了。在工作人员与学员们中，又选出了舞蹈与歌剧人才，为了配合在舞台上演出，舞蹈与歌剧组也组织起来，先后参加了40余次演出，配合抗美援朝为中心，发挥了有力的政治宣教工作，如参加市公安局和刻字工会表扬刻字业工人协助政府破获反革命案12次的给奖大游行，通过这次文娱活动，进一步认识了怎样来镇压反革命。再如参加新华夜校欢送同学14人走上国防建设海军的光荣岗位的游行，及最近欢送居民参干的游行。

春夏季来的防疫工作，展开下乡宣传，深入农村、棚户，以文娱活动方式宣传了防疫重要与"预防为主"的总方针。又如协助宣传集体缴税，使大家认识了缴国税的重要性。

总之，在多次文娱活动中，提高了群众对卫生政策的认识，同时也提高了我们自己的认识。我们的文娱活动，结合了当前形势同任务，从实践学习、再实践、再学习中，帮助了我们进步。（张授方）

（原载于1951年9月《新中国红十字》第2卷第1期，第63页）

国际医防第一大队涌现大批工作模范

本会国际医防服务队第一大队在朝鲜前后方由于全体同志刻苦耐劳忘我工作，高度地发扬了国际主义、爱国主义、革命人道主义精神，因此，他们已做出了不少的成绩，也创造了不少典型事迹，在该大队的评功选模运动中，评选出成绩最优者有薛炳坤、张书绅、邢玉亭、柴元庆、祖厚吾、吴云田、张大焰、任志勤、唐少甫、部静霞、韩文娟、定淑敏、陈玲直、杨荣恩、刘大汉、苏经美、徐培君等17位同志，他们在工作中表现了高度的积极性与主动性，想各种办法，克服困难……这是我们中国红十字会的光荣。这也是我们医务工作的光荣和榜样，我们将为巩固和发展抗美援朝的伟大胜利而继续努力。

（原载于1951年10月《新中国红十字》第2卷第2期，第20页）

【注：国际医防服务队第一大队在朝鲜工作半年多，139名队员于1951年10月24日返回祖国。总会曾以"京（51）宣字第400号"（即上文）通报表扬17人，其中柴元庆、任志勤、韩文娟为常州人】

朝鲜前线的模范女护士（节录）

“女同志们，一般来说，做事细心，脾气好，又热心，更愿发挥你们的优点，不但要把医务工作搞好，而且在朝鲜战时艰苦条件下，更应在工作及团结方面起带动作用，发挥高度的革命友爱精神，我相信你们一定会成功的。”

李（德生）会长在欢送国际医防服务队第一大队的大会上，这几句简短有力的勉励，深深地印在每个队员的心里。尤其是女同志们，半年来，在工作中表现出高度的服务热诚，从前一直没脱离过都市生活的小姐们，今天却变成了结实朴素的工作干部，光着脚穿着布鞋，背着药箱一走就是百八十里地，而且多半时间要爬山，有时因为护送伤员缺乏抬担架的，她们带头背着伤病员走十来里地送到车站。她们平时给伤员捉虱、擦身、洗大小便衣被等、洗头、剪指甲，一直是情绪高涨，从没感到怕脏和怕累。在工作余暇时间，她们常常帮助男同志洗衣补袜，参加各种劳动生产，如种菜、修路等，有时还要抽空到厨房去做菜，使大家开开胃口。在同志精神团结方面，确实起了很大作用。她们无论在任何艰苦条件下，从没有低过头，总是要设法克服困难。

如在××道作防疫工作的护士张冠英，到朝鲜家庭里，都把病人当作自己家里的亲人一样地照顾和看待，使一个老太婆感动得流泪，拿她当亲生女儿看。她们是成功的，在朝鲜战地上做出了成绩，使李会长的话全部都付诸实践了。在一次选模运动里，出现了若干的女模范，这些模范就是实践的代表人物，现在我们介绍一下这些模范的事迹：

在第一阶段作地方防疫工作的任志勤，除了本位化验工作外，经常作护理工作，余暇时间，帮助同志拆洗缝补，一次曾带动同志一下子洗了三百多件衣服。她担任学习小组长职，自己学习积极，经常耐心帮助他人，而且能带头大胆开展批评与自我批评，他们的队长犯了错误时，她也是同样地提出批评；不能接受时，她再慢慢解释和分析错误。在生活方面，她却是一直热心地照顾着，比如帮助队长拆洗被子等，使同志大为感动。就在这种斗争团结的方式下，她对本队的团结及工作效率的提高起了极大作用。在紧张的工作里，她抓着每一个宝贵的机会向朝鲜老百姓宣传介绍祖国抗美援朝的热潮，祖国人民以及世界爱好和平的人民对朝鲜人民的热爱与关心。她那恳切的话，不断深深地促进中朝友谊的团结，而且更加鼓舞朝鲜人民必胜的信心。在工作中，她有着高度警惕性，一次，她从一个伤员的前后矛盾的语句和不友好的行动上，识破了他是一个冒充伤病员的特务，而予以逮捕。

护士韩文娟工作一向积极热情，因人员的不敷分配，她一个人接过负责看护重伤员的繁重任务，从早到晚不闲地照料伤病员生活，毫无怨言；一次右手食指受伤，坚持用左手工作，用中指代替食指给伤员注射。又一次，她负责护理一个名叫崔春圭的朝鲜女战士垂危的生命，那女战士患了急性肝脏周围炎，病势极重，昏迷不醒，经韩同志两整夜的抢救和看顾，终于挽回那女战士垂危的生命，而且很快恢复了健康，那女战士除了欢欣感谢外，并保证到前线杀死更多的美国鬼。她还把自己分得的慰劳品，如香烟、饼干等分送给伤病员，把他们看成她自己的亲兄弟姐妹。当她被选为工作模范时，她很不好意思的谦虚地说："这都是我应做的事，算不了什么!"（中国红十字会总会宣传组）

（原载于1951年10月《新中国红十字》第2卷第2期，第43—44页）

常州分会厚余镇服务站举办了一个农忙托儿所

常州分会卜弋区厚余镇红十字会服务站，在秋收秋种时期，为了解决农村妇女有孩子牵累的困难，使她们能安心做好生产工作，举办了一个农忙托儿所，凡是在该镇周围一里以内的贫苦妇女的子女，年在三岁以上、六岁以下的儿童都可送所托管，留所时间是上午七时起至下午六时领回，除供给午餐外，还有糖果饼干等食品给孩子们吃。如小孩有疾病，所方可免费治疗。该所自本月十八日开办以来，每天到所托管的孩子有四十名左右。农民们纷纷反映说："只有在毛主席、共产党的正确领导下，我们劳动人民才能享受到这样的幸福生活，我们应该积极生产，争取丰收，缴好爱国公粮，来答谢我们敬爱的毛主席和共产党。"

【编者注：常州分会应将该农忙托儿所的经验总结一下，写稿向月刊报道】

（原载于1951年11月《新中国红十字》第2卷第3期，第55页）

1952 年

常州市分会的工厂保健工作介绍

常州市分会在 1951 年 6 月 1 日改组后，一直在向前发展着。根据他们最近寄来的《两年来的工作介绍》里所介绍的，他们在总会与当地政府的正确领导下，全体职工共同努力，使分会诊疗所的设备充实了，人事加强了。虽然他们新建了十间房屋，但越添越不够，还在计划添建。在门诊工作、工厂保健、健康服务（就是与小型工厂、商店建立医疗关系，凭就诊券或健康证看病，月底结账。现在有关系的约 70 余家 2000 余人）、妇幼保健、急救、爱国卫生运动以及一些训练工作等方面，他们都有了一些成绩。群众反映说："常州红十字会变得真快，过些日子再去就不认得了。"分会同志们自己也认为改组一年来所做的成绩比改组前五年所做的还要多。

根据常州分会的介绍，他们的成就是值得我们重视的。尤其是工厂保健方面，他们与三个工厂订立了保健合约，为工人们服务，这样做是完全符合于面向工农兵的卫生工作三大原则之一。他们在介绍中说："由于这一工作的开展，保障了工人的健康，工人同志的生产力普遍提高了，出现了不少模范事迹。如薄利仁油厂，已达到每百斤黄豆榨油十四斤十四两的新纪录。"

关于工厂保健工作，在我们的分会中还很少。虽然常州分会的报告中只是介绍了一些概况，没有较完整的经验介绍，但这些情况还可以作为其他分会在开展工厂保健工作时的参考。因此我们选载了报告中的"薄利仁厂的保健工作""厚生机器铁工厂的保健医疗工作""鼎泰面粉厂的保健工作"三篇；另外一篇"邮电局的保健工作及体格检查"是进行机关保健工作的一种方法，一并予以介绍。

他们的工作中还是有做得不够的地方的，文后附载了总会卫生组的几点建议，供作常州分会改进工作与其他分会参考之用。编者，8 月 10 日。

薄利仁厂的保健工作

常州市私营薄利仁油饼厂，有职工 193 人，直系供养亲属 140 人。工人有 80% 是苏北泰县人。每天黄豆要消耗 144128 斤，能制成豆饼 131156 斤，豆油 17295 斤。豆饼可供 1009 亩田的施肥，豆油可供 18448 人一月食用。因为这个厂合乎劳保实施的条例，所以在今年一月份起和常州分会订立医疗互惠合约，以 6 个月为一期，药品由他们自备，每逢星期一、三、五派医师 1 人，前往应诊 2 个小时。经常派驻厂护理员 1 人，处理普通外科及急救等工作，并设有病床 6 张，以便轻病休养之用。到 6 月份，共诊治 3670 次，内科占 2851 人次，外科占 819 人次。全体职工检查体格 1 次，曾发现有疝、痔、四肢酸痛等病例。一般工人自从医疗室开诊后，每个人都衷心地感谢政府的照顾。有一位有 30 多年工龄的老年工人说："现在的政府，对我们有两件事最好：一是劳保看病；再就是生病后可享受工资待遇。以后我们生病，就不要愁长愁短了。"还有一位老年工人，从 1942 年夏天，患下肢溃疡，至今已有 11 个年头了，过去因无钱医治，看看歇歇，一直未好。现在经过劳保医疗，直至脚好为止，所以他很感动地说："想不到共产党来了，给我治好这脚，现在我真感到无限的愉快，我一定要在工作岗位上努力生产，答谢毛主席。"

防疫工作，是利用全体职工吃饭时，先在扩大机里，来一个动员报告，接着就开始注射。每一组都争先恐后地抢着来，一致说："保护身体的健康，就是增加生产。"

环境卫生方面，除饮水代送医院化验外，并且购置臭药水等，经常洒扫宿舍、厕所等地方。

为了照顾病人营养，经医生签证的，还可以享受特备食品。

木车间的温度，过去最高达到 114 度，经常有人晕倒。现在除改善通风设备外，并备置了简单的红汞水、碘酒、樟脑、白兰地、人丹等等，以备临时应急。

在这一个厂的工作还存在有一些缺点：（一）没有大力注意卫生宣教，因此有一般工人对卫生常识认识很差。我们预备和劳保干事商量，每星期在工人学校上课时，添上卫生课一课，慢慢地教给工人们卫生知识。（二）慢性病一时是难得好的，工人一心想搞好生产，有病的都非常性急，我们没有适当帮助他们耐心休养（像注射组织液等）。（三）环境卫生没有能联系群众，逐步展开。（四）没有做到对生病的工人个别访视。

厚生机器铁工厂的保健医疗工作

厚生制造机器厂是常州市私营重工业厂之一，已设立了30多年。该厂出品的丰田式织布机对增加织布的生产力是有很大贡献的。全厂职工200余人，自《劳保条例》公布后，劳资双方均极重视健康问题，便在1951年10月与常州分会签订了劳保合约。

立约后，常州分会就研究如何搞好工友的健康生活，如何节省工友的诊疗时间。根据这个要求，决定厂内设立医疗室和疗养室，供职工治疗与休养。分会派护理员1人经常驻厂服务，负责急救、注射及普通外科敷药等工作。医师于每日下午2点半到厂担任医疗及其他劳保任务。

10个月来，医师和护理员都能全心全意地为该厂职工们劳保服务。为了预防疾病发生，为全厂职工进行防疫注射；每隔6个月进行全体体格检查一次。如患肺病等的职工由医生检查证明需要休养的，即住疗养室休养；其他如胃病及消化不良等患者，预备有营养膳食的照顾。

关于供养直系亲属及家属，按规定章程到厂治病，除酌收药费外，其余一律免费优待。

全厂职工疾病最多的是外伤（包括烫伤、轧伤等）；次如鼻炎、胃病、头晕、沙眼等也不少。在今年6月举行体格检查，经化验结果，肠寄生虫很多，约占40%强。主要原因是由于大部分职工来自乡区，因此遇到的传染机会也较多，其余像肺病等慢性传染病也发现少数，现正在展开防治工作，预计在第一疗程内完成多数治愈的任务。

鼎泰面粉厂的保健工作

鼎泰面粉厂是常州市规模较大的机器磨粉厂，一昼夜可消耗小麦15万斤，每小时产量为面粉100包。全厂126名职工，直系供养亲属约300人。1951年8月起，和常州分会订立医疗互惠合约。除医师每星期一、三、五前往担任医疗3个小时外，并经常派护理员1人驻厂服务，担任一般外科急救工作。一年中共诊病5500次，其中内科占38%，外科占62%，大多数是肠胃炎、四肢疼痛、沙眼等。有轻型结核3人，我们予以隔离处理；肾脏炎1人，已能恢复工作；另有结核性腹炎患者1人，已休假3月，转院治疗。

在厂工作的同志经常到机间、麦间、总务处，实际了解职工的健康状况，并发动他们工作时一律戴口罩。同时配合爱国卫生运动，使得每个部门、每个角落，经常打扫得干净整齐，因此他们的环境卫生做得有相当的成绩。他们提出一句口号是："普遍养成爱清洁、爱卫生的优良习惯"，并保证每礼拜六来一次大扫除，永远保持着环境卫生的清洁。

在卫生宣教方面，分会同志利用黑板报、集会、标语和漫画等进行宣传；或者由读报员、工校教师讲解卫生常识，使得每人懂得我们必须搞好生产，同时必须搞好健康。

邮电局的保健工作及体格检查

常州市邮电局是一个一等邮局，有职工 233 人，1951 年 8 月，和常州分会订立劳保医疗互惠合约。除一般病症到分会治疗外，并由分会派医师 1 人，每星期二、六下午 1 至 3 时到邮局诊治疾病，开好处方，到分会配药。这是和其他工厂劳保不同的一点。

根据合约分会对职工做了一次体格检查。双方俱因业务繁忙，学习紧张，便每天在下班后抽出时间检查 20 名。综合被检查者有男的 152 名，女的 31 名。

通过检查，对职工的健康有了进一步的了解，掌握住缺点，分别予以矫治，并动员他们经常实行体育锻炼，加强卫生宣教。邮政局的负责人，接受了这个建议，今年春天新建了体育场，职工们都能有了运动场所，因此职工们健康水平和工作效力都逐渐提高。职工中的轻型肺结核患者 2 人，由局方送到南京疗养所休养，现在已经恢复工作。还有 1 人准备送莫干山休养。这些事实，都证明了共产党的光辉，使得每个工人都沐浴到党的厚爱，和慈母爱护他的子女一样！

总会卫生组的几点建议：

常州分会的工厂保健工作在治疗方面是做了一些工作，而预防工作，还做得不够，提出以下数点，作为参考。并希望当地有工厂的分会，都能注意到这项工作：

1. 每年至少做一次体格检查，并研究检查结果，做病因改善和缺点矫治工作。

2. 要在门诊时发现病源，追查病原，并进行预防。

3. 安全设备、环境卫生，要在提高工人同志的认识后发动他们自动地去做，并注意对不对的地方进行检查和改进。

4. 经常进行卫生常识的宣传，并推行和组织急救训练。

5. 检查记录中发现薄利仁油饼厂有较多的疝、痔、四肢酸痛等病例，是否因站立太久，工作强度太大；厚生机器铁工厂的烫伤、轧伤较多，是否没有安全设备；一般的沙眼都多，是否还没有注意预防；这些都要通过典型事例，不停地作宣传教育，并予以改进。

（原载于1952年8月号《新中国红十字》，第21—22页）

常州分会举办工厂企业保健员训练班

我分会在本市爱国卫生委员会的领导下，根据不影响生产的原则与市卫生科、总工会联合举办了“常州市工厂企业保健员训练班”。参加的学员有280人，里面包括纺织、五金、食品、电业与搬运等工人。已于10月15日正式开学。

教材是由上海市人民政府卫生局编的《车间卫生员课本》。训练内容包括急救、卫生常识、细菌、传染病、妇幼卫生和卫生宣传等五种课程。其中以急救占最大比重。总的教学过程为72小时。现在同学们正以愉快的心情开始学习中。（陈雨人）

（原载于1952年11月号《新中国红十字》，第25页）

本会国际医防服务队第一、第七两大队模范工作者荣获朝鲜最高人民会议功劳章

朝鲜驻华大使权五稷在1952年12月19日代表朝鲜民主主义人民共和国最高人民会议常任委员会，以功劳章授予曾去朝鲜为朝鲜军民服务的中国红十字会国际医防服务队第一和第七两大队的模范工作者30人。

现在北京的国际医防服务队第一和第七两大队的模范工作者柴元庆等6人出席受奖。参加授奖仪式的有中国红十字会副会长彭泽民及外交部亚洲司副司长何英等。

朝鲜大使馆秘书金东现宣读朝鲜最高人民会议常任委员会关于授予功劳章的政令后，权大使将功劳章授予模范工作者并致辞，他向受奖的模范工作者致以热烈的祝贺。他说：“朝鲜人民一定要更加巩固朝中人民的友谊，为战胜美国侵略者而奋斗到底。”继由受奖的模范工作者代表柴元庆致答词，他代表30名受奖者向朝鲜人民致谢，并表示将继续

站在红十字事业的岗位上，为人民服务。最后彭泽民副会长讲话，他说，要以国际主义精神继续为和平事业而努力。

授奖仪式在热烈友好的气氛中结束。

荣获功劳章的国际医防服务队队员是：

第一大队：薛炳坤（化验员）、吴云田（护士）、祖厚吾（环卫员）、张书绅（护士）、张大焔（医师）、任志勤（化验员）、徐培君（助理护士）、杨荣恩（护士）、定淑敏（护士）、韩文娟（护士）、刘大汉（医士）、陈玲直（助理护士）、苏经美（通讯员）。

第七大队：张兴樵（调剂员）、朱四维（护士）、高玲珍（护士）、李鸿驹（护士）、黄崇诚（护士）、顾雅（检验员）、雷新宝（护士）、杨濂儒（助理护士）、孙宗贻（化验员）、胡国治（调剂员）、刘毓秀（护士）、何玉琴（护士）、谢宝义（事务员）、柴元庆（医士）、唐兆甫（通讯员）、部静霞（护士）、邢玉亭（调剂员）。

（原载于1953年1月号《新中国红十字》，第30页）

【注：其中柴元庆、任志勤、韩文娟、刘毓秀为常州人】

1953 年

常州市分会召开理事会

常州市分会在本年1月25日，举行了1953年第一次理事会议，会上通过了该会1953年度工作计划大纲草案及第一季度的工作计划要点。(吴逸樵)

（原载于1953年2月号《新中国红十字》，第21页）

常州市分会推行急救训练情况

常州市分会遵照总会的指示，于本年6月至12月举办急救训练班三期，训练急救员949人，成立急救站20个。爰将训练及组织情况，作一介绍。

怎样做好准备工作

甲、三个主要力量

行政力量的号召——动员优秀学员参加训练。推行急救训练，首先须决定学员的对象及如何动员等问题，政府的号召是必要的。如训练的对象是学校、工厂或居民，就必须通过文教局、总工会或区人民政府和派出所去号召与动员。这样才能使动员顺利进行，同时也容易掌握学员的一般情况，选择优秀的学员来参加训练，提高训练班的质量，使训练获得更好的成绩。

争取卫生工作者协会的协助——重视师资。进行急救训练，需要很多教师，根据我们的经验，如一次进行300多学员的训练，分为五六个班，在各地区进行，则需教师20至30人。因此，师资是一个重要问题，必须获得当地卫生工作者协会的协助，争取医师们来担任教师，以解决师资问题，这也是必要的。

配合很多小先生助教——帮助分组学习。急救训练的目的，要学员在结业后，能够担任急救工作。但训练的时间很短，一般只有 24 至 30 小时。为要在短时期完成训练任务并达到实际应用的目的，除教师认真教授外，配合很多小先生分组实习，是最好的训练方法。我们实行了小先生制，小先生在训练班中掌握了学习情绪，帮助实习，起了很大的作用，使训练扩大了效果与收获。

乙、准备工作

我们体会到上述的三个主要力量，因此我们的准备工作是首先和本市爱国卫生委员会密切联系，争取医协重视，并以联合通知，邀请有关方面召开推行急救训练座谈会，说明急救训练的意义及其重要性，争取各方面的重视与大力协助。如动员学员，请文教局、总工会以及区人民政府和派出所担任；师资问题请医协担任，订出具体计划与办法，分工负责进行。我们就在这个时候，号召本会全体青年职工与训练班学员首先受训，培养小先生担任助教的光荣任务。经过 20 天的时间，各方面紧张地分头完成了各项准备工作。

训练情况

第一期训练 341 人，分为 6 个班。为照顾学员们的便利，分 6 个地区训练，计动员医师 24 人、小先生 42 人。

第一期训练又分作三个步骤：第一步是训练本会的职工与学员，以培养小先生为目的；第二步是训练中小学教员一班，以吸取经验为目的；第三步才扩大训练两个派出所地区的 4 个班，并在这 4 个班中选择优秀的小先生来担任第二期训练工作。

第二期训练 314 人，分为 7 个班，动员医师 28 人、小先生 61 人。

第三期训练 284 人，分为 4 个班，动员医师 24 人、小先生 84 人。

训练时间，一般在 30 个小时。考试成绩由各小组民主评定，不及格的得参加下一次的训练。

每班人数 60 左右，分为若干小组，每组 6 至 10 人，配合小先生 1 至 2 人，帮助实习。

如何组织急救站

考试及格的急救员结业后，应及时地组织起来，使他们在群众中发挥积极的作用，这就是组织急救站。

我们拟定了《常州市红十字急救站组织章程草案》，邀请有关各单位召开组站座谈会，修正通过了组织章程。我们根据三期训练的人数及其分布情况，成立20个急救站，并在本会成立中心急救站1个，作为示范性质，并对各站负业务上的指导责任。

急救站必须派有急救员1至2人轮流值日，负责联系与急救工作，以免急救站流于形式。

急救员起了哪些作用

因为我们成立急救站时间未久，故在急救工作方面还没有显著的作用。但急救员一般说来，是很勇敢而热情的。在爱国卫生运动中及防疫卫生工作中已有一定的贡献。如在常州市城乡物资交流大会、爱国卫生展览会、国庆节大游行以及各种大的集会，每次均有很多急救员参加工作，担任救护或其他任务。在防疫卫生方面，也动员很多急救员担任白喉注射等工作。

一些体会

1. 配合小先生参加各小组帮助实习是最好的训练方法，各班都认为有了小先生的帮助等于多上了好多钟点的课。

2. 小先生能帮助实习，及时解决问题，并掌握学习情绪，起了先锋与桥梁作用。

3. 在上注射课时，小先生首先以身作则，把手臂给他们注射，打破了学员们的不敢彼此注射的顾虑，掀起相互注射的热潮。

4. 小先生担任助教，应订立纪律，来共同遵守。

5. 教授方法要理论结合实际操作，生动活泼，才能使学习情绪始终高涨。照书本读的教学法是最使学员们感到头痛的。

6. 急救训练的时间很短，必须教、学、做合一，才能得到实际应用的效果。(吴逸樵)

(原载于1953年2月号《新中国红十字》，第22页)

常州市的急救站

常州市分会去年成立了20个急救站，在工厂的有8个、企业部门1个、学校里2个、居民间8个，另外还成立了1个起示范作用的中心站，辅导上面19个站进行急救工作。所有参加站工作的急救员共949人。他们都按照各工厂、企业、学校实际情况，在站的组织形式下，又分成急救小组，以利工作之进行。

一般红十字急救员工作情绪很高，能主动争取工作，能把所学到的技术与红十字急救的服务精神运用到实际工作中去。如怀德桥急救站在物资交流大会中进行急救工作，赶来办货的商人说："我们同行中也学会了急救技术，方便不少。"又如新坊桥小学急救员袁玲（教师）急救了从扶梯上跌伤的学生蔡正嘴，感动了学生家长到学校来说："现在的教师真爱护学生，确与从前不同了。"大北门、北大街的两个急救站的急救员，更自动地要求复习技术，已于今年1月11日开始自动缴费购书，不避风雨赶来上课。

以工厂方面的急救站来说，大成纺织厂全厂有2000多工人，设了急救站以后，厂医李紫衡同志说："从前护士到车间去工作，跑不过来，有了急救员以后，给厂医很多帮助，卫生工作更好推动了。"李医生自己担任急救站站长，他继续培养急救人员代替工厂护士的工作，引起资方也重视了能够保障工人健康的急救工作，置备了急救帆布包等给车间应用。万盛铁厂资方还为此腾出一间空屋，装了电灯，又准备装电话，供作急救站值班的使用。其他工厂的医师、护士等都纷纷自动要求做一个红十字急救员。

居民间所设的急救站也建立起值班制度。最近常州市卫生科动员医药卫生人员到郊区去进行白喉注射，各站急救员就自动争取参加。常州市分会为进一步响应政府号召，继续推展爱国卫生运动，决定加强辅导比较已有群众基础的怀德桥急救站，先带头进行钱家村环境卫生工作，再以此为示范，推广到各急救站所在地区去开展爱国卫生运动。（多里亚）

（原载于1953年2月号《新中国红十字》，第23页）

新中国红十字的急救员们（节录）

急救训练已经在全国数十个城市中开展，经过训练的急救员在组织了急救站以后，都在为人民进行急救服务。当急救员们在完成一次急救任务以后，群众对他们表示了非常热烈的谢忱。

在常州的街道、车间、机关等地都设立了红十字急救站，为工人、学生、机关干部、市民们服务。1953年1月6日的常州《民报》“读者来信”栏中发表了一封合众翻砂厂工会主席陈泉生表扬常州市急救员的信。他在1952年12月28日参加常州市西区人民政府召开的评选优抚模范大会将要结束时，突然心中难受，要休息。刚离座没有几步，全身就发抖发软，昏倒下来。当时参加会议的怀德桥、西仓桥急救员许菊珍、袁玉芳、赵振祥、钱橘青马上把他送到室内进行救治，虽然他呕吐在袁玉芳身上，袁玉芳都不去管，倒水给他吃，并打电话联络医生。袁玉芳和许菊珍看到他发抖，又把自己的大衣脱下来给他盖上，守护在旁边，直到医生来了，打了针，4个急救员又用担架把他送回工厂，安慰他，要他安心休养。他现在已经恢复健康，对这4个急救员的服务精神非常感动，他在信的最后说：“想到她们这种为人民服务的精神，实在叫人感动，我要学习他们，做好工会工作，搞好生产，为今年的大建设尽最大努力。”（高明之）

（原载于1953年2月号《新中国红十字》，第26页）

北京、福州、常州三个分会的急救训练工作（节录）

根据我会1953年总任务第三条：“贯彻爱国卫生运动经常化与制度化”的总精神，各地分会先后都举办与推广了各种训练。特别是急救方面，据北京、福州、常州三个分会的报道，至今年二月份止，共训练急救员×××名（其中常州共培训九百四十九人）。训练过程中，学员们情绪都很高，在结束以后续而成立了三百四十七个急救站（其中常州二十个）及六个急救队（常州无急救队）。从效果上来看，他们在防止意外伤害，保护群众生命安全及保证生产上，都起了很大的作用，如：常州西仓桥及怀德桥两站的急救员许菊珍等，在拥军优属的大会上急救了翻砂工厂主席陈泉生。在常州卫生科开展郊区白喉注射时，急救员们放弃家里工作跑到郊外积极参加注射并帮助开展卫生宣传。由于以上作用，博得了党政更大支持与群众信任。

至于具体的训练方法，他们也有如下的一些共同点的。

一、主动争取党政重视，密切配合有关部门

北京、福州、常州三个分会，都是在收到上级开办急救指示时，首先和当地爱国卫生委员会协商，取得一致后，邀请当地党委、政府、公安、教育、工会、妇联、学联、医联等有关部门开会，说明急救工作的重要，提出急救训练方案，由到会各部门推选代表成立急救训练委员会，在爱国卫生委员会统一领导下进行工作。经验证明这样做是对的，这样不但能博得党政的了解和重视，而且得到各有关部门的支持。……这些也说明因为我们的急救工作，是群众在蒸蒸日上的生活中及大规模经济建设的形势下所需要的，对党政工作贯彻完成起一定的助手作用。

二、广泛进行宣传，
做好充分的思想动员及准备工作

根据实际情况，结合真人真事开展自上而下、自会员到群众的急救宣传，宣传急救的目的、性质，特别是急救与工作的重要关系。在确定了对象以后，要根据不同思想顾虑，以大会小会、个别谈话进行动员教育，安定情绪，为搞好学习打下基础。如常州分会在训练中，学员起初认为学急救是“方便方便人家”“学后回去传达就行了”，在针对这些思想作了大会动员、小会讨论、个别谈话后，纠正了不正确的看法，掀起了学习热潮。

三、根据不同对象，选择不同教材，
大课一般讲解，小先生个别深入辅导

工厂工人、城市居民与学校教员、学生一定要分别训练。因为工人、居民一般文化水平较低，教材要通俗易懂，进度要慢；教员、学生都是知识分子，进度可以快一些。若合并训练，往往进度不一，结果是顾此失彼。对工人及居民讲授时，要力求通俗易懂，多操作、多用土语、多联系实际，特别是医学名词更要解释明白。

另外由于我们急救训练时间不长，大课讲授是容易速成，但必须结合课后辅导。北京、福州、常州三个分会都是在大课后，另培养学员中的积极分子作小先生，分工深入辅导，效果很好，也发挥了学员的潜在力量。

从三个分会的急救训练工作来看，只要掌握了以上一些环节是容易

搞好的。急救训练以后，就是如何组织与巩固的问题，三分会已在这一方面加强注意，并准备重点培养，吸取经验以后再加以推广。

（此稿根据张书绅、杨迪群、周立峰来稿及福州分会总结综合）

（原载于1953年4月号《新中国红十字》，第18—19页）

常州市分会检查了急救工作的缺点提出了改进的办法

为了加强与提高今后的急救工作，常州市分会于3月份召开了急救站站组长会议，会上除肯定了急救工作的成绩外，并检查了急救员训练和急救站组织工作中的许多缺点。

一、在训练工作上，对受训的急救员，没有深入的思想动员，没有根据需要有重点地分配训练对象，以致影响到训练工作的顺利开展，如：分会在动员工作上有比较严重的依赖思想，只是个别地到各领导机关接洽，过分依靠行政力量，没有主动争取配合基层进行深入的思想动员，因此有些基层单位有单纯任务观点，不论条件地乱派，有的派了身兼数职的积极分子，结果在学习中因公经常缺课，结业后对急救工作也照顾不上，作用不大。有的派了文化高的，也有不识字的，文化水平不齐，要求也不一，在教课时，对掌握就成问题了。照书宣读，学员不是听之无味，就是瞠目相对，精神涣散。讨论会上，文化高的爱钻名词，文化低的爱谈实际及民间治疗老法，顾此失彼，收效不一。在学员本身，由于动员不够，许多对急救意识不够了解，以致一种是“上级派我来学，我就来学，无所谓”；一种是“学些技术也好，方便人家，也方便自己”；还有一些认为是初级医务训练，可以借此转业改行，脱产当干部等来训练的，思想紊乱，学习不钻研，结业后对急救工作不负责，不起作用。

另外，在学员教学的分配上，分会没有根据单位规模大小，客观需要程度分配，仅简单的一律平均分摊，一齐动手。以致在学习中，由于来自单位不同，基本知识要求也不同，混合编在一组讨论时，不但发言不一致，回家也影响到互相学习。特别是结业后组织急救站工作上，单位规模大的，客观需要的，训练的急救员少，不敷需要；单位小的，急救员多而须急救范围又太小，于是急救站也是几十个单位、几十个行业合并组织一个站，结果距离太远。如新坊桥小学急救站，即包括37个中小学组织，远的距站十几里。民华布厂站，有31个单位，不同的7个行业。双桂坊站，包括5个居委会，不独地区广，工作范围性质却不同，单位领导不联系，作用不大，甚至失掉急救作用。

二、急救站的活动方式脱离实际，以致许多工作行不通，推选行政领导人当站长，要求过高，反而使站的工作形成自流。

急救站的工作由于分会对客观情况估计不够，单凭主观热情，现订立轮流值班制，每天派人值班，但因为急救员并不是脱产的，各人都有本身的工作，而且群众也未普遍知道急救站的成立，加上急救事例也不是每天都有的，结果守站的没人来找，被认为“冷门货”，成为形式。后又订立巡回急救制，背了急救包，排成队到街尾巷头巡回，找需要急救的人，结果因为急救就是可遇而不可求的，有的跑了很多路，一桩急救也未找到。工作搞不好，还耽误急救员本身的生产和工作，急救员情绪不高，制度定了不能持久，又脱离群众。

在急救站的领导问题上，分会没有根据各站开展工作的方便及分会本身的力量来考虑，把急救员与急救站交给所属单位的行政及卫生机构统一领导，而形成分会垂直领导各个急救站。结果，分会照顾不暇，有关单位也不管而放弃领导，形成自流。另外关于站长的选择上，我们也主观地认为越大的行政领导越好，而没有考虑到实际工作与技术的具体领导问题，硬性地推选行政首长或责任较多的同志，结果成为挂名站长，实际领导无人负责，如有某校长兼站长，从未参加过有关急救的会议，也从没有汇报过站的工作。有三个民政股长任站长，也从未过问过站的工作。

针对以上所检查出来的问题，在会上作了进一步的研究，大家认为，除沉痛接受以上教训外，今后必须：

一、重视训练动员工作，因为它对训练工作与组织工作的成败，有很大的影响。所以我们除应首先联系行政领导，取得行政领导同意与支持外，还必须配合有关部门进行具体布置，并密切结合该部门生产的需要，慎重挑选训练对象，并应充分深入地宣传动员，至于训练人数多寡，必须根据范围大小和需要情况来决定。

二、在组织工作上，原有急救站的组织必须从速地加以调整，从实际需要出发，规模大的工厂、学校有条件的，就设站（顶好单独设站），条件较差的就以同行业或地段相近的工厂、学校设站，以车间、教室为单位设组。居民方面，如在工厂工会、学校里者应即分别将急救员关系转移原单位去。其余则以居民委员会设站，俱乐部设站。站长组长的推选，一般工厂以厂医及工会劳保人员比较适当，学校以校医，居民以积极分子、开业医生或卫生委员等为宜。

三、建立急救站及开展急救工作上：经验证明轮班值日，坐着等急救及巡回制度背包包到处找都是脱离实际的，行不通，今后的急救站应设在居民委员会受过训练的医生那里，工厂设在医务室里，学校设在校医室，并与附近的医生、卫生机关取得密切联系，这样既不至于有站无人，也不至于使急救员耽误本身的生产和工作。（杨迪群）

（原载于 1953 年 5、6 月号《新中国红十字》，第 15—16 页）

红十字会卫生工作组帮助我们破除了迷信

我们这里，前一些时期由于气候不正常，虽则已经是初夏天气，人们有时还得穿着棉衣，有时却得赤着身子往地里干活，因此平时不注意寒暖的人，有的头疼咳嗽，有的闹胃病，有的竟至病倒了，眼看着地里麦子熟了，秧苗长了，割麦插秧是一转眼间的事情了，农民们都很焦急。

就在这时候，村子里传开了谣言，说是六村往南去的一个死水潭子里的水，有了仙气，哑巴吃了开了口，瘌痢洗了生了发。于是村民们便纷纷你邀我约的，备个空瓶子，一清早收拾收拾求仙水去啦。乡村干部、民兵同志苦心劝阻，农民还是不听。日子一天一天过去，看着来自三五里，甚至十里开外，携瓶带罐的求“仙水”的人们，络绎不绝，废时失事，贻害病人。乡区干部为了村民的健康，迫得只好架起水车，把潭子吸干。可是依然济不了事。村民们说：“没有仙水，挖块塘泥也行。”

6 月 1 日清晨，村子前高高升起了白底红十字的旗帜，原来是县里派来了 8 位中国红十字会武进县分会卫生工作组的同志给治病来了，医生们、护士们，都抱着赤诚的治病救人的心，向群众进行宣传教育，白天片刻不停地给贫病的人们治病讲道理，晚间更分别到各个村子里去放映土电影（幻灯），介绍科学的卫生常识。红十字会的医生给费老奶奶的孙子治病，起初她只是半信半疑，后来看着医生唐克明同志给她的孙儿量体温，检脉搏，问长问短的，细心地给处方给药，并且告诉她：“孩子患了肺炎，服药后给孩子好好睡一会，病势就会减轻的。”这才使她相信了一大半。过了一晚，好容易把个吃了“仙水”没有转机、反而到头闷热了整三天的孙儿给治好了。费老奶奶心里的石头放下了。第二天急急匆匆地赶到卫生站，一把抓住了唐医生，感激地好半晌才吐出一句话：“谢谢毛主席救活了我的孩子……”

红十字会卫生工作组到我村后，仅仅十天的时间，露了底的死水潭的传奇消息像是个历史上的陈迹，已很快被遗忘而不再有人理会它了。（江苏省武进县马鞍乡中心小学校教师沈澍）

（原载于1953年7月号《新中国红十字》，第11页）

担任工厂劳保医疗工作的体会

常州市分会在五家工厂担任劳保医疗工作，这五家工厂是面粉、油、铁、纺织等各个不同的工作性质的工厂，有来自各方的工人约1000余人。随着职业的不同，环境的差异，过去又受反动派统治的摧残剥削，部分工人们的健康是不太好的。经过一年多的医疗、保健工作，对改进工人的健康及提高工人的卫生水平方面，做出了一定的成绩，也获得了一些经验。现在着重介绍一下我们的体会。

一、要了解病人心理状态，进行耐心和气的说服

当医生第一天刚刚踏进厂方医疗室的时候，一般不健康的工人都对医生寄予很大的热情和希望，特别是患慢性病的同志更加欣喜万分。一般病人总是希望病马上好。这时的医师，就要从思想上、心理上、环境上详细了解分析，掌握病人心理，不能单纯着眼于治疗。同时，了解了病人的心理状态后，还必须结合治疗进行耐心的说服解释工作，不厌其烦地给病人讲明道理，这样才能安定病人情绪，使病人与我们合作，收到医疗效果。例如：×厂树友余同志在没有实施劳动保险的前一年，就患阿米巴性痢疾，因为没有完全治愈，就恢复工作，同时对饮食不慎重，以致食管和十二指肠部常发生痉挛性疼痛。经过很多医生治疗，病仍没有减轻。他思想上存在着病不能好的顾虑，所以每次医生来时，他一切的希望，都寄托在药物治疗上，对休养和轻柔运动很不注意，也不相信。这次，我们了解他的情况后，一方面有趣味地启发他的心情，使他处处乐观；一方面由厂方转上海，作X光透视，证明他的症状需要休

养。这才扭转了他对单纯药物治疗的片面观点。又如，×××油厂夏宝春同志，患慢性病支气管喘息，已有十余年。每逢冬季，发作更厉害，工作过度便气喘。我们劝他用组织疗法注射剂治疗，他一听最低限度要注射30针，有点不愿意。听说针药只需800元一支，他又怀疑针药太便宜，没有效力。我们便反复说明，组织疗法是苏联先进医学经验，并举了很多例子来证明这种治疗方法的效果。他听说是苏联老大哥的疗法，心里有点相信了，我们就趁机叫他即日开始。起初注射了十余针，未发生效力，他又动摇了，我们就坚决地给他保证，使他不疑心地继续下去，现在已用完60针，他已不气喘了，精神也好了。现在他逢人便说："苏联疗法好。"再如，×厂周开元同志，1952年4月以来，一直小便带白，起初疑心是淋病，但经过化验，蛋白有卅符号，他又认为患了严重的肾脏炎，天天忧愁。经过我们详细诊断，并多次验小便，证明是直立性蛋白。于是给他解释病理，并叫他注意休养和饮食。不到一月，病即痊愈。他事后对我们说："这病要不是你们和我常谈病原，我真不知道愁闷到什么地步了。"这些例子，都充分说明医生要有充分的耐心来做说服工作，医生的语言，对病人的心理是有很大的影响的，如果我们能掌握病人的心理，以耐心和气的态度对待病人，对治疗是有帮助的。

二、运用具体病例，开展卫生宣传教育

由于工人同志的文化水平一般较低，缺乏基本的卫生常识，因此，他们往往对疾病和医疗有几种错误的看法：一、认为生病是命运注定，自己倒霉；二、要用贵重的药品，用药片、药粉、药水就有点不满意，喜欢注射，还有许多同志专门要求注射葡萄糖；三、对医生用药处置有怀疑，如寄生虫病和痢疾类的，先给吃泻药就有点恐惧。根据这种情况，我们便运用具体病例，对工人进行宣传教育。例如：×××油厂束龙大同志，是搬黄豆的工人，每天搬黄豆时吸入很多灰尘。今年偶尔吐几次血，他很惊慌，认为很严重。我们一方面替他医好吐血症，一方面以此病例教育大家，宣传肺结核的发病原因和防治办法，发动大家戴口罩，养成吐痰入盂的习惯。在健康检查时，发现沙眼患者很多，我们就发动每人备毛巾一条，教育大家要注意个人卫生。在进行预防注射的时候，我们也结合"预防为主"的方针进行宣传教育，把为什么要预防的道理，通过扩音器详细宣传解释。利用黑板报，写出目前主要的传染病（如霍乱、伤寒、鼠疫、天花等）的病征及害病的后果。用漫画绘出细菌和病人的形态。通过这些事例和宣传方式，提高了工人同志们的卫生

常识。事实证明，这种结合具体实例的教育方法，是比较容易收到实际效果的。现在工人同志们知道粪缸要常洒石灰，饮水每人一只茶杯，饭前和大小便后一定要洗手，不再迷信神权了，互相警惕不吃生冷食物和冷水，经常戴口罩，不随地吐痰，一般都已养成了注意个人卫生的习惯。由于工人的卫生习惯已初步养成，发病率便减少了。在1951年度里，有几家厂曾发生过伤寒、急性肠炎等病，1952年度里，就没有一个厂发生过传染病。

三、关切和访视

我们红十字医务工作者，要有革命人道主义的精神，要学习白求恩大夫对病人高度负责的作风。在这五家工厂担任劳保医疗工作以来，深深体会到医生要得到病人的信任，首先要端正自己的思想作风和工作作风。对病人应处处表现同情、关切，绝不能粗枝大叶、敷衍了事。例如：过去我们担任邮电局的特约医疗工作时，对该单位一位患糖尿病的同志，不但负责地及时转送医院治疗，当他回来休养后，我们还经常替他化验小便，制订食谱。对厚生厂一位割除包皮的同志，我们一天两次到他家里给换药。对患结核病的同志，我们建议厂方建立营养食堂。平常诊断时间虽然每天规定只有两小时，但我们总等任务完了才回来。医生们不管风雨大雪，都准时上班，但是下班的时间经常要延长一两个小时。护理员们对材料用具，总整理得很整洁。由于我们本着这样的精神，去为工人弟兄服务，所以我们得到工人和厂方的信任，甚至有些喜欢吃中药的病人，或是想找别的医师帮同诊断的病人，也征求我们的意见，叫我们告诉他哪个医师技术好，经验多。有些厂方的干部提出："红十字会的医务工作者服务精神好，我们以后还要请他们特约医疗。"这些都证明，我们如果对病人给以真正的关切，病人是会信任我们的。

劳保工作是工人阶级的福利工作，我们担任工厂的劳保医疗工作，正是根据"面向工农兵"的方针进行的。但是这个工作，我们还是初次担任，还没有经验，缺点也很多。今后还须踏踏实实去做，多开动脑筋，多想办法，减轻病人的痛苦。祖国大规模的经济建设要求工人们有健康的体格，劳动人民的生活水平也正在天天向上，对卫生文化的水平也将不断提高，我们医务工作者，要密切配合生产建设的任务，开展工厂的医疗保健工作，这是我们光荣的任务。（陆希羽）

（原载于1953年7月号《新中国红十字》，第10—11页）

武进分会前黄服务站组织血吸虫病调查组

武进分会前黄服务站最近抽出部分工作人员组成血吸虫病调查小组，在附近胜东乡桥头自然村进行调查及宣传工作。

该组与区政府联系后，于9月20日出发，挑着显微镜、宣传品到目的地进行调查，由乡政府动员召开了群众会，先做图片讲解，说明病的来源，接着用村上已经服务站确诊的病人的粪便在显微镜下检查，让群众亲眼看到虫卵。通过宣传与实际检查，群众对血吸虫病有了初步的了解，说："啊！原来病是这样来的，明白了。"于是解除了怕难看、要花钱的顾虑，都自动把大便送来检查。同志们给群众检查大便后，又向群众宣传解释，强调早发现、早治疗的好处，并提出防治意见与要求：

（1）严格防止将粪便随地乱倒。

（2）厕所要在距河50公尺以外，并加盖，不使渗漏河中。

（3）随时扑灭钉螺，绝断中宿主。不下河洗澡，尽量使脚少沾水，或用油布包脚。

（4）已发现的速到防治站治疗。

（根据该站调查报告改写）

（原载于1953年11月号《新中国红十字》，第28—29页）

1954 年

学习国家过渡时期总路线

我会在常州市人民政府时事政策学习班统一领导下，自去年 10 月份起，展开国家在过渡时期总路线总任务和增产节约的学习。至 12 月，全体职工学员们听政府首长的报告先后已有五六次。在这次学习过程中，一般说来，人人都初步认识了过渡时期的总路线是照耀着我们工作的灯塔，国家有光明美满的前途，因此平时对学习不起劲的同志，这次学习总路线也认真了。学习情绪一般较之过去是紧张浓厚得多，例如张授方同志，随时随地搜集有关于学习总路线的参考资料，将报纸杂志摘要剪裁，编号陈列在学习室里，供同志们参考。学习小组的同志一般都记了笔记，并注意整理笔记。分会领导对这一学习很关心、重视，曾在市府汇报会上得到表扬。但是，我们是不能以此自满的，有些同志说："学习总路线才能搞好工作，我们还要加把劲。"（陆希羽）

（原载于 1954 年 1 月号《新中国红十字》，第 20—21 页）

常州市分会在工厂中进行预防感冒工作

我们担任常州市一个铁工厂的劳保工作，工作中逐步注意贯彻"预防为主"的方针。如去冬今春，我们发现该厂感冒病例日有增多，但在一般工人同志中却又存在对疾病的预防不够重视，认为有了病有药品的思想，于是我们就针对这一情况进行研究，决定了每十天统计一次诊疗记录单，以这十天中发生病例最多的，作为研究对象，然后再调查何人看病次数最多，由保健员对这个患病同志进行个别了解，找出患病的真实原因。

去年12月份，经过疾病分类统计后，发现患感冒的人数最多，经过调查了解，得病原因有以下几种：1. 车间温度高，外出不加衣服；2. 在夜晚回家或在宿舍受了寒气；3. 夜间起来小便时，穿着单衣受了凉。

患感冒的原因弄清后，于是就由卫生室联系工会，召集劳保干事及车间小组卫生干事，先开一次座谈会，说明感冒传染的原因，以及预防的方法。然后再深入小组漫谈讨论，为了帮助工人同志更好地学习，还以实际事例印制了通俗易懂的宣传品分发到各小组配合讨论。经过这样一次漫谈讨论后，每个工人同志都懂得患感冒的原因，同时懂得不是单靠药品，主要的还是以“预防为主”。

现在工厂的车间已设立更衣室，要求每个同志夜间起来多穿衣服，外出要戴口罩，大家都能照这样实行了。实行以来效果很好，根据1月份的统计，患感冒病例已由30%减到5%，并且常州市卫生科在召集劳保医师会议时曾做过一次介绍，号召各厂都能参照这个办法试行。（陆希羽）

（原载于1954年3月号《新中国红十字》，第28页）

常州市分会协助当地的爱国卫生工作

常州市分会经当地政府指示，负责辅导该市西区卫生预防工作，目前主要任务是使爱国卫生运动经常化。3月2日，区政府召集10个居民委员会的干部开了一个动员会，会上由程区长作了动员报告，并介绍了红十字会的任务。会后，分会即按每两个居民委员会派两个干部，协助他们一面进行卫生宣传，一面组织群众家家打扫清洁，并将不平的马路填平。分会又印制了《为什么要挖蛹》的宣传资料，分发到各急救站、各居民委员会及各居民卫生干事，供作他们宣传时参考，并组织群众进行挖蛹。（陆希羽）

（原载于1954年4月号《新中国红十字》，第29页）

各分会积极在工厂、城镇展开春季爱国卫生运动（节录）

常州市分会在当地党政领导及爱国卫生运动委员会统一布置下，积极地在工厂、城镇，展开了今年春季的爱国卫生运动。分会在这次爱国卫生运动中，明确了运动的主要任务是消灭病媒虫，防止传染病发生，因此普遍进行挖蛹灭蝇，彻底改良环境卫生，清除病媒寄生处所，和做好饮水卫生、预防接种等工作。分会在接受当地布置的挖蛹任务后，即发动医务工作者、急救员和居民中的卫生模范、积极分子组成挖蛹队。除挖蛹外，还迁移了不合卫生条件的粪缸，粪缸加盖，在街道上清除无人管理的垃圾，有的地区还修订爱国卫生公约。在运动中，急救员起了推动与配合的作用。(陆希羽)

（原载于1954年5、6月号《新中国红十字》，第15页）

常州市工厂急救员起了助手作用

常州市分会在工厂中训练的一批急救员已经起了一些作用。国营万盛铁工厂有急救员6人，厂方给做了3只急救箱放在车间供急救员应用，厂卫生室每星期六到站检查一次，并予补充药品，整洁用具。1953年他们一共急救一般的外伤572次，还协助卫生室种痘、宣传卫生常识和带动工人打扫环境卫生等。益丰昌染织厂女工刘芬因车间温度太高有休克现象，急救员陆杏秀发现后，马上扶她走出车间，给她吃了急救药，一面用冷手巾洗脸，不到十分钟，刘芬就恢复正常回到车间去工作了。在恒丰盛厂里梭伤事故不断发生后，（急救员）便在大会上向工人们分析原因并进行了卫生安全教育，此后梭伤事故减少了。他们还经常对炊事员宣传并指导如何做好饮食卫生，结果使工人肠胃病的发病率由20%降低到5%。常州市市委宣传部长王颖同志指出：“红十字急救员是常州市卫生救护工作不可忽视的一支力量。”（杨迪群、陆希羽）

（原载于1954年5、6月号《新中国红十字》，第9页）

常州市分会协助当地训练炊事人员

常州市分会协助市人民政府卫生科、总工会于今年4月20日在分会举办了市属工厂、机关炊事员训练班。参加学员共130人，时间定为两周，为了不影响工作，学习时间定为每晚6点半至8点半，训练内容分：政治、饮食卫生、营养介绍、有关的几种传染病、环境卫生、简易洁水法、个人卫生、典型介绍以及炊事人员工作守则等，采取合班上课及分组讨论的教学方式。目前第一期已结业，第二期正准备开课。（陆希羽）

（原载于1954年5、6月号《新中国红十字》，第11页）

居民急救员的救护活动（节录）

在许多突击性的工程中，外伤救护是很需要的，但由于是临时的，不便于在参加劳动的群众中训练急救员，各分会为适应这种情况曾组织工作清闲的街道急救员在不影响他们的生产的原则下，发挥急救员潜在的力量和作用。如常州市平冈乡农民为了争取今年水稻丰收，要在6天中修浚一条3里多长的水利工程，常州市分会根据农民的邀请，派人前往担任急救工作，而且注意挑选那些积极主动、把这一工作当作光荣任务的急救员前去。这些急救员在工作中发挥救护作用，受到欢迎。常州平冈乡的农民写信感谢分会派去工作的急救员，说他们态度和气，能及时抢救受伤民工，常常工作到很晚才回去。（杨迪群、陆希羽）

（原载于1954年7、8月号《新中国红十字》，第14—15页）

再不说“做不下去了”

常州市分会妇幼保健站成立三年以来，一直以单纯接生为主，对宣教工作总是说不会做或做了一半说：“做不下去了。”自学习总路线后，认识到有责任提高群众卫生文化水平，便主动加强了宣传工作，一方面经常配合地区中心工作，参加居民委员会的大小会议作妇幼卫生宣传，由此居民委员会也经常争取保健站去讲卫生常识。这样常和群众见面，就克服了过去工作只局限在居民干部身上的缺点，消除了群众因隔阂而产生的误解，使群众知道了保健站是不接难产的，产前检查也是有好处的等等。群众说："我们过去不知道你们的工作性质和范围，现在知道了，我们回去向群众解释。"另一方面，领导、接生员也参加了卫生宣传工作，如参加分会演出的《揭开了忧愁的结》宣传剧，消除了接生员怕人说宣传是为了兜生意的顾虑。另外，还经常在妇女群众会上介绍接生员热心为产家服务的事例，以提高他们的威信。由于深入群众学到不少东西，他们就能结合实例进行宣传，有讲不完的话，窍门越找越多，再不说"做不下去了。"（陆希羽、杨迪群）

（原载于1954年9、10月号《新中国红十字》，第23页）

我怎样担任工厂特约劳保医师

1953年，分会指定我担任地方国营万圣铁工厂的特约医师，每天到厂协同医务室进行卫生医疗工作。

开始的时候，我们医生只做治疗。但由于治疗效率往往不能满足工人需要，而且有些病，例如腰酸、腰痛、头晕、胃疼、咳嗽等的统计数字还逐渐上升，缺勤率也逐渐增加，这种情况不能不引起我们的注意。经过研究，我们初步认识到它不单纯只是个医药问题，而是与劳动环境、生产过程、安全操作乃至工人生活，都有一定关系。为了摸清常见疾病发生的根源，求得适当解决，我们进一步做了普遍调查工作。

普遍调查是采取以下三种方法进行的：

一、印发工人健康问题简要提纲，分给各小组，采用漫谈的方式，由工人谈出自己过去和现在的健康及患病情况，由小组汇总交保健员，再由保健员结合定期的工人健康检查材料分别列表，这样就可从表上看出每一个工人的健康状况。

二、每日在门诊记录中把病人的姓名、工种、工龄、属何车间，分别列表，每周小结一次，每月总结一次。从这些统计中，可看出什么车间、什么工种、发生什么疾病最多。

三、与人事科联系，检查每日请假情况，然后分类统计。

经过以上三种调查方法，做出总统计，我们掌握了发病率的基本情况。

为了从根本上防治多发病，我们再进一步采用各种方法彻底追查发病的原因，主要的方法是：

一、到现场去实地了解劳动环境、生产过程和安全操作等。这个工作非常重要，也是最有效的调查方法。通过到现场实地了解，我们发现试车工场因为炉子漏气时常有煤气散出，所以容易发生头晕、咳嗽等病；金工工场因铁屑飞溅，容易引起眼外伤；锻工工场因熔铜铁发生的气体，容易引起鼻炎等症；铸工厂由于矽灰在空气中散布，容易引起咳嗽等病；杂工有时由于抬物过重，致发生迸伤、扭伤，形成腰酸和腰痛。

二、从问诊中耐心查问，决不放松任何调查病因的机会。如某工人患消化性溃疡，经常来医务室打针服药，从谈话中发现他是不注意休息，吃饱饭后马上工作，弯腰工作久了，感到胃部胀闷，造成这种病症；候诊时间，保健员、护士从和病人的谈话中，往往可得到致病的原因。

三、深入了解工人生活，进行个别家庭访问，或向同一车间同一小组的工人询问病者平日的生活、工作情况。这个办法也常常帮助我们找到病因。

四、检查生活环境，如食物、厨房、宿舍、水井、厕所、沟渠等是否清洁，有无致病的昆虫等。

五、追究责任。如遇有工伤事故发生，保健员通过个别谈话、向小组了解当时实际情况和车间主任共同调查等，就可找出发生工伤的原因。

经过调查和医务室的研究分析，找出了致病的原因后，我们就提出了改进计划或预防计划，并根据当前发生最多的病伤进行卫生宣传和各种预防措施。

我们不只自己做卫生宣传，还依靠了工人群众的力量。如：我们组织了对卫生常识有兴趣的、有一定文化程度的、工作积极的工人参加卫生宣传工作，医务室发给他们宣传材料，使他们随时针对实际情况随时向车间工人宣传卫生常识。由于我们注意提高工人的卫生常识水平，依靠工人开展卫生工作，工人们想出许多办法来改进了厂的卫生状况。工人刘锡荣本来患慢性副鼻窦炎，后来他懂得了得病的原因，就讲给车间工人们听。经过车间小组共同研究，他们就在炉子上做了一个烟罩直通屋顶，并经常注意多开窗户，这样车间烟雾减少了，随之车间患病的工人也就减少了。还有些工人夜间工作，常发生眼痛，后来知道眼痛是由于灯光的刺激，就想出了办法把灯光集中在机器上，眼痛现象因而就逐渐消除。金工车间，车床加工时，金属细屑容易飞溅入眼内，发生眼外伤，后来车间工人就想出用绿铁纱做成方块形小罩，盖在车刀上处，细屑便都溅在铁纱罩上，一点也不妨碍生产，还保护了眼睛。经过保健员和技术员共同研究，又把纱罩改成半圆形，中间用活络铰链联系，这样盖住车刀，只要揭开一面就可观察工作物，而且纱罩可以随工作物移动，金属屑永远不能飞出。在两部车床中间，又装上铁纱挡板，效果更好。

在推行改进预防措施方面，如：夏季工人头晕乏力较多，经了解这是与中午休息时间短有关系的，我们就建议行政将工作时间往后移，延长休息时间为一小时半，试行一月后，这种症状就大大减少；有的铸工拿矽箱过重，引起腰痛，经保健员了解，就建议车间主任改为两人合抬，腰痛患者也随之减少。在巩固环境卫生工作的经常工作方面，我们依靠了由职工组成的各爱国卫生中心小组，每两周举行一次组长会议，明确分工，由各组具体负责车间、科室、宿舍、食堂的卫生工作。宿舍里，还发动职工订出了切实可行的卫生公约，中心小组做不定期的抽查。

此外，我们在工作中还注意发挥急救员的作用，利用时间向急救员们讲授普通卫生医药常识，帮助他们复习急救等技术操作，让他们在车间里迅速处理工伤事故，协助推行车间卫生工作和调查工人病伤原因，并收集工人对医务室的意见。

自从我们扭转了单纯药物治疗的做法，进行了常见疾病的调查和推行一些预防措施，大力开展卫生常识宣传以后，几个月来，疾病已显著减少，缺勤率逐渐降低。实践证明，这样的做法是正确的。通过实践，使我们清楚认识到担任工厂的特约劳保医师，同样必须积极贯彻“积极领导，稳步前进，面向生产，依靠工人，贯彻预防为主”的工业卫生工作方针；工业卫生工作是一项新的工作，这项工作要做好，必须深入车间，到现场去了解工人的劳动环境、生产过程，调查研究、发现问题，坚决地和工人合作，才能战胜目前设备较差、医疗经验缺乏等困难，逐步搞好工厂的卫生，提高工人的健康。（陆希羽）

（原载于1954年11、12月号《新中国红十字》，第26—27页）

1957 年

学习“八大”文件的具体表现

常州市红十字会全体同志，学习“八大”文件后，以实际行动响应增产节约、勤俭朴素的号召。去年 10 月，集体捐献了棉衣支援苏北灾区。春节，大家又节省了过节费用，捐献 158 元给灾民。此外，还组织医防服务队深入泗洪灾区服务。（陆希羽）

（原载于 1957 年 2 月号《中国红十字》，第 14 页）

1958 年

把宣传节目送到农村

常州市红十字会会员卫生宣传队为了配合农村兴修水利和卫生运动，决定把宣传工作送到农村去。他们夜以继日地排练了 10 多个除四害讲卫生的演唱节目。

下乡后，他们白天分组串村舍、工地说唱，晚间集中搭台演出。红十字旗走到哪里，哪里的农民就拍手拉唱。在茶山乡开河工地，节目完了，农民还要求再唱，最后，经再三解说，才依依不舍地让队员们离开工地。

宣传队在农村活动了 5 天，说唱 20 多场，化妆演出 5 场，还应工地要求举行了一次广播大会，有近万的农民看到或听到了他们的节目。在演出中，队员们自己搭台，自己烧饭，自己搬运道具，不怕风雨，不畏艰难。有的队员还参加抬土挖沟工作，跟农民们打成一片。(李树勋)

(原载于1958年4月号《中国红十字》，第7页)

全部当上突击手

常州市爱国卫生运动委员会号召各居民委员会要组织除四害突击手，使运动更深入地展开。南河沿基层红十字会主席薛镜如带头报名，全体会员老少80多人都参加了。批准以后，基层红十字会根据会员的情况，分了三个组：青年会员参加灭鼠雀蛹蛆；家庭妇女会员参加药物烟熏喷洒灭虫活动；老年会员参加宣传。立即行动的口号一发布出来，家庭妇女会员一个下午就熏了地区内所有的下水道，老年会员马上到各居民小组串门宣传和写大字报。他们行动以后，家家都动起手来。(李树勋)

(原载于1958年4月号《中国红十字》，第8页)

跃进中的红十字少年

五一节早晨，常州市三中红十字少年冒着小雨把街上的痰盂和果壳箱全部刷洗干净，接着他们展开了卫生宣传，劝说随地吐痰和乱抛果壳的人注意清洁卫生，并且对横穿马路和不走人行道的人进行了安全教育。(李树勋)

(原载于1958年5月号《中国红十字》，第16页)

在船民中开展“血防”工作

常州市第五木船运输社有93条驳船，290多名社员，患血吸虫病的有60多人。其中有6个青年人已有20多岁，却矮小得像个孩子，基本上不能参加劳动。还有些原来很强的劳动力，生了血吸虫病后，长途航行就要雇临时工人帮忙。社的领导到社员们都深深地感到血吸虫病的严重威胁。因此，这个社的基层红十字会，成立工作组，订出了“血防”计划，开展了活动。

一、开展宣传。用真人真事，新旧社会对比，算损失账等等，通过大小会议、船上访问、跟船出航等办法，进行宣传。

二、检查大便。船民不集中，还存在害羞、怕麻烦、怕脏等顾虑。工作组组织50多名红十字会员，分片包干，负责劝导和收集，利用船只回社办理粮油供应的时候进行化验，有些妇女认为妇女大便不能随便让人看，工作组发动了红领巾和妇女会员进行说服动员，从而达到百分之百的验便指标。治疗是在社统一安排下分批进行的，已有百分之九十治疗完毕。

三、粪便管理和灭螺。严格执行“收粪卡”制度，当日回航船只，每天早、晚用收粪船沿船收集，并在卡片上盖章。如数船一起长途航运，中途倒粪互相盖章证明，如一条船单独远航，就指定船上的会员或青工负责，每月随粮油证缴社检查。发现没盖章的就追根，按情节给予批评或停派任务。现在船船有马桶，男人有尿瓶，不随河大小便。灭螺也很积极，船靠哪里，就在哪里捡螺，已把灭螺作为生产评比条件之一。

由于这个社基本上消灭了血吸虫病，受到了市航管局的数次表扬，还开过五、六次现场会议。(李树勋)

(原载于1958年7月号《中国红十字》，第13页)

一支“多、快、好、省”的宣传队

常州市宣传总路线已掀起热潮，最近有一支由市女子中学、第一中学和第三初中的红十字少年联合组织“多、快、好、省”的宣传队常在闹市或郊区农村中出现，很受群众欢迎。

“多”就是节目多，有舞蹈、秧歌、腰鼓、相声、小演唱、唱歌等多种多样；内容多，有歌唱总路线的，有宣传新人新事、发明创作的，有除七害模范和卫生知识；参加宣传队的人多，每次有60几个人；观众多，每晚演出场次也多。

“快”就是排练得快，十多个节目一晚就能练好；动作快，每场节目一完就出发，到新地点一接上灯火就演出；换幕时间也很紧凑。

“好”首先是纪律好，红十字少年不管行军或演出，都能自觉遵守纪律、服从指挥，不掉队、不闹意见、不自由散漫，并且热情很高；功课也安排得很好，每晚宣传两小时半，功课、宣传两不误；宣传的内容着重反映当地事例，说唱、舞蹈采用群众语言和地方曲艺，也都好。

“省”就是所有服装、道具、乐器都是从各学校借来的，并且由红十字少年自己保管、搬运，这就节省了人力、物力和时间。（李树勋）

（原载于1958年7月号《中国红十字》，第15页）

在夏收夏种的日子里

常州市郊区抢收抢种运动紧张地开展期间，7万多人的劳动大军里面有一支由300多红十字卫生员组成的队伍。他们的口号是“身背药包手拿镰刀，不做急救就做劳动”。为了争取农时与天争粮，大家提出了挑灯夜战。在亮如白昼的田野里，红十字卫生员更活跃了，不但照顾老弱的适当休息，还加紧了预防工伤事故的宣传。（李树勋）

（原载于1958年7月号《中国红十字》，第19页）

常州红十字会培训卫生员

常州市红十字会依靠了党的领导，和兄弟医疗机构协作挂钩，紧密结合生产并抓住了“四边”原则，打破了过去小脚走路的保守情况，在6月一个月内，训练红十字卫生员6745人，同时发展会员6512人。（李树勋）

（原载于1958年9月号《中国红十字》，第13页）

勤工俭学

江苏省常州市一中200多名红十字青少年，积极参加了假期勤工俭学活动，学校基层红十字会号召他们，不仅要在卫生工作里成为积极分子，还要在勤工俭学活动里做个好榜样。他们有到百货公司当售货员的，有卖冰棍、卖报的，还有参加糊纸袋、敲矿石等工作的，更有些红十字青少年参加了搬运工作。他们决心要以自己劳动得来的工资缴学费。

一个星期日的下午，我走进百货商店，看到一个胸前挂着红十字卫生员证章和校徽的姑娘，她准是参加勤工俭学的红十字青少年里的一个。她热情地招待顾客，还结合业务进行卫生宣传。有买牙膏、牙刷的，她就告诉大家牙齿要里外上下都刷到，才能保持牙齿清洁；有买毛巾的，她就宣传毛巾不可合用，要预防传染沙眼。她那简短生动的说明，顾客们都很满意。

在公园里，我又碰到了在那里卖冰棍的市女中的红十字青少年。我的孩子买冰棍吃，随手把撕下来的包装纸扔在地上，有个红十字青少年马上捡起来，并且说："废纸、瓜皮、果壳，不能随便乱丢，要保持环境清洁。"说的我也面红起来。她们告诉我，这一组共有4个人，一天可销300多支冰棍。她们要争取时间，跑得快，才能卖得快。她们为了炼铁工人能够吃到冰棍，还在最炎热的中午，抬着箱子，跑到郊区的炼铁工地去，受到工人们热烈的欢迎。

走到一家点心店里，听说也有三位红十字青少年在后面灶上做杂务工。在他们的说服动员下，这个点心店才改用抹桌椅、抹锅灶、抹碗筷三种抹布分别使用的制度。我深深地感觉到，红十字青少年真正做到人到哪里，把卫生工作带到哪里。（李树勋）

（原载于1958年9月号《中国红十字》，第21页）

跟船出航训练卫生员

常州市运输公司红十字会独创一种跟船训练卫生员的方法，效果很好。由于运输任务繁重，市运输公司红十字会总抽不出会员学习和卫生员训练的时间，经过基层组织研究，并取得了公司党政部门同意后，采用跟船出航训练的办法。根据船员文化程度不高和航行时间限制的特点，他们提出多用图表、多做示范、少讲理论的教学方法，制定出训练14小时的课程内容，有会务常识、传染病基本常识、创伤、烫冻伤处理、昏倒与中暑的急救、人工呼吸、伤患搬运、防空救护等。由于跟船训练的条件限制，全部课程不可能多派教师分担讲课，只能由1个人包教，每班船队配备讲师和辅导员各1名，7天内训练了3批共40多个红十字卫生员。在整个训练过程中，由于结合生产以及讲师跟学员生活打成一片，学员的学习情绪特别高，成绩也很好。（李树勋）

（原载于1958年11月号《中国红十字》，第20页）

1959 年

常州市红十字会预防传染病

常州市红十字会员和卫生员，经过关于预防传染病的认真学习后，在市爱国卫生运动委员会的统一布置下，在全市范围内，建立了一个疫情报告网。他们按居民小组组成若干战斗小组，每三四个战斗小组组成一个疫情报告点。每个居民委员会设疫情报告站，由地段医生统一领导疫情报告点进行活动。在确定为传染病后，报告员就给病家贴上“此家有传染病人”的纸条，实行隔离。（李树勋）

（原载于1959年第5期《爱国卫生》，第111页）

常州市红十字会员宣传文艺创作会演

常州市的红十字会员们为了使卫生宣传形式多样化，在除四害讲卫生运动中，从事卫生宣传文艺创作。今年春节，他们曾在市文化宫举办了一次会演，互相观摩评比，共有21个基层红十字会参加演出。这些会员们自己创作的节目，内容通俗，群众看得懂、听得懂，很受欢迎。

（原载于1959年第9期《爱国卫生》，封三）

我完成了一件光荣的任务

下晚自修的钟声刚打过，我就急忙从教室跑到宿舍，去看闹胃疼的郭仁秀。她和衣躺在床上，面色很不好，闭着两眼，锁紧着眉头，病是不轻，真叫人担心。我要去打电话请校医来，她倔强地不让去。

我从暖瓶里倒了杯开水，扶她起来喝点。她刚一坐起来，忽然哇的一声，吐出很多暗红色的血。我知道这是胃出血，容易发生休克。可是这间宿舍就住了我们俩，我只好大声叫人来。小张、小孙她俩闻声跑来了。小张立即去打电话，向人民医院要救护车，小孙就去端了一盆冷水来。

我按着急救方法，在她左胸部冷敷止血。突然她动了一下，又是一大口血喷出来，吓得小孙哭叫起来。吐血病人要紧的是安静，我立即阻止小孙哭叫。王老师推门进来了，我忙着把经过情形低低地向她说了一下。她说，不要担心，到医院就会好的。

小张领来两个穿白罩衣的人，把小郭抬上担架。我请求王老师准我到医院去陪她，她同意了。我们一块上了救护车。

天亮后，我回到学校上课，班主任表扬了我。我想我还有缺点，小郭上午在课室里就说胃疼得很，我没有认真说服她有病就治，她还撑着上了一节体育课，这不是我对同学还不够关心吗？

晚上，我又到医院去陪伴她，换她的妈妈到工厂去生产。上半夜，小郭情况很好。不料到下半夜，突然地又大口喷血，看几个会诊医生的表情，我知道她病情严重了。医生决定要输血，打电话向学校里联系，我首先请求输血。等我从化验室验血出来，王老师已带了四个同学来了。经过化验，只有我和王老师的血型是合格的。我一考虑，王老师已是五十多岁的人了，她虽爱护我们比子女还亲，自愿输血，可是她白天上课，晚间自学和批改作业，很劳累，平时身体又不好，我不能让她输血。王老师和同学们再三说我，已熬了两夜，不要我输血，但我坚持要输，最后还是让我输了三百毫升。小郭，她终于脱离了危险。

我只做了这么点小事，可是学校党与行政表扬了我，班级评给我模范奖。这给了我多大的光荣呵！真惭愧，我是一个红十字卫生员，应该做的事还做得太少了。（常州市女中学生仇明明述，常州市红十字会李树勋记）

（原载于1959年第10期《爱国卫生》，第22页）

1982 年

常州红十字会开始办公

常州市红十字会经市政府7月27日批准恢复，专职干部2人，配备了办公设备，在市卫生局内办公。9月1日启用新印章，并开始办公。

（原载于1982年第5期《江苏红十字》）

1983 年

常州市红会加强宣传活动

常州市红十字会自去年恢复工作以来，积极开展各项红十字活动，整顿恢复基层组织，加强宣传工作，扩大红十字会在社会上的影响。最近邀请书法家挥毫书写有关红十字会知识的标语10条，并印制了1500套，发给有关单位进行宣传交流，收到很好的效果。

（原载于1983年第1期《江苏红十字》）

常州市红会工作逐步展开

常州市红十字会为推动“五讲四美”文明礼貌活动，以及配合开展爱国卫生运动、计划生育和卫生、救护等各项会务活动，1月22日与市卫生局联合召开各医院院长、各站站长、各区卫生科科长会议，专题讨论关于开展红十字会工作问题。会上，首先由副会长郑宏钰同志讲了关于红十字会的起源以及市红十字会的筹建情况，经讨论后，会长张文祥同志总结了1982年工作并提出关于1983年工作打算。他着重指出：发展红十字会员，首先要在卫生系统发展团体会员，并尽快建立红十字基层组织等。(陈雨人)

(原载于1983年第3期《江苏红十字》)

武进县湖塘实小成立红会

武进县湖塘实验小学于11月1日下午，在庄严、嘹亮的国歌声中，召开了一千五百余名师生参加的红十字会成立大会。县卫生局、教育局、卫生防疫站等单位领导及有关同志出席了会议。县红十字会副会长时雨苍同志到会宣布该校红十字会正式成立的决定，并表示热烈的祝贺；同时授予该校红十字会会旗、袖章及“助人为乐、救死扶伤”的纪念镜框、书刊等，并赠送了担架一副、保健箱两只。

湖塘实小红十字会会长史仰山和教师会员、红十字青少年会员代表，都在会上先后发言，一致表示：遵照红十字会宗旨，积极开展红十字青少年活动，为建设社会主义精神文明和培养好青少年们做贡献。(张定宇)

(原载于1983年第11期《江苏红十字》)

武进县红会启用新印章

武进县红十字会11月10日发出通知，并从即日起，启用新印章。

(原载于1983年第11期《江苏红十字》)

常州市府决定恢复红十字医院

常州市人民政府最近下达了“292 号”文件，决定恢复常州市煤矿医院为红十字医院。

12 月 10 日下午，该医院彩旗飘扬，锣鼓喧天，鞭炮齐响，常州市宋文惠副市长及全市医疗单位的 42 位代表参加了恢复红十字医院仪式，并赠送了纪念镜框、锦旗和贺信。在会上首先由市煤炭公司党委书记李晓青宣读了市政府文件，接着市卫生局局长、红十字会副会长华铮，红十字医院院长张淦分别讲话。

最后，宋文惠副市长代表市委、市政府在会上作了重要讲话，他指出了恢复红十字医院的重要意义，并提出今后一定要按照我国红十字会的宗旨，更好地开展医院工作。(曹国钧)

（原载于 1983 年第 12 期《江苏红十字》）

1984 年

常州第三人民医院红十字会会员们在“五讲四美”活动中两三事

△常州第三人民医院退休职工杨玉生孤老一人，因年迈，生活不能自理，而与他非亲非故的红十字会会员徐阿妹同志发扬了助人为乐的精神，经常为他端饭送水、洗衣服、倒便盆，搀扶老人，使这位老人感到无比温暖。

△某日晚，在常州市环卫所附近一户居民家的房子被一位精神病患者玩火烧掉了，该院红十字会员张风鸣同志路过这里，见此情况立即投入了救火与抢搬物品的战斗，受到在场群众的好评。

△一个寒冷的深夜，该院秦有来同志在回家的路上，发现一个女工骑自行车跌倒在路旁，头破血流，昏迷不醒，他当即用自己的衣服为她包扎好，并用自行车将她送到医院，还拿出钱为她挂了急诊，使这位女工得到及时地抢救，当她醒来时，那位救她的秦同志已悄悄地走了。（长江）

（原载于 1984 年第 2 期《江苏红十字》）

湖塘桥实小红十字会积极开展活动

武进县湖塘桥实小红会成立后，积极开展活动。主要是：（一）进行卫生知识教育，培养一支群众性的医疗救护队。如请医院外科主任来校讲课，以及用黑板报宣传防病卫生知识。（二）红十字会会员们在搞好学校环境卫生以及美化、净化、绿化校园中都发挥了作用。（三）平时对小伤小病及时治疗，在学校开运动会时，就在运动会场边设立红十字卫生站，为运动会服务。有一次四（2）中队李亚芳同学因练习跳高伤了左手，救护队队员立即为她包扎并护送去医院。他们平时给患病和伤残同学送温暖，如端水、送药、倒痰盂等，颇受大家称赞。(许玉英)

（原载于1984年第2期《江苏红十字》）

常州市医院会员为福利院孤残老人义务体检

常州市第一人民医院红十字会在开展第三个“全民文明礼貌月”活动时，动员全院红十字会员们以实际行动投入这次活动。

3月9日，正、副院长刘信基、朱庄升组织了内科主任医师徐树人、外科主任医师严东方等12个科室主治医师，到市社会福利院为55名孤寡伤残人员进行义务体检，并提出治疗方案，受到福利院领导与孤老残废人们的好评。(江涛)

（原载于1984年第3期《江苏红十字》）

红少年们灭鼠

今年春季国务院发出关于开展春季灭鼠活动的通知后，武进县湖塘桥实小广大红十字青少年们热烈响应政府这一口号，积极投入春季灭鼠突击活动，他们不仅自己积极参战，还向家里人、亲戚邻居等做宣传，讲清老鼠的危害与灭鼠意义，动员大伙协同作战。于是他们就在自己家里、亲戚家、左邻右舍的屋内摆开战场，采用“捕、扣、挖、灌、堵、毒、粘”等7种灭鼠方法进行灭鼠，形成了家家投入灭鼠战斗，人人都是灭鼠战士，迅速掀起灭鼠的人民战争。有一个小队选择鼠害严重的米厂、食堂去摆战场、捉老鼠。有的小分队寻找鼠洞，捣毁老鼠窝，消灭仔鼠。

截至3月29日为止，全校1448位同学，共灭鼠3276只，超额完成了市政府提出的灭鼠指标。(许玉英)

（原载于1984年第4期《江苏红十字》）

简讯

△常州市第三人民医院红十字会会员除全心全意做好本职工作外，还组织了卫生宣传队上街开设咨询服务站，服务项目为：量血型、测血压、测身高、测体重以及肌肉注射等，为6000多人进行了咨询服务。近来又组织8位医生、护士送医下乡，到武进县湖塘何留大队为广大群众治病，仅一天就为500余位群众看了病，深受当地群众的欢迎。

△常州市第四中学组织青少年红十字会员开展学雷锋做好事树新风活动，校领导组织了校医与部分红十字青少年，用星期天上街设立为民服务站，为群众测量身高、体重、握力、肺活量、心率、血压等，并为他们建立卡片。在检测1000人次中，测出高血压12人、心动过速3人，及时发现了这些人的病情。被检者和路经群众，对此甚为称赞。

常州四中红会还组织人到大桥、街道打扫卫生，清除垃圾。在校内搞好卫生，做到室前三包，即包卫生、包绿化、包植树。（长江）

（原载于1984年第4期《江苏红十字》）

常州红十字会理事会成立

为健全红会组织，加强领导，以便更好地开展工作，经常州市人民政府批准，5月16日常州市红十字会理事会正式选举成立。理事会由42人组成，蒋溢涛当选为会长，杨成义等8人当选为副会长，王建国等18人当选为常务理事。理事会议结束后，常州市红十字会还召开了全市红十字会员大会，纪念中国红十字会成立80周年。（长江）

（原载于1984年第5期《江苏红十字》）

常州市红十字会理事会成立

昨天上午，常州市红十字会恢复以来的首次理事会会议在市府五楼召开，讨论了红十字会章程、宗旨和任务，选举蒋溢涛为理事长，屠揆先、钱小山、杨堃、王建国、杨成义、华铮、李茂章为副理事长。同日下午，市红十字会在驻军102医院隆重举行中国红十字会成立八十周年纪念活动。副会长杨成义在会上介绍中国红十字会的性质和作用，并回顾总结了我市红十字会1982年恢复以来的工作，肯定了成绩，并要求凡是有红十字会组织的单位在5月份自行组织一次小型的纪念活动，每个会员为人民做一件好事。市政府领导同志出席会议并讲了话。（江燕倩）

（原载于1984年5月17日《常州日报》）

常州市红十字会用多种形式纪念中国红十字会成立八十周年

在中国红十字会成立八十周年之际，常州市红十字会和基层红十字会于5月16日至18日用多种形式开展了纪念活动。

5月16日下午，市红十字会在驻军102医院礼堂召开了全市红十字会员代表800多人的纪念大会，市红十字会各理事，各有关区局、公司和直属单位的负责同志应邀参加。杨成义副会长回顾了常州市红十字会的历史以及广大红十字会员在救死扶伤、实行革命人道主义中的作用，并号召全市红十字会员和红十字青少年在纪念中国红十字会成立八十周年之际，每人做一件好事作为献礼。市第一医院、卫生学校、局前街小学等基层红十字会还在会上表演了文艺节目。

17和18日，市局前街小学红十字青少年擎着队旗，整队上街宣传卫生知识，大搞爱国卫生和对小伤小病的治疗。市救护站红十字会组织心肺复苏救护表演，第四中学红十字会员和青少年全部前往观看，在救护表演结束后，该校召开纪念会。市红十字医院、市卫校红十字会等单位发动会员上街为民服务，做测血压、计划生育咨询和修自行车等活动，很受群众欢迎。常州电视台为这次纪念活动进行了录像，在本市电视台两次播放。《常州日报》和常州广播电台也为此发表了文章和专题广播。市爱卫办公室出版的《卫生与健康》报，将分期刊登红会性质、宗旨、任务的文章及会务活动的内容。（黄河）

（原载于1984年第5期《江苏红十字》）

常州市红十字会首次举办红十字青少年夏令营

常州市红十字会组织恢复后，首次举办的60人的红十字青少年夏令营，于7月18日开营，经过三天紧张愉悦的夏令营活动，已胜利闭营。

夏令营第一天下午，省武警部队常州支队的干警们在红梅公园，冒着酷暑炎热，全副武装匍匐前进，十分认真地给青少年们做了战地救护和搬运伤员的示范演练，并且还亲自辅导红少年们做了各种急救包扎的动作，这不仅丰富了红少年们的战场救护知识，而且使营员们受到了苦学苦练的教育。

红十字青少年们，在夏令营期间还参观了驻常空军某飞行部队，营员在参观中不仅从飞行员叔叔那里了解到了一些飞机的性能和飞行知识，而且有些营员还坐进了机舱，特别感到高兴。

夏令营的营员们还参观了冶炼厂、戚墅堰机车车辆厂及铁路医院的地下病房等。总之，这次常州红十字青少年夏令营丰富了同学们的暑假生活，增进了知识，扩大了眼界，受到了锻炼，也增加了救护常识和会务知识。（长江）

（原载于1984年第8期《江苏红十字》）

武进县红会召开理事会

武进县红十字会于1984年9月20日，在县会议室召开了理事会议，18名理事出席了会议。顾凤英会长、时雨苍副会长分别讲了话，并对红十字会工作提出了具体要求：

1. 尽快在学校、厂矿、医疗等基层单位建立红十字组织，结合省红会颁发的评选先进集体、优秀会员的精神，要求认真搞好评选工作，在评先选优活动中发展新会员，让他们在建设两个文明中发挥应有作用。

2. 组织一支义务医疗体检队，定期为孤、寡、伤残病人，离、退休干部体检。

3．积极开展防病治病知识的宣传教育，举办各种类型的防病治病知识讲座、短训班、专刊等。

4．建立必要的规章制度，提高办事效率。（张定宇）

（原载于1984年第10期《江苏红十字》）

常州举办初、中级医疗急救训练班

常州市红十字会、常州市急救学会于9月下旬举办了初、中级医疗急救训练班。来自全市部分工厂、学校、医院的170多名医护人员参加了训练。在10天时间里，共讲授了颅脑损伤和胸腹创伤的急救；呼吸、心力、肾功能衰竭的急救；溺水、电击、中暑、高热、昏迷、惊厥、急腹症、电介质、休克、出血和急性中毒等的解救和处理；心脏按压、气管切开、人工呼吸和战场四大急救技术等课程。

市急救学会理事长、心内科主任徐树人，胸外科副主任医师赵盘衡，脑外科主治医师茅振华，神经内科主治医师吴松寒，泌尿外科主治医师巢志复，呼吸道主治医师潘顺全，心血管主治医师陈云雷和主管医师曹兴法同志等均参加讲课。

这次训练班的特点是规模大、人员多、秩序好、学习认真、教学方法活泼多样（有图表、资料、照片、录像、幻灯），学习效果好。结业考核时，90分以上的学员占总数的31%以上，全班无不及格者，都拿到了合格证书。在结业仪式上，还对90分以上学员进行了60秒钟急救智力测验，对成绩在前十名者还发放了鼓励奖。（黄河）

（原载于1984年第10期《江苏红十字》）

常州红会召开二次理事扩大会

常州市红十字会于10月16日召开第二次理事会议。首先由副会长、卫生局长华铮同志做了一年来的工作小结和今冬明春工作计划的报告，接着副会长张淦同志做了常州市1984年评选市红十字会先进集体、先进会员办法和名额分配的报告。副会长、市人大常委杨堃同志就接受社会捐助和募捐问题做了发言。与会同志对上述问题进行了认真的讨论。

常州市除原有16个基层红会，今年又发展了17个基层组织。现在全市共有2394名会员，青少年会员1010名，常州市各级红十字组织和广大会员，在建设社会主义精神文明，开展“五讲四美三热爱”活动，宣传卫生、献血、计划生育、优生优育等科学知识，组织红十字青少年夏令营，开展急救知识的培训，参加爱国卫生运动，家庭病床的护理等方面做了大量的工作，取得了一定的成绩，受到群众的赞扬。

省红十字会副会长朱朱同志从南京来常州检查工作，并参加了会议。副市长、市红十字会会长蒋溢涛到会并讲话。（黄河）

（原载于1984年第10期《江苏红十字》）

武进县人民政府落实了红十字医院房产权

武进县红十字会于1921年建会，1945年至1947年，先后成立厚余、前黄红十字医院。但在1963年，武进县因医院整编等原因，原属红十字医院的25间房屋，由县房管部门接收管理并收房租，迄今已达22年。

党的十一届三中全会后，各项政策都逐步在落实，武进县的红十字会组织也已恢复，而原属于红十字医院的房屋产权也应归还给红十字医院。为此，武进县人民政府于1984年10月8日正式发文，决定将原属厚余红十字医院的25间房屋产权，从1984年9月1日起归还原主，并终止支付房租。目前，厚余红十字医院正积极进行恢复工作。（张定宇）

（原载于1984年第11期《江苏红十字》）

常州红会部署今冬明春工作

10月30日下午，常州市红十字会召开各区、局、公司和有关部门分管红十字工作的干部会议，具体部署了今冬明春的工作。

一、建立组织，发展会员。市红会要求5个区、2个县和机械冶金、拖拉机、纺工、轻工公司，在今年冬季完成组建工作。8个街道、10个千人以上厂的产品获得金、银牌的工厂，4 所中小学、4 个分镇、2 个分医院的组建工作要在明春完成。各区、4 个产业公司、教育局等主管单位要指定专人负责，各抓 1 ~ 2 个影响较大的对外开放单位，作为国际红十字会参观的重点。

二、开展社会福利活动，如接受社会捐助和向社会募捐及办理社会医疗保健事业和为孤老伤残人服务等。

三、年终前完成红十字先进集体、先进会员的评选工作。

四、举办三防、四大急救技术训练班；血型普查骨干训练班；中、高级医疗急救训练班；红十字卫生院培训班和老年保健讲座。（黄河）

（原载于 1984 年第 11 期《江苏红十字》）

常州清潭街道建立基层红会

常州市清潭街道红十字会和 9 个居委会红十字卫生站，经过两个多月的筹建，于 11 月 15 日正式成立。市红十字会张淦副会长代表市红会授予清潭街道红十字会牌子和会旗；街道党总支书记沈铭铨同志宣布了街道红十字会和 9 个居委会卫生站的会长、副会长、秘书长、理事和 9 个站长的名单；街道红会会长钱怀大同志，授给 9 个红十字卫生站牌子，并着重讲了红会的起源、性质、宗旨和任务，还对今后工作提出了具体要求。广化区副区长任霞同志也到会讲了话。市红十字会还赠送人民币 200 元、折叠式轮椅 1 辆、保健箱 9 个和部分药品器材。（黄河）

（原载于 1984 年第 12 期《江苏红十字》）

常州市红十字会在省红十字会工作座谈会上介绍工作经验

省红十字会工作座谈会 11 月 20 日至 22 日在周总理的故乡——淮安召开。我省 13 个市和 4 个对外开放的县红十字会副会长、秘书长等 40 余人，出席了这次会议。省红会副会长朱朱主持了座谈会。

座谈会上，常州市红会介绍了他们在城市企事业单位中展开社会募捐的工作经验。……朱朱同志在座谈会结束时做了总结发言，他指出：关于开展社会募捐问题，是完全符合红会工作性质、任务的，符合总会颁发的工作条例和办法的，也是中国红十字会自成立以来的一项传统工作。常州市红会为我们提供了好的工作经验、工作方法，募捐要有一定的工作基础、一定的条件，还要组织一定力量，注意工作方法，严格经济收支，取之于民，用之于民，才能更好地得到社会支持、人民的赞助。

（原载于1984年第12期《江苏红十字》）

常州广化区成立红会

常州市第一个区红十字会——广化区红十字会，于11月21日正式成立。会上，选出22名理事，并推选任霞副区长为红会会长。同时还学习了红十字会的性质、宗旨和任务，并布置了今冬明春的工作。（长江）

（原载于1984年第12期《江苏红十字》）

1985 年

常州市红十字会等单位认真贯彻推选南丁格尔奖章候选人的通知

常州市卫生局和红十字会，于 1 月 8 日下午召开会议，布置在全市各级医院广泛宣传、推选第 30 次南丁格尔奖章候选人的工作。市第一、二、三、中医院、红十字医院、妇产医院红十字会的会长和各区医院及部分职工医院分管红会工作的副院长，参加了这次会议。

市红会副会长张淦同志在会上宣读了省红十字会《关于推选南丁格尔奖章候选人的通知》。他要求各医院在这次推选活动中，一定要严格遵照红十字国际委员会规定的条件，特别要推选出那些在实际工作中有突出表现与有献身精神的护士。市卫生局党委委员刘照霖同志代表局党委着重指出：这次推选工作不是单纯为了奖励，而是为了表彰献身精神和高尚的医护道德品质。他要求各医院对这次推选工作，一定要加强领导，广泛宣传，认真推选出合格的护理人员，以扩大红十字会及南丁格尔奖章的影响。

参加会议的医院领导一致表示，一定按照要求办事，认真推选出合格的候选人。（黄河）

（原载于 1985 年第 1 期《江苏红十字》）

武进县红十字医院到江阴取经

武进县恢复前黄、厚余为红十字医院后，县红会于去年 11 月 15 日组织了这两所红十字医院的院长，并邀请了前黄区政府周须大副区长，厚余的张敏芳副乡长及有关同志一行 9 人，在县红会副会长时雨苍率领下，前往江阴县的长泾、青阳红十字医院参观学习。因这两所红十字医院历史悠久，影响大，很受社会各界重视和支持。通过参观学习，我们受到了启发，收获甚多，并就如何办成具有红十字特色的医院问题展开了认真讨论，并提出了具体设想。(张定宇)

(原载于 1985 年第 2 期《江苏红十字》)

常州一院成立红会

常州市第一人民医院于去年 12 月 20 日隆重召开了红十字会成立大会。会上推选了院长刘信基为会长，朱庄升副院长与护理部主任华英为副会长，外科主任丰美芳、内科主任潘顺金为副秘书长。下设有内科、外科、门诊、辅助、机关、后勤等 7 个卫生站，各站分设卫生队。市红十字会副会长张淦等到会祝贺并授旗。卫生局翟书记到会讲话。(长江)

(原载于 1985 年第 2 期《江苏红十字》)

常州卫生防疫站红会成立

去年 12 月 30 日，常州市卫生防疫站召开了红十字会成立大会。该站党支部书记颜世恩当选为会长。市红十字会副会长张淦和副秘书长徐涛生到会祝贺。(周文伟)

(原载于 1985 年第 2 期《江苏红十字》)

常州市第一人民医院红会为病残孤儿义务体检

常州市第一人民医院红十字会于 3 月 2 日，组织红十字会员内科主任医师徐树人、外科主任医师严东方、儿科主任医师朱翔凤、儿科副主任朱瑜轩等 13 人，在院红十字会副会长华英、秘书长□□华、副秘书长丰美芳的率领下，冒雨来到市儿童福利院，为这里的多名病残孤儿义

务做身体检查。对部分患儿进行了会诊，制订了治疗方案，并表示今后要在医疗上为儿童福利院患儿提供方便。(黄河)

(原载于1985年第4期《江苏红十字》)

武进县前黄红十字医院关心师生健康

3月18日至31日，武进前黄红十字医院为前黄中心小学幼儿班159名幼儿注射了“流脑疫苗”预防针。4月3日至11日，又为前黄小学800多名师生进行了健康检查和肝功能检验，并优惠收费，两项检查仅收费一元，深受该校师生的欢迎。(张定宇)

(原载于1985年第4期《江苏红十字》)

常州市召开六届三次理事会

常州市红十字会于4月17日召开了第六届第三次理事会。会上，根据省人民政府关于进一步加强全省输血工作的精神，对《常州市公民义务献血试行办法》（征求意见稿）进行了讨论。理事们认真对此充分发表了意见，并对建立献血组织、制订献血计划以及医疗用血等问题提出了积极的建议。最后，蒋溢涛会长说：开展公民义务献血是一件新的、面广量大、政策性强的群众工作，要广泛开展宣传教育。我们将根据理事们的意见，修改《常州市公民义务献血试行办法》，在未正式发文前，还要与有关部门协商，征求意见，然后再报送市人民政府审批，争取今年能进行试点。(黄河)

(原载于1985年第5期《江苏红十字》)

常州市红会召开工作会议

为了总结1984年工作，部署1985年工作，交流经验，表彰先进，常州市红会于4月17日下午召开了工作会议。市红会全体理事，各区、局、工业公司办公室主任和医务负责人，各基层红会会长、秘书长和卫生站长，市红十字先进集体代表和先进会员，各区卫生科长，区爱卫办公室主任等200余人参加了会议。会上，副会长、市卫生局党委书记杨成义总结了1984年红会工作，副会长张淦部署了1985年工作计划，副会长、市卫生局局长华铮宣读了市红十字会对评出的1984年23个红十字先进集体和107名先进会员表彰奖励的决定。最后，市红会会长、副市长蒋溢涛讲了话，并对1985年的红十字工作提出三点意见：一是要认真做好宣传教育工作；二是要认真搞好组织建设；三是要认真创造条件积极开展国际交往活动。（黄河）

（原载于1985年第5期《江苏红十字》）

武进红会加快组织建设步伐

武进县红十字会为加快组织建设的步伐，在今年3月8日全县卫生工作会议上，副局长、红会副会长时雨苍对红会发展和建立基层红会问题专门做了部署。会后，各医疗单位踊跃申请参加红十字组织。到4月25日，全县已发展新会员880名，并颁发了武进县红十字会“会员证”。同时还将在团体会员单位中建立红十字小组。目前，组织建设工作仍在继续中。（张定宇）

（原载于1985年第5期《江苏红十字》）

常州市中医医院红十字会正式成立

5月19日，常州市中医医院红十字会正式成立，市卫生局党委书记、市红十字会副会长杨成义同志向中医院红会授旗、授牌。市红会副会长张淦同志讲了话。会上，医院红十字会邹锡听会长宣读了市红会关于同意成立市中医医院红十字会的批复。院红会副会长洪哲明同志介绍了红十字会的性质、宗旨和任务，并对今后工作进行了部署。市中医医院红十字会下设5个卫生站和7个卫生队。（杨幼卿）

（原载于1985年第6期《江苏红十字》）

1984 年度省先进单位、先进会员

先进单位：常州市第二人民医院、常州市清潭街道、武进县湖塘桥实验小学。

先进会员：周国俊、刘瑞祥、徐树人、刘信基、杨成义、张文祥、高谷深、胡凤玉、沈静玉、张定宇、黄汉卿。

荣获中国红十字会荣誉会员称号的：常州市刘瑞祥、武进县时雨苍。

（原载于 1985 年第 7 期《江苏红十字》）

武进县驻常单位捐款援助非洲灾民

自 6 月 7 日武进县人民政府与县红十字会联合召开县各委、办、局（公司）、银行为支援非洲灾民募捐会议以来，到 6 月 30 日止，有 95 个单位、5000 余人共捐款 14931.5 元。其中，单位捐款 7629.5 元、职工捐款 7302 元。全县募捐 5 元以上的有 45 人。通过这次募捐活动，对广大干部群众上了一堂国际主义、人道主义教育课。（张定宇）

（原载于 1985 年第 7 期《江苏红十字》）

常州红十字医院抢救工作已形成过硬力量

常州市红十字医院急诊抢救工作已经形成一支设备完善和技术过硬的力量，并且还有了一套严密的急救制度和网络。今年 1 到 7 月份，重危病人抢救成功率达到 89.3%，与去年同期的 72.2% 相比，提高了 17.1%。

常州市红十字医院地处西门交通要道，居民集中，工矿企业多，危重病人、工伤和交通事故较多。为此，这个医院领导十分重视急诊抢救工作。全院成立了以院长、副院长和各科负责医师、护士等为主的急诊抢救小组，负责指挥调度抢救工作。各病区也相应地成立了抢救小组，建立和健全了急诊室和各病区的抢救室，配备了救护车、救护床、救护橱、心脏监护除颤起搏仪、自动呼吸机、自动洗胃机等抢救设备。今年3月份以来，还分别从美国、日本引进了先进的病人监护仪，定压、定时型人工呼吸器等救护器材。

该院的各抢救室抢救药品都做到了“四统一”，即统一药品专柜，统一编号，统一药品数量、规格，统一药品存放位置，明确专人保管。任何一位医务人员不论到哪一个抢救室都能在相同的位置上拿到同一种剂量的药品。做到看得见，拿得便，用得上，在操作上急而不慌，忙而不乱。

他们在急诊工作中，还在“急”字上做了文章，急诊室前设立醒目标志，负责急诊工作的医务人员胸前佩戴“急”字徽章，便于陪送人员辨认。总机保证急诊室电话畅通无阻，各科接到抢救命令时，都能在1～3分钟内迅速赶到现场。今年8月10日，一位58岁的患者因胸闷、胸痛剧烈，伴有恶心呕吐等症状来院求医。当时病人的血压、呼吸、心跳都已异变，危在旦夕。门诊和急诊室的医务人员全力以赴、边抢救，边检查，很快诊断为左心室后下壁心肌梗死，并迅速转病房抢救，病区全体医护人员立即投入抢救，使用病人监护仪密切观察病人心脏的变化，医师、护士日夜守护在病床边上，经过三天三夜的抢救，病人转危为安。（曹国钧）

（原载于1985年第9期《江苏红十字》）

常州举办红十字青少年夏令营

8月12日至14日，常州市红十字会组织了7所中小学的部分优秀红十字青少年，以及教育局、广播事业局、红十字医院的有关红十字会员共60人，举办了夏令营。

夏令营期间，营员们学习了中国红十字会新会章，学习了战场四大救护技术，并进行了实地表演；参观了祖国自制的战斗轰炸机，听取了飞机性能的介绍；还参观了某厂地下人防工程，游玩了地下俱乐部的各种游艺室。营员们还乘专车游览了无锡太湖的鼋头渚和蠡园，领略了祖国山河的大好风光。

在三天的夏令营活动中，红十字青少年们接受了集体生活的锻炼和爱国主义的教育。红少年们深有体会地说："夏令营太好了，使我们扩大了视野，学到了书本上学不到的知识。"（黄河）

（原载于1985年第9期《江苏红十字》）

常州冶金机械厂成立红会

常州冶金机械厂是个近4000人的部属厂，经过3个月的准备，于9月7日召开了厂红十字会成立大会，厂领导及各科室车间中层以上干部100多人参加了成立会议。会上潘瑞元会长宣读了市红十字会同意该厂成立红会的批复，并宣布了厂红十字会理事名单。大家还学习了中国红十字会的会章，明确了红会的宗旨与任务，给170多名红十字会员发了会徽。潘瑞元副厂长兼任会长，还配备了专职干部担任红十字会秘书，并安排了办公室，同时将给厂属4个红十字站配备小药箱和常用药品。（黄河）

（原载于1985年第10期《江苏红十字》）

常州举办急救医学讲习班

为了提高各级医务人员对急救工作的应急能力和业务水平，常州市红十字会和常州市第二人民医院于9月下旬举办了急救医学讲习班。参加讲习班学习的有各级医务人员150人。学习内容有：一、缺氧的治疗学基础；二、呼吸衰竭与呼吸管理；三、心肺脑复苏；四、有机磷农药中毒救治。特邀请了省人民医院急救科奚云清、史以明主治医师进行讲学，同时配以录像和教学人体模型——"复苏安妮"的现场表演和实习。学员共学习32课时，结业考试合格，发给了结业证书。（黄河）

（原载于1985年第10期《江苏红十字》）

乐善好施，自愿捐助，常州召开八百人的援非鸣谢大会

常州市红十字会于10月14日下午，在市政府会场召开了援助非洲灾民募捐活动总结鸣谢大会。出席会议的有各捐助单位主持募捐工作的领导同志八百多人。会上，省红十字会理事、市红十字会副会长杨成义做了市区开展援助非洲灾民募捐活动情况的总结。他说，市红十字会自6月1日召开会议发出向全市人民的呼吁以来，全市人民发扬济困扶危的中华民族的传统美德和国际主义的精神，纷纷慷慨解囊，一个群众性的社会募捐活动，在全市区内蓬蓬勃勃地开展起来，涌现出很多乐善好施、助人为乐的好人好事，在短短的20多天时间内，有746个单位和地区的集体和数以万计的个人热诚捐助，共收到捐款26.7万多元。其中有401个单位的行政、工会、团委集体捐了款。集体捐款500元以上的单位有204个，干部、职工捐款5元以上的有7158人。

会上宣读了捐款500元以上的单位和捐款5元以上的个人名单，对这些单位和个人赠送了纪念品。（黄河）

（原载于1985年第11期《江苏红十字》）

承前启后，绵延不断，常州市红十字会认真写好发展史

常州市红十字会重视编写红十字会发展史的工作。该会已有较长的历史，她经历了旧中国和社会主义新中国两个历史时代，由于时间长，人员老化，领导的换届，战争的影响，特别是十年“文化大革命”中，红十字会组织瘫痪，工作停止，历史资料散失，对写好红十字发展史增加了难度。为了不使红十字会的历史割断，市红十字会的领导对写好会史工作，进行了认真的研究，并抽调专人，采用访问知情人、实地调查、开红十字老前辈座谈会、查阅文书档案、查阅书籍报刊等方法收集资料，而后对资料进行排比对证、分析、补充，把文字资料与调查访问、实地实物结合考证，力求资料周密完善，史实准确。经过几个月的

努力，已经完成6章15节14000余字的《常州红十字会发展史》的编写工作。

据查实，常州红十字会已有70年的历史，1914年（民国三年）10月1日，由医学博士王完白受中国红十字总会沈仲礼会长之委托创建中国红十字会常州分会，从首届红十字会开始至1984年已是第六届红十字会。新中国建立前，她为减轻受灾人民和伤病员的痛苦，建立了一系列的红十字基层组织，兴办了不少红十字事业。仅以基层组织来讲，就建立了2个基层红十字会，11个红十字服务站，1所红十字医院，2个诊疗所，2个施诊所，19个妇孺救济院，15个妇孺收容所和1个伤兵疗养所。开展了大量的救死扶伤的慈善工作，仅1924年10月第二赈济队就随带赈济物资盐米、药品、棉衣裤等约现洋2000余元赴灾区赈济灾民。为了帮助贫寒子弟上学，还建立1所红十字小学。改造了四届红十字会理事会，发展红十字会员3000人。

新中国建立后于1951年5月完成对市红十字会的改组，选出了新中国成立后第一届（即第五届）红十字会理事会，在党和政府的领导下，她为社会主义建设和保护人民的健康做了大量工作。到1958年底全市已发展红十字组织120多个，发展红十字会员68000多人，培训红十字卫生员9257人、急救员14000多人，印发各种宣传资料24000余份。红十字会员上街宣传除害灭病讲卫生知识每天不断，受教育者达300万人次。1960年，一年就急救处理了5000余人，抢救溺水、电击200余人次。“文化大革命”中红十字会停止活动。1982年市政府批准恢复了市红十字会。为了扩大宣传，印发宣传标语一套10种1万张。1984年召开了恢复后的第一届（即第六届）红十字会第一次理事会，开展了正常活动，进行了一系列的纪念中国红十字会成立八十周年活动。发展基层红十字会43个，卫生站和卫生队24个，红十字会员2821人，红十字青少年会员1010人。开展了接受社会捐助和向社会募捐活动，兴办了红十字事业，开创了红十字工作新局面。（常红）

【编者按：常州市红十字会认真做好编写红十字会发展史的工作，很值得学习和提倡。搜集和整理好我们红十字会发展过程的历史资料和现有的资料，不仅有利于我们汲取和总结过去的历史经验和教训，给后人留下一本较为完整的参考史料，使红十字的事业承前启后，青山不改，绿水长流。而且也是这次全国宣传工作会议上，总会所布置的需要我们当前认真做好的一项重要工作，各地红会应抽出专人，专门精心来做好编写红十字会发展史的工作。

我们要学习常州的经验，深入到群众之中，在这个识博知渊的活档案库里，发掘和寻觅那些我们在文字记载里所找不到的东西，充实和丰富我们的红十字史料。

我们在做这项工作时，还一定要本着历史唯物主义和实事求是的态度，客观公允地记载下历史上所发生的一切事件，切不可陷入在孰是孰非的争论中，使我们整理出的史料具有较为完整的“史志”性，以经得起历史的检验】

（原载于1985年第11期《江苏红十字》）

常州市郊区五星中心小学成立红十字会

常州市郊区五星中心小学是一个有学生1000多名的学校，经过半年的筹备工作，于1985年11月29日下午召开了红十字会成立大会，郊区政府、科协、文教科等单位的代表到会祝贺。市红十字会负责人在大会上授牌和讲了话。（江涛）

（原载于1985年第12期《江苏红十字》）

1986 年

常州举办心肺脑复苏讲习班

为了普及与提高心肺脑复苏技术，及时抢救危急病人的生命，保障人民身体健康，常州市红十字会于去年 12 月 17 日至 20 日举办了第一期心肺脑复苏讲习班。讲习班请江苏省人民医院急救医学科奚云清主任来常讲学，讲学内容主要有：心跳呼吸停止的原因；心跳呼吸停止的诊断；心跳呼吸停止的急救处理；心跳呼吸复苏后的处理；心跳呼吸停止病人的脑复苏等。为了增强讲学效果，还放了心肺脑复苏现场抢救录像，配合“复苏安妮”教具进行当场实习。

参加学习的对象是工业公司、工厂、学校的医师，学习结束时市红会向他们发了结业证书。(黄河)

(原载于 1986 年第 1 期《江苏红十字》)

常州市召开春节慰问座谈会

1 月 29 日，常州市红会召开了春节慰问孤老病残人座谈会，50 位孤老病残人代表和市、区领导欢聚一堂。会上，副市长、市红会会长蒋溢涛代表市红会向全市的五保老人拜了年，并代表市红会向部分老人赠送了寒衣和棉被。市红会还向几个街道红会赠送了洗衣机、轮椅等为老人和伤残人服务的用具。孤老病残人代表还与市区领导一起观看了文艺节目。会后蒋副市长等领导同志还深入到街道里弄，看望了不能外出参加座谈会的孤老残病人员。(黄河)

(原载于 1986 年第 2 期《江苏红十字》)

乐为四残送温暖

常州市红十字会为了给“四残”人员做一些好事，红会副会长、秘书长等专职人员，冒雨去常州市第二洗衣机厂联系请求该厂，在春节之前帮助广化区清潭新村的“四残”人员解决洗衣、洗被难的问题。

该厂耿书记、朱厂长热情地接待了他们，并欣然同意为孤寡老人做好事，当场就同意赠送 2 台双缸洗衣机，并说这也是为孤寡老人送一份社会的温暖。（江涛）

（原载于 1986 年第 3 期《江苏红十字》）

武进县湖塘实验小学举办心肺脑复苏讲座

急救是红十字会的传统业务。危重病人的发病，大都在医院外发生的，不可能有医生在场，病人是否得救，关键都在现场急救是否及时，动作是否准确。武进县湖塘实验小学有 32 个班级、1600 多名学生，发生急病和外伤是难以避免的。学生的健康需要老师们的关心，所以该校红会组织成年会员学一点急救知识就显得十分重要。

该校红会于今年 1 月份举办的心肺脑复苏讲座，请武进县人民医院主治医师钱主任主讲，全校 64 名成年会员都参加了这次学习。钱主任一边讲一边放幻灯，使老师们不但学习了心肺复苏的原理；还在讲课过程中介绍了许多临床经验，形象地讲述了现场急救的操作方法，使老师们懂得了为什么要掌握心肺复苏的技术，并让老师们掌握了现场急救的操作要领。

同时，根据该校红会成年会员平均年龄在 45 岁以上的特点，结合讲了中老年的保健等知识。对中老年人常见的一些病：心脏病、冠心病、心绞痛、高血压等的预防做了详细的分析。这些医学常识深受老年会员的欢迎。

这次讲座是该校组织会员学习急救知识的开端，今后还准备继续组织青少年会员中的骨干学习，通过学习，要使青少年会员能做医师的助手，遇到意外事件能做一些简单的抢救处理。（许玉英）

（原载于 1986 年第 4 期《江苏红十字》）

常州市举办老年保健活动

为了关心老年人的身体健康，提高老年人对老年保健和老年病学的认识，使老年人对常见病、多发病做到早发现、早预防、早诊治，常州市老龄问题委员会、老干部局、农工民主党常州市委、市红十字会、市医学会联合举办了老年保健日活动。第一次活动是在 3 月 7 日进行的，800 多名离、退休干部和职工，以及仍坚持在工作岗位的领导干部，在市府礼堂听取了上海华东医院王赞舜院长关于老年保健和老年病学的宣讲。王教授重点讲了老年衰老的表现：老年心理和行为的变化；老年精神卫生；老年饮食卫生；老年健康和体育；老年病的特点和服药等问题。下午还开展了老年疾病专科咨询门诊。这次活动受到了离、退休干部和职工的赞扬，也解决了一些老年人的实际问题。大家要求像这种老年保健活动日要继续举办下去。（黄河）

（原载于 1986 年第 4 期《江苏红十字》）

清明祭先烈

4 月 5 日，武进县湖塘桥实验小学红会全体会员怀着崇敬的心情，步行来到常州市革命烈士陵园，举行缅怀先烈的纪念活动。

进入大门，仰面是一座高大的纪念碑巍然耸立在广场中央，上面镌刻着毛泽东同志的题字："死难烈士万岁！"小会员们沿着石道来到纪念碑前肃立默哀，向那些"生的伟大，死的光荣"的烈士们致敬。

纪念馆的玻璃柜窗里放着先烈的骨灰盒，刻着先烈的姓名，镶嵌着遗像，在册烈士有 4087 位，他们中间有瞿秋白、张太雷、恽代英等著名先烈，还有更多的无名烈士，他们无声无息，星辉辅弼，像一颗颗沙粒，默默地为我们铺成了一条幸福的道路。

小会员们带着异常激动的心情辞别了烈士墓后，开展了讨论。"无数先烈们牺牲了，连姓名也没有留下，是为了什么？"

"为了全人类的解放，为了消灭人剥削人的制度，为了实现共产主义！"

“为了追求今天，他们献出了生命；为了追求明天，这责任历史地落在我们的肩上了，我们一定把先烈们鲜血换来的伟大、光辉的无产阶级革命事业进行到底！”（许玉英）

（原载于1986年第4期《江苏红十字》）

常州市红十字医院外科自体脾组织移植获得成功

常州市红十字医院外科学习国内外先进技术，对外伤性脾脏破裂进行脾脏切除后，施行自体脾组织移植术获得成功。

脾脏破裂多数是由外伤所引起的，往往因诊治耽搁死亡较高。治疗上又没有好的办法，以往仅仅是将破裂的脾脏切除，这样并发症比较多，特别是青年、小儿脾切除后容易发生暴发性感染而死亡。随着医学技术的高度发展，人们逐渐认识到脾脏在人体内的免疫功能的作用越来越大，是一个不可缺少的重要器官。近年来，国内外文献相继有过报道，将脾脏切除后进行自体脾组织移植，能保证免疫功能的健全。

1986年1月3日下午，常州市变压器厂青年工人徐建军，由于车祸所致头部外伤以及脾脏破裂大出血，心跳呼吸加快，血压下降，出现了休克。常州市红十字医院红十字会员、外科主任徐晞，主任医师唐剑星等医护人员急病人之所急，想病人之所想，争分夺秒，采取果断措施，立即为病人输血、输液，并进行了急症手术。手术中将病人破裂的脾脏切除后结扎止血，采用了先进技术，将切除后的脾组织切成2×2×0.5mm大小共18块，移植于患者的大网膜内。病人返回病房后，在外科医护人员的精心治疗和护理下，恢复很快，术后一月进行B型超声波检查，在肠腔周围出现一枚枚已经成活，并逐渐增大的移植脾组织，免疫球蛋白等各项免疫机制的检查均为正常，病人已于2月5日康复出院。（曹国钧）

（原载于1986年第5期《江苏红十字》）

常州市红会纪念“5·8”活动形式多样

为了纪念红十字创始人——亨利·杜南诞辰158周年，常州市各基层医院、学校红会分别组织了“5·8”世界红十字日纪念活动。他们普遍开展了宣传，出了纪念“5·8”世界红十字日专刊，召开了各种类型的座谈会。红十字医院还开了全院职工大会，市中医院、市红十字医院抽调部分红十字会员，在会长和院领导的带领下，在市文化活动中心前广场为人民服务，义务查病治病438人，针灸和测血压、体重568人。市第一人民医院在朱庄升副院长带领下，组织内、外、骨、儿科主任医师、主治医师去儿童福利院重点为40多名孤儿查病治病。市第二人民医院组织了各科医师到市聋哑学校为145名聋哑人义务检查了身体。市卫生防疫站和结核病防治所到社会福利院为孤寡老人检查身体，为70多名孤儿进行了X光肺部透视。市中医院组织儿科医师去合群、清凉幼儿园为857名儿童检查了体格。市妇产医院周院长率领有经验的妇产科医师到武进县小河为200多名妇女检查了妇女病。局前街小学组织红十字青少年在校内检查了个人卫生和环境卫生。

各基层红十字会纪念活动中，都挂了开展“5·8”世界红十字日纪念活动的横幅，红十字会旗和彩旗迎风招展，白衣战士戴上了鲜艳的红十字袖标，造成声势。这次纪念活动也是对广大红十字青少年和人民群众进行的二次国际主义、社会主义人道主义教育。(黄河)

(原载于1986年第6期《江苏红十字》)

为厂矿企业办好红十字事业摸索路子
常州红会召开现场经验交流会

常州市红十字会于5月30日在常州冶金机械厂召开全市工厂红会工作经验交流会。参加会议的有冶金机械工业、纺织工业、电子工业、化学工业、塑料工业、煤炭工业、建筑材料工业公司、拖拉机公司的办公室主任和40个大、中型厂、矿的生活厂长、保健站长等80多人。

会上，市冶金机械厂副厂长、厂红会会长潘瑞元介绍了自1985年9月该厂成立红十字会以来，开展红会工作的情况，由于厂党委领导重视、支持，保证了厂红会工作的正常展开。为了使全厂工人了解红会工作的性质、宗旨和任务，厂部还专门发了学习红十字会章程的文件，发至各科、室、车间交广大职工和会员学习。全厂共广播各种防病治病卫生宣传知识稿43篇，出会务知识、会员好人好事黑板报28期。建立了4个车间红十字卫生站和发展了165名会员。为了提高出勤率，做到小伤小病不出车间，并把意外伤害事故的抢救工作放在车间第一线。厂红会、安技科、卫生所联合举办了三天急救知识学习班，35 名车间安技员和红十字卫生员参加了学习。在发动会员为孤老病残服务和募捐救灾，支持市红十字会社会福利事业方面，厂红会也做了大量的工作，仅两次募捐，集体和个人捐款共达 1 万多元。

会后，各单位代表参观了厂红十字会办公室的设置、车间红十字卫生站的活动情况。(黄河)

(原载于 1986 年第 6 期《江苏红十字》)

武进聋哑学校红十字会成立

6 月 7 日，武进县聋哑学校红十字会在欢快的吹奏和爆竹声中宣布正式成立，县红会副会长时雨苍到会祝贺。

聋哑学校康静华校长及校红会杨仲南会长在讲话中表示，一定要遵照红十字会宗旨，积极开展红十字青少年活动，进一步把学校作为培养和造就一代有远大理想的共产主义接班人的基地。县民政局、教育局以及奔牛区、镇的领导和代表也到会祝贺。(张定宇)

(原载于 1986 年第 7 期《江苏红十字》)

常州开展红十字夏令营活动

常州市教育局、卫生局、广播事业局、团市委、常州日报社、市红十字会联合举办了常州市红十字青少年夏令营，从 7 月 14 日开营，到 7 月 24 日闭营，历时 11 天。省常中、市一中、市二中、市三中、局前街小学、五星中心小学等学校的红十字会员和红十字青少年会员 50 余人参加了夏令营活动。

这次夏令营活动分两个阶段进行。第一个阶段是以开展红十字会务知识、卫生、防病、救护知识，文化知识和共产主义道德理想为内容的知识竞赛。经过第一阶段的上课、辅导、复习、实习、笔试、提问、抢答预赛等活动，于19日的正式知识竞赛活动中得出竞赛结果，中学组的省常中B组、省常中A组、市一中A组分别获得前三名；小学组的局前街小学A组、五星中心小学A组分别获得前两名。同时选拔出参加省知识竞赛的中小学代表队。在第二阶段活动中，全体营员乘专车至我省临海城市连云港市，游览了屹立于黄海之滨的花果山和宿城船山的瀑布奇观，乘游艇游了波澜壮阔的黄海，还在海滨浴场组织了游泳。在夏令营活动中，很多营员表示：这次红十字青少年夏令营办得丰富多彩，主要的是进一步明确了红十字会的起源、国际红十字组织状况、各国红十字会的性质和红十字青少年的任务等会务知识，加深了对卫生、防疫、救护知识的理解和实习；今后在生活中要广泛宣传红十字青少年“我为他人服务”的行动口号，把学到的卫生防病救护知识更好地运用到为人民服务中去。

这次红十字青少年夏令营得到了各有关方面的关怀和支持，常州电子仪器厂、第三无线电厂、常州钟表总厂赞助了知识竞赛前三名的奖品，市广播电台有始有终地录制和播放了夏令营活动的实况。市电视台摄制了红十字青少年知识竞赛的现场新闻，市政府副市长、市红十字会会长蒋溢涛在生病住院期间，还参加了知识竞赛活动，为中、小学组前三名发了奖。(黄河)

(原载于1986年第8期《江苏红十字》)

“编外军医”王洪坤

常州市广化区红十字会员、个体眼科医师王洪坤，积极开展技术拥军服务活动，被誉为解放军的“编外医生”。

去年3月份，王医师自筹资金开办了常州市第一家个体眼科诊所。诊所成立不久，王医师就挂出招牌，并通知常州驻军各单位，从即日起，凡现役军人、伤病残退伍专业军人、军人家属以及烈属、遗属等来所就诊者，一律实行优先挂号、诊断、取药、治疗、住院和开设家庭病房。对经济困难者实行免费医疗，对危重病人及时救治，对年老体弱、行动不便者，定期巡诊，方便就医。近一年半来，该所共门诊3000余人次，收住院治疗50人，开设家庭病房60余处，做内翻倒睫、斜视矫正、白内障摘除等大小手术15种，共111例，治愈率达90%以上。新四军江南指挥部旧址所在地溧阳县水西村军属李玉花，年过七旬，患白内障失明达15年之久，生活不能自理，感到十分痛苦，一度产生轻生的念头。经王医师给她做白内障摘除10天后，重见光明，感动得流下了热泪，连夜请人写信告诉在部队的两个儿子，嘱其安心服役，以报答政府和红十字会的关怀和照顾。(胡存田)

(原载于1986年第8期《江苏红十字》)

简讯四则

为了提高医疗工作中的护理质量，逐步达到上级下达的护理目标管理考核要求，9月22日，武进县湟里红十字医院举行全区红十字会员护理技术操作竞赛，竞赛分输液、吸氧和导尿等项目。通过竞赛，为进一步提高护理质量起到了一个示范和促进作用，对竞赛优胜者给予了表彰和奖励。(成年、仲达)

9月12日，常州电机总厂职工周志雄出生后两天的女儿，因吐血、便血，急诊收治于常州一院妇儿科。病儿病情危重，急需输血，当时医院血库无新鲜血液，病儿血型“O”型，查其父的血型“B”型，与病儿不同，不能输血。值班的苏州医学院实习医师严苏，当即自告奋勇，说自己的血型与病儿相同，主动积极要求献血。经化验检查后，严苏即献出血液30毫升。病儿输血后即转危为安。严苏急病人所急，发扬救死扶伤、实行人道主义的精神，受到了病儿家长和科室同志们的赞扬。(汤文蔚)

9月17日下午，常州市第二人民医院400多名红十字会会员，汇集在该院礼堂，举行会务知识的智力竞赛运动。经过两个小时的激烈争夺，医技卫生站获团体第一名，门诊站获亚军，机关站获第三名。医技卫生站的潘建伟获个人冠军，戴建华为亚军，机关站孙宝玉获个人第三名。竞赛结束后，该院红会为取得名次者发了奖。(王步昌)

8月份，常州市红十字会召开了关于迎接省红十字会来常检查工作的会议。常州妇产医院红会十分重视这一工作，专门召开了动员会议，布置了具体的检查项目，各红十字小组又层层订出了贯彻计划，他们自上到下动员起来。为了更好地使会员重视学习会务知识，该院红会在9月10日组织了一场红十字会会务知识竞赛，会员们都踊跃参加这一活

动，不少同志在竞赛中对答如流。他们说这种形式很好，既生动活泼，又便于记忆，是学习的好方法。（马琴芳、徐涛生）

（原载于 1986 年第 10 期《江苏红十字》）

为第二个教师节服务

为了迎接全国第二个教师节的到来，确保教师的健康，使他们能很好地完成教育任务，常州市第一人民医院红十字会在 9 月 8 日组织了 14 名医务人员，在医院副院长、红十字会副会长朱庄升，副会长华英的带领下，来到了市第二十七中学，为 231 人次的教师义务做了体检和治疗。内科主任医师徐树人、内科主任茹佩英、眼科主任李建东、名中医蔡文元等名医师为教师做了精心、正确的诊断，获得了教师们的热烈欢迎和一致好评。有的教师讲："我一辈子也没有遇到这样好的主任医生为我们看过病，真没有想到今天连院长也来为我们看病了。"（徐涛生）

（原载于 1986 年第 10 期《江苏红十字》）

第四次交接班

不久前的一天，解放军驻常州某部红十字会员、卫生院李华收到了今年初退伍的前任卫生员、红十字会员李文元的信和七八种药品。信中说："你能很好地照顾好张奶奶，我就放心了，这些药品，请你按时给张奶奶服用……"

张奶奶是谁呢？原来张奶奶是部队驻地附近的村民，今年 80 岁。她一生无儿无女，由于常年劳动，落下了风湿、冠心病、气管炎等多种疾病，长期卧床。新中国成立后，政府对她实行了"五保"，她虽然吃穿不愁，但生活难以自理，十分孤独，一度有轻生的念头。从 1975 年初部队移驻到这里开始，历任红十字会员、卫生员就把照顾张奶奶的事包了下来，现在已 11 年多了。部队先后换了 4 个红十字会员、卫生员，但他们在离开部队之前，都要把照顾张奶奶的事交给接替人。

李华也像以前的红十字会员、卫生员那样，除了继续为张奶奶治病外，还牺牲休息时间帮助张奶奶挑水、扫地、劈柴、洗衣、料理家务。为了让李文元放心，李华还经常写信把张奶奶的病情和自己的治疗方案告诉李文元。李文元为了协助李华治疗张奶奶的病，这次特地买了丹参、潘生丁等七八种药，邮给了李华。（胡存田）

（原载于1986年第10期《江苏红十字》）

西藏学生的微笑

常州市妇产医院红十字会最近组织了一次为少数民族学生服务的活动，为常州市西藏民族中学的104名学生进行了体格检查，受到了教职员工的热烈欢迎。虽然言语不同，但他们在教师的指导下高高兴兴地检查了身体，每个西藏学生的脸上都浮现着幸福的微笑。（马琴芳）

（原载于1986年第10期《江苏红十字》）

社会福利事业所需经费的来源在哪里

——从常州市红十字会一次成功的社会募捐工作谈起

从84年末到85年上半年，常州市红十字会在一些厂矿企业和工贸联营的实业集团中，为发展社会福利事业，开展了社会募捐工作。在短短的几个月中，共募集到人民币26万多元。这次募捐活动是在全国性援非募捐之后，不然，收效会更大。

端正思想消除顾虑

我国红十字会既是人民卫生救护团体，也是群众性的社会福利组织。这在中国红十字会第四次全国会员代表大会所通过的会章上，已有了明确的说明。开展社会福利工作，明白地讲，就是需要资金、实物，否则只能是一句没有着落的空话。而这个经济基础从哪里来？的确是一个难题。

按照会章的规定，我国红会的经费来源是四个方面，而目前这四个来源中，实际主要来源是政府补助这一形式。这点钱现在仅仅只能维持一些行政和业务活动的正常开支。如果我们开展社会福利工作，还需要政府再拨出专门经费，又从何谈起“为政府分忧，为群众解愁”呢?

会员缴纳会费，这项工作有的地方已经实行或正在试行。但从这项工作的实践看，会费的收入十分有限，这笔费用主要还是用于基层红会的活动。如用它来开展社会福利事业，也不过是杯水车薪，无济于事。

前面二条路行不通，还有二条，那就是大力兴办红十字专项事业和开展社会募捐工作。兴办事业，同样需要资金，其来源也无外乎是开展社会募捐工作。

因此笔者认为，只有从我国红会的性质出发，以会章中有关经费来源的规定为依据，才能端正我们开展社会募捐工作的指导思想，消除存在于我们一些同志脑子里的种种不必要顾虑，解放思想，把红会的社会福利工作真正搞上去。常州市红十字会的同志做到了这一点，在他们前一段的实践中，已为我们探索了这条路子，提供了可为借鉴的经验。

上门化缘　还要师出有名

不能否认，近些年来一些单位向企事业硬性摊派集资的不良风气，干扰了政府的金融管理，混淆了一些政策上的界线和社会视听。同时也给像伤残人基金会、红十字会等群众性社会福利团体所开展的正常社会募捐工作，带来了副作用。

常州市红十字会并没有为这些反常的现象所影响，在取得市政府和有关部门的同意和支持后，他们在经过仔细调查研究的基础上，制订了慎重而周密的募捐工作计划。在具体实施中，由点到面，首先在全市的几家经济效益较好的大公司、企业着手募捐，再影响一些中小企事业单位。他们有两条经验是值得肯定的。

一是腿勤、嘴甜。常州市红十字会在开展募捐工作中，没有开大会、发文件、写通知，而是迈开两条腿，踩着自行车轮子，挨门挨户地去找募捐单位，主动上门化缘，即所谓腿勤。在做这些单位领导人思想工作时，他们注重嘴甜。嘴甜不光是语言美，更主要是向这些领导宣传我们红十字会的性质、宗旨、任务，宣传社会主义的人道主义，要把红十字会为什么要募捐的道理讲清讲透。在方式上他们也讲究语言艺术，晓之以理，动之以情，用诚恳和真挚的态度敲开一些关键人物的心扉，使他们舍得拿出钱来。

二是依靠社会名流做好一些单位的疏通和引导工作。常州红会的同志请了一些社会知名人士和在常州市担任过多年领导工作人头比较熟的老同志，帮助他们事先向一些他们准备去上门化缘的单位领导打打招呼，说说话。将思想工作做在前面，募捐时就成为有的放矢，从而使他们在所去的募捐单位中，基本上没遇到吃闭门羹和打坝的尴尬现象，保证了募捐工作的顺利进行。各单位捐款，多则上万元，最少也有1000元，市纺织工业公司一次就拿出5万元。

常州红会以"为开展社会福利募捐集资"这样的提法，似乎还显得笼统和抽象了些。如果能将募集到的资金所要使用的目的，说得更具体点，如为孤寡老人、伤残人等具体办哪几件事，有个草拟的规划等，再利用新闻媒介在舆论界造那么点声势，则更是师出有名，其"经济效益"也可能就更大了。

有进有出　死水变活

"取之于民，用之于民"这是红十字会为开展社会福利工作而募集资金和使用资金的一条原则。常州市红十字会在其去年募集到的26万多元资金中，已于去年和今年先后为社会上未被民政部门顾及的孤寡老人和伤残人，添置寒衣、被褥，购买轮椅等，支出了近万元，在市区内产生了一定的积极影响。但如能在去年和今年国内所发生的几起较大自然灾害中，如辽东大水、新疆喀什地震以及今年的四川永川暴雨等，常州红会再能有些表示和动作，其对社会的影响就会更广泛一些。

常州红会所募集到的20多万元钱，放在银行里连利息都没有（据说最近市银行已允诺给一点低息），长此下去不断地支出，如再没有新的收入，早晚还是要坐吃山空，也谈不上将社会福利办得更兴旺些。依笔者之见，还是应积极地设法使这笔"死钱"变活，使之能成为一种基金，在此基础上以滚雪球的方式，不断使其增长，以成为源源不断的资金来源。

有进才有出，有出才有进。出的有名、用途得当，进的才能更多。把握好社会效益和经济效益这两者间的辩证统一关系，才能使我们开展社会福利工作所需的资金，似一池常流常清的活水，不断吸取，又不断注入。有了这有源之水，我们红会的社会福利工作，才能更好地为实现祖国的四化和两个文明建设服务，使我们红十字会能像□总理所希望的那样，在国际和国内发挥出更大的作用。（韩良）

（原载于1986年第10期《中国红十字》）

常州市红十字会开展社会募捐

常州市红十字会在1982年恢复工作，从1984年11月起，至1985年4月，开展了面向社会筹集资金的工作。他们先向经济效益较好的大公司募捐，再扩展到一些大中型工厂，已募集到24万多元。

常州市红会筹建于1914年，历史悠久，过去和现在，为人民福利做了许多好事，在广大群众中留下了深刻的印象。常州，作为闻名遐迩的新兴工业城市，工业发展速度快，经济效益高，不乏热心于社会公益事业者。

募捐工作一般有向全民募捐和向集体募捐两种。全民募捐，条件不成熟，力量够不上。所以他们这次是向集体单位募捐。

市纺织工业公司首先捐助人民币5万元，开了个好头。煤炭、塑料、轻工、电子、化工、机械冶金、拖拉机、外贸等公司和市人防办公室、环保局、塑机厂、冶修厂、化机厂等单位都积极支持，热情赞助。

募捐的钱怎么用？

（1）用小部分钱，购买了轮椅、洗衣机、保健箱（配有外用药品及器材）、棉衣、棉裤、棉被等，在春节慰问大会上赠送给街道红十字会和居民红十字卫生服务站，为孤、老、伤、残等人排难解忧。

（2）对基层红十字组织工作有困难的，给予资助。如清潭街道成立红十字会时，赠送手推轮椅一辆、保健箱9只及常用药械若干。

（3）组织离、退休医务人员和在职的中、高级医务人员，分别到敬老院、孤儿院，为他们体检看病。到聋哑学校为学生体检并配备助听器。

（4）为适应急诊抢救工作的需要，他们打算将现有的红十字医院、市中心血站、市救护站联合起来，建立一个急救中心，有效地进行急救工作。

（原载于中国红十字会总会编《红十字手册》，辽宁科学技术出版社1988年版，第88—89页）

中国红十字会总会向在援非活动中表现突出的单位和个人颁发荣誉证书（节录）

为表彰在援非捐款活动中表现突出的个人和单位，我会于10月上旬向捐款500元以上的个人，10000元以上的单位颁发荣誉证书，现将名单公布如下：

…… ……

常州市机械冶金工业公司

常州市纺织工业公司

常州市电子工业公司

常州市轻工业公司

常州市拖拉机工业公司

常州市化学工业公司

常州市建筑工程工业公司

常州市物资局

…… ……

（原载于1986年11月5日《中国红十字报》）

常州水泥厂红十字会成立

10月10日，常州水泥厂红十字会正式成立。常州水泥厂是市建筑材料工业公司第一个成立红十字会的厂。第一批吸收红十字会员281人，烧成车间还成立了红十字救护队。为了更好地开展红十字工作，厂党政领导派员专程至上海购买了一只多功能综合急救箱赠送给厂红十字会，还安排了厂红十字办公室，有会员活动场所。

常州市冶金机械、纺织、电子、化学、塑料、建筑等工业公司，市商业局、广化区政府、市编织袋厂、市冶金机械厂、建材设备制造厂、第四无线电厂等单位的有关领导，应市红十字会邀请参加了该厂成立大会。（黄河）

（原载于1986年第11期《江苏红十字》）

红十字卫生队热情为驻地群众送医

解放军驻常州某部红十字卫生队，近三年来，定期抽调拥有临床经验的军医和卫生员组成医疗服务小分队，携带药品器材，深入驻地附近村庄，热情为群众医伤治病，宣传计划生育、妇幼保健和农药使用等知识，受到当地政府和群众的赞扬。最近这个卫生队荣立集体三等功。

今年 5 月的一天，张庄村村民张志材的爱人临产，没有接生的人，急得他直跺脚。医疗服务小分队闻讯后，立即从十多里外赶到张庄，为产妇接生，全家人十分感动。部队驻地的周东村一些村民不懂得农药使用知识和方法，中毒事故屡有发生。医疗服务小分队就深入田头，宣传预防农药中毒的措施。今年，该村农药中毒现象显著减少。医疗服务小分队还定期对孤寡老人、烈军属、退休教师和在校学生进行体检，建立健康档案，做到有病早治、无病早防。为发展农村的医疗卫生事业，他们帮助附近 10 个村庄建立健全卫生室，并配备了部分医疗器材，定期给各村保健医生上医疗技术和防病知识课。今年 1 至 8 月份，为群众看病 2000 余人次，抢救危重病 40 人次。村民们高兴地说："现在生活富裕了，靠党的政策好，看病方便了，感谢亲人解放军。"（胡存田）

（原载于 1986 年第 11 期《江苏红十字》）

无论你遇到什么困难我们都愿意帮助你

这是常州市红十字医院家庭病床科发出的公开声明，它也的确吸引着千家万户有病住不进医院的病人。一年多来，该医院的家庭病床科的医护人员也的确实现了这句各医院不敢发出的声明。目前，社会上大大小小的医院不少，但能做到对每个病人不推、不拒收住院的还没有见到，而常州市红十字医院的家庭病床科却做到了。

1985 年 9 月，常州市红十字医院开设了家庭病床，当时只设置病床 20 张，3 个医务人员负责，收住病人以慢性病为主，出诊半径 3 华里。在实际工作中，他们体会到，目前社会上存在的"住院难、住院陪护负担重"的情况相当突出，一部分晚期肿瘤病人、瘫痪病人、出院后需继续治疗的病人，他们在求医治疗中还有很大的困难。有一些病人因住址远，恳求和期望更甚。为了给广大病人及家属排忧解难，他们抽调了强干有力的医务人员5名，加强家庭病床科。又扩大服务范围，对所有病人做到来者不拒，服务半径遍及整个常州市及部分郊区。床位从原来的20张，扩大到70.3张/日，家庭病床科的同志提出了“无论你遇到什么样的困难，我们都愿意帮助你”的口号。

家庭病床的工作改变了传统的医疗形式，给病人上门送医，如医务人员送医送药上门，形成医患及家属共同参与治疗的特点，减轻了医院的压力，方便了广大群众。他们坚持送医送药上门，坚持治疗到床边，抽血化验、心电图检查等特殊检查，都做到上门服务。一旦建立家庭病床之后，病员即不必再往返医院，坚持对每一位病员每周二次巡诊，重危病人随叫随到。

一年来，他们风里来雨里去，足迹遍布常州市内和市郊，从不间断。170多例各种慢性疾病中已痊愈50例，使26例晚期肿瘤病人延长了生命。这些病人本来对生活失去了信心，也都是大医院不收、小医院不留的病人。65岁高龄的陈珍华老太太和孙红珍等病人都因脑血管意外引起半身不遂，不能下床走动，经推拿、针灸等治疗后，都又能下床活动、生活自理了。(江涛)

(原载于1986年第12期《江苏红十字》)

1987 年

继承红十字光荣传统　发扬人道主义精神
常州市红十字医院举行四十周年院庆

元月 7 日，常州市红十字医院举行建院 40 周年庆祝大会。市委、市政府，省、市红十字会领导同志和市卫生局、兄弟医院及常州卫校等单位的负责人 150 多人到会热烈祝贺，祝愿医院继续发扬红十字精神，越办越好，为社会主义精神文明建设做出更大贡献。

常州市红十字医院建于 1947 年，当时叫红十字诊所，是抗日战争胜利后由 5 名后方红十字救护人员复员回常办起来的，实行看病不收挂号费和医药费。后在绅士吴桂秋及社会捐助下，迁址于怀德桥西堍。1960 年正式称常州市红十字医院。经历了常州市第四人民医院、煤矿医院几次曲折更迭，1983 年复名为常州市红十字医院暨第四人民医院。现在已经发展到有床位 172 张，职工 236 人，基本上各科室齐全的有抢救和诊治重危急病人能力的市级综合医院，去年门诊量达 10 万多人次，住院病人 8010 多人次，常年为有慢性病、癌症患者开设家庭病床 50 至 70 张。

40 年来，常州市红十字医院发扬救死扶伤的人道主义精神，参加过抗美援朝医疗队、为非洲灾民义诊募捐、赴唐山抢救地震受难群众、为贫困地区捐助寒衣支持医疗设备、为社会福利院休养员服务等活动，为便民利民造福社会做过许多有意义的工作。

在庆祝大会上，常州市红十字医院的元老、退休职工陈永贤向医院红十字新会员代表进行了会旗交接仪式。（尤锡麒）

（原载于 1987 年第 1 期《江苏红十字》）

今年的工作如何安排　常州红会召开工作会议

常州市红十字会于1月9日上午召开各工厂、医院、学校、街道红十字会负责日常工作的会长（秘书长）参加的市红十字会工作会议。市红十字会常务副会长张淦同志在会上部署了省红十字会“致全省红十字会员的公开信”和1987年全市红十字工作。他要求各基层红十字会领导班子认真学习省红十字会致全省红十字会员的“公开信”，在统一思想的基础上，根据自己行业特点，慷慨踊跃地以自己可能的财力、物力、人力为这项活动做出贡献；除了组织会员集体进行社会福利和社会服务之外，要充分发动广大红十字会员发扬社会主义人道主义精神，积极为社会上残疾人、鳏寡孤独、五保老人做实事，让社会主义人道主义的春风吹遍全市每一个角落。

在部署1987年红十字工作计划时，他指出，今年仍应以健全组织、发展会员为重点，今年计划发展3个区（县）地方红十字会，100多个工厂、学校、医院、街道、乡（镇）、医药、饮食、服务、百货等行业基层红十字会，发展会员1万多人。同时要做好公民义务献血的准备，开展“三防”、“四大技术”、心脑肺复苏等的技术培训；充分发挥红十字会员和青少年会员的作用，开展社会服务，举办红十字青少年夏令营和志愿工作者的活动。最后，张副会长要求各基层红十字会要利用各种宣传工具，宣传红十字会的性质、宗旨和任务，宣传红十字会员为社会服务的好人好事，以扩大红十字会的影响。（黄河）

（原载于1987年第1期《江苏红十字》）

常州市红会发动基层组织参加社会服务

常州市红十字会根据广泛发动基层红十字会认真学习关于社会主义精神文明建设的决议，结合实际，有计划地组织会员更好地为社会服务。通过学习，红十字团体会员单位多次深入到市幸福院、儿童福利院、聋哑学校、幼儿园和居民区、闹市区为孤、老、伤、残人和儿童服务，半年多共为社会服务24200多人次。这些团体会员单位重视对会员的教育，经常安排会员参加一般卫生知识普及、心肺复苏师资班、四项技术、输血等专业培训。市第二人民医院、市妇产医院、红十字医院、市卫生防疫站等红十字团体会员单位还专门开展了会务、卫生、救护等知识竞赛。（黄政）

（原载于 1987 年 1 月 15 日《中国红十字报》）

常州市抓紧组建基层红十字会

常州市红十字会利用各种形式，大力宣传中国红十字会章程和中国红十字会四届二次理事会上谭副会长在工作报告中指出的“要继续把各级红十字会的组织建设列为工作重点”的要求，积极在工厂、学校、街道中发展红十字基层组织。近两个月来，成立了市建材设备制造厂、市第一建筑工程公司、市建筑构件厂、江苏省常州中学、市东方小学、清凉街道、南大街街道、兰陵街道、广化桥街道等 9 个基层单位红十字会，并设立红十字卫生站 48 个，吸收新会员 2069 人，其中红十字青少年 727 人。

这些单位在组织红十字会的过程中，得到各系统主管领导和单位党委、总支及主要行政领导的重视与支持，全部做了单位红十字挂牌、红十字卫生站挂牌、会旗、红十字袖套，并刻了印章、给予经费。例如，市第一建筑工程公司、市建材设备制造厂、江苏省常州中学的领导在单位红十字会理事会上明确表示：为了把单位红十字会办好，必须逐步对单位红十字会员和红十字青少年进行卫生防疫、救护知识的培训，充分发挥红十字会员的人道主义精神，更好地为社会开展服务。这三个单位的领导都派员至上海，购买了价值 570 多元一只的多功能出诊急救箱，在单位红十字会成立大会上赠送给单位红十字会。

在召开的单位红十字会成立大会时，都认真学习了中国红十字会章程，宣读了市红十字会关于同意成立单位红十字会的批复，部署了本单位红十字会的活动计划。市各有关部门的领导、市红十字会的领导也都到会祝贺。（黄河）

（原载于 1987 年第 2 期《江苏红十字》）

春节礼品意切切，联欢会中情融融

常州市红十字会于元月22日下午在天宁区新丰会场举行春节慰问鳏寡孤独联欢活动。区政府用汽车把分散的鳏寡孤独老人接到会场。市人大、市政协的领导和天宁区委、区人大、区政府、区政协的领导以及市、区有关单位的领导100多人参加了慰问联欢活动。市红十字会常务副会长张淦代表市红十字会向到会的孤老和领导同志们拜了年。

会上，陈夕玲、陈跃堂、周兴华等孤寡老人在发言中说，他们感谢共产党的好领导，感谢人民政府及红十字会对他们的关心照顾，感谢市红十字会为他们举办的和领导同志们欢聚一堂的联欢会。市滑稽剧团、市群众艺术馆和局前街劲松老年京剧队在会上演出了精彩的文艺节目。市人大常委会副主任缪甲山等领导将热水袋、毛巾、水果糕点赠送给孤寡老人。（黄河）

（原载于1987年第2期《江苏红十字》）

救人之后

去年10月下旬的一天晚上9点多，解放军驻常州某部红十字会会员、卫生员李文明，在去执勤点巡诊途中，路经驻地附近的上周转池塘时，忽然发现有人落水，赶紧下水抢救。被救者是位白发苍苍的老太太，谁知她上岸后连声哭诉道："你不该救我，你不该救我啊！"把小李弄得莫名其妙。

原来，这位老太太姓王，被独生儿子撇下不管，孤苦伶仃，日子过得很艰难。这天上午，王老太太恳求儿子照顾她，不想却被儿子赶出了家门，老人悲愤难禁，当晚便寻了"绝路"。

小李问明情况后，一边劝慰老人，一边把她护送回家。过了三天，小李将自己从报刊上剪辑的一些先进人物事迹读给王老太儿子夫妻俩听，并结合公共生活道德规范，宣传社会主义人道主义精神，使小两口受到了深深的触动，表示要知过改过，奉养老人安度晚年。下午，小李又和他们一起把老人的房屋顶重新整修一遍，往缸里挑满了水，袋里放满了粮，又买来了油盐酱醋等。临别时，还把自己积下的10元钱塞进王老太的口袋里……半月后，小李再次来到王老太家时，见一家三口有说有笑，和和气气，心里比吃蜜还甜。(胡存田)

(原载于1987年第3期《江苏红十字》)

常州基层红会开展互学活动

新春伊始，由市红会牵头，常州市基层先进红十字会集体单位便开展了互学互帮活动，为今年的红十字工作开了个好头。13家先进集体单位通过听介绍、看现场、交流心得、互相切磋，既增进了相互了解和友谊，又学到了他人的长处和开展工作的方式方法，并总结出4条带有共性的宝贵经验。这些经验，一是红十字会工作必须紧紧依靠单位领导，同时要密切与工会、共青团、宣传、卫生、民政、安技等有关部门的关系，取得支持和配合。二是医务、保健部门要发挥参谋和骨干作用，既要出主意、想办法，又要依靠红会力量组织发动会员去干。三是红十字会工作要紧密结合单位实际进行。如结合“三优一开展”(优质服务、优良秩序、优美环境，开展卫生科学和急救知识的普及)，创文明单位、班组、居委，结合安全生产开展保护职工健康教育；增强自救互救能力，降低病缺率，结合国际主义、人道主义教育，培养职工全心全意为人民服务、为鳏寡孤独残疾人服务的精神等等。这样结合，领导就不会感到红十字会是负担，相反变成得力助手，红十字会就会充满生命力。四是红十字会工作台账要健全。活动登记要及时，做到检阅成绩有记录，检查评比有依据，总结经验有事实，红十字会工作才会有发展。(周文伟)

(原载于1987年第4期《江苏红十字》)

院领导支持红会工作
常州二院红会解决了活动经费

常州市第二人民医院红十字会自从在上次江苏省红十字会组织的工作检查中得到好评后，全院对红十字工作更加重视了。为了支持红会进一步把工作搞好，该院领导决定在行政经费中每年拨款500元作为红十字活动的专项经费。领导上的支持对全体会员鼓舞很大，他们表示要进一步宣传、贯彻、落实红会的性质、宗旨和任务，决心再接再厉，把红会工作搞得更好。（徐涛生）

（原载于1987年第4期《江苏红十字》）

常州代表的心声

殷红的鲜血，赤诚的心，红心红血为人民，这就是常州代表这次参加省公民义务献血会议的一曲心声。代表一致意见，会后回去要做好几件实事。第一件事就是向分管市长汇报会议情况，尤其是对杨副省长的讲话尽量汇报详细，首先争得市领导的重视。第二是征得有关领导同意，组成常州市公民义务献血领导小组。第三是制订出常州市公民义务献血实施细则。第四是解决经费问题，组织搞公民义务献血的宣传资料。第五是血源摸底，为常州开展公民义务献血铺平道路。（徐涛生）

（原载于1987年第5期《江苏红十字》）

1986年度各类先进名单

总会红十字先进集体：常州市第二人民医院红十字会、常州市红十字医院。

江苏省先进集体：常州冶金机械厂、江苏省常州中学、常州市五星中心小学。

中国红十字会先进会员：朱庄升、许隐娜（女）、宫秀华（女）、贺阿南（女）、龚卫军（女）、范志明、沈润增、马琴芳（女）、周文伟、李茂章、蒋国平、杨成义、刘瑞祥、张文祥、张淦、黄政、徐涛生、时雨苍。

江苏省先进会员：朱建国、张定宇、许玉英（女）、江云香（女）、洪哲明、朱良海、白敬羽、黄铨生、盛虹明、苏瑛（女）。

（原载于1987年第5期《江苏红十字》）

第一人民医院继承红十字传统，用实际行动体现社会主义人道主义精神

常州市一院红十字会积极组织会员学习中国红十字会章程，他们把会章和会务知识翻印成册，800 多会员人手一册，每期的红十字报都能及时分发至各红十字卫生站学习。院红十字会向全体会员提出了医院各项工作，要体现红十字精神的要求。由于院领导思想的统一，团体会员素质的提高，他们开展了大量符合红十字精神的工作。

支援老区

为了发展茅山革命老区的卫生事业，医院发扬红十字精神，无偿地支援金坛县、溧阳县老区医疗设备，计约人民币 12 万元左右。他们医院捐助的医疗器械等设备质量较好，深受老区卫生部门的欢迎。为了帮助溧阳农村贫苦户御寒，院红十字会层层发动，捐献寒衣 1453 件。

设康复病床

为了解决和缓和骨科、脑外、肿瘤、血液等科住院难的矛盾，该院开展了医院之间的横向联系，在永红、茶山、五星等乡建立了康复站，开设康复病床 180 多张，安排了有丰富临床经验的医师定期去康复站查房，解决具体问题。他们这种活动，深受病人和社会的好评。

无偿献血

在一次抢救病重儿童时，急需新鲜“O”型血，血库暂缺，须至中心血站补充。时间就是生命，红十字会员韩苏医生，主动为病儿无偿献出了“O”型血，病儿家长感动得热泪盈眶。小韩说：“救死扶伤是红十字会员应尽的义务。”

拾金不昧

红十字会员张晓梅、赵玉芳拾得人民币 200 元，马素琴、冯红珍拾得人民币 80 元。全年在门诊和病房共拾得人民币 700 元、手表 5 块，都由院红十字会设法还给失主。全院会员做好人好事，收到锦旗 37 面、镜框 19 只、感谢信 439 封。(黄河)

（原载于 1987 年第 6 期《江苏红十字》）

将红会工作与校外活动相结合

武进县卫生职工中等专业学校红会，为进一步搞好红会工作，扩大社会影响，同时又兼顾到丰富学生的课外文娱生活，该校红会对上半年工作做了部署：一是为社会福利院的鳏寡孤独老人进行一次健康检查和慰问活动；二是在全校4个专业班的200多名青少年学生中，将热心于红十字工作的学生发展为会员；三是结合教学内容，举办一期平战结合的救护训练和一期心肺脑复苏训练班，以提高学生的急救水平。(张定宇)

（原载于1987年第6期《江苏红十字》）

“紧急通知”

——常州市红十字会的一次模拟急救演习

“紧急通知：现有大兴安岭森林大火抢救队的2名大面积烧伤病人乘直升机送我市驻军102医院，5月25日下午6时25分到达常州，请速准备抢救。”时间就是生命，102医院在20分钟内就组织了一支由崔副院长领导的有内、外等科医生组成的抢救小组，在“伤病员”未到达之前已经严阵以待。伤员是一名烧伤面积85%，一名是面部严重烧伤，呼吸急促，处于半昏迷状态。当即将病人送抢救室进行抢救。二组医务人员在紧张地忙碌着，注射、输液、气管切开、化验、检查等都在同时进行。这时，外科林主任看了化验单后即要AB型血500毫升，血库同志2分钟就把AB型鲜血送到。内科盛主任要放射科医生来给病人胸透。1分20秒放射科医生带了简易X光机赶到了现场，这时军医、护士都忙得满头大汗（这天正好是常州入夏后第一天高温，室温35摄氏度），但工作仍是有条不紊、紧张而有秩序……

第二道紧急通知发到第一人民医院，有一个汽车事故引起的脑、胸、腹部损伤，失血过多……第三道紧急通知发到了第二人民医院，一个患冠心病昏迷病人急需抢救……医院的领导、抢救组成员，都在接到紧急通知后几十分钟内赶到急诊室待命。病人一个一个从医护人员手下获得了生命。这是一次不平常的模拟急救训练，抽查三级急救网的应急状况。通过检查，看到了常州市的医务人员是一支修养好、技术全面、设备较完备的队伍，是能在紧急情况下，拉得出、用得上、能战斗的队伍。各级领导是十分重视急救工作的，应急能力是全面的，检查也达到了预定目的。

这次由常州市红十字会、急救学会参加组织的一次三级急救网的模拟活动，从5月20日下午6时开始，到晚上10点半结束。组成这次模拟急救演习检查组的有常州市各医院的内、外科权威人士，整个演习模拟得逼真严肃。当晚，电台、《常州日报》的记者也陪同看了实况，一致表示演习得好、很及时，对今后全市的急救工作，起到了推动作用。(徐涛生)

(原载于1987年第7期《江苏红十字》)

常州二中为大兴安岭特大火灾开展募捐活动

惊闻大兴安岭发生火灾的消息，常州二中的红十字会组织通过黑板报和广播站，向全校师生宣传我军民与森林大火搏斗的英雄事迹，宣传“绿色宝库”的特大火灾对国家和人民生命财产造成的严重损失，激起了会员对灾区人民的同情和关切。同学们主动开展募捐活动，仅仅从5月23日到24日的两天中，捐献了134元，已汇到中国红十字会总会。在支援灾区的募捐活动中，尤其是初一的红领巾，他们把妈妈给他们买冷饮的钱都拿出支援灾区人民。刚从新疆转来常州二中就读的马璇就捐献了5元钱，初一（1）、（3）等班级的红领巾把爸爸妈妈给他们买早点的钱，一分不留一声不响地塞在捐款箱里。(屠阶法)

(原载于1987年第7期《江苏红十字》)

武进县召开组建工作会议　各区所在地中学和中心小学将于九月份前全部成立红十字会

根据中国红十字会、国家教育委员会《关于在学校中积极开展红十字青少年活动的通知》精神，武进县教育局和县红十字会于5月26日在湖塘桥实验小学，召开了全县各区所在地中学和中心小学组建红会工作会议，分管学校卫生和体育的16名校长、教导主任出席了会议。湖塘桥实验小学副校长、校红会会长史仰山首先介绍他们学校成立红会以来的工作情况。他深有体会地说，红十字青少年工作必须经常开展活动才富有生命力，并做到三个结合：红十字活动要与少先队活动相结合，与课堂教学相结合，与爱国卫生运动、社会服务等活动相结合。这种三结合有利于社会主义精神文明建设，有利于党的教育方针的贯彻，有利于培养一代新人，使学生增长为人民服务的本领。

县红十字会时雨苍副会长就“红十字会的起源”“中国红十字会”“红十字青少年”和“武进红十字会”等方面知识，专门向会议做了介绍。

县教育局周志仁副局长指出，从湖塘桥实验小学和聋哑学校开展红十字青少年活动情况来看，一方面丰富了学生的课余生活，另一方面能使学生深入社会进行调查研究，了解社会、熟悉社会、开阔视野、拓宽知识面，可以教育青少年树立助人为乐、敬老助残的人道主义精神，对建设文明社会、贯彻党的教育方针、培育“四有”新人大有好处。与会同志一致表示，要在9月份前如期完成组建红会工作。

会议期间，还观摩了湖塘桥实验小学红十字青少年急救员做外伤止血、包扎、骨折固定、运送伤员的演练。(张定宇)

(原载于1987年第7期《江苏红十字》)

金坛县红十字会成立，盛天任等到会祝贺并讲话

为了适应我国改革、开放、搞活的形势需要，增进与各国人民的友谊，更好地做好人民卫生救护和社会福利工作，促进两个文明建设，金坛县红十字会于5月29日上午召开成立大会。县各部委办局、乡镇人民政府、场圃、学校、医院、工厂、群众团体的领导共300多人参加会议，会议聘请了原县人大常委会副主任蔡志成为名誉会长。会议期间，学习了中国红十字会章程，并由张延培会长做了县红会1987年工作任务报告。直溪镇人民政府、县教育局、华罗庚中学、县制药厂等单位代表对积极筹备基层红会都做了认真的发言。省红会常务副会长盛天任到会并做了重要讲话，部分县市红会派了代表出席了成立大

会。大会期间还收到了连云港市、徐州市、盐城市、江阴县、无锡县红会发来的贺电。(仲金林)

(原载于1987年第7期《江苏红十字》)

华侨诸锡璋先生应聘为常州红会名誉副会长

6月3日，日本国东京华侨总会常务理事、旅日华侨江苏省同乡会会长诸锡璋先生在常州市白荡宾馆会议室应聘为常州市红十字会名誉副会长，并举行了应聘仪式。

年逾古稀的诸锡璋先生出生在常州市武进横林乡，多年来一直致力于中日友好事业。在日本，他积极资助创办华侨学校，发展中华文化。在家乡，他曾先后捐款建造欧里小学，修建乡村公路，开凿水井，赠送救护车等。

市政协副主席孙维峰和市委统战部、市侨办的领导出席了应聘仪式。孙维峰代表市政府蒋溢涛副市长讲了话，市红会副会长华铮介绍了常州市红十字会情况，当讲到常州市红十字会成立于1914年，恰好与诸先生的出生是同年时，诸先生高兴地站了起来。应聘仪式在祝诸锡璋先生长寿、幸福的掌声中结束。(徐涛生)

(原载于1987年第7期《江苏红十字》)

常州防疫站开展街头宣传

常州市防疫站红十字会积极配合《市容环境卫生管理暂行规定》的实施在街头设立宣传点，讲解为什么不要随地吐痰，并展出痰菌图片，让群众受到教育。(周文伟)

(原载于1987年第7期《江苏红十字》)

在企业集团行业系统中建立红会迈出可喜一步

常州市机械冶金工业公司红十字会成立

常州市机械冶金工业公司6月18日上午召开了常州市机械冶金工业公司红十字会成立大会，公司红十字会理事、公司所属各厂分管厂长、保健站长参加了大会。市机械冶金工业公司红十字会是常州市第一个工业系统级红十字会，公司红十字会的成立将开拓机械冶金工业系统各厂的红十字会工作。

公司红十字会会长、副经理周元贵表示，公司红十字会必须遵循中国红十字会的宗旨，把全系统的红十字工作抓起来，首先要做好发展基层红十字组织和会员的工作。他要求，凡是条件成熟的工厂都要成立红十字会。

会上，市绝缘材料厂、市钢铁厂、市林业机械厂的有关领导在会上表示，要抓紧筹建厂红十字会，争取下半年把工厂红十字会成立起来。市红十字会的领导到会祝贺并讲了话。（黄河）

（原载于1987年第7期《江苏红十字》）

常州工人的心

当全国一些地方火灾、水灾的不幸消息传出后，常州照相机总厂组织科的王顺全、王丽霞、王惠月、张玉娣、张玉兰五位同志心情十分沉重，焦急万分，他们休息、吃饭、睡眠时时刻刻都牵挂着灾区人民。他们来到厂红会，对厂红会的同志说："今年以来，我国遭到火灾等自然灾害较多，国家、人民损失严重。为了养育我们的祖国，为了那些受灾的亲人，为了那些正在和灾害日夜奋战的战士和群众，把我们科受嘉奖的奖金一百元整给你们，请红十字会代表我们寄给受灾最严重的地方，请让我们奉献出一点微力吧。"（徐涛生）

（原载于1987年第8期《江苏红十字》）

常州举办红十字青少年文艺夏令营

常州市红十字会和常州市教育局于7月13日至16日举办了常州市红十字青少年文艺夏令营。参加这次文艺夏令营的有省常中、市一中、市二中、市三中、局前街小学、五星中心小学、东方小学和武进县湖塘实验小学等8所中小学红十字会的130多名红十字青少年会员。

这次夏令营分两个阶段，第一阶段组织学校对自编自演的符合红十字内容的23个文艺节目进行会演，并对评选出的优秀节目当场发奖；第二阶段组织获得优秀演出奖的节目和参加会演的红十字青少年进行联欢，并参观名胜古迹，进行爱国主义的教育。

一辆飘着红十字旗的专车，带着常州市红十字青少年文艺夏令营会演中获得优秀演出奖的节目和演员及各校红十字青少年代表50多人从常州直达苏州市，受到了苏州市红十字会领导和平江区有关学校红十字会领导的热情接待。在苏州参观了虎丘、拙政园、留园、狮子林、北寺塔等名胜。很多红十字青少年会员表示，这次文艺夏令营在排演和演出中既接受了社会主义人道主义的教育，又学会了实地进行救死扶伤、敬老助残、助人为乐等“我为他人服务”的本领。

16日下午，常州和苏州红十字青少年代表举行了文艺联欢。联欢会上掌声阵阵情意绵绵。下午3时许，常州红十字青少年文艺夏令营的专车离开了苏州，于6时前安全抵达常州。（黄河）

（原载于1987年第8期《江苏红十字》）

武进县红十字青少年夏令营闭营

武进县红十字会与县教育局在县教师进修学校首次联合举办的红十字青少年夏令营，历时4天，于8月15日圆满结束。来自全县8个区9所中心小学共30多名红十字青少年参加了夏令营。开营式上，县红会副会长时雨苍要求营员们认真学习和掌握卫生科普知识，回校后，要发挥红十字青少年的骨干作用。开营式结束后，县红会领导与营员们合影留念。

夏令营活动期间，聘请了县卫校、县卫生防疫站、湖塘中心卫生院的有关医生为红十字青少年讲授了心肺复苏、创伤的“四大”急救基本技能以及近视眼的防治知识。(张定宇)

(原载于1987年第9期《江苏红十字》)

常州建筑一公司筹款3000元，配备红十字保健箱15只

常州第一建筑工程公司自去年成立红十字会以来，公司领导十分重视红会的巩固和发展工作，支持办好红十字会事业。公司筹款3000元配备了15只药品齐全、适合工地现场医疗急救需要的保健箱。

保健箱仿制部队航空急救箱式样，具有翻叠、背带、存放药品等特点。箱内存放药品从外用、内服、中成药到温度计、酒精棉球、止血带、四头巾及急救备用药品共计95种，为工地现场及时处理病伤带来了方便。

7月18日，公司红会组织了有关承包队政治队长（红会会员骨干）及有关承包队红会会员进行现场抢救演练和卫生、药物知识讲座。通过学习，大家对生理常识、创伤的处理、止血法、骨折的固定及转运和常用现场抢救复苏术有了一定的了解。公司红会会长潘保忠同志十分重视这次卫生讲座和发放保健箱的工作，并亲自到会讲了话，对保健站开展防病治病，积极为职工服务提出了要求：（一）医务人员要坚持做好工地巡回医疗和对意外工伤的防范工作；（二）保健箱发至每个承包队，要加强管理，不能流于形式，要发挥它的积极作用；（三）公司红会将有计划地安排医疗救护知识方面的培训活动，健全现场救护网络，为公司的腾飞做好红会的各项工作。(朱自强)

(原载于1987年第9期《江苏红十字》)

金坛县红十字青少年夏令营花絮

跃进131印象

8月14日，43名金坛县红十字青少年在省红十字会孙仁静伯伯、

南京市红十字会孟剑平阿姨的带领下，来到南京汽车制造厂，参观总装配车间流水线。小营员们一进高大的厂房时被几只强烈聚光灯照的眼花缭乱，抬头一看，高高的脚手架上，放着一架电影摄影机，准备给跃进131 汽车拍电影。据厂里带队阿姨说，拍好后还要拿到国外去放映呢。崭新的跃进汽车一辆接一辆地停在流水线上，排成一条长龙，工人叔叔们为准备发动汽车驶出厂房而忙得满头大汗。工人叔叔们不怕苦，不怕累，对祖国做出巨大贡献的精神深深嵌入小营员们的心里。

12 分钟？忘了

当汽车一进入大桥南路时，远远就看到雄伟的长江大桥横贯在眼前，赞叹声、惊喜声，嚷成一片。有个小营员喊了一句“快看表，看汽车走过桥要开几分钟？”有表的小营员忙看了一下，“11 点 13 分。”于是大家就有说有笑地东张西望起来，不一会，高大雄伟的桥头堡从车旁掠过。进入正桥，从车窗望去，滚滚长江向东西延伸，一艘艘船舶劈波斩浪，南岸的一座座高大建筑物拔地而起，这些景观使小营员们心胸为之豁然开朗。不知不觉汽车已开了一个来回，“几分钟？”有一个小营员蓦地站起来问，“哈……”引起了一阵愉快的笑声。

烈士鲜血染红的雨花石

下午 3 时，车到雨花台，凭吊革命先烈，营员们向着雨花台烈士塑像默哀悼念，眼中闪着晶莹的泪花。有个最小的营员叫殷洁，她买了一小方玻璃盒装的雨花石，有人问她：“你是为了美化生活吗?”她说：“不是，你看这粒粒闪光的雨花石就好像十几位烈士的心，它上面的斑斑红迹，不就是烈士们的鲜血吗?”（仲金林）

（原载于 1987 年第 9 期《江苏红十字》）

接到“告急”电话之后

8 月 25 日上午，常州市第二人民医院外科的电话铃声响了：“二院外科吗？今晨一辆面包车在宜兴发生重大撞车事故，请你们赶快准备抢救。”铃声就是命令，红十字卫生队队长、外科副主任谢承武一面通知急诊外科，一面召开紧急会议，不到 5 分钟就准备好了所有抢救器械及药品。

不一会，一辆乳白色救护车驰进了院急诊科门前，早在等候的医生护士立即迎上前去，将 3 名重伤病人、5 名轻伤病人，抬进了抢救室。经过 2 个小时的紧张抢救，3 名重伤病人脱离了危险，5 名轻伤员也得到了妥善处理。

这仅仅是普通的一幕。外科的红十字会员们在 7、8 两个月高温季节中，对年龄从 6 个月到 71 岁的病员，已抢救意外性外伤、烫伤 132 例，体现了红十字会员救死扶伤的精神风貌。（陈秋霞）

（原载于 1987 年第 9 期《江苏红十字》）

常州妇产医院红会会员开展优质服务活动

入夏以来，常州市妇产医院红十字会广大团体会员认真开展优质服务活动。1987 年是常州市第二个十年分娩生育高峰的第二年，市妇产医院出现了建院以来少见的分娩高峰，医院党政领导和院红十字会十分重视在生育高峰中抓好优质服务，他们要求各科室、病区和各红十字卫生室、各红十字卫生站、卫生队号召广大红十字会员以实行人道主义为宗旨，努力提高医疗质量、改善服务态度，为孕产妇排忧解难，尽量解决孕产妇分娩住院难的问题，认真开展优质服务活动。

该院原核定病床 200 张，实际开放床位 327 张，病床使用率高达 90.5%，最高日人数达 301 例，日分娩 39 例。他们在生育高峰期间能做到忙而不乱，尽量减少差错，杜绝医疗事故。院红会组织全体团体会员认真学习国务院颁发的《大兴安岭火灾事故的处理决定》和《医疗事故处理办法》，认真抓门诊、急诊、手术室、临产室的医疗质量，提高重危病人的抢救成功率。急诊抢救班子坚持每天下午 5 时至 6 时，进行复苏模拟抢救训练，熟悉各种抢救器材的操作，基本做到抢救警铃一响，三分钟内抢救人员赶到现场。最近，该院连续抢救了几例重度产前子痫、早期羊水栓塞的产妇，都获得了成功。

产科历来都是高危孕产妇集中的重点部门，为了做到生一个、活一个、好一个，院领导对产科试行分段负责，系统管理。医生分成 A、B 两组，实行产前产后一贯制，加强了工作责任心，做到产妇安心、家属放心，保证母子平安出院，给优质服务活动增添了光彩。（黄河、少逸）

（原载于 1987 年第 9 期《江苏红十字》）

红十字在闪光

——常州市6位烧伤病人脱险记

盛夏的一个下午，烈日当空，异常闷热，一辆卡车开着灯，不停地鸣着喇叭，向市第一人民医院疾驰而来。车上，载着常州向阳化工厂6名被环氧丙烷烧伤的职工，其中有两名烧伤面积大，生命危在旦夕……

病情严重　当机立断

紧张，加上闷热，空气更加窒人。在常州市第一人民医院急诊室里，伤员痛苦地呻吟，医师、护士忙碌如穿梭。

经过检查，工人马美昌烧伤面积达80%，呼吸道也被严重灼伤，并已处于休克状态。另一名女伤员顾天明三度烧伤面积达40%。病情严重，时间紧迫，病房满员，怎么办？市卫生局领导当机立断，决定将顾天明和另一名伤员送市第二人民医院抢救。

于是，一场骤然而至的抢救战斗开始了。医护人员都明确自己是光荣的白衣战士，是一名中国红十字会会员，肩负着救死扶伤的重任。

领导关心　家属放心

6名烧伤病员的安危，牵动着市领导同志们的心。副市长、市红十字会会长蒋溢涛指示，一定要把烧伤病员救治好，有什么困难，市政府帮助解决。晚上8时，市委书记陈玉英急忙赶到病房看望伤员，并指示迅速为他们安装空调。市长陈鸿昌、副市长韩兆春、市人大常委会副主任张金豪等和市卫生局的负责同志也先后赶到医院，询问抢救进程，帮助解决问题。市第一医院、第二医院的党政领导认真组织抢救班子，动员各部门紧紧跟上，要保证抢救工作的正常进行。各级领导同志的亲切关怀，给伤员家属和厂方人员莫大的安慰，稍稍放下了一颗牵动着伤员生命安危的心。

一方有难　八方相助

伤员住进医院已经10天，伤情逐渐好转。突然，马美昌的病情有了变化，出现黄疸、肝功能异常，病情严重。医护人员立即进行抢救，在紧要时刻，伤员急需的“要素合剂”告急，时间就是生命，业务员秦越洪冒着酷暑，火速赶到上海，经过一番波折，次日下午，他风尘仆仆地把救命药购了回来。

刚平静了几天，第15天又迎来了一个不安之夜。晚上10时，马美昌突然气急痰多，出现急性肺水肿，呼吸每分钟竟达72次。此刻，市第一人民医院院长、院红十字会会长和值班医护人员除加用抗生素新药外，迅速采取强心、利尿、镇静、吸痰等措施。经过紧张的奋战，终于化险为夷，马美昌的呼吸每分钟下降到38次。夜色中，死神又一次却步了。

红十字旗　闪光的旗

30个日日夜夜过去了，烧伤病员均先后脱离了危险。您可知道，在与死神搏斗的日子里，医院的红十字会员们付出了多少心血……

烧伤严重的顾天明身上的焦痂切去盖上异体皮后，需从数千个异体皮细孔中嵌入自体皮，这种手术精细而复杂。市第二人民医院的红十字会员孔玉琴、何美云、袁寿忠等6位医师在手术台旁足足站了7个半小时，午饭也没顾得上吃。第一医院的王龙、胡焕春、高萍、王云、潘继瑛等异口同声地说："轻伤不下火线，救死扶伤是我们红十字会员的责任。"多美的心灵！这些可敬可爱的白衣战士、光荣的红十字会员。（祖祥、黄河）

（原载于1987年第10期《江苏红十字》）

走出校门，走向社会

——省常州中学红十字青少年社会调查硕果累累

江苏省常州中学红十字会积极组织青少年红十字会员走出校门，开展社会调查，使学生受到生动而现实的思想教育。

6月初，该校红十字会就要求各班红十字小组落实单位，确定专题，开展社会调查。100多位会员分为12个小组，到解放军102医院、红十字医院、市老年大学和戚墅堰机车车辆厂等10余个单位，听取领导介绍，走访工人，实地参观，座谈讨论，全面了解常州的卫生设施和职工健康状况，总结开展群众性文体活动的经验，并发现问题，提出建议。经多次深入调查，他们写出了《请理解他们》《夕阳无限好》《丰富职工业余生活的几点建议》等调查报告，受到被调查单位和市有关部门的好评。本学期，他们将把开展社会调查总结出的经验汇编调查报告集，评选优秀调查单位，召开调查报告交流会和举办社会调查汇报演讲比赛，以推动本学期的更深入、更全面的社会调查活动。（王定新）

（原载于 1987 年第 10 期《江苏红十字》）

提高应急能力，抢救重危病人

常州市妇产医院红十字会两年来十分重视急诊抢救工作，该院健全了抢救组织，配备了抢救设备，经常组织医务人员进行模拟抢救训练和学术报告等多种形式，来提高会员的应急能力。去年组织 100 多名红会会员参加“医疗护理技术操作运动会”，别开生面地把医疗护理操作和体育竞赛结合起来，在 200 米内分设铺床、测血压、听心率、气管模拟插管、输液、模拟人工心肺复苏等 6 个医疗护理操作项目，以接力赛的形式来完成。院红会还多次邀请本地和外地教授、专家讲授国内外医疗动态、心肺复苏、心电监护，心脏起搏、除颤器的应用等。从实战出发，今年夏季每天组织 1 个小时的抢救模拟训练和基本功训练，一声铃响，在 10 分钟内可以集中全部抢救人员到场。由于该院红十字会平时抓紧培训，因此不少重危孕产妇得到及时抢救，转危为安。（马琴芳、曹琦）

（原载于 1987 年第 11 期《江苏红十字》）

奔牛实验小学成立红十字会

武进县奔牛实验小学于 10 月 3 日，在奔牛影剧院隆重举行红十字会成立大会，全校 1300 多名师生参加了会议。县红会副会长时雨苍到会祝贺，授了会旗、印章，并向校红会赠送了部分医疗机械。（张定宇）

（原载于 1987 年第 11 期《江苏红十字》）

中外激光医学学术讨论会在常州召开

12 月 20 日，中华医学会常州分会、常州医学会红十字会召开了中外激光医学学术讨论会。美国、加拿大、西德、印尼、日本等国组成的激光学术代表团一行 17 人，以及来自全国 15 个省、市激光医学专家 30 多人参加了讨论会。会上进行激光医学学术讨论，交流论文 68 篇。会议期间，上海激光医学专家在沪常医疗会诊中心第一分部进行了激光咨询服务和示范表演，并为常州 120 多名职工和居民进行激光治疗，受到群众的好评。

大会闭幕后，外国专家又在常州举办激光医学事业学习班，15 省市 30 名专业人员参加学习，为发展我国激光医学事业培训了人才。（黄河、卫信）

（原载于 1987 年第 12 期《江苏红十字》）

常州水泥厂红十字活动生气勃勃

常州水泥厂的党政领导重视红十字工作，书记、厂长和红十字会理事会成员认真学习中国红十字会章程，讨论工厂如何遵循人道主义宗旨，开展红十字活动。由于思想统一，订出了切实可行的活动方案，积极组织红十字会员开展了大量符合红十字宗旨的活动。

开展宣传咨询

厂红十字会和厂工会密切配合，在街道居民区、厂区广泛开展红十字会务知识、计划生育、讲究卫生预防疾病的宣传和咨询多次。每次开展宣传咨询都大造声势，拉出横幅标语，插红十字会旗和彩旗，套红十字袖套，别红十字会徽。利用广播、活动宣传牌、板报、录像、医务人员设点等多种形式，仅勤业新村和厂区的三次宣传咨询中，就有 1000 多人受到教育。

上街为民服务

这个厂从车间、后勤、保健等部门抽调有专长的红十字会员，在会长、秘书长率领下，拉着横幅、彩旗、红十字旗上街设摊为民服务。仅1次节日服务中就修理电视机1台，修自行车8辆，配钥匙30把，修铝制品6只，看病和测体重、血压50余人。例如，西林乡一位农民用车拖着一台电视机上街修理，他东家跑到西家，都说时间要10天，他只好拖着电视机再跑，忽然看见街上水泥厂红十字会员免费服务站，他抱着试试看的心情，要求帮助修理电视机，经当场拆机检查，表示可修。那位农民第二天把修好的电视机拖回，欢欢喜喜、千谢万谢地说，水泥厂红十字会这种为民服务的方法好；还说，店里修机要10天，开机检查要5元，红会免费来服务，时间只要一天半。

帮困难户建房

厂红会发现双目失明的退休工人孔志炳家住房破旧、漏水，遇连日阴雨，将有倒塌的危险。且孔志炳家生活并不富裕，无力修建住房。厂红会本着人道主义宗旨和厂行政、工会协商后，拨款500元，并组织会员和有修房技术的工人帮助将破房修好。会员们知道孔志炳要修房，还自发捐款200多元送到孔家，并帮助孔家修补好了危房。

培训救护人员

为了做好对意外伤害和急性病症发生时的现场抢救，厂红会和厂领导商量，从工厂各部门、车间抽调骨干红十字会员40人，分期分批举办了为期一周的集训。他们聘请师资，讲授心肺复苏的意义及主要内容、操作方法，呼吸道异物梗阻徒手处理法，心肺复苏有效指标和终止抢救标准，抢救意外伤害的四大技术等。经过训练的会员都能熟练操作，受到领导和群众的赞扬。

模拟抢救演习

为了考核经过训练的会员对意外伤害的急救水平，厂部决定由红十字会举办一次意外伤害抢救模拟演习。假设病人从伤害开始，到一系列的止血包扎、固定搬运处理，直至安全送到就近医院为止。参加模拟演习的20多名红十字会员都能熟练地运用抢救技术，受到参观模拟表演的200多名干部和职工，以及常州锅炉厂、常州建材构件厂红十字会领导和同志们的好评。（黄河）

（原载于1987年第12期《江苏红十字》，又载于1988年2月5日

《中国红十字报》）

常州市三院红会为西藏学生体检

第三批西藏学生刚到常州学习，常州市第三人民医院和院红十字会就派出一批红十字团体会员至西藏民族中学，为近百名藏族师生进行体格检查。同时还为师生们做了“肝功”“OT 试验”。为了方便学生胸部 X 光透视，院领导研究免费派专车接送师生到医院胸透。由于院领导和全体参加体检的红十字会员认真负责的为人民服务精神，西藏民族中学的领导们激动地说：“你们医院领导为我们学校想得真周到，这次体检，既保证了学生们集中精力学习，也促进了我们民族的团结，真是太感谢你们了。”（黄河、卫信）

（原载于 1987 年第 12 期《江苏红十字》）

常州首次社会福利有奖募捐活动提前结束

12 月 14 日下午，常州市社会福利有奖募捐委员会在市政府举行全体组成人员会议，蒋溢涛副市长宣布，截至 12 月 14 日，市首次发行的 100 万张奖券已全部认购完毕，于本月下旬开奖。

有奖募捐活动自 11 月 16 日开始以来，全市人民踊跃认购有奖募捐券。在发行中各级领导十分重视，有关部门密切配合，发行人员积极努力，宣传发动广泛深入，坚持做到不强迫、不摊派，不用公款购买和自愿认购的原则。天宁区在宣传发动中，挂出宣传牌 2500 块、横幅 21 条、黑板报数百块。新丰、局前街等街道还在销售点放录像、说快板等文艺宣传。钟楼区委、区政府的四位领导亲自上阵宣传奖券的销售和对各行各业的督促检查工作。在开始销售奖券的第一天，市募委会已将 99.93 万张奖券拨至各销售点，在短短一周之内就销售出奖券 51.30 万张。在认购活动中涌现出许多好人好事，市级机关部委办局的领导都能以身作则，带头认购，5 天就认购 1.9 万张。天宁、钟楼两区一周售出 33 万余张，新丰街道火车站发售点仅 16 日一天就售出奖券 2000 张。市佛教协会主席、天宁寺代方丈松纯在首捐仪式上，代表佛教人士无偿捐献 500

元，本人又认购60元。个体户邱斌主动找到市募委会认购1000元奖券。纺机厂蒋锡澄家也认购100元。民主党派负责人江子砺、缪甲山，市民政局党委书记李爱民等均各认购100元。80多岁的军属吴竟派儿子去销售点认购100元。退休工人钱匡大跑到街道要求买30张奖券。很多红十字会员在这次认购活动中均表现积极，愿为孤老残疾，为社会主义福利事业多做贡献。（黄河）

（原载于1987年第12期《江苏红十字》）

1988 年

发扬社会主义人道主义精神

常州市红十字会慰问鳏寡孤独和五保老人

常州红会于2月5日在兰园会场召开春节慰问孤老残茶话会。20多位孤老残代表和市、区领导，市红会领导以及街道办事处主任及基层红十字会专兼职干部一起参加了茶话会。市人大常委会副主任、市红会会长蒋溢涛代表市人大常委会和市红会对到会的孤老残代表表示慰问，他说："我们党和政府对残疾人、鳏寡孤独、五保老人是一贯重视和关心照顾的。《中华人民共和国宪法》就有对孤老病残人应以帮助的规定。"清潭街道的104名红十字会员，组织了16个包户小组，为孤老残搞卫生、包缝洗、包买日用品、包烧饭、包送医院看病等。会员们的热情服务，很受孤老残病人的欢迎，受到人民群众的赞扬。

常州市红会还向散住在钟楼区范围内的目前最需要社会帮助的残疾人、鳏寡孤独、五保老人每人发了被套和水果等慰问品。（黄河）

（原载于1988年第2期《江苏红十字》）

常州市第二人民医院红会组织戒烟宣传活动

4月7日，常州市第二人民医院红会组织20多名会员在市工人文化宫广场进行了戒烟宣传和咨询活动，他们利用肺癌标本、X光片、肺活量检测、量血压、漫画、录音宣传等多种形式对1100余名群众进行了宣传和服务，其中现场劝说捏掉烟头的达20余人次，该活动得到了群众的称赞。（秋霞）

（原载于1988年第4期《江苏红十字》）

常州建材设备制造厂红十字工作有发展

常州建材设备制造厂红会重视红十字组织的建设和会员的发展工作，目前厂红会下设4个车间红十字卫生服务站，有会员500多名，厂红十字会开展各项活动都能得到党委、行政、工会、团委的支持与密切配合。为了鼓励和表彰热心红十字工作的会员，去年厂红会评出先进会员26名，按5%的比例发给奖金和纪念品。

救护培训

厂红会为了使救护工作做到平战结合，建立了一支有卫生防病知识、懂“三防”和“四大技术”的队伍，他们举办了2批为期8天的红会会务、卫生知识、心肺复苏和四大技术学习班，50余人参加学习；组织150人参加的安全、消防、救护知识智力竞赛和书面考试。

为民服务

这个厂红会先后联合工会、团委和人武部门组成为民服务队，在文化宫等热闹地段的广场免费为民修自行车、补铝锅、修皮鞋、配钥匙260余件。他们组织红会会员巡回治安服务组，去居民新村放哨站岗，他们坚持为孤老残打开水、买菜、搞卫生、洗衣被等。厂红会卫生所发现退休孤老张桂芳患胃癌，无人照顾，立即派车接到厂卫生所住院治疗。春节期间，厂领导对全厂220名退休工人、病休假、烈军属、复员军人分别组织慰问，发了慰问品。

帮助建房

厂红会组织了一支红十字社会福利服务队，帮助兴隆巷居委会举办社会福利事业，修建一座30余平方米的青少年活动室，受到居民群众的普遍好评。

扶危济困

在市政府发动支持残疾人基金会募捐时，厂红会进行了广泛的宣传，厂里募给残疾人基金会4000余元，支援溧阳老区人民衣被和人民币。红会发动会员互助互济，自发募集捐款。工人张素琴的父亲病危，接到厂红会转来群众的关心费 386.20 元，感动地说：工厂处处有亲人，文明精神暖我心，百倍干劲做工作，报答红会一片心。

宣传教育

厂红十字会注意对会员进行中国红十字会章程的学习与会务知识的教育，同时发挥红十字会员对广大人民群众进行卫生防病救护知识的宣传，其中有红十字专刊、黑板报、画廊和电视录像等。

拾金不昧

红十字会员明确人道主义宗旨后，好人好事层出不穷。梅杏千等会员拾到手表、金戒指、银戒指、现金 73 元，全都交给厂保卫科处理。丁丽娜领文明奖时，回车间后发现多了 100 元，立即退回财务科。（黄河）

（原载于 1988 年第 4 期《江苏红十字》）

团结在红十字的旗帜下

——常州建材设备制造厂红会二三事

5 月 8 日是世界红十字纪念日，一队臂戴袖章的红十字会员走出常州建材设备制造厂的大门，兵分三路走上街头。医疗组免费为病人拔牙、测血压；修理组免费为群众补锅底、修雨鞋；理发组免费为老人、小孩和坐在轮椅上的残疾病人理发。同日，他们在厂内收到会费近 300 元。

这个厂的红十字会成立不到两年，500 多名会员团结在红十字的旗帜下，为社会、为自身建设做了许多有益的工作。

退休工人的感激

本厂退休工人蔡翠莲不幸患了胃癌，手术后需要营养，家中生活困难。厂红十字会知道后，17 名会员主动集资 70 多元，购买营养品送到蔡师傅家中。蔡师傅行动不便，厂卫生所红十字会员主动送医上门，为她治疗护理。

在红十字会员的影响下，这个厂助人为乐蔚然成风。前年全厂为灾区人民捐献衣物 1600 多件，去年为残疾人、灾民捐款达 5600 多元。

街办的常客

厂红十字会员是工厂所在的天宁区古村街办的常客。街办的青少年活动室陈旧简陋，无法开展活动。厂红十字会员带着厂里调出的木材、水泥等价值2000余元的建筑材料，用90多个工时为街办修建了活动室两间，围墙15米。建会以来，他们帮助居委会出黑板报20期，免费为居民修理自行车、手表等300多件次。

教室静悄悄

教室里静悄悄的，只听见钢笔写字的沙沙声。厂红十字会业务培训班的结业考试正在进行。经过卷面和救护演习的两种测验，成绩优异的9人获得了嘉奖。像这样的业务培训，厂里仅去年就举办了5期。同时，他们还建立了红十字培训机构，通过派出去、请进来等方式，培训业务骨干，再由骨干下到红十字卫生站培训会员。会员们普遍反映，这种方法灵活、具体、有实效。（徐来兴）

（原载于1988年6月5日《中国红十字报》）

常州红会和红十字医院联合开展“红十字服务月”活动

常州市红十字医院积极响应中国红十字会总会“以红十字活动周的形式纪念世界红十字日”的号召，发扬红十字精神，办好红十字医院，创出红十字医院特色，推动红十字事业的发展，在常州市红十字会的指导下，开展“红十字服务月”活动。活动从5月1日拉出横幅开始，5月3日上午，由各科主治级以上医师挂帅，在医院门口设摊进行义诊，半天共服务了300多人，揭开了活动月的序幕。

在红十字服务月中，该院将举办消防与交警人员，中、小学红十字学生会员等各种急救训练班和医院急诊科急救演习，办专刊、院报，成立宣传队，开出宣传车上街宣传；联合和组织文艺界人士举行文艺义演，进行社会募捐；建立红十字特约门诊、特约病房、家庭病床综合服务部、老年专科门诊，上街义务做血型测定、儿童智力测定；医院送药到农村、工厂、学校，免费为鳏寡孤独智弱儿童看病、体检，还将和常州市卫生局，市级电台、电视台、报社联合举办红十字知识智力竞赛等。

（原载于1988年第5期《江苏红十字》）

纪念“5·8”世界红十字日，常州开展红十字知识有奖竞赛

常州红十字会、市卫生局，市广播电台、市红十字医院、常州日报社、常州电视台为纪念“5·8”世界红十字日，在全市公民中进一步普及红十字知识，推动红十字事业的发展，决定从5月8日起至5月15日止联合举办红十字知识有奖竞赛，试题刊在5月8日的《常州日报》上，凡参赛的会员和各界人士只要出门将答卷寄往红十字知识有奖竞赛办公室即可。

这次竞赛将根据成绩评出前100名优胜者，发给物质奖励，并从100名优胜者中选出前10名参加5月下旬的红十字知识有奖智力竞赛，再决出一、二、三等奖，分别发给纪念品和物质奖。电视台将播出竞赛实况。（黄河）

（原载于1988年第5期《江苏红十字》）

常州戚墅堰区红会成立

为了更好地协助政府动员和组织人民开展群众性的卫生救护和社会福利活动，为社会主义现代化建设和促进祖国统一，增进与各红会、红新月会和人民的友谊，为世界和平和人类进步服务，经常州戚墅堰区人民政府批准，于6月21日召开戚墅堰区红会成立大会，经过第一次理事扩大会选举，区人民政府副区长俞欣生为区红会会长，刘志范、陈明善、金谷英、邱彩华、薛世康、贾武贤为副会长。经俞欣生提名，刘如松同志担任秘书长。会上还一致推举离休干部、原区长沈林棠为名誉会长。

参加成立大会的有市人大常委会副主任、市红十字会会长蒋溢涛，

市政协副主席、市红十字会副会长屠揆先等领导，区委、区人大、区政府、区政协的领导和区红十字会理事以及所在地的工厂、学校、企事业单位的负责人共60多人。

俞欣生会长对区红会下半年的工作做了部署。市红会会长蒋溢涛在会上讲了话，同时代表市红会赠送两台双缸洗衣机给区红会，以便发动会员为孤老残洗衣服、洗被褥。（黄河）

（原载于1988年第6期《江苏红十字》）

常州红十字知识智力竞赛揭晓

为纪念“5·8”世界红十字日，常州红会发出了在全市范围内开展“5·8”世界红十字日纪念周的通知后，95%的基层红会都组织了各种纪念活动，市红十字医院也开展了纪念活动。市红会等6个单位联合举办了红十字知识有奖竞赛。

5月8日，《常州日报》刊出红十字会知识试题和卫生救护知识竞赛试题，在短短的10天内，全市有近千人参赛，按竞赛规则选出100名优胜者，再从100名优胜者中选出前10名参加决赛。6月8日，6个主办单位在市红十字医院会场组织了红十字知识前10名有奖决赛，通过笔试、口试和抢答竞争，赛出一、二、三等奖名次。巢海燕、钱文胜获一等奖；承杰、陆文斌、郭莉、戴海鸿获二等奖；张悦、王秋萍、黄银河、洪哲明获三等奖。市人大常委会副主任、市红会会长蒋溢涛，市政协副主席、市红会副会长屠揆先和主办单位领导有始有终参加决赛，并分别给获奖者发了奖。省红会组训部主任罗庆堂等领导专程赶到常州参加决赛。报纸、电视、广播都发了新闻。（黄河）

（原载于1988年第6期《江苏红十字》）

简讯二则

常州二中红会，在纪念“5·8”世界红十字日活动中，积极参加常州市红十字会开展的“红十字知识有奖竞赛”活动，组织发动200多名

师生员工参赛。该校青少年会员郭莉获二等奖。(屠玠洁)

常州二中红会，在纪念“5·8”世界红十字日活动期间，特聘请常州市红十字医院医生，来校为红十字青少年会员讲授、指导急救训练，参加人数达90名。青少年们通过医生的热情讲解和操作示范，对心肺复苏技术在垂危病人急救中的重大意义有了全面的认识，受到很大的启发教育。部分会员表示，将来立志从事医务事业，从现在起，就培养自己的兴趣，利用一切机会，多学习和掌握一些医学知识，以便将来可以更好地为人民服务。(屠玠洁)

(原载于1988年第6期《江苏红十字》)

常州举办体育援助夏令营

由市红十字会、市教育局、市体委、市广播电视局联合举办的常州市1988年国际体育援助计划田径运动体育夏令营从6月30日开始至8月21日结束。参加这次体育夏令营的是从各有关中、小学选拔出来的对田径运动有较高水平的近300名青少年学生和红十字青少年会员，还聘请了近20名教练员。整个夏令营活动分两个阶段，第一阶段进行男女短跑、中跑、长跑、跨栏，男女投掷、跳跃等训练，以提高田径运动水平，通过达标比赛，选出30名达标运动员参加省田径运动会。为了把夏令营办得丰富多彩，还组织了游泳、划船、报告会、游园等活动。第二阶段选拔优秀营员50名，参加“’88国际体育援助计划”红十字青少年夏令营，组织学习中国红十字会章程和有关红十字青少年会务知识，学习急救四大技术和心肺复苏技术的简明理论，着重现场操作技术；学习结束后，乘红十字会夏令营专车前往镇江、扬州市参观祖国大好河山、名胜古迹，接受集体主义、爱国主义教育；在镇江、扬州期间，受到了镇江、扬州市红十字会的热情接待。市教育局、市体委、市红十字青少年的领导同志参加了开营式。(黄河)

(原载于1988年第8期《江苏红十字》)

武进县前黄红十字医院抢救成功一例垂危病人

一例经左侧颈部颌下、口腔、咽喉贯穿伤病人，在武进县前黄红十字医院医护人员的通力合作下抢救获得成功。

8月23日下午6时许，寨桥乡19岁的男青年黄志松骑自行车在回家的路上与一辆迎面而来的个体出租客车相撞，头撞破汽车的挡风玻璃穿入车内。黄志松左侧颈部颌下被锋利的玻璃刺入，贯通到口腔、咽喉。颌下动脉、静脉被切断，血流如注，这时刚巧一辆县检察院的吉普警车由寨桥返常经过，立即把患者带上车，拉启警报飞奔前黄红十字医院。到医院时，患者心跳已停止1分多钟，测量血压，脉搏都是零。前黄红十字医院的医务人员挑灯夜战，经过2个多小时奋力抢救，完成了清创术，动、静脉结扎术，内外破裂伤口修补术等，使伤员转危为安。术后，经过护士们的精心护理，黄志松已痊愈出院。(武进前黄红十字医院)

(原载于1988年第9期《江苏红十字》)

常州二院开展义诊活动

常州市第二人民医院红会组织30名会员，于9月10日在市武青路及7月30日的庙会上，为600名群众进行了“国际体育援助”义诊服务，该院红会为救济不发达国家的儿童，促进儿童保健事业的发展，除在全院发动会员解囊募捐外，还组织会员义诊、义检，7月30日的义诊活动得到了群众的赞赏。(陈秋霞)

(原载于1988年第9期《江苏红十字》)

病魔无情人有情

——记为荆霞同学募捐治病

金坛县实验小学四（1）班学生荆霞左大腿肿痛不能行走，经县医院和上海长征医院诊断结论一致，骨癌晚期，癌细胞已扩散到尾骨，必须做高位截肢术。这样大的手术需要两千元，而荆霞父母都是纺织厂的普通工人，其经费是难以承受的，怎么办？学校红十字会得知后，立即召开红会干部会议，提出“一人有难，人人支援”是红会的宗旨，利用学校大门前一块醒目的黑板发出号召，为荆霞同学治病开展募捐活动。这个消息像长了翅膀，一下子飞遍了全校各个角落，干部、老师带头，学生积极响应，全校上下纷纷为荆霞同学治病开展了募捐活动。

荆霞所在的四（1）班行动最快，同学们把平时节省下来的零花钱和购买文具、本子、铅笔等的钱都捐献出来。三（3）班也不落后，如颜薇小同学捐出5元压岁钱；钱凯捧出心爱的储蓄罐，把仅有的3.4元全部献上；葛嘉同学将买玩具的6元钱毫不犹豫地捐出，同时还请老师在贺年片上写着：“祝愿你充满信心，战胜疾病，早日恢复健康”，转送给荆霞姐姐。

在校内纷纷募捐的同时，校红十字会和大队委打着标语上街头为荆霞治病向社会募捐。行人们也慷慨地捐上5元、10元的。红十字会员请他们留下姓名时，他们说：“一方有难，八方支援，是每个公民应尽的义务，不必留名，要留下的是我们祝愿这位小朋友早日恢复健康。”使在场的人都很受感动。在短短的两三天的募捐活动中，已收到捐款达千元以上，学校将派老师和同学代表专程去上海看望正在住院治疗的荆霞同学，同时送去募捐的款额和老师、同学、人民大众对她的关怀及温暖。（李文忠）

（原载于1988年第10期《江苏红十字》）

跳出传统模式　创红十字医院新路

——访常州市红十字医院院长许谦

11月初，在全国红十字会组织工作座谈会期间，我和江苏省常州市红十字医院院长许谦谈起了他们的医院。

“我们院始建于1946年，当时是红十字诊疗所，有5个人6间房。1983年底命名为常州市红十字医院，有16名副主任医师、53名主治医师，有门诊楼、辅助楼和手术综合楼。院领导班子认为，要改变穷、脏、乱、差的落后面貌，首先要使全院职工振奋精神。为此，我们在职工中开展红十字奉献精神教育，使红十字奉献精神成为医院和职工的精神支柱。我们把这种教育贯穿在医院建设的各项活动中，有效地激发起全院职工奋发向上、艰苦创业、服务人民的积极性和创造力，人人热心于红十字事业，使医院的各项工作有了成效。”

“你们是如何探索在新形势下办好红十字医院工作的新路子的?”我接着问道。

许院长笑了笑说：“我们对这个问题琢磨了很长一段时间。最主要的是坚持三点：

“一是积极开展红十字活动，认真组织社会各界开展四大技术、心肺复苏等卫生救护的训练，先后为消防、公安、工厂、学校开办多期学习班，培训师资和骨干 3000 多人。1985 年为照顾孤老残病人办起了家庭病床，成立了家庭病床科，配有专职医护人员及专车，实行病区化管理，建立了一套可行的规章制度，确保了医疗质量。同时还开展心理治疗、老年保健等服务。几年来，我们日均设床 80 张，最高时达 120 张，服务范围最远达 40 里。许多病人治愈后给医院写来了感谢信。随着改革开放，我院开设了特种医疗科，增设了特约病房为他们提供医疗保健和特殊医疗服务。已接待 80 多批特约病人，取得较好的社会效益和经济收入。

“二是积极参加社会上的红十字活动。我院作为红十字会的一个基层组织，几年来，始终坚持把红十字活动与医院各项工作结合起来，使之相互促进。我院在每年的世界红十字日纪念活动中都举办义诊和咨询活动，还经常到福利院、敬老院、聋哑学校等为孤老残患者义诊。今年‘5·8’，我院与常州日报社、市广播电台、电视台联合举办红十字知识竞赛活动。1985 年的援非募捐，全院捐款 800 多元。1986 年江苏溧阳发生水灾，我院为灾民捐衣物 400 余件。大兴安岭火灾后，我们又捐款 300 余元。今年的‘’88 国际体育援助活动’中，我院捐款 3000 元，是全市第一。

“三是加强横向联合。几年来，我们从院内走向社会，从单一医疗工作到医疗、康复、保健、防疫等多元化服务，收到了好的效果。业务收入，由 1984 年的 66 万元增加到 1987 年的 227 万元，今年有望超过 300 万元。但是要改变医院的落后面貌，开展更多的红十字活动，光靠国家财政拨款是远远不够的，为此，我们加入了由全国柴油机行业 19 个厂家联合组成的常柴集团，成为该集团的医疗保健中心。今年初，我院投资办起了一个医疗器械修造厂和一个专营药械和文化用品的经营部。我院还应江阴市利港乡卫生院的要求，与他们建立了医疗联合体。

定期派出业务骨干到该院会诊、手术、帮助培训技术骨干，使该院医疗水平有了较大提高。我院还与上海骨研所和上海血管外科研究所联合开办了专科门诊。

“1986 年和 1987 年，我院连续被评为市级文明单位，获得全国和省级红十字先进集体荣誉称号。”（邹庆波）

（原载于 1988 年 11 月 25 日《中国红十字报》）

1989 年

总会领导来常检查指导工作

3 月 7 日至 12 日，中国红十字会总会卫生救护部兰军部长、国际联络部何竟副部长等一行三人在我省镇江、苏州、常州和南京检查指导工作。

（原载于 1989 年第 3 期《江苏红十字》）

常州要求在中小学认真组建红会

蛇年开始，常州市红十字会、常州市教育局联合发出通知，要求认真抓好各中、小学红十字会的组织建设工作。通知指出：

一、武进、金坛、溧阳县红十字会和戚墅堰区红十字会要有计划地对所属中、小学分期分批地组建红十字会。对已建学校红十字会的单位要组织红十字青少年与共青团、少先队、学生会等群众组织密切配合，开展红十字活动。

二、对市属中、小学要积极抓紧组织工作，凡未建会的中、小学校要在今年上半年把学校红十字会建立起来。尚未建立区红十字会的请区教育局配合市红十字会规划三分之二的小学成立红十字会。

三、要积极发展红十字会员。凡赞成中国红十字会章程，热爱红十字事业并愿参加会务活动的学生可发展为红十字青少年会员。（黄河）

（原载于 1989 年第 4 期《江苏红十字》）

常州组织基层红会干部赴常熟市参观

7 月 14 日，常州红会组织基层红会干部应邀参观了常熟汽车站红十字卫生站、气功站、虞山镇红会等单位。大家对常熟红会发展基层组织、开展各项红十字工作所取得的成绩，留下了良好的印象。（陆地）

（原载于 1989 年第 9 期《江苏红十字》）

常州市红十字会七十五载春秋

中国红十字会常州分会创建于 1914 年，首任会长屠敬山，理事长王完白。新中国成立前，常州市红十字会建有基层红十字会、红十字医院、红十字服务站 14 个，下属有红十字诊疗所、施诊所、征募队、救济院、收容所等临时机构，拥有 3000 多会员，在旧中国，以救死扶伤为宗旨，为减轻贫民、灾民和伤病员的困难和痛苦，发挥了一定的历史作用。

新中国成立后，第一届（累排第五届）理事会会长由吴伯芳担任，当时红十字会的任务之一是参加爱国卫生运动。常州市红十字会积极发动会员投入除四害活动，以 1958 年为例，统计灭鼠 128506 只、灭麻雀 16478 只、灭蝉蛹 152.9 斤、灭蚊 384 斤。

“文化大革命”开始，红会组织瘫痪，停止会务活动。1982 年恢复常州市红十字会组织，由蒋溢涛担任会长。现有基层红十字会 36 个，成人会员 5806 人、青少年会员 6495 人、团体会员 4326 人，总计 16627 人，占全市人口的 5.5%。组织恢复后，积极开展工作，在为政府分忧，为群众解难，为人类和平、健康、幸福等方面做出了较大贡献。

一、开展了三次募捐

从 1984 年底到 1985 年 4 月开展了面向社会筹集资金工作，共募集到 24 万多元，作为活动基金。

1985 年 5 月开展了为非洲灾民募捐活动，采用单位和职工捐款、设街头劝募箱和举行义诊、义演、义赛等方式，在短短的 20 多天时间里，共募集到捐款 26 万多元，这批捐款全部交中国红十字会总会转达。1988 年配合世界性的为发展体育运动、增进儿童健康、为儿童福利捐款，收到募捐款 2 万多元。此款除按规定比例上交总会和省红会外，用于本市儿童福利。

二、开展宣传工作

从 1982 年以来，印刷和订购数万张宣传标语、宣传画，散发给基层红十字会张贴，按月分发《江苏红十字》报给基层会员阅读；每年"5·8"世界红十字纪念日、国庆、元旦、春节等重大节日，发动各级红会利用各种宣传工具宣传红十字会宗旨、会务知识和卫生常识。

三、开展社会福利和为社会服务工作

市红会利用募集来的基金，购买了轮椅、洗衣机、保健箱送给街道红十字会，方便病人，组织街道会员免费为孤老病残者服务，还购买了棉衣、棉裤、棉被发放给散在社会上的鳏寡老人。仅据 1988 年的统计，共组织成年和青少年会员上街宣传、急救、募捐、义务咨询、慰问和上门为老残人服务 2 万多人次。

四、开展红十字青少年工作

近 6 年内，市红会共举办了 5 次夏令营，近 300 名红十字青少年参加了活动，学习了中国红十字会章程、会务知识，游览了名山大川，还组织了几次红十字知识竞赛，陶冶了青少年的情操，丰富了他们的课余生活，促进了他们德智体美劳全面发展。有条件的学校基层红十字会也先后组织了夏、冬令营 35 次，789 人参加。

五、开展红十字卫生救护训练

市红会有计划地开展卫生救护训练，据近 3 年的统计，接受一般卫生知识训练的有 9 万人次，四项技术训练 1377 人次，三防知识训练 2887 人次，水上救护训练 170 人次，输血技术训练 679 人次，心肺复苏训练 4682 人次。

六、开展台湾事务服务工作

截至今年 6 月底，共收到寻人表格 160 宗，红十字通信 81 宗，台胞托外省亲友查询2宗，合计243宗。现已为台胞查询亲人98宗，查询率为39.5%。

（原载于1989年第11期《江苏红十字·常州专版》）

心中有集体，心中有他人

常州市东方小学红十字青少年会员中，开展“心中有集体，心中有他人”活动，从小培养他们救死扶伤、尊老助残、助人为乐精神，出现了许多感人事迹。

去年10月，云南澜沧、耿马地区发生了强烈地震。小会员听到这个消息后，非常关心，纷纷行动，有的捐毛衣，有的献棉袄，不到几天，全校就集聚了700多件衣服。五（1）班张小燕同学，把聚钱罐里的6元8角钱也全部捐献出来。五（2）班肖燕同学的妈妈听到这个消息后，立即拿出10元钱交给女儿，说：“我们宁可节约一点，也要支援灾区。”

二（1）班有位高松学生，因父母离婚，得不到家庭的温暖。陈玉玉老师和小会员们主动关心他，常常送学习用品给他，帮助复习功课。特别是去年高松生日那天，全班为他举行了“童乐”主题队会，演出了小节目，班主任还特地买了块大蛋糕，小会员也个个给他赠送小礼品，祝他生日快乐，使高松同学感受到幸福和温暖。

今年9月12日，小会员杨庆在常州永红东方储蓄所门口拾到一只小手提包，里面有三张600元的存折和价值500多元的各种报销单据。杨庆想到，此时失主一定非常着急，自己是红十字会员，有责任把手提包交归失主，他立即赶到学校交给老师。学校领导从证件上了解失主是常州齿轮厂供销员梅材平，马上打电话通知失主领回失物，这种拾金不昧的动人事迹，在东方小学的小会员中屡见不鲜。三年来，学生拾到上交给老师和归还失主的有现金、金项链，总价值达3000多元。（曲日）

（原载于1989年第11期《江苏红十字·常州专版》）

牢记红十字宗旨，发扬红十字精神

常州市红十字医院从 1983 年由市煤矿医院恢复红十字医院院名以来，十分重视突出医院的红十字性质，发扬红十字精神，收到良好的社会效果。

面向群众，服务上门。他们对行动不便的孤老残疾人专设家庭病床，并把家庭病床辟为特殊病区，配备专职医师、护士、科主任、护士长，实行病区化管理，建立了设床、撤床、出诊、随访、消毒、隔离等一整套规章制度，确保了家庭病床医疗质量；同时又开展了围绕医疗、护理的综合服务，融卫生救护、防病治病、社会福利、社会服务为一体。据近两年的统计，累计开床日数达 92341 天，诊疗患者 32351 人次，平均日开床 89. 3 张，为病人诊治提供了方便。

面向现场，重视应急。医院把现场急救、自救、互救作为医疗中心工作，一抓医护人员急救能力的提高，建立了各种专业抢救小组，制订了各项抢救制度，经常举行操作演习和比赛，全院急救群体素质大为增强。据近三年内的统计，共应急抢救 679 次，成功率 85. 7%；二抓组织社会各界开展“四大急救技术”的训练和“三防”知识的教育，努力提高社会群众自救、互救能力。近两年共为消防、公安、工厂和学校开办了十多期急救学习班，培养了一批现场急救骨干。最近，医院又成立了常州市红十字培训基地，使全市的“三救”工作有了培训人才的中心。

面向社会，造福人民。全院职工以实行人道主义为己任，医院先后 70 多次组织红十字会员到儿童福利院、敬老院、聋哑学校等地为孤寡病残、弱智者进行义诊、健康体检 1 万多人次，免费为民政、公安等部门送来医院的 146 名盲流病人治病，40 多次到车站、码头、工厂、农村进行义诊和开展医疗咨询。在援救大兴安岭火灾和“’88 国际体育援助计划”活动中，该院发动会员捐衣 400 多件，捐款 5000 多元。(宏远)

（原载于 1989 年第 11 期《江苏红十字·常州专版》）

常州二院开展社会服务

常州市第二人民医院红十字会自 1984 年以来，组织各种形式的社会服务达36次，参加活动的会员计2342人次，为群众义诊咨询119381人次。这是该院红会会员在市文化宫广场进行募集儿童福利基金的义诊现场（图略）。

（原载于1989年第11期《江苏红十字》）

莫道无亲人，自有真情在

江苏省常州高级中学退休女教师张菊英，年将七旬，孤身一人，体弱多病，生活枯寂凄楚，上街买菜、冲水、看病十分危险。去年，高二（8）班的几位住校的红十字女会员商量，决定组成红十字服务小组，上门照料张老师。

她们每天轮流为张老师打扫卫生、买日常用品、取药，星期天陪张老师逛公园、看电影，周末晚上和张老师一起看电视，或给张老师讲些开心的事。张老师也经常辅导她们学习，勉励她们好好念书。节日来临，邻居家热热闹闹共享天伦之乐，张老师暗自流泪时，这批女青年总是相约好，捧着鲜花涌进她的小屋，于是，那间小屋不再寂寞，欢声笑语夹带着两代人的情谊挤出窗外。

进入高三后，学生的学习非常紧张。张老师一再劝说："不要管我了。"但她们坚持做到学习、服务两不误，并提出和高一（8）班的新同学联系好，当她们离开中学大门时，接力棒就给她们。张老师的女儿在海外，牵挂母亲无人照料，几次邀其去定居，张老师热恋祖国，婉言谢绝，并去信说："莫道世人无亲人，人间自有真情在。"

今年，这个红十字服务小组被学校和上级评为先进集体。（姜桂棣）

（原载于1989年第11期《江苏红十字·常州专版》）

一人有难，众人帮

常州水泥厂有个好风气，不管哪位干部、职工遇到天灾人祸和意想不到的困难，红十字会会员就会解囊相助，扶危济困。三年来，全厂会员捐款达2480多人次，总额突破5000元。

去年3月和5月，这个工厂职工蒋红兴和曹欢金，先后因车祸和心脏病突发离开人间，消息传开后，许多红十字会员想到，这两名职工家都在农村，他们的子女、妻子、父母生活一定发生很大的困难，作为红十字会员有责任、有义务为他们排忧解难。于是你10元、他20元的捐款活动在全厂掀起。当工厂红十字会领导把会员捐献的1600多元钱送到这两名职工家属手中时，他们激动地很难用语言表达，连声致谢。

工厂还有一位名叫孔志炳的职工，视网膜剥离引起双目失明，长期在家休养。家中一间半平房由于经济紧张、无劳动力而年久失修，时常漏雨。厂红十字会了解到这个情况后，立即和行政、工会等部门联系，专门拨出500多元，并把红十字会员捐献的200多元送到他家中，同时还派出修理人员为他修房。（林军）

（原载于1989年第11期《江苏红十字·常州专版》）

车翻人伤情急，医院奋力抢救

1989年7月26日凌晨，江苏省太仓县高里化工厂一辆货车行至武进县横林附近时，突然车灯熄灭，与迎面而来的一辆货车相撞翻倒，高里化工厂车上的5人全部压在车下。此刻，时逢横林塑料厂夜班工人经过出事处，在这些工人奋力抢救帮助下，将这5名伤员送到横林红十字医院，此时已是清晨6时许。外科医生周玺龙立即组织在班医护人员进行急救，与此同时，正在街上买菜的唐锡生、邓志庆、徐建松等医生闻讯火速赶到医院，投入抢救行动中。5位病人中，1位已失去双腿、1位脑震荡、1位骨盆粉碎性骨折、1位外伤性截瘫、1位开放性小腿双骨骨折。陈玉庆医生护送失去双腿生命垂危的伤员去县人民医院救治，但终因伤势过重抢救无效死亡。对留下的4名伤员，由医院先垫付血款900元，并派员到常州市中心血库取回2000毫升鲜血，经过30多个小时的奋力抢救，4名重伤员终于脱离危险。事后，太仓县高里化工厂送来了感谢信。

（原载于1989年第12期《中国红十字》，第16页）

1990 年

常州红会慰问老人

90 年代第一个春节即将来临，在祥和欢乐的气氛中，常州市红会在 20 日上午走访了戚墅堰区幸福院，向老人赠送了水果、糖果、日用品及零用钱。

（原载于 1990 年第 2 期《江苏红十字》）

中国红十字会总会表彰

先进集体：常州市红十字医院红十字会。

先进个人：陈学圣、郭宏生、张定宇、胡凤玉。

（原载于 1990 年第 3 期《江苏红十字》）

校园处处有温暖

常州市戚墅堰第二小学有一对双胞胎学生，一个叫许霞，一个叫许娇，个子很矮小，面黄肌瘦，衣着破旧也不整洁，学习成绩差，同学们也不愿和她俩玩耍。这引起学校老师、红十字会员陈桂芳同志的注意，她看在眼里，急在心里，当她了解到两个学生原来是一对孤儿时，多次发动同学们要团结互助，要帮助这两个孤儿，教育同学们不要歧视她们，要相互关心和帮助。其次，从思想上生活上关心这两个孤儿，在她的带头之下，许多老师和同学们曾先后捐送衣服、裤子、鞋子、袜子等

20余件；为了减轻孤儿在经济上的负担，学校每年给她俩减免学费及其他费用。孤儿有时生病发热，老师和同学们就主动送她们到医院治疗。几年来，她俩在家虽然得不到父母的疼爱，但在学校却享受到大家庭的温暖。如今，她俩在校红十字会的关怀下，开始变了，已变成好学上进、团结互助、活泼可爱的孩子了。（戚墅堰区红十字会）

（原载于1990年第4期《江苏红十字》）

常州一中开展学雷锋活动

常州市一中红十字会，积极组织学生会员开展学雷锋、学赖宁活动。1月25日下午，初二（7）班30多名小会员走出学校，为儿童福利院打扫食堂卫生，为老年公寓清扫卫生，他们还为老人们带去了生动活泼的相声、独幕剧、诗朗诵等文艺节目，慰问老人，以实际行动为人民做奉献。（王晖春、卢炳坤）

（原载于1990年第4期《江苏红十字》）

弘扬人道主义精神，崇尚无私奉献美德

——陈三林就红十字纪念周活动答记者问

5月8日是世界红十字纪念日。我市将从今天起开展纪念周活动。记者就有关问题走访了市红十字会会长、副市长陈三林同志。

问：中国红十字会的性质和任务是什么？

答：中国红十字会是全国性的人民卫生救护和社会福利团体。她以人道主义为宗旨，在国内动员和组织人民群众性的卫生救护和社会福利活动，为社会主义建设和促进祖国统一服务；在国际上增进国际间红十字会及各国人民之间的友谊和合作，为世界和平和人类进步事业服务。

问：我市红十字会发展情况如何？

答：目前我市已建立和健全各级红十字会组织66个，会员达17016人。在开展卫生救护训练、公民献血、国际交往、进行专项救灾事业和深化社会服务、对台工作等方面做了很多工作。今年初，我市红十字会

工作已列入全国城镇发展综合示范试点。

问：今后我市红十字会工作有何打算？

答：我们应把今天开始的红十字纪念周活动作为我市红十字会工作的新起点，与学习白求恩，弘扬雷锋精神，学习红十字会创始人亨利·杜南的人道主义和无私奉献精神综合起来，在救死扶伤、扶危济困、敬老助残、助人为乐等方面发挥更大作用，为我国红十字会工作探索新路子、新方法、新经验做出贡献。（燕萍）

（原载于1990年5月8日《常州日报》）

金坛二中开展募捐活动

金坛县第二中学红十字会在“5·8”活动周内，发动全校师生，积极为患血液病的符云芳同学分忧解难，短短的两天中，全校为符云芳同学募集医药费3500多元，以实际行动向社会宣传了红十字会的人道主义宗旨。（金坛县第二中学红会）

（原载于1990年第5期《江苏红十字》）

难忘故里

老远就看见欧里小学了。高高大大的校舍，灰砖红瓦，绿树相映，漂亮极了。在农村学校中，它算是第一流的。乡亲们告诉我：“这是旅日华侨诸锡璋和他的外甥张剑耀捐款新建起来的，是侨胞献给祖国的一份心意啊！”

诸锡璋年近七旬，张剑耀也已50开外。他们舅甥俩自小生长在江苏省武进县横林诸家村和张家村。因为家境贫寒，诸锡璋十几岁就到上海、杭州学厨师，解放前去香港，后又漂泊到日本。在经历了一段辛酸之后，才在东京落了脚，开了南国饭店和东京饭店。

“文化大革命”当中，诸锡璋返回阔别了20多年的家乡探望。他看到村里的欧里小学破旧不堪，便满怀深情地提出要捐款修缮。但由于当时受“左”的思想影响，事情未能办成，这使老人很伤心。

“四人帮”被粉碎后，诸锡璋和他的外甥张剑耀听说祖国要实现四个现代化，心里有说不出的高兴。每次江苏省派代表团去日本访问，舅甥俩都要请他们到自己的饭店吃饭，并且恳切地说：“我们这个钱是劳动得来的，我们捐钱来改善家乡小学的办学条件，为家乡多培养一些人才，也算尽了我们一点责任！”看到他们如此诚恳，有关部门经批准接受了他们7．5万元的捐款。

武进县政府以及所在公社和大队对此十分重视，专门成立了一个筹建校舍的领导小组。县物资部门调拨材料，大队抽出劳力，于1979年9月破土动工。现在，一座950平方米的崭新的校舍就出现在人们面前了。听说建了新校舍，附近的学龄儿童都来入学了，学校还增设了两个幼儿班。

校长告诉我，去年10月中旬，诸锡璋和张剑耀先生特地回来参加了校舍落成典礼。在隆重的剪彩仪式上，他们高兴地将从东京带来的铅笔、毛巾分送给每个学生，将电子计算器、电子钟、录音机、彩色电视机以及自行车等送给学校。

说也凑巧，去年10月7日，我在常州见到了诸锡璋老人。这一次，他是作为日本的一个观光团的顾问来访问的。尽管他因中风行动诸多不便，但在离开祖国之前，仍特地去观看了欧里小学。他兴奋地对我说，这次见到了校舍，又听说学生增加了，甚为开心。

（原载于颜世贵著《荒野》，中国国际广播出版社1990年8月版，第250—251页）

他给故乡的残疾人送来了一片深情

台胞曹仲植先生捐赠轮椅仪式在常州举行

8月31日，江苏省常州市红十字会举行台胞曹仲植先生捐赠轮椅仪式，遵照曹先生的意愿将136辆轮椅赠给了全市17个单位的残疾人使用。

曹仲植先生1910年生于常州，自幼家境清苦，乐于助人。小学毕业后，他在上海一家五金店学徒，由于工作出色，后升为该店经理；1944年在上海创设“南昌行”，经营进出口贸易，1949年5月赴台后，该行也迁至台北。随着经营业务的发展，1958年他又在台创设“慎昌行”代理红牛奶粉，生意越做越大。事业上成功后，曹先生就开始从事社会慈善活动，1977 年成立了曹氏基金会，以一片爱心、诚心、热心，造福社会，服务人群。曹先生说：“我们要做穷人中的富人，不要做富人中的穷人——像守财奴一样，一毛不拔。”几十年来，曹先生是这样说的，也是这样做的，他先后为台湾残疾人捐赠轮椅 2058 辆，为台湾武进同乡会建造灵骨塔捐台币 115 万元，还多次为家境清寒的孩子捐赠助学金等，赢得了台湾民众的爱戴。

去年 5 月，阔别故乡 41 载的曹仲植先生一踏上故乡坚实的土地，便急切地走街串巷，寻寻觅觅。林立的高楼，宽畅的大道，繁华的都市，给他留下了美好的印象，哪里还能觅到当年那个萧条景象的小城呢？曹先生在生于斯长于斯的故乡，处处触景生情，时时倍感亲切，他决定要为家乡做点事，要为家乡的慈善事业做点贡献，以报答父老乡亲的深情厚谊。返台后，曹先生立即以曹氏基金会的名义给常州市红十字会捐赠了 136 辆轮椅，给家乡的残疾人送来了一片深情。

在捐赠仪式上，常州市红十字会热情赞扬了曹仲植先生“爱心关怀，服务人群”的高贵品德和爱家乡、爱同胞的人道主义精神，并将一辆辆轮椅发至残疾人手中。(周逸敏、成国平)

(原载于 1990 年第 10 期《江苏红十字》)

献血是爱是勇气是奉献

——常州市无偿献血活动侧记

常州市在市委、市政府领导同志和有关部门负责人的带动支持下，在全市开展“学雷锋、讲奉献”活动的精神鼓舞下，今年上半年先后有 32 个单位、418 人到红十字中心血站光荣参加无偿献血，共献出鲜血 83600 毫升，计划到年底完成 1000 人、无偿献血 20 万毫升的任务。

近年来，随着医学事业的发展，常州需血量不断增长，去年共输血 760 万毫升，今年估计要突破 800 万毫升，血源渐趋紧张。为了倡导救死扶伤新风，弘扬人道主义精神，加强精神文明建设，扩宽血液来源，成立了市献血办公室，并将 3 月 21 日定为常州市首次无偿献血日。市卫生局团委和常州市中心血站团支部联合发出倡议：“伸出您的友谊之手，积极参加无偿献血，为社会公益事业做出贡献……请加入无偿献血行列。”几乎同时，江苏化工学院管理系团委也提出了同样的倡议书。

在第一个无偿献血日，市委副书记张留芳，副市长陈三林，常州军分区政委缪荣书，市卫生局正、副局长周业俊、陈龙生，团市委正、副书记许津荣、戴源，市总工会副主席张晓霞等同志率先无偿献血。当天，党、政、军、工、青、妇各级领导和机关干部、医务人员、战士、学生及社会各界人士 64 人，奉献鲜血 1.28 万毫升。

52 岁的常州建筑构件厂保健站站长毛梁南，自己超龄不符合献血条件，但他带领 22 岁的儿子、电工毛文军来代他献血。团市委副书记俞志平因公出差，错过了首批献血机会，他于 5 月 8 日一大早，来到市红十字中心血站，成为世界红十字日 126 周年纪念的全市第一位献血者。常州市第二人民医院五官科主任徐荣桂，年近花甲，但他在 3 月 28 日坚决要求无偿献血。他说：“我身体健康，体检合格，献血没问题。”他献血后，精神抖擞，毫无不适反应。常州市第一人民医院麻醉科主任沈志中无偿献血后，立即又赶到手术台前工作。市跃进五金厂副厂长霍万佳带领 17 位职工来站献血，体检合格的 11 位同志献了血。霍厂长说：“我们厂是民政福利厂，残疾工人较多，社会对残疾人充满了爱，现在我们代表残疾人也要把爱献给社会，让我们的社会充满爱心，让我们社会的精神文明之花开得更美丽。”驻常武警支队在新兵集训队动员无偿献血后，145 名新兵全部报名，上尉队长蔡芝山到血站说：“我们将分批前来无偿献血。献血将成为今后我队新兵入伍、全心全意为人民服务的第一份答卷。”中国银行孔国忠同志到目前为止，已献血两次。常州市轻工电大杨芳同志多次到献血办公室要求无偿献血，她献血后，笑眯眯地说：“无私奉献是应该的嘛。”（旭旗）

（原载于 1990 年第 11 期《江苏红十字 · 常州专版》）

发扬红十字精神

——纪念“5 · 8”世界红十字日

今年，常州市红十字会多形式、多渠道地开展纪念“5 · 8”世界红十字日活动周，以弘扬人道主义精神和无私奉献精神，服务社会，造福人民。

5 月 8 日前夕，常州市红十字会及各基层组织在闹市区“弘扬人道主义精神，崇尚无私奉献美德”的横幅下，拉开了纪念周活动的序幕。金坛县电影公司印制了纪念日有关宣传资料发至全县 26 个乡镇，武进县湖塘实验小学红十字会电声乐队在文化宫广场“保护健康、保护生命”的醒目大横幅前，10 多名小会员表演了战时急救四大技术，有五六百群众观看。

5 月 6 日和 5 月 8 日两天，全市各基层红十字组织纷纷上街设点，开展红十字会务知识和卫生常识宣传、医疗咨询服务和便民利民服务，拉起了各种横幅 80 多条，宣传版面、黑板报 386 块，印发宣传材料 4230 张。天宁区新丰街道红十字会设立了 10 个服务摊点，服务内容有修自行车、理发、裁剪等 10 多个项目。全市共设社会服务摊点 82 个，参加服务 2954 人，被服务对象达 19443 人次。

常州市红十字会还组织市里 3 个区 20 多名孤老坐专车观光市容、新村、公园等，给每位老人拍照留念。广化街道红十字会领导亲自慰问街道敬老院的老人，给他们送去鸡蛋、蛋糕等物品。清潭街道红会还组织 15 名孤老去镇江焦山、金山等地旅游。市 11 中初一年级新入会的小会员到市儿童福利院慰问孤儿和残疾儿童，给他们带去衣、裤、鞋 131 件(条)。金坛县第二中学红十字会为挽救年仅 16 岁的白血病患者符云芳同学的生命，捐款 3500 元。(金匀)

(原载于 1990 年第 11 期《江苏红十字·常州专版》)

自力更生办企业，以厂养会兴事业

金坛县红十字会“以厂养会”的道路，为振兴红十字会，开展社会服务提供了经济实力。

金坛县红十字会面对社会任务多、经费不足的状况，在县政府和各有关部门的支持下，依靠自力更生、艰苦创业的精神，于 1989 年开始，白手起家兴办了经营型、服务型、生产型的红十字经济实体金坛县金属构件厂、低压电器经营部等，他们租用闲置的旧厂房、门市部开张。在配备企业领导上，他们坚持“任人唯贤，德才兼备，疑人不用，用人不疑”的原则，选用了思想品德好、懂业务、会管理、热爱红十字事业、有奉献精神的能人担任厂长、经理。

在生产经营过程中，他们抓生产管理、产品质量、维护红十字的社会信誉，并经常进行效益分析，采集市场信息，使产品畅销镇江、无锡等地，而且供不应求。1989 年共完成产值 150 万元，创利 12.5 万元。

今年以来，这个县利用一部分资金发展基层红会组织和红十字医疗站建设；辅助中、小学校开展红十字青少年夏令营活动；购买物品慰问全县离休干部和三个乡镇红会敬老院的孤寡老人；组织开展四项急救技术训练；为城镇敬老院筹集医药器械，建立医务室；为红会添置设备和购买车辆。今年 5 月 11 日，中国红十字会总会副秘书长曲折、台湾事务服务部副部长张希林专程到金坛视察，对他们的做法给予高度评价。(曲日)

(原载于 1990 年第 11 期《江苏红十字·常州专版》)

特殊的演习

5 月 6 日下午 2 点多钟，常州市三桥头附近一位过路行人突然晕倒在地，路旁三位值班民警发现后，立即赶到现场，将病人转移到路旁，同时一名民警迅速与市红十字医院联系，要求派车来人抢救病人。10 分钟以后，一辆乳白色救护车急驶而来，三名臂带红十字袖套的医护人员迅速对病人采取应急措施，并把病人抬到救护车上开往医院进行抢救。这是中国红十字培训中心开展的一次“急诊急救”现场演习。

中国红十字培训中心是由市红十字医院、市红十字会、中华护理学会常州分会三家单位联合开办的。培训中心自去年 5 月成立以来，他们先后开办了“急诊急救”学习班、护士“急诊急救”训练班、“四项基本技术”学习班和心肺脑复苏技术学习班，邀请了常州市医学会急救学会的名医、专家、教授担任教师。参加学习和培训的对象是市郊和三县卫生系统的医务人员和厂矿、公安、学校的红十字会员。10 多期各种类型、内容不同的学习班、培训班，先后有 700 多名学员参加了学习。

(原载于 1990 年第 11 期《江苏红十字·常州专版》)

残疾人气功师袁志焕

今年 9 月中旬，常州市委组织部退休干部吴绥，因腿部长了骨刺，双腿不能屈伸，只能僵直着走，坐要坐在特备的高凳上，令她苦恼万分。她听说浦前镇茶山巷 48 号市红十字会气功医疗站站长袁志焕的气功有神奇的功力，就抱着试试看的心情上门求医。袁站长运气推拿、热敷按摩，10 来天后，老吴双膝就能伸展自如，并可连续做 50 个下蹲动作。

令人惊叹不已的是这位医术广为病家称道的医生，竟是位下身瘫痪的残疾人。10 多年来，他以自己伤残之躯，用独到的疗法和一颗赤诚的心，为无数患者解除了痛苦。

小袁刚满一周岁时，就因患小儿麻痹症双腿致残，开始了他艰难的人生。但生性刚强的小志焕在他懂事时就暗暗发誓：腿虽然没用了，头脑和两只手并不差，长大后一定要做点有益于人的事。从 15 岁起，他开始体能锻炼，学习气功。雨雪霏霏，他在浅水河里倒立行走；烈日炎炎，他在田头长坐如桩，吐纳运气。春华秋实，日复一日，经过 20 多年的艰苦努力、学习研究，他的功力不断提高，摸索创造出了淹城导引术锻炼外气法。这一成果先后被编入福建科技出版社出版的《太湖气功养生法》和中国中医古籍出版社出版的《气功养生与练功者膳食》等 3 本书中。袁志焕为了解除病人的痛苦，他挂上针灸穴位图，对照穴位在自己身上试扎、捉摸。他拖着两条残腿，一次又一次地到医院，到老中医家中请教，潜心钻研。他从治疗扭伤、类风湿性关节炎、坐骨神经痛等运动系统疾病着手，逐步向治疗内科慢性病发展，并总结出一套以消除人体胃热为标准，气功点穴换气运用为手段的治疗方法，扩大了为病人服务的项目。去年 3 月，他通过了市卫生局的考评，同年 10 月，拿到了医疗站的营业执照。（金珠）

（原载于 1990 年第 11 期《江苏红十字·常州专版》）

简讯四则

自台湾当局开放民众回大陆探亲以来，常州市红十字会已受理海峡两岸寻亲表格 500 多件，在红会和有关部门的通力协作下，目前已有 289 位台胞、台属和亲人取得联系，使失散多年的骨肉同胞得以互通音讯，或重新团聚，共享天伦之乐。

常州市武进区教育局和红十字会于 9 月下旬召开全县中小学红十字

会负责同志会议，讨论、通过了《学校红十字会工作制度》共 3 节 25 条，《红十字青少年职责》11 条，《红十字青少年一日活动安排》6 条。

8 月下旬和 9 月上旬，常州市红十字会和常州人民广播电台联合举办“卫生救护知识竞赛”。竞赛试题在电台《小世界》节目中公布，在限定的一星期内，共收到答卷 300 多份，经阅卷评分，40 位小朋友获得优秀奖。

溧阳县平陵小学红会，自去年建会以来，成立了 8 个红十字青少年送温暖小组，常年定点为街道 8 位伤残孤老买米、买煤、打扫卫生、上门表演文娱节目，为老人们解闷。尤其是孟小桃、孟小连姐弟俩，已经 8 年如一日坚持为一位 80 多岁的孤老太做好事，成为全城人人称赞的好少年。

（原载于 1990 年第 11 期《江苏红十字·常州专版》）

1991 年

溧阳红会举办急救班

去年 11 月 30 日，溧阳县红十字会在横涧乡李家园村举办了小煤窑工人现场急救培训班，这是溧阳县红会今年以来举办的第三期培训班。来自长期从事煤窑生产第一线的 42 名工人参加了心肺脑复苏和现场急救知识的学习。

（原载于 1991 年第 1 期《江苏红十字》）

武进县对青少年会员进行救护培训

江苏省武进县有 14 所学校建立了红十字会，青少年会员 2203 人。近年来，县红会组织青少年会员的急救技术训练 3 次，共 210 余人次参加，学校自行组织训练 42 次，人数达 504 人次；组织全县性的急救技术操作竞赛 1 次，136 人参加。经过训练的会员，能在实际中发挥作用。

在学校中开展红十字青少年活动是红十字会一项传统业务。同时，我县被定为省农村中小学卫生工作试点县。为此，县教育局也迫切需要红十字会去帮助学校搞好卫生保健工作，普及卫生知识，加强卫生教育。

一是从小培养青少年树立救死扶伤、尊老爱幼、扶危济困的良好社会道德风尚；

二是使青少年养成良好的卫生习惯，协助学校搞好卫生工作，当好卫生保健老师的助手；

三是及早使青少年掌握为社会为人类服务的本领，为国家输送人才；

四是拓宽知识领域，丰富学生课余文化生活，培养情趣；

五是使青少年能深入社会，认识社会，使他们尽早成熟起来；

六是促进学校和社会精神文明建设，推动红十字事业的发展。

凡成立红会的学校，县红十字会赠送急救包各 12 只（不包括其他物品），县教育局赠送绷带、三角巾、止血带、保健药箱等，为学校开展急救训练活动创造条件。

挑选队员。各学校挑选 12 名德、智、体、美、劳全面发展的学生（小学高年级以上），对他们进行急救技能的训练，组成该校的急救队。

分散训练。由学校聘请所在地乡、镇卫生院（医院）具有战地救护技能的医生为该校的指导老师，定期为学校开展训练活动和讲座。一学期 10 次左右（包括心、肺、脑复苏术），其余时间则由学校自行安排练习，直至熟练掌握。

集中训练。各学校在自行组织训练的基础上，由县再组织集中训练。一方面检查是否规范、正确、熟练，其次帮助纠正不正确的动作或步骤、细节，然后再逐项进行规范化指导及用时的规定。

组织竞赛。竞赛前，县红十字会与县教育局联合发文，把竞赛细则等要求预先通知。1989 年 10 月 31 日，全县举行了红十字青少年“四大急救技术操作”竞赛和笔答题考试。竞赛中，县红会组织外科、骨科主治医师以上的 6 名医生为评委会，每个参赛队比赛结束，评委会当场亮分、报数。竞赛设一、二、三等奖，发给奖状和奖金，以促进和鼓励。

通过训练与竞赛巩固了急救技能基础，增强了急救观念。一旦校内发生急性外伤或意外等情况，如遇上急救小队员，都能得到及时处理。1989 年，武进县新桥中学组织学生去杭州西湖春游时，巧遇两位落水儿童，该校的急救队员奋不顾身跳下水救起落水儿童，他们的事迹曾在《杭州日报》《常州日报》报道。凡学校组织规模较大的活动，均有急救小队员担任保健任务，从而减轻了保健老师的工作量。

通过培训，提高了红十字青少年的组织能力、社会活动能力、办事能力，他们善于团结人、帮助人，敢于挑重担，处处起模范作用，提高了整个学生队伍素质。

通过培训，加强了学校卫生工作的经常化、持久化，各学校经过训练的红十字青少年和其他会员，能主动担当起学校环境卫生工作。对学校卫生自行组织一周一小查、一月一大查，制定健全了卫生工作制度。同时经常出小报、黑板报，宣传和普及卫生知识，协助学校做好防病治病等工作，提高了学生健康素质，促进了学校精神文明的建设。近两年来，武进县前黄中学、湖塘桥实验小学、横林镇中心小学、新桥中学、奔牛实验小学等学校被县、市评为文明单位。

（原载于1991年第3期《中国红十字》，第20—21页）

金坛县红十字企业积极参与抗洪救灾

6月份以来，连降暴雨。金坛县遭受了60多年来罕见的特大洪涝，民房倒塌、人员伤亡、圩堤塌方、工厂农田淹没、庄稼霉烂、鱼苗被冲，洪水灾害的经济损失达2亿元。

6月24日，县红会会长陆美凤副县长率领县红会、县政府办一行9人风尘仆仆奔赴灾区——朱林镇红旗圩视察灾情，并为受灾乡民送去红十字会所属的金坛县金属构件厂购买的6吨煤球和1吨大米，给特困户倪真福补助人民币300元，为受灾群众送去人道主义的援助。金坛县红十字企业在抗洪救灾中积极为政府分忧，为群众解难，在县政府召开抗洪救灾动员会上，红会企业顾大局、明大义，当场自告奋勇捐献1万元。（姚杏苏）

（原载于1991年第8期《江苏红十字》）

危急关头见真情

——记金坛县红十字中医院徐遗根医师

6月中旬以来，暴雨肆虐我县，河水猛涨，洪涝成灾。“救命啊，救命啊”，随着一阵撕心裂肺的喊声，只见五叶乡河下村灾民蒋小军夫妇抱着不满3岁的儿子来到了五叶乡卫生院……

6月29日，金坛县红十字中医院组织防洪救灾医疗小分队，来到受灾严重的五叶乡巡回医疗，连续防汛值班几天几夜的徐遗根医师不顾疲劳，主动要求参加了工作。上午10时45分，他连续诊治了20余名灾民的疾病，正想站起来活动一下的时候，不足3岁的蒋鑫被抬到了他的面前。由于大水浸到家中，致使小孩不幸跌入水中，无情的大水将小孩淹得口唇青紫、呼吸停止，只剩微弱的心跳。

生命垂危，必须立即抢救。徐遗根同志不顾一切，主动接过小孩，并立刻大显身手，施展精湛的医术，进行控水、胸外按摩、人工呼吸、打强心针……经过半小时的抢救，终于使患儿发出了令人高兴的哭声，使小孩重新获得了第二次生命，在场的医务人员和围观的群众无不为之称赞。

孩子的父母为了感谢徐遗根医师，特地于7月8日专程来到金坛县红十字中医院，向医院和他本人敬献了写有“感谢徐遗根医师救命之恩”的贝雕镜框和一封热情洋溢的感谢信，徐遗根医师此时此刻也感动得热泪盈眶。

洪水无情人有情，危急关头见真情，徐遗根同志在人民生命危急的时刻，挺身而出，用自己的实际行动，谱写了一曲抗洪救灾的战歌。（卢际南）

（原载于1991年第9期《江苏红十字》）

捏住了潘多拉的手

——江苏武进县灾后防疫纪实

希腊神话中有一女妖，名为“潘多拉”，手中持一方盒，打开后疾病、死亡等灾难将危害人类。今天，在江苏省的重灾区武进县，“潘多拉”没能把她的盒子打开，原因是武进人捏住了她的手。

大灾后必有大疫。《武进县卫生志》上的一段记载似乎可以成为它的佐证：“民国三十三年（1944年）至民国三十五年（1946年），霍乱再次流行。后绥乡蔡家庄发病50余人，死去15人；马杭杨区吴家趟全村100余人，得病41人，半月内死亡13人。”真是一幅万户萧疏鬼唱歌的凄惨画面。

但令人欣慰的是，今天这幅画面没有重现……

未雨绸缪，早抓争主动

武进县卫生局局长陈伯兴蹲在滆湖老渔民的船上，望着灰灰的天穹，“抗灾防病一定得抓早”，他耳边又响起县委领导一再强调要用抗灾的劲头来防病的话语。第一次洪灾后，陈局长到滆湖了解灾情，听老渔民告诉他：“后面还有大水。”道理何在？大水过后布谷鸟本来嗓子哑了，可现在依然叫得清亮，鱼儿呢？籽儿不肯撒下来。于是，陈伯兴赶回局里，将6月19日的一个会议延长半天，布置抗灾防病工作，具体措施三条：县与区、区与乡、乡与村签订防疫防病承包合同，一级“吃”一级，到时候如果发生传染病流行，休怪翻脸不认人。成立77支“全天候”医疗小分队，县医药公司、防疫站、爱卫办，三驾马车分头出击备“粮草”，消杀、治疗药品攥在手，心中不慌。

县卫生防疫站副书记陶国勤心里顶清楚组织药品付出的心血。那一阵，消杀药品极俏，全向防疫站伸手，望望漂精片还剩40瓶，局里下了死命令，无论如何不能动。可马杭、遥观、崔桥等乡告急电话接连打来，恰巧邗江健业精细化工厂有1.3吨药品，老陶毫不犹豫，跳上汽车直奔邗江。第二天一早过江赶到厂，拉上70箱漂精片和0.6吨漂白粉，不让车子歇，回到站里已是下午4点，药品到手，人却瘫了。三管齐下，果然奏效。

白衣天使心里只有两个字：灾民

污黑的水，飘着阵阵臭味，火热的天，又使细菌繁衍。白衣天使们急啊，他们一定要让群众摆脱洪灾后疾病的威胁。这里要说一说牛塘乡卫生院56岁的薛旦平副院长，牛塘乡也是重灾区，好几个村都给洪水淹没了。水产村全村124户渔民被迫转移到124条船上，星星点点洒落在坊前、卢家巷乡直到滆湖的水面上，薛副院长经常去为他们消杀、治病。7月23日，高温37摄氏度，薛副院长和张南云院长带着4位医生，带着急救药品、消杀药品，又乘船“追”船巡回医疗。每到一条船上，就帮农民们找出水缸，水桶舀满河水，手把手教渔民使用漂精片消毒。

东安乡的8个村被洪水吞没，1万多群众受淹，乡卫生院院长戴玉胜心急如焚，“药，灾民缺药。”医学常识告诉他，在水中时间长了必然产生疾病，他和16名医生慷慨解囊，捐款530多元，购买了5箱漂精片，挨家挨户送到灾民手中，那仅仅是一粒粒小小的药片吗？那是一份真挚的情和爱啊。

其实，抗灾防病，斩断那柄达摩克利斯之剑，并不是从第二次洪灾水退后才开始的。那些散布在洪水中的点点“绿岛”就是防病治病的前沿阵地。

进水了，进水了。湖塘镇沙塘岸村保健站被淹了，乡村保健医生郭惠琴，不知从哪里来的力气，一个人抱出大部分药品，搬到全村最高点四户没被淹的村民家里，在那里构筑起防病治病棚，依然尽起那份医生的天职，打针，配药。聚湖村乡村医生、35 岁的许中达家里水深 1.8 米，爱人孩子都要他走，他不，一个人守在二楼，绝不离岗。就这样，郭惠琴和许中达在洪水中坚守了半个多月。湖塘镇受水淹的村里的 12 名乡村医生，都是这样，离不了他们的病人。

民众智慧：阻止“潘多拉”打开盒子

县卫生防疫站李湘生副站长那天到嘉泽乡窑港村，看到一个村民把漂白粉调了调，往井里一倒，扭头就走。当时李湘生就愣在水井边，水井的容积是多少？要放多少药呢？群众吃不准，三天后还要投放二两漂白粉作维持量，麻烦，革革它的命，做个土消毒器，老李想。老李马上跑到附近一户村民家，要了两只雪碧瓶，一只装进 0.5 公斤漂白粉，用同量的水调和。再在上沿一圈钻上 10 个绿豆大的孔，另一只空瓶倒着绑在这一只瓶口上，“咕咚”往井里一扔，好了，半浮在水中，打开，随水晃动，漂白粉游离出来，水就消毒了。一测，水质完全达标，放一次，保 20 天，简便，节省。村民拍拍老李，“亏你想得出。”7 月 13 日，李湘生带了两只雪碧瓶，示范到全县乡镇防疫卫生会上，不久，水井里都飘起了雪碧瓶。

船上粪池又是一大发明。“进”了总要“出”，可粪便出到哪里去？围困在楼上的群众没法，常常如天女散“花”，从阳台上倾倒下去。怎么得了，一不小心，就要疾病流行。陈伯兴局长带领医疗队到嘉泽一个村，一看到这里的村民倒聪明，把粪便集中起来，装上水泥船，消毒后处理。好办法，马上在受淹的 6 个区卫生干部会议上推广。遥观乡没有船，乡里特制了 5 只铁皮船。不运人，装粪。“出”的难题解决了。

大灾之后必有大疫？不尽然

无巧不成书，笔者在马杭镇杨区村吴家塘村民小组，采访到了 1946 年霍乱大流行时，死里逃生的吴友棠老人。《武进县卫生志》上记载的半月内死 13 人，其中 12 人都是吴友棠的亲人。

吴友棠（80 岁）说，那次也是水灾以后，1946 年 8 月上旬（公历）开始发病，村上第一个是我的嫂子，接着侄女及我父母也得病，病症一样，都是上吐下泻，不久死了。父母一辈共死了 10 人，加上我侄女和伯伯的孙子，共死了 12 人。我也得病，后来到戚墅堰看病，总算死里逃生。真惨，今日帮治丧，明日自身亡，有的村连扛棺材的人也找不到。

吴兰若（吴友棠之媳，杨区村乡村医生）说，这次大水情况就根本不一样，按照县里“水退到哪里，消杀到哪里”的要求，我一家一户去消杀、消毒，7 月 26 日，水全退清，每户都用来苏水消杀两次，村里的 10 多口井也全用漂精片消毒，村里也有自来水厂，就把漂精片送到自来水厂请他们消毒。7 月 29 日上午，我还和村上玉凤、国铨背着喷雾器到村民家中去消杀。眼下，村里一个人也没得病。

据县卫生局反映，这次受灾地区发病率特别是肠道疾病发病率普遍比去年降低。这里有两个数字，很能说明问题。笔者 7 月 29 日，在马杭卫生院翻看了这天的门诊记录，病人 215 人，去年这一天是 208 人；8 月 1 日，在崔桥卫生院统计出 7 月份的肠道门诊病人 34 人，去年 7 月 42 人。

今天，大灾之后没有大疫，“潘多拉”这个希腊神话中散布灾祸、谣言、战争的女神，收起她那罪恶的盒子，溜走了，不是吗？

（原载于 1991 年 9 月 5 日《农民日报》）

1992 年

一心扑在县红会　甘为灾民献热心

——金坛县红会副秘书长荆振国为抗洪救灾做贡献

连日的暴雨，洪水似脱了缰的野马，泛滥成灾，万顷良田被淹没，民房进水倒塌，情况非常危急。此刻，金坛县红十字会副秘书长、红十字金属构件厂厂长荆振国同志正出差在外，看到电视上报道家乡受灾的消息后，他再也坐不住，中止了业务洽谈，冒着倾盆大雨，日夜兼程，驱车回赶。公路被水淹没，他就下车步行探路引车前进，全身上下淋得像只落汤鸡，好不容易赶回金坛。

第一次洪水刚刚退去，第二次洪水又无情地吞没万顷良田，灾民生活陷入了更加窘迫的境地。荆振国同志急灾民之急，立即决定从县红十字会金属构件厂拨出 13000 多元钱，购买了 30 吨煤球、2000 多斤大米和部分药品，撑着船分别送到受灾严重的 6 个乡镇灾民手中。可是有谁能想到，他苦心经营的金属构件厂的机器、厂房设备此刻正浸泡在齐腰深的水中？城南乡有一个农民，一家四口，丈夫身有残疾，妻子生病在床，仅有的两间住房被洪水冲垮了，家庭生活十分困难。当荆振国同志带领县红十字会的同志涉水给他们家送去煤球、药品时，夫妇俩感动得不知说什么好，紧紧握住荆振国同志的手，连呼："共产党好，社会主义好，红十字会是个好人会。"大水淹过以后，群众倒塌房屋较多，为了让领导正确地掌握灾情实况，荆振国同志又与民政部门的同志一道，深入到第一线，察访灾情。他身背照相机，手拿笔记本，详细记载受灾情况。穿着长雨靴在水中行走，十分困难，为了看现场，荆振国脱去了雨靴，赤脚在水中行走，可是昔日的道路难以分辨，更无法知晓水下的东西。他踩着一块玻璃碎片，脚划破了，血在流淌，弄不好还会感染化脓，可他却若无其事地对同行的同志说："不要紧，这没什么，比起老一辈差远了……"一句话打发了人们的好心劝解，继续往前走，做他的事去了。

连日的暴雨，使金坛县红十字会金属构件厂连续两次被淹，机器受损，围墙倒塌，工厂被迫停工。为了筹建这片工厂，荆振国同志不知操了多少心，流过多少汗。那时金坛县红十字会成立不久，年仅 29 岁的荆振国同志放弃了金坛县供应公司副经理的工作，毅然来到这个一无钱二无权三无办公室的县红十字会。有人不解地问他：“你图个什么?”他总是笑哈哈地指着胸前的红十字徽章说：“不为什么，就为她……”就凭这种热爱红十字的精神，荆振国同志和红会的同志们在一无资金、二无厂房、三无设备的困难下，不低头、不气馁、四方求援，吃尽千辛万苦，靠租赁厂房，靠兄弟单位的支援，靠朋友的帮助，建成一个年产值 300 多万元、利税 40 多万元的红会企业，为金坛县红会开展各项活动打下了坚实的基础。如今工厂受灾，身兼厂长的荆振国同志心急如焚，心痛如刀割，能不为工厂今后的发展而担忧？但作为县红十字会副秘书长的荆振国同志，心头的负担不仅仅是红会自己办的工厂安危，他更多地想到的是被洪水淹没了的许许多多的村庄，想到的是许许多多无家可归、缺衣少食的灾民。就在工厂被淹最困难的时候，荆振国同志又代表金属构件厂，在政府召开的救灾动员大会上慷慨解囊，捐赠 1 万元。他们的无私奉献精神为全县抗洪救灾工作的开展带了一个好头。

江南的水灾，牵动了亿万人民的心。全国各地、海内外的救援物资，一批又一批地运来。可县红十字会工作人员少，在搬运救灾物资时，荆振国同志既是指挥员，又是搬运工人。有一次，他奉命从南京将一车药品、食品运抵金坛。此时已很晚了，可偏偏老天不作美，倾盆大雨不停地往下泻。如果这些物资放在车上过夜，被雨水浸泡，其后果不堪设想。工厂工人已下班走了，一时也找不到人卸车。此时，他正感冒发烧，可他不顾劳累，与司机一道，一包一箱地扛，一直干到晚上 12 点多，才将一车救灾物资卸完。

在抗洪救灾 40 多天里，荆振国同志不分白天黑夜，投入紧张繁忙的工作之中，熬过了多少个不眠之夜。荆振国同志出色的工作，受到了干部职工的一致好评。中央电影新闻制片厂、省市县广播电台、报刊等数家新闻单位得知后，纷纷做了报道。荆振国同志被评为“抗洪救灾先进个人”，县政府为他颁发了奖状，还将他的先进事迹编写了《替政府分忧，为群众解难》的专题简报。

在荣誉面前，荆振国同志不骄傲，不自满，正在以饱满的斗志迎接新任务，献身他所热爱的红十字事业。（金坛县红十字会）

（原载于 1992 年第 3 期《江苏红十字》）

红十字会表彰

中国红十字会总会表彰的抗洪救灾先进集体：江苏省金坛县红十字会；先进个人：郭宏生、荆振国。

江苏省红十字会表彰的抗洪救灾先进集体：常州市红十字医院红十字会、常州市金坛县红十字医院；先进个人：王玲仙、王岩、毛乾骏、黄云芳、戴秀珍。

（原载于1992年第4期《江苏红十字》）

常州市城乡6000多人开展形式多样的纪念活动

5月8日，常州市城乡到处彩旗飘扬，横幅过街，鼓号嘹亮，6000名会员纷纷上街，开展多种形式的为民服务，纪念“5·8”世界红十字日。

常州市区在东方小学举行了纪念大会，青少年会员和常州社会福利院的伤残儿童共同表演了文艺节目。

会上，市红会把价值6000多元的一批红十字急救装备及奶粉、罐头食品等赠送给了8所刚成立红十字急救室的小学和学生、残疾儿童。常州市第二人民医院红会组织会员到市聋哑学校给聋哑学生进行义务体检。常州市红十字医院、市中医医院、天宁医院、广化医院和常州市第四无线电厂等市、区级医院和基层厂的红会，组织医务人员上街设摊开展地震、水灾、飓风灾害以及蛇咬伤急救知识等宣传和义务咨询。常州市第三人民医院在院内举办了急救运动会，进行心肺复苏、心电图、穿隔离衣、铺床等项目的操作表演。常州市红十字中心血站接待了128名红会会员和志愿者，其中23人无偿献血，采集了奉献者“爱”的鲜血4600毫升。（尤锡麒）

在“5·8”世界红十字日来临之际，溧阳市红十字会召开了表彰会，表彰一批在1991年度抗洪救灾、卫生防疫、募捐救助、社会服务等方面做出显著成绩的先进会员，31名先进会员受到表彰。（黄国荣）

（原载于1992年第5期《江苏红十字》）

青少年会员舍身救人

溧阳市平陵小学青少年红会会员、六（2）班学生狄文俊舍身救人的事迹在当地广为流传。

4月26日下午，狄文俊做完功课，来到村边自家承包的鱼塘边钓鱼，正当狄文俊聚精会神钓鱼之际，突然听到“啊”的一声，紧接着“扑通”一声，文俊扭头一看，“不好，有人落水了。”只看到一个小孩在水中拼命挣扎。文俊连忙甩掉鱼竿，高声叫喊：“快救人啊！有人落水了。”喊了几声，四周却空无一人。文俊再往塘中一看，落水小孩只剩下头发在水面晃动。文俊顾不上自己水性不好，奋不顾身往水中一跳，刺骨的冷水，使文俊连打几个寒战。可他为了救人，奋力向小孩游去，使出全身力气将小孩托出水面，拉到塘边。这时孩子的妈妈也找来了，文俊上岸后，嘴唇都冻紫了。原来被救的小孩就是本村5岁的儿童狄军，文俊高兴地笑了。小军的父母千恩万谢，当天晚上就煮了十几个茶叶蛋，送到文俊家中。次日上午，又写了一封感谢信送到平陵小学，并一再表示感谢。当老师和同学们问文俊为什么会有舍己救人的行动时，文俊腼腆地回答：“我是红会会员，应该发扬救死扶伤的精神。”

现在，平陵小学红十字会号召全体会员向狄文俊学习，发扬红十字精神，以实际行动纪念“5·8”世界红十字日。(王亚力)

（原载于1992年第7期《江苏红十字》）

为奏响人道主义最强音符

——记金坛县“5·8”世界红十字日纪念活动

5月8日清晨，雨后放晴，街道两侧白玉兰苍翠欲滴。金坛县新花街至县府路上人流熙熙攘攘，道路两边排放着50余块内容丰富、图文并茂的红十字知识、防病保健知识、卫生科普宣传板报，道路上方悬挂着“人道——团结起来共御灾害!”等内容的横幅、条幅，金坛县“5·8”世界红十字日纪念活动拉开了帷幕。

上午8点左右，由华罗庚中学、县二中、县中心小学的红十字青少年组织的宣传队伍，由红十字大旗引导，铜鼓铜号开道，抬着醒目标语，唱着红十字之歌，迈着整齐步伐进入活动中心，按各自预定的内容进行宣传演讲。街道两旁空地上，各医疗、防保、卫生单位的56名白衣战士戴着红十字徽章和红十字袖套为过往群众查身体、量血压、验血型、诊疗各科病痛及咨询服务，紧挨其后的家电维修、单车修理、便民理发等专项服务更显忙碌，应接不暇。

县红十字会名誉会长、75岁高龄的蔡志成老先生来到现场视察活动盛况，他勉励医务人员要发扬红十字精神，热诚为群众服务。县红十字会为“5·8”纪念活动编印的红十字特刊报2000余份仅2小时就被群众索取完毕。各学校、医疗卫生单位除组织部分人员上街宣传服务外，还组织了部分红会会员、红十字青少年帮助孤寡残疾人、烈军属等做好事、搞健康体检。据卫生局副局长、红十字会秘书长袁文运同志介绍，初步统计，这次活动共开展诊疗、体检、咨询等服务1208人次，做好事1320件次，扩大了红会的影响。（郭宏生、朱春林）

（原载于1992年第7期《江苏红十字》）

金坛县红十字急救站挂牌服务

7月15日，金坛县红十字会、卫生局、公安局联合发文，率先在常宁公路沿线建立红十字急救站。成立大会上，省、市红会领导和县四套班子领导到会讲话，并致词祝贺。

随着经济建设振兴，常宁公路段车流量增大，交通事故也逐年增加。为了减轻突发性交通事故带来的伤亡，金坛县红十字会本着人道主义精神，发展社会救护网络，保障人民生命安全，决定在常宁公路沿线的8个乡镇、场圃建立15个红十字急救站。70名急救员全部进行过四项急救技术和心肺复苏训练，于7月底全部挂牌服务。（郭宏生、朱春林）

（原载于1992年第7期《江苏红十字》）

常州红会被评为老龄工作先进单位

常州市红十字会充分发挥老龄红十字会员的余热，发挥他们的专长，为人民健康服务，为社会服务。市红会将取得各专科高级职称的红十字会员组成医疗专家门诊，挂牌诊治各种疑难杂症。40多位老龄红十字会员，运用精湛技术、良好医风，3年来治疗各种疾病10万多人次，缓和了群众看病难、看专家名医更难的矛盾，受到社会好评、病者赞扬。连续3年被评为市老龄工作先进单位。(黄政)

(原载于1992年第8期《江苏红十字》)

溧阳市红会举办红十字急救员训练班

溧阳市红十字会在宁杭国道沿线建立了6个红十字救护站，来自胡桥、施家桥、联盟、老河口、上姚、洋河的12名救护员于8月6日至9日在市人民医院参加为期3天的外伤救护训练后上岗。

(原载于1992年第8期《江苏红十字》)

武进红会考核青少年外伤急救技能

武进县红会在组织了全县性的红十字青少年外伤“四大”急救技术竞赛以来，各单位都非常重视这项技能的传、帮、教和普及运用，为进一步巩固和提高红十字青少年的急救水平，县红会根据今年工作精神要求，与县教育局、县人民医院联合组成考核小组，从8月8日至12日，对全县16所学校的红十字青少年进行了急救技能百分法的考核。

(原载于1992年第8期《江苏红十字》)

溧阳市举办首届红十字夏令营

由溧阳市红十字会、市教育局举办的首届红十字夏令营于8月11日上午在市平陵小学举行开营仪式，来自本市平陵小学、实验小学、东升小学、溧城中心小学、社渚中心小学共50余名红十字青少年代表参加了本届夏令营。在3天的营地生活中，通过外出参观、慰问敬老院五保老人、学习会务知识和急救常识等项活动，进一步宣传救死扶伤、敬老助残、助人为乐的红十字精神，陶冶了青少年的良好情操。

（原载于1992年第8期《江苏红十字》）

溧阳市实验小学红会会员献爱心

戴北乡中心小学一年级学生王飞患再生障碍性贫血，生命危在旦夕。10月24日，溧阳市实验小学的红十字会员们从学校红领巾广播中听到这一消息后，一个个打开心爱的储蓄罐，捐献出平时积存的零花钱，仅几天时间就为病危小王飞捐款1000多元、粮票300多斤。

（原载于1992年第11期《江苏红十字》）

常州成立西瀛里理疗所

常州市红十字会西瀛里理疗所于1992年11月12日正式成立。市红会及卫生局有关领导参加了开业典礼，市红会常务副会长徐涛生亲自接匾。至此，常州市红会为残疾人提供服务而兴办的第四个专项事业正式开业。理疗所主要为病员提供按摩、推拿等项社会服务。（季宏）

（原载于1992年第11期《江苏红十字》）

1993 年

常州红会召开兴办实体工作会议

常州市红会去年 12 月召开了三县（市）及四区红会兴办实体工作会议，会议传达了省红会关于兴办实体工作会议的精神，介绍了兄弟省、市兴办实体的经验。三县（市）及四区红会分别介绍了他们在兴办实体工作中的经验、教训及今后的打算。溧阳市红会去年先后兴办了宏达物资公司、物资门市部、刻字社、工艺品厂 4 个花钱少、社会效益和经济效益较好的实体。金坛县红会于 1989 年就兴办了红会金属构件厂，走出了一条以厂养会、自我发展、自我完善的成功之路。到目前为止，常州市、县、区已兴办了 9 个实体，另有 3 个实体正在筹建中。（季宏）

（原载于 1993 年第 1 期《江苏红十字》）

病魔无情人有情

——记金坛县实验小学红十字会为荀丽治病捐款活动

“六（2）班的荀丽同学经上海医院复诊仍为晚期骨癌。”不幸的消息很快传到荀丽所在的学校金坛县实验小学。校红十字会会长韩小平立即决定：校红十字会和少先队大队要为抢救荀丽的生命尽心尽力，帮助荀丽，在全校范围内开展学雷锋学赖宁“心中有他人”的共产主义思想教育和人道主义教育。

当学校红十字会和少先队大队向全校师生通报了荀丽的病情和向全体学生发出“一人有难，人人关心，伸出友谊手，帮助荀丽战胜病魔”的号召时，校园内沸腾了：领导、老师们纷纷带头开展捐款活动。红十字会员、年过五十的魏江珠老师．工资并不高，家庭也不富裕，但凭着一颗对下一代挚爱的心，她带头在班上捐了 60 元。

红十字青少年会员和少先队员们行动起来了，荀丽所在的六（2）

一下子就捐到454元，六（5）班也不示弱，共捐了585元，列全校各班之冠。红十字青少年会员、五（2）班的宋清同学把爸爸妈妈准备给她买衣服的50元全部捐了出来，她对爸爸妈妈说："帮助他人要紧，衣服就暂时穿旧的吧。"就是这样，她还觉得50元太少，第二天便把已陪伴她有5年历史的胖娃娃储蓄罐砸开，用了两个小时的整理，把10元多硬币也捐上了。还没有加入红十字会的王非家在农村，妈妈是一个厂的临时工，家庭条件较困难，他却捐上了20元，他说："我虽然不是红十字会员，但我知道当别人有困难时，伸出帮助之手是应该的，这20元是我多年省下的零用钱，就把它送给荀丽治病吧。"

刚进入我校学习的一年级和学前班的小朋友也行动起来了，学前班的陈晨小朋友听到老师说荀丽姐姐治病要花五六万元钱，回到家里，他就向妈妈要他的储蓄罐，妈妈听了孩子的叙述，二话没说。帮孩子把储蓄罐送到了学校。还悄悄地往罐子里塞了5元钱……短短的两三天，全校就收到各班捐款近8000元。

10月29日，当校红十字会负责老师、大队辅导员李老师和班主任凌老师风尘仆仆出现在上海铁道医院荀丽病床前，给荀丽同学献上全校师生的一片爱心——7900多元捐款、红十字会的慰问卡和录有全校师生问候语的录音磁带时，荀丽和她的父母亲激动地连声道谢："谢谢全校师生的一片真情，谢谢校红十字会的支持和帮助。"

据不完全统计，这次全校有800多人倒空了自己多年积攒零钱的储蓄罐，有100多人砸了心爱的聚宝盆取了钱。(李文忠)

（原载于1993年第1期《江苏红十字》）

红十字会表彰

中国红十字会总会表彰的先进集体：金坛县红十字会金属构件厂；先进个人：荆振国、郭宏生、时雨苍、徐涛生、杨成义。

江苏省红十字会表彰的先进集体：常州市东方小学红十字会、武进县横林中心卫生院红十字会；先进个人：刘荷英、张兴国、董诚程、张定宇、张惠良、李志龙、窦东升、姜华保。

（原载于1993年第4期《江苏红十字》）

金坛县水北镇社会各界纷纷捐款拯救病危少女

水北镇后畷村16岁的少女高月芳怀着感激的心情对村民及干部们说："是镇红十字会副会长、民政助理员管小海同志和乡亲们救了我的命。"

高月芳患先天性疾病，近年来随着年龄的增加病情也越来越严重，并危及生命。春节前，她曾在某市妇产科医院作过手术治疗，但未能根除疾患，不久又加重，住进县医院妇产科，要治疗必须动手术，而动手术需用一笔可观的费用。小高家中父亲是个残疾人，母亲早已离婚另嫁他人，仅父女俩相依为命，家庭经济十分困难，是镇内出了名的特困户。在抢救生命与缺少资金形成矛盾时，镇红十字会副会长、民政助理员管小海同志在全镇发起了"救少女，献爱心"的募捐活动，镇机关干部从党委书记到普通党员，从红会干部到会员，大家都纷纷献爱心，慷慨解囊。管小海同志身体力行，在自己经济比较拮据的情况下，带头捐献了50元钱。一些企业和单位的干部职工知情后，也捐款帮助月芳治疗，镇妇联主任殷玉琴同志除了带头捐款外，还发动全镇的妇女干部捐款324元。在短短的几天中，全镇共募捐到2500余元，连同全镇人民的一片爱心，给了高玉芳战胜病魔的勇气和温暖。目前，高玉芳已经病愈，更加珍惜红会组织和社会各界给予她的新生。（汤敖齐）

（原载于1993年第6期《江苏红十字》）

1994 年

常州市红十字会开展急救培训

常州市红十字会与市劳动局、市供电局联合对市区 380 名医生、管理人员及电工进行了触电急救培训。培训中，市红会、劳动局的领导分别就急救的目的、意义举办了专题讲座，市供电局的专家讲解了电气安全技术及触电现场急救——心肺复苏，并进行了考核。

通过培训，学员们基本掌握了触电急救技术，均通过了基础理论考试和技术操作考试，并取得市红十字会颁发的《心肺复苏培训合格证》。(季宏)

（原载于 1994 年第 3 期《江苏红十字》）

常州市红十字会 1994 年工作回顾

常州市红十字会以人道主义为宗旨，遵守和执行《中华人民共和国红十字会法》，积极为政府分忧，为群众解难，在开展救死扶伤、扶危济困、敬老助残、助人为乐等方面工作中发挥了重要作用。1994 年即将过去，现总结如下：

一、大力宣传贯彻《红十字会法》，积极争取各级领导的支持

1. 我市三个县（市）红十字会先后都与宣传部、人大教科文委员会、司法局、政府法制局联合发了《关于学习宣传贯彻〈中华人民共和国红十字会法〉的通知》，给各有关部委办局、各乡镇红十字会、各单位红十字会，让全社会来关心、支持红十字事业。

2. 召开常务理事扩大会，先集中学习《红十字会法》，再研究日常

工作。

3. 积极组织参加红十字会法知识竞赛活动，共发试卷1233份，收卷733份，收卷率59.45%（不包括直接邮寄）。虽参加的人数不多，但涉及的面是比较广的。红会干部亲自将卷子送到市委、市政府、市人大、市政协及各部委办机关领导及工作人员手中，让市四套班子及全体机关同志认真学习红会法，参加竞赛。对推动红十字会法的学习起到了积极的促进作用。

4. 红会组织建设和开展活动离不开政府及有关部门的重视、支持。武进县红十字会在副县长、红会会长陆志奋的关心支持下，今年红会在活动经费上就有了很大的突破。从去年财政拨款2万元（含人头经费）到今年除人头经费外，财政拨款4万元作红会活动经费。年初，陆志奋会长在理事会上要求各基层红十字会按红十字会法规定缴纳会费。领导重视了，会员们积极性提高了，今年武进县红十字会会员缴纳1万多元会费。市红会组织专人到红十字会团体会员单位收会费8616元。

二、普及卫生救护，做好初级卫生救护培训工作

1. 遵照省红会规定，组建一市三县（市）红十字医疗救护队。市红十字医院2个，武进红十字中医院1个，前黄红十字医院1个，金坛市红十字医院2个，14个乡镇红十字医院及溧阳市中医院红十字会2个，共计22个。

2. 武进县红十字会举办了10期四项技术、心肺复苏、卫生救护培训师资班，组织17所学校的保健老师和270多个厂矿保健站医生参加，经理论考试和实际操作考核，273人取得了合格证。

三、开展敬老助残等人道主义服务活动

1. 常州天宁区新丰街道红十字会在开展第四次“全国助残日”活动中，挂横幅10条、黑板报38块、标语牌65块、标语13条，并组成3个助残服务队有60多人参加。使全社会关心、尊重、爱护残疾人，促进了社会主义精神文明建设。

2. 《新华日报》的服务导报“义诊环省行”组织7名有名望的省级专家医师来武进横林红十字医院和溧阳市人民医院进行义诊，使数百名求医者得到了高级医师的诊治。

四、兴办红十字会经济实体，使红会有了经济实力

金坛市红会积极兴办经济实体，起步较早，1993年实现产销、经营

额300万元，创利税20多万元。目前，已拥有固定资产近200万元，现又与香港金声贸易公司联合兴办了“红安电器电子有限公司”，增加了红会的实力。几年来，实体先后拿出50余万元用于发展红十字事业。

五、开展红十字青少年活动，加强学校精神文明建设

金坛市实验小学红十字会年初积极响应团中央的“救助贫困地区的失学儿童”的希望工程的号召，开展“少买一件玩具，少吃一块糖，少玩一个烟花”节省零花钱的“手拉手”捐款活动，所得的捐款3800多元寄给了金坛市的友好县——陕西柞水县，资助经济困难的小伙伴，并与该校结成了115对“手拉手”好朋友对子，相互通信，增加友谊，增长知识，解决困难，培养他们社会主义人道主义精神和共产主义道德品质。

常州市一中在江苏省红十字青少年工作会议上汇报了在重点中学开展红十字会工作的经验。今年我市的高考状元蒋逸波同学，中学期间，他带领同学积极参加各项红十字活动，是位德才兼备的学生，以700分的高分被北京大学录取。红十字青少年利用课余时间和节假日走上街头、车站、码头、广场等打扫卫生，擦自行车，帮旅客拿行李，理发，携幼扶老，健康咨询服务等，为群众做力所能及的服务工作。为孤寡老人洗衣服、打扫卫生、买粮购煤等一系列的服务活动都体现了服务育人是建设社会主义精神文明的佐证，也说明了红十字青少年队伍是精神文明建设中的一支新军突起。

六、与兄弟市红会交流学习，磋商红十字会工作

无锡市红十字会来常，与金坛市红十字会一起商讨红十字会如何兴办实体，大家认为红会办企业首先要选准项目，二要选准企业的法人代表，三要建好班子，四要注重管理一管到底。尤其是法人代表要具有活的外交，精的业务，严格的管理才能。

我会还与镇江市红十字会一起在溧阳市红十字会磋商在公路沿线设置红十字急救点。急救点要标记明显、便于开展现场急救、减少伤亡，尽人道主义服务活动。

七、表彰先进，推动红十字事业的不断发展

武进县红十字会对6个单位和62个先进个人，溧阳市红十字会对3个单位和49个先进个人进行表彰，鼓励先进，调动积极因素，进一步

推动红十字事业的不断发展。

八、准备召开常州市红十字会第八次会员代表大会

根据《红十字会法》和总会、省红会“六大”精神，我会定于12月26日召开常州市红十字会第八次会员代表大会。

1. 为加强市红会工作，市政府、卫生局又任一名副会长领导红会工作。

2. 开了两个会议。一是市区基层红十字会参加的常州市红十字会工作座谈会。二是常州市红十字会七届五次常务理事扩大会。在会上首先学习《红十字会法》和总会、省红会“六大”精神，然后座谈开展红十字工作；在理事扩大会上，通过了常州市红十字会第八届理事会组成单位等。

3. 做好材料准备。做好理事会组成单位、候选人材料，会员代表名单等工作（八届理事会理事除有关单位、部委办局领导，还增选了部分优秀企业家）。

4. 对团体会员的红十字单位要求缴纳会费。这项工作做得较好的是常州市卫生防疫站和常州市红十字医院。我们在座谈会和理事扩大会上都给予表扬。

5. 制定《常州市实施〈中华人民共和国红十字会法〉办法（草案)》，报常州市人大常务委员会，请求批准。

【注：1994年的《江苏红十字》有关常州红十字会的工作报道较少，为了避免缺漏，特将该年工作总结附录于此，以存大意】

以“改善最易受损害者境遇”为目标，我市红十字救灾工作成效显著

我市红十字会组织在巩固中有所发展，5年来全市共建立县（市、区）红十字机构3个，发展基层组织220个，吸收会员25903名。与此同时，全市红十字会救灾工作成绩显著，5年来接收、分发境外红十字组织、团体及个人捐赠的救灾款物折合人民币近600万元，直接受益灾民近百万人次。这是记者从昨天召开的市红十字会第八次会员代表大会上获悉的。

据了解，该会以“改善最易受损害者境遇”为工作目标，在过去5

年中还积极配合卫生部门深入灾区救治灾民 5 万余；共进行以外伤救护四项技术和现场心肺复苏为主要内容的普及培训 35000 人次，接受一般卫生知识教育 25 万余人次；组织发动 10683 人次参加无偿献血，献血量 21.366 万毫升；共有 3 万多人次参加为孤老残、烈军属提供近 20 万人次的服务。此外，市红十字青少年有 160228 人次参加了卫生救护培训。

昨天召开的市红十字会第八次会员代表大会选举产生了新一届红十字会理事会，由市长孟金元担任名誉会长，副市长陈三林担任会长，裘麟、史绍熙、刘瑞祥担任顾问。新的理事会将办好六件实事：颁布切合我市实际的《红十字会法》实施意见；形成全市性的三级急救网；设立联合应急培训中心；拟定开办一个医用氧气厂；筹办一个具有红十字会特色的博爱院；以学校为主体设立红十字大众健康服务中心。

孟金元、陈三林在会上讲话。程九度、蒋溢涛、吴振祥等市领导出席会议。（林以勤）

（原载于 1994 年 12 月 27 日《常州日报》）

1995 年

常州红会重视会费收缴工作

江苏省常州市红十字会认真贯彻执行《中国红十字会会费收缴与管理办法》，在宣传贯彻红会法的过程中，广泛宣传会员和团体会员单位缴纳会费的意义，形成各级红会主动缴纳会费的好风气。市仁爱医院红会会长亲自到红会送交会费；市红十字会医院虽然只有 200 名会员，却主动缴纳会费 3000 元，市红十字会 1994 年共收到会费 11962 元。（徐涛生）

（原载于 1995 年 1 月 20 日《中国红十字报》）

金坛市红十字会向灾区赈粮

1 月 10 日，金坛市红十字会将印有“中国红十字会，香港红十字会”等字样的 300 袋救灾大米发放到 1994 年遭受严重旱灾的茅山老区部分缺粮户手中。市政府、市人大、市政协领导亲临现场发粮。领导们还带着市红会准备的水果到建昌、城东、城西等乡的敬老院慰问并与老人们亲切交谈，送去了一片爱心。（祝春林，曹林军）

（原载于 1995 年 2 月 5 日《中国红十字报》）

“我们托的是红十字会的福”

常州市红会开展孤老送温暖活动

春节前夕，常州市红十字会积极为市区 26 名 60–80 岁的特困孤老送温暖，受到社会各界的赞扬，常州市委常委、宣传部长杨大伟称赞这一活动“为社会送来一缕春风。”

常州市红十字会开展的送温暖系列活动包括：为特困老人举办迎春联欢会，向老人祝寿、拜年、赠送礼品，组织老人观光常州市容，参观购物中心和红十字医院高科技治疗设施以及吃团圆饭活动。老人们坐在舒适的面包车里，行驶在宽阔的马路上，一幢幢高楼大厦扑面而来，面对日新月异的城市风貌，老人们不时发出阵阵赞叹。一位老人说：“五六年没有逛过城了，今天，红十字会带我们开了眼界……”在常州市购物中心，中心派出许多礼仪小姐，搀扶着一位位老人，登上从一楼到七楼的自动电梯，观看琳琅满目的商品，中心董事长和总经理还亲手把一份份精美的礼品送到老人手中。为了这难得的相聚，常州市能源设备厂为老人们准备了丰盛可口的团圆饭。厂长、全国劳动模范姚永方还特意为老人献歌助兴，表示祝福。沉浸在欢乐气氛中的老人们，舒展了岁月刻在脸上的皱纹，仿佛回到了童年，满面笑容连声说：“我们托的是红十字会的福。”（徐涛生）

（原载于1995年第3期《江苏红十字》）

政府使“臂膀”强壮有力，“助手”为政府分忧增光

江苏金坛市党政大力支持红会发展壮大

江苏省金坛市党政领导重视红会工作，积极关心和支持红会遵循人道主义宗旨，围绕红会性质开展各项工作，促进了该市红十字事业的发展，使市红会连续3年跻身全国先进行列。

金坛市地处江苏南部，是著名数学家华罗庚教授的故乡，也是全国农村综合实力百强县之一。市委、市政府从市红会成立之日起，一直把红会工作列在市政府工作日程中，注意为红会解决实际困难，创造发展条件。

一是注意理顺红会与卫生部门的关系，妥善地解决了红会的编制、经费、办事机构和办公地点。市政府充分认识到红会的特殊性和独立性，把过去由卫生部门代管的红十字会独立出来，列为市政府工作部门；发文确定为正科级建制，并核编6人，实行财务计划单列；还为红

会单独建立了直属于市直机关党委领导的党的基层组织，为红会独立自主开展工作提供了保证。市政府还把红会工作列入市委和市政府工作日程和考核目标，政府常务会议经常听取红会汇报，研究红会工作，保证了红会在政府领导下，正确开展工作。

二是积极支持红会兴办经济实体，增强发展红会事业的实力。1989年，市政府提供条件，帮助市红会创办经济实体，并在政策上给予支持，使红会企业享受民政福利企业减免税待遇。在征地过程中，市政府领导亲自到现场过问，协调与供电、土地补偿等方面的关系，主动帮助红会解决问题，使工厂短期内投入生产，获得了良好的经济效益和社会效益。前不久，市委书记陈胜海还专程到红会企业检查工作，帮助红会制定发展生产的规划。如今，市红会已拥有 3 个公司、3 个工厂、1 个中外合资企业，并且新建1000 多平方米生产用房和400 平方米红会办公用房。

三是为红会发展创造条件。市政府为了发挥红会在社会上的作用，奠定红会工作的基础，经常为红会开展工作创造条件。在市直机关帮助贫困村脱贫致富活动中，市政府特别选择 4 个行政村，作为市红会挂钩地区，让红十字会深入第一线，开展经常性、综合性服务；在对台事务和对外交流中，市政府特别安排市红会一些出境机会，加强红会与海外交流。1993 年市红会荆振国秘书长去香港期间，谈成 2 个合资项目，不仅为金坛争取了 450 万元的投资，也提高了红会的社会地位。（周屹）

（原载于 1995 年 3 月 24 日《中国红十字报》，又载于 1995 年第 4 期《江苏红十字》）

参与“广种福田”善举，拓宽红会活动领域

常州红十字慈善服务集团挂牌运转，每月八日为常州市红十字活动日

一个不以经营为内容，不以营利为目的，旨在为社会、为民众“广种福田”多做善事的红十字社会服务团体——“常州市红十字慈善服务集团”，3 月 8 日，在江苏省常州市社会各界的拥戴声中正式成立。

常州是全国综合治理试点城市，改革开放后，经济建设发展很快，市民生活有所提高，但在一些特殊人群中，如失去双亲的孤儿、久病不

起的孤老、自然灾害和突发灾难中的落难者，亟待社会提供人道援助，需要社会有良知的人伸出友谊之手。一些具有慈善心肠的人，在中国传统行善道德影响下，在生活好转或发了“财”的情况下，企望回报社会、行善积德。为了更好地组织和发动这些人为民解忧，给乐于奉献者提供机会，为处于困境者提供帮助和服务，常州市慈善服务集团在市政府和各界关心支持下应运而生。成立的当天，就得到社会各界的认同和欢迎。仅3月8日上午，就有130多个社会团体、企事业单位和宗教界及众多个人报名参加，并踊跃为“集团”基金捐款捐物。

红十字慈善服务集团，以弘扬人道主义为宗旨，在社会上围绕救死扶伤、扶危济困、备灾救灾、敬老助残等好事、善事，开展活动。集团广泛吸收和接纳自愿支持和热爱红十字慈善事业的优秀企业家、社会名人、机关、团体、商业、新闻界和国际友人、海外侨胞参加，由市红会办理入会手续；特别强调，不以捐献多少钱物为入会条件，以考核能否为社会提供服务和个人良好道德为标准。

红十字慈善集团章程规定：集团直接接受国内外慈善捐助；每年从在社会慈善事业中做出贡献的单位和个人中评选“红十字慈善家”，并在5月8日前夕，登报表彰。

为使红十字慈善活动经常化，集团规定：除每年的5月8日外，从3月8日起，每月8日为常州市红十字会慈善活动日。慈善日中，集团及所属成员，广泛开展慈善活动，为特殊困难者提供帮助。近期内，将向社会提供更多的医疗保健服务，并逐步向修桥铺路、广做好事、善事方面发展。

【短评：为民行善，乐善好施，是中华民族的传统美德，也是人道主义精神的最美好的行为体现。常州市红会积极参与社会慈善事业，对红会社会服务和社会救助工作提出了更具体、更实际的要求，是扩大实践人道工作领域、拓宽红会工作范围、提高红会声望的新举措，对提高民众意识、崇尚乐于助人美德风尚、发扬民族优良传统、促进社会文明，都会产生较大影响】

（原载于1995年第4期《江苏红十字》）

江苏省第四批冠名医疗单位

申请单位	获准冠名
常州市救护站	常州市红十字救护站
常州市中心血站	常州市红十字中心血站
常州市妇产医院	常州市红十字妇产医院
武进县中医院	武进县红十字医院

（原载于1995年第4期《江苏红十字》）

金坛红会经济实体又添新厂

由江苏省金坛市红会自己投资60万元创建的以生产毛巾为主的红安织造厂第一期工程，6月1日正式竣工，并于当天就生产出15000条供外贸出口的毛巾。这是金坛市红会依靠自身力量创建的第四个工厂，使红会企业又上一层台阶。

金坛市红会坚持发展壮大红会企业。他们依靠自力更生、奋发向上的精神，在市场竞争激烈、资金紧张的情况下，不断加大技改投入，在巩固现有企业的同时，还不断寻求发展红会企业的机遇。目前，市红会所属企业已发展到拥有红安拉丝厂、红安轧制厂、红安扬声器厂和红安织造厂4个经济实体和3个公司，并且拥有红会自己的1000平方米生产用房和400平方米红会办公用房，在去年年产值900多万元、创税60多万元的基础上，今年将突破2000万元的产值和100万元的利税大关。（秦岭、煜煜）

（原载于1995年第6期《江苏红十字》）

孙静霞、邹瑞芳获第35届南丁格尔奖章

红十字国际委员会1995年5月11日来电通知：今年中国有两人获

第35届南丁格尔奖章。她们是江苏省常州市第一人民医院护理部顾问孙静霞；浙江省湖州市第一人民医院护理部主任邹瑞芳。届时，中国红十字会将在北京举行隆重的颁奖大会，请国家领导人为获奖者颁发奖章证书（孙静霞、邹瑞芳事迹本报将陆续报道）。（张健凤）

（原载于1995年5月18日《中国红十字报》）

第三十五届南丁格尔奖章颁奖大会在北京举行

6月29日下午，中国红十字会颁发第35届南丁格尔奖章大会在北京人民大会堂举行。

3点30分，大会开始，江泽民、钱其琛、彭珮云、钱正英等领导在一片掌声之中步入会场。彭珮云首先代表国务院向两位获奖者——江苏常州第一人民医院的孙静霞和浙江湖州第一人民医院的邹瑞芳表示祝贺。她说，孙静霞和邹瑞芳同志，热爱护理工作，几十年如一日，为人民无私奉献、对技术精益求精，这种精神是十分难能可贵的；人是要有一点精神的，越是深化改革、扩大开放，越是发展社会主义市场经济，越要发扬全心全意为人民服务的奉献精神，使之成为社会主义精神文明的支柱。

陈敏章也代表卫生部向两位获奖者表示祝贺。他说，截至1994年底，我国已有护士109万余人，他们承担着全国12亿人口生老病死全过程的护理工作，是医疗卫生工作的重要组成部分。他希望广大护理人员及全体医务工作者，以先进模范为榜样，进一步认清自己所肩负的重任，振奋精神，努力工作，让“白衣天使”无私奉献的人道主义精神不断在全社会中发出光和热。

随后江泽民主席向孙静霞、邹瑞芳两位获奖者颁发了南丁格尔奖章。会上，获奖代表孙静霞表示，荣誉属于全国护理界，她将用毕生精力献身护理事业，永远发扬南丁格尔的崇高的人道主义精神。

最后，钱正英会长说，护理工作是一项崇高的事业，护士工作最能体现人道、慈爱、奉献，与红十字奉行的人道主义宗旨是完全一致的。她希望我国护理队伍能有更多的人成为南丁格尔奖章获得者。

来自首都中日友好医院、协和医院、同仁医院、友谊医院、铁路总医院等30家医疗单位的550余名护士、医务工作者等出席了此次颁奖大

会。（武星户、冯志国）

（原载于1995年7月7日《中国红十字报》）

愿把毕生献给护理事业

——访第35届南丁格尔奖章获得者孙静霞、邹瑞芳

6月29日，国家主席江泽民亲手将象征护理界最高荣誉的第35届南丁格尔奖章，颁发给来自江苏常州市第一人民医院的原护理部主任孙静霞和来自浙江湖州市第一人民医院的护理部主任邹瑞芳。提起当时的感受，两位获奖者都说，这是她们一生中最难忘的时刻。她们还清楚地记得江泽民主席将装有奖章的锦盒轻轻地一一打开，然后又一一颁发给她们的情景。

已80岁高龄的孙静霞告诉记者，她自从事护理工作那天起，就立志走南丁格尔之路，把毕生献给护理事业，只是没有想到红十字会能把这么高的荣誉奖励给她。70年前，年仅10岁的孙静霞便失去了母亲，当时孙静霞眼睁睁地看着母亲被难产痛苦折磨了4天后，由于没人能救而永远地离开了她。从此，孙静霞立志要做一名救人生命的“白衣天使”。

1934年，孙静霞以优异的成绩毕业于常州市真儒高级护理学校，从此她在护理工作岗位上一干就是60年。由于她出色的工作成绩，1938年，年仅23岁的孙静霞便出任真儒高级护校校长兼常州武进医院护理部副主任。

1948年，孙静霞所在的医院将她派往美国学习深造。一年后，远在异国他乡的她得知新中国成立的消息后，毅然放弃在美国的优厚待遇和美方的挽留，踏上轮船，几经周折经香港回到祖国的怀抱。

几十年来，孙静霞已把护理工作作为她生命的一部分，她离不开护理事业，如今她虽已80高龄，但仍坚持每天早上到医院看望病人，查看病房，她用自己的行动影响着一代又一代年轻的护理工作者们。孙静霞有自己的标准，她说，干护理工作要有五爱，即爱岗位、爱医院、爱病人、爱科学、爱同志。身为护理部主任，她首先把病人的痛苦和需要挂在心上；她热爱护理事业，有几次机会她可以改行当医生，但她说，病人需要护理，她愿意用自己几十年积累的经验为他们服务。

和孙静霞一样，今年66岁的邹瑞芳也在护理工作岗位上耕耘45个春秋了。只是当记者采访时才知道她与孙静霞还有着一段师生情。邹瑞芳出生在常州，45年前，当她从护校毕业进入医院实习时，恰好是孙静霞所在的医院。由于作为护理部主任的孙静霞的严格要求，为邹瑞芳日后的成长奠定了坚实的基础。后来邹瑞芳参军来到湖州，又转业分配到湖州第一人民医院。回顾45年来自己走过的路，邹瑞芳自豪地说，她在护理工作岗位上没有出过医疗差错。她说她的准则是：对病人负责就是对自己负责。如果自己的护理工作做好了，吃饭、睡觉都踏实，不然就会寝食难安。

邹瑞芳告诉记者，70年代，一次她随医疗队深入农村做计划生育手术，尽管当时农村卫生条件差，但由于邹瑞芳认真细致的消毒工作，创造了1000例农村妇女输卵管结扎手术无一例感染的好成绩。邹瑞芳热爱护理工作，她待病人如亲人。一次一位外地人因外伤急需手术，而妻子又将临产，病人求助于邹瑞芳。她二话没说，迅速安排病人住院手术，又亲自送病人的妻子去妇幼保健院生产，还花钱给产妇买了生活用品。整整忙了一个晚上，汗水湿透了她的衣衫，但她毫无怨言。

邹瑞芳说，她愿意病人称呼她为护士长，她觉得这样亲切，她热爱自己的岗位。几十年来，在邹瑞芳的带领下，医院健全了20多项护理规章制度，统一了护理操作规程，还制定了护理质量考核标准，使医院实现了病房管理制度化、操作常规化、工作规范化，并且建立了临床带教网络和护理查房制度及护士长、护士工作的考评制度。她所主持的湖州市护理学会连续8年被省护理学会和市科协评为先进单位。

孙静霞、邹瑞芳在平凡的岗位上默默奉献，做出了不平凡的成绩，她们用自己的行动弘扬着南丁格尔精神。记者相信只有像她们那样把毕生奉献给护理事业的人才有可能获得南丁格尔奖章这一崇高的荣誉，在她们身后将会涌现出更多的南丁格尔奖章获得者。

（原载于1995年7月7日《中国红十字报》）

我省孙静霞荣获南丁格尔奖

八十载岁月悠悠　六十年爱心沉沉

常州市第一人民医院护理部主任，现年81岁的孙静霞女士日前荣获第35届南丁格尔奖章，从而成为我国第16位、我省首位获此殊荣的

"白衣使者"。

南丁格尔奖章是国际护理界的最高荣誉奖，每两年颁发一次，每次最多只有50枚，表彰那些以特别勇气和献身精神为伤、残、病人员服务因而建立优异成绩的医护人员。自幼立志献身护理事业的孙静霞，在长达62年的工作中，数十年如一日，不仅用毕生的心血和全部情爱在病人心中再现了"南丁格尔"形象，而且也在护理科研和护理教育等领域做出了卓越贡献。她采用开出一个专科、送出一个学习、回来带动一片的方法，使常州一院在短短的10年内建成一支能胜任多种专科护理工作的先进队伍。她还借鉴国外先进经验，建立了病房设置规范化、工作制度化、操作常规化等一整套科学管理制度，并在省内率先试行"责任制护理"；她总结自身实践经验撰写的20余篇论文成为护理学科发展的宝贵财富。

据悉，全世界已有1000多名优秀护士获得了南丁格尔奖。1980年以来，我国已有17位护理界的佼佼者获此荣誉。此届另一位获奖者是孙静霞的学生，浙江省湖州市第一人民医院护理部主任邹瑞芳。（卓菁）

（原载于1995年第7期《江苏红十字》）

常州整顿扩建基层红会组织

常州市红十字会于8月15日在钟楼区召开现场经验交流会，钟楼、天宁、戚区、郊区的红十字会负责同志出席了会议。钟楼区红十字会副会长做了经验介绍，全区所属8个街道和17个大型企业的红十字会组织已进行整顿、扩建，统一挂牌。并在全区划分为8个片，任命了片长，负责联络全区100多个单位，形成联络网。区内还成立了红十字应急急救中心，认真组织培训，在全市红十字应急急救大演习比赛中获得了优异成绩。常州市红十字会要求市区内4个区要在今年9月完成整顿和扩建基层红十字会，使常州市红十字会组织形成联络网，更好地开展红十字工作。（徐涛生）

（原载于1995年第10期《江苏红十字》）

常州市红十字会成立特困孤寡老人慈善医疗服务中心

11月8日是常州市红十字会第九个慈善日，为解决常州市散居社会的特困孤寡老人就医难的问题，市红会经与社会上知名度高的企业家们商榷，决定成立常州市红十字会特困孤寡老人慈善医疗服务中心，由市红会的领导、知名人士和企业家以及有关医院院长组成慈善医疗服务中心理事会，下设4个慈善医疗服务分部，直接为特困孤寡老人就医。11月8日，中心正式成立，并给首批21名特困孤寡老人发了就医证，凭证可以在慈善医疗分部（即钟楼医院、天宁医院、同济医院、戚区医院）就医，免收挂号费及门诊一般医疗费用。就医证专人专用，使用期限暂定2年，4个慈善医疗分部为孤寡老人就诊的医疗费，定期到市红十字会结账。服务中心成立后，市电视台和《扬子晚报》《常州日报》分别进行了播映和报道，并受到政府和社会的好评。(徐涛生)

（原载于1995年第12期《江苏红十字》）

1996 年

常州市红十字会为特困孤老送温暖

在常州红十字会的第 11 个慈善日之际，常州市红会组织了由天宁、钟楼、郊区、戚区红会组成的为特困孤老春节送温暖、献爱心活动，用 4 辆面包车载着棉被、营养品等物品慰问了全市 4 个区 3 个乡的 21 名特困孤寡老人。在大雪纷飞的严冬，红会为老人们送去了温暖，同时还随身带了药品、医疗器械，为老人们查病治病。孤寡老人们感动得连称共产党领导好。(徐涛生)

(原载于 1996 年第 3 期《江苏红十字》)

常州市红会开展“5·8”世界红十字日纪念活动

常州市在“5·8”前后，组织了百名专家慈善大义诊，诊治各种病人 4582 人次，现场无偿献血 7 人。组织 6 所中、小学百余名红十字青少年宣传《红会法》和《红十字标志使用办法》，接受宣传总人数达 6 万余人次。制作宣传版面近 60 块，发放宣传材料 25000 余份，宣传活动声势较大。组织了上海、常州医学专家对受省、市表彰的见义勇为英模和优秀干警上门义诊、体检 30 余人次。召开了慈善工作先进表彰大会，对 19 个慈善先进集体和 13 个先进个人进行了表彰。“5·8”纪念活动，常州电台、电视台、报社都密切配合，多次进行专题报道。(徐涛生)

(原载于 1996 年第 5 期《江苏红十字》)

溧阳市红会开展驾驶员救护培训

溧阳市红会利用驾驶员年审的机会，从5月30日起至7月3日止对全市机动车驾驶员进行了应急急救培训。这次培训共分9期进行，每期500人左右，共培训约5000余人。在培训期间，市中医院的外科医生采用讲课与现场示教相结合的方法，使5000余名驾驶员掌握了止血、包扎、固定、搬运等一般自救互救知识，对今后减少交通伤亡事故有着重要意义。（毛新妹）

（原载于1996年第7期《江苏红十字》）

常州市召开贯彻《红十字标志使用办法》现场会

7月18日，常州市在市红十字妇产医院召开了贯彻《红十字标志使用办法》现场会，市有关部门、所属县（市）区红十字会、医疗卫生单位、新闻媒体共100余人参加了会议。史绍熙、屠撰先、刘瑞祥、吴振祥、张国祥、张建平、刘王村等市有关领导，省红会常务副会长陈萍等到会并做了重要讲话。

市妇产医院、第一医院、武进市红会、市急救中心在会上交流了贯彻《红十字标志使用办法》情况，当场对产院职工进行有关知识提答。市红会曹兴法副会长对前段宣传贯彻《红十字标志使用办法》做了简要回顾，并对下半年进一步贯彻提了5条要求。市政府副秘书长张建平在会上表示了贯彻的决心，对各医疗单位、宾馆饭店、新闻媒体提出限期清除误用滥用红十字标志要求，市政府今年10月份将对以上单位进行执法检查，希望各单位行动起来，为在常州市全面贯彻《红十字标志使用办法》做出表率。（徐涛生、森林）

（原载于1996年第8期《江苏红十字》）

常州市红会为常务理事建立健康档案

常州市红十字会常务理事们绝大多数是兼职干部，他们长期为本部门、为红十字会、为广大受难群众忘我工作，做出较大贡献，唯独没有关心自己的身体健康，为此，常州市红十字会在 9 月 1 日组织了一次为常务理事体检和建立健康档案的工作，特邀上海医学专家和常州市部分主任医师组成了一个体检组，系统、全面地为他们做了健康检查；并建立健康档案，输入电脑，便于随访和复查，以保他们身体健康更好地为红十字事业做贡献。（徐涛生）

（原载于 1996 年第 10 期《江苏红十字》）

红十字会表彰

江苏省红十字会表彰 1993—1995 年度红十字工作先进集体：金坛市红十字会；先进个人：许谦、秦国钧、周皇玉、姜建国、张宛度、徐喆怡、朱玉林、黄彩华。

（原载于 1996 年第 11 期《江苏红十字》）

轮椅上的朋友

人之初、性本善。孟子如此地肯定人类善良的本性，这种执着的信念能使我们去发现人间的真情。

常州市一中红十字会初三（2）班的 63 位纯洁、善良的孩子的行动证实了这条信念。远在上海的一位轮椅上的同龄人自强不息的事迹撩起了孩子们那真挚的善心，从素不相识到相见恨晚，相知恨少，这中间有 9 次报刊报道、1 次电视专题报道和 492 封信的故事。

上海《青年报》上登载了一篇《花儿为什么这样红——重残学生钟鸣刻苦读书的故事》。那天初三（2）班的同学们静静地聆听了这动人的故事。一封信和250元钱在第二天就寄出了，几天后收到的回信更激起了同学们雀跃般的热情，马上又是每人一段话、一张照片和一段自我介绍寄了过去。两天后，从上海寄来了60张钟鸣的照片（当时班级只有60位同学），懂事的孩子们感受到了自己的爱心所换来的自豪。同学们想到钟鸣所需要的不是几百元钱的捐款，也不是一时的关心和问候，他最需要的是知心朋友来对付轮椅中的孤独。全班同学决定，今后每人每天轮流给钟鸣写信，不大懂事的他们却能猜想到每天上午钟鸣收到远方不同朋友来信的幸福情景。是的，他们猜得完全正确，钟鸣的来信中不厌其烦地描述着他的幸福。时间一天一天地过去，钟鸣收到的信一天一天地堆成了小山。

情到深处自感人，同学们用自己的小手堆起了一座信山，也堆起了自己幼小而纯真的心灵。他们从这座信山里看到这样一个道理：当你为别人付出哪怕是一点爱的时候，很可能别人会觉得你付出了很多；你为别人做了件不起眼的小事，却会给别人带来无尽的幸福！

信，明天还有，后天还有……故事一直在继续。（徐涛生）

（原载于1996年第12期《江苏红十字》）

常州市副市长、红十字会会长陈三林在全省红十字志愿服务工作会议上的讲话

首先我代表市委、市人大、市政府、市政协向到会的领导和同志们表示热烈的欢迎和崇高的敬意，向全省红十字志愿工作者表示热烈的祝贺！江苏省红十字志愿服务工作会议在常州召开，是常州学习的好机会，特别是兄弟市的经验，常州红十字会要好好学习。

红十字事业是一项造福人类、服务社会的崇高而伟大的事业，在国际上享有很高的声誉。作为从事人道主义工作的社会救助团体，在党和政府的领导下，在有关部门和社会各界的大力支持下，红十字会做了大量的工作，深受人民的欢迎，为两个文明建设和社会发展做出了积极贡献。

改革开放以来，我们的红十字事业得到了很大发展，特别是《中华人民共和国红十字会法》的颁布实施，江泽民主席出任中国红十字会名誉会长，使红十字事业进入了新的发展阶段。红十字会遵循《红十字会

法》和国际红十字运动确立的基本原则，大力提倡并积极开展“救死扶伤、扶危济困、敬老助残、助人为乐”的精神，协助政府动员和组织群众开展各项人道主义活动。红会工作已扩展到群众性的志愿者服务工作领域，在某些方面起到了政府和其他团体不可替代的作用，受到社会各界的尊重，对推动两个文明建设发挥了应有作用。

江泽民总书记、李鹏总理在中国红十字会第六次全国会员代表大会上的讲话和贺信中，要求各级政府和社会各界都来支持这项崇高而光荣的社会事业。我们一定要一如既往地关心、支持红十字事业，尽最大努力给各级红十字会创造良好的工作条件，保证其独立自主地开展活动，促进红十字事业的蓬勃发展，在党的十四届六中全会精神的鼓舞下为我市两个文明建设做出新的贡献，创造出更加辉煌的业绩。

（原载于1996年第12期《江苏红十字》）

常州市创建红十字志愿服务示范区的情况汇报

常州市红十字志愿服务示范区是市红十字会在红十字慈善服务中心取得较好成效的基础上，创立起来的新颖社区服务组织，也是在改革开放的新形势下，使红十字会这一国际性的群众组织更好地面向社会、服务社会的开拓创新。作为市级红十字会建立这一新颖的社区服务网络，又是从行动上贯彻落实党的十四届六中全会精神，扩宽、发挥红十字会的功能，加强红十字志愿工作者的队伍建设，强化红十字工作社会效益的具体体现。

常州市红十字志愿服务示范区成立于今年9月，至今有8个示范区、64个服务点、1000多人的志愿服务队伍，初步形成了以特困孤老、特困下岗女工、见义勇为英雄、台胞台商、侨胞、外宾、商场顾客为服务对象的8个特色服务中心。常州市副市长、市红十字会会长陈三林亲自担任红十字服务示范区创建委员会主任。由于领导重视，组织落实，措施得力，全市8个示范区的创建工作得到了社会各界的广泛响应和支持，工作进展十分顺利。各示范区成立以来，相继开展经常性的社区服务和特色服务，在全市引起了较大反响，也受到了群众的广泛好评。

常州市红十字志愿服务示范区遵循《中华人民共和国红十字会法》，以弘扬人道主义精神、服务人民、奉献社会为宗旨，深入持久地开展创建和服务工作。示范区的创建进一步扩展了常州市红十字会的工作，把工作重点转移到贯彻落实党的十四届六中全会精神，促进弘扬社会公德、职业道德和家庭美德，开展以为人民服务为核心的工作上来。示范区的创建使常州市逐步形成具有红十字特色的社区服务网络，进一步增强了红十字会的社区服务功能，促进了红十字志愿服务工作的社会化、规范化和持久性，建立了一支符合红十字会宗旨的“举人道之旗、倡文明之风、做慈善之事、走爱民之路”的红十字志愿工作者队伍，服务社会、造福人类，为弘扬人道、博爱、奉献做出自己应有的贡献。（曹兴法）

（原载于1996年第12期《江苏红十字》）

红十字精神永放光芒

常州市东方小学红十字青少年向红十字志愿工作者大会献词

初冬时节，菊花飘香。
我们穿上节日的盛装，手捧艳丽的鲜花，
热烈欢迎各地红十字志愿工作者的到来！
热烈祝贺江苏省红十字志愿者工作会议胜利召开。
每当我们看到红十字的标志，
都会有一种亲切感。
每当我们听到红十字的歌声，
都会有一种自豪感。
为什么？为什么？
因为红十字会，
保护了人的生命和健康，
发扬了人道主义精神，
促进了人类和平进步。
红十字的标志，
象征援助，象征服务，象征人道主义。
100多年来，
在枪林弹雨的战场上，
红十字会给伤员带来了生的希望。

在无情的自然灾害中，
红十字会给难民送来了粮食和药品。
在遭受伤害的危急关头，
红十字会给受害者增添了力量。
100 多年来，
红十字会的旗帜，
跨越了疆界、信仰、种族和时空，
飘扬在硝烟弥漫的战场，
飘扬在苦难深重的灾区，
飘扬在渴望求助人的心中。
100 多年来，
红十字志愿者遍布了城市、乡村。
红十字运动传遍了天涯海角。
红十字精神照亮了人间大地。
几十年来，
江苏省红十字运动不断发展，
省、市、县组织健全，
形成网络、逐步规范，
700 个路边红十字急救点相继建立，
应急救护、减轻伤亡。
救灾救助、深得民心。
8000 万元救援物资送灾区，
社会关注，群众好评。
红会实体逐步发展，
创造财源、增强实力、为民办事。
青少年红十字活动健康发展，
学习红会知识、锻炼服务本领，当好红会接班人。
道路蜿蜒曲折，成绩来之不易。
红会工作的每一次进步，
离不开党政领导的关怀，
离不开志愿者的无私奉献，
离不开各界人士的支持。
红十字运动方兴未艾，
当今面临新世纪的挑战。

我国红会法的颁布实施，
使我国红十字运动，
进入了法制化轨道。
红会建设有了依据，
事业发展有了保障。
红十字事业崇高而伟大，
我们要坚持人道、公正、中立、独立、志愿服务、统一、普遍的原则，
救死扶伤、扶危济困、尊老助残、助人为乐，
让红十字精神代代相传，
让红十字精神永放光芒。

（原载于1996年第12期《江苏红十字》）

抓队伍建设，倡文明之风，红十字志愿服务大有可为

——江苏省红十字志愿服务工作会议在常州召开

江苏省红十字志愿服务工作会议12月初在常州市召开。64名各条战线的红十字志愿服务工作者在会上交流志愿服务经验，共商发展志愿服务大计。江苏省人大常委会副主任、省红十字会会长吴锡军出席会议并做重要讲话。

志愿服务是国际红十字运动七项基本原则之一。《中国红十字会九十年代工作纲要》提出："各级红十字会组织都要大力加强和发展志愿工作者队伍，充分发挥他们的作用，使他们为发展红十字事业做出积极的贡献。"为贯彻总会这一精神，江苏省红十字会早在1995年六届二次理事会上，就把建立红十字志愿工作者队伍，推动红会参与社区服务列为工作重点。在各级红会的努力下，一大批关心热爱红十字事业的志愿工作者聚集到红十字旗下，以多种形式和途径参与社区服务。

徐州市成立了300多人的红十字志愿工作者联谊会。74岁的老志愿工作者杨春芳十几年如一日在徐州车站为旅客服务。常州市在医院、商场、工厂、居民小区建立了8个红十字志愿工作示范区，在64个挂牌服务点上，1000多人积极开展社会服务和特色服务。宿迁市红会资助孤儿

上学的“母亲工程”，靠众多志愿者的支持，基金已达57万多元。大丰县在全县建立县乡两级100多个红十字志愿服务小组，该县募集的40多万元救助基金一半以上是志愿工作者的奉献。常熟市志愿工作者开展邻里互助活动，形成了“我为人人做奉献，人人为我送温暖”的新型邻里关系……到目前为止，数以万计的红十字志愿工作者常年活跃在全省各城市、乡村，以无私奉献精神为政府分忧，为群众解难，受到全社会的欢迎。

红十字会是一个具有广泛社会基础的群众团体。党的十四届六中全会后，全社会重视精神文明建设的大气候正在形成。江苏省红十字会抓住这一机遇，及时召开志愿服务工作会议，推广常州市红会“红十字志愿示范区”的经验，完善、规范红十字志愿服务工作管理，扩展了红会工作渠道，丰富了红会工作内容，使红会工作从传统的救护救灾工作框架中向全方位人道领域扩展和延伸。此次会议通过的《江苏省红十字志愿工作者管理办法》《江苏省红十字会志愿工作者工作委员会规定》等几个文件，为社会上一大批愿意奉献爱心的人提供了机会和场所，聚拢一批志同道合的同盟者，使他们成为从事红十字工作的“编外力量”。“举人道之旗，倡文明之风；做慈善之事，走爱民之路”成为广大志愿工作者的共识。一个全社会参与红十字人道主义事业的轰轰烈烈的局面，正在江苏全省形成。(周屹)

（原载于1996年12月13日《中国红十字报》）

1997 年

常州红会赴常熟参观学习

2 月 20 日，由常州市红十字会副会长徐涛生带领常州市清潭街道红会干部一行 18 人，赴常熟市虞山镇枫泾居委、阜湖居委的红十字会进行参观、学习。常州市清潭街道第十三居委与枫泾居委缔结成友好居委，并为下一阶段活动进行了安排。(邵永如)

（原载于 1997 年第 3 期《江苏红十字》）

常州红十字人道博爱志愿服务万人大行动

根据市红十字会统一部署，自 5 月 5 日起，常州市 8 个红十字志愿服务示范区和各区、市红十字会组织广大会员和志愿工作者，设立志愿服务和宣传点，为群众免费咨询义诊。还组织了志愿服务医疗组，到街道、里弄、企业、乡村、儿童福利院、聋哑学校、敬老院和散居的老人家中，进行医疗体检、义诊服务。市红十字急救中心、清潭街道办事处和市百货股份有限公司等红十字志愿服务示范区，还组织人员帮助烈军属和特困老人打扫卫生、洗澡、理发，给他们送日用品或捐赠款物，奉献爱心。

倡导无偿献血是“5·8”活动的一项重要内容。在市五化交广场，“救助和你一样热爱生活的人们”“献血无损健康”“只需小小勇气”的醒目横幅和其他宣传资料吸引了过往行人。市红十字中心血站的采血车前出现许多感人场面，有些打工妹不愿透露姓名，献出她们的热血。5 月 9 日，有 147 人前往血站无偿献血 29800 毫升。“5·8”前后，有 200 多人无偿献血 4 万多毫升。

5 月 8 日，志愿服务万人大行动达到高潮。下午 2 时，1000 多名红十字会员、红十字青少年和志愿工作者代表，佩戴红十字标志，高举红会旗帜或宣传横幅，在常州市购物中心广场集会，纪念“5·8”世界红十字日。这又是红十字志愿服务万人大行动开幕式。常州市人大常委会副主任何华强，副市长、市红会会长陈三林，市政协副主席吴振祥和有关部门以及各区政府领导出席了开幕式。大会庄严宣读了国际红十字运动的七项基本原则，红十字青少年向“5·8”红十字日献辞。市卫生局长、市红会副会长周业俊致开幕词后，市红会会长陈三林和省红十字会秘书长张立明就纪念“5·8”，贯彻“两法”加快两个转变，进一步发展红十字事业做了讲话。开幕式后，在红十字旗帜和宣传车引导下，1000 多名代表组成方队，举着红十字旗帜和“举人道之旗，创文明之风，做慈善之事，博爱民之路”等横幅，开始步行宣传。中间还有宣传彩车，播放着歌曲《爱的奉献》和红十字会有关知识。步行宣传的路线是通过市中心主干道延陵西路到达亚细亚影剧院，热烈的气氛，盛大的声势，引起了数万群众的观看。

据统计，全市有 205 个单位 3 万多人参加纪念“5·8”红十字人道、博爱、志愿服务万人大行动，散发宣传材料 12.5 万份，在全市设立了 408 个志愿服务点，各种志愿服务受益者有 20 余万人次。

（原载于 1997 年第 5 期《江苏红十字》）

常州召开半年工作会议

常州市红十字会工作会议于 7 月 31 日至 8 月 1 日在溧阳市召开，市、区（市）和 8 个红十字慈善服务示范区的副会长、秘书长等 26 人参加。会议总结了上半年的红十字会工作，交流了经验，表彰了在开展慈善活动中涌现出来的先进集体和先进个人。（徐涛生）

（原载于 1997 年第 8 期《江苏红十字》）

1998 年

沪常医疗会诊中心溧阳分中心成立

溧阳地处苏浙皖三省交界地区，交通、经济、文化、医疗等都不很发达，还存在着就医难、疑难杂症就医更难的问题。溧阳市红十字会经过一段时间的筹备，沪常会诊中心溧阳分中心于2月20日正式成立。分中心设立管理委员会、合作基金会、专家联谊会。其主要任务是帮助患病者联系，及时赴上海、南京请专家就诊就医，安排住院等，以解决疑难病人医病难的问题。溧阳市红十字会导医服务中心经溧阳市编委批准为全民事业单位，正式编制2名，直属溧阳市红十字会管理。（徐涛生、毛新妹）

（原载于1998年第2期《江苏红十字》）

常州市红十字会召开八届四次理事会议

3月27日，常州市红十字会在常州大酒店召开八届四次理事会议。市人大常务副主任郭兴中、副市长周亚瑜等领导150多人出席了会议。

常州市红会副会长曹兴法在会上做了工作报告。会议还表彰了20个先进集体和100名先进个人。会议授予史绍熙同志为市红十字会荣誉会员，会议增补副市长周亚瑜为市红十字会会长。（常州市红会）

（原载于1998年第4期《江苏红十字》）

常州市红十字会召开医导工作研讨会

4月11日，常州市红十字会在溧阳召开医导工作研讨会，沪常医疗会诊中心、常州市红十字医院、二院、妇产医院、儿童医院及溧阳、金坛、武进、郊区红十字会30多人出席会议。省红十字会常务副会长陈萍，省红十字会医疗指导会诊服务网络负责人徐强、韩德萱、季铜身、柳宝春到会并参加了研讨。

会议由常州市红十字会副会长、沪常医疗会诊中心总董事长曹兴法主持，他首先介绍了常州市12年医导工作取得的成就和经验体会。溧阳市红十字会副会长杨兆福介绍了溧阳医导分中心筹建情况和一个多月来所做的工作。杨副会长深有感触地说，我到红十字会工作几年，创办经济实体六七个，结果一个个都“熄了火”，有的还欠下债务。医导分中心则不一样，不到两个月轻松地收到了合作基金20万元，有效地实现了几位病人需要到外地会诊治疗的愿望。其中一位脑瘤患者求医无门，经导医分中心介绍，到上海华山医院第5天动了手术，第10天即出了院，在当地引起不小的反响。分中心已在当地树立一个良好形象，病人说：“找到分中心就找到了想找的医院，找到了想找的医生。”

省红会陈萍副会长在会上高度评价了常州、溧阳红会医导工作，她说医导工作是一所没有围墙的医院，是广大患者的福音，是红会创建精神文明的又一举措；希望常州对医导工作进一步总结经验，为全省树立一个学习的榜样，为我省实现医导工作联网做出贡献。（森林）

（原载于1998年第4期《江苏红十字》）

常州市红会副会长曹兴法获
省第三届优秀科技工作者称号

常州市红会副会长曹兴法同志，10多年来，在大力推广、应用新科技、新技术，解决各种疑难病诊治的同时，为全市科技人员建立了近万份完整的健康档案，并定期组织上海名医上门跟踪随访，为常州的科技事业做出了较大贡献。今年4月，他荣获江苏省第三届优秀科技工作者称号。

（原载于1998年第5期《江苏红十字》）

办好事、办实事

5月8日下午，常州市数千名红十字会员、红十字青少年和志愿工作者隆重举行纪念“5·8”世界红十字日和《中华人民共和国献血法》宣传周活动。市人大常委会副主任周源，副市长、市红会会长周亚瑜，市政协副主席吴振祥和有关部门以及各区政府领导参加了纪念活动。市红会会长周亚瑜就纪念“5·8”，贯彻红会“两法”和“献血法”，进一步发展红十字事业讲了话。市红会组织各级红十字会会员、红十字青少年和志愿工作者在市购物中心广场、商业大厦、五化交、江南商场、国际商场、兰陵广场、戚大街等地开展多项活动。又组织了志愿服务队到街道、里弄、企业、乡村、儿童福利院、聋哑学校、敬老院和烈军属、离退休干部及散居的特困老人家中，进行医疗保健体检义诊咨询、打扫卫生、洗澡、理发、送日用品或捐赠款物奉献爱心。

（原载于1998年第5期《江苏红十字》）

常州市成立红十字青少年工作委员会

7月16日，常州市红十字会、市教委联合举行了常州市红十字青少年工作委员会成立大会暨红十字青少年夏令营开营式。省红会、省教委、市红会、市教委、团市委等领导及各学校校长、校优秀学生干部及新闻工作者300余人出席了大会。

会上，省红会常务副会长陈萍为常州市红十字青少年工作委员会授牌，省市领导为新建立的25所大专院校红十字会授牌、授旗。该市教委副书记陈国林为红十字夏令营授旗。省红会常务副会长陈萍和省、市教委的领导分别向大会致辞。目前，常州市学校红十字会建会率达100%。

（原载于1998年第7期《江苏红十字》）

第八批冠名医疗单位

申请单位	获准冠名
金坛市中医院	金坛市红十字中医院
金坛市人民医院	金坛市红十字医院
金坛市第二人民医院	金坛市第二红十字医院
金坛市血站	金坛市红十字血站

（原载于1998年第10期《江苏红十字》）

1999 年

江苏省 98 抗洪救灾先进集体和先进个人

先进集体：溧阳市红十字会。

先进个人：马绿萍。

（原载于 1999 年第 1 期《江苏红十字》）

常州市 1999 年“5·8”活动

常州市红十字会为隆重纪念“5·8”世界红十字日，5 月 8 日下午，在常春大厦召开了红十字工作先进表彰暨人道救助活动大会，来自全市各级红会会长、秘书长和红十字工作先进集体、先进个人、社会捐赠单位代表及在常的澳大利亚新南威尔士州爱福龙红会代表，约 300 余人出席了大会。市人大常委会副主任蒋溢涛，市政府副市长、红会会长周亚瑜，市政协副主席高克柔，市红十字会常务理事和顾问出席了大会。

会上，曹兴法副会长总结了 1998 年工作，布置了 1999 年工作任务。社会各级还踊跃为常州市红十字救助基金捐款，募集资金达 21.2 万余元，首批为 20 名品学兼优特困学生发放救助金每人 800 元。大会表彰了溧阳市红会等 21 个先进集体和曹仲元等 104 名先进个人，对捐款人民币 5000 元以上的市教委等 14 个单位和个人授予“红十字人道救助”荣誉证书，对捐款人民币 1 万元以上的 8 个单位和个人授予“红十字人道救助”荣誉奖杯。

最后，副市长、红会会长周亚瑜做了重要讲话。（马绿萍）

（原载于 1999 年第 5 期《江苏红十字》）

常州市特困生红十字救助基金开始运作

常州市特困生红十字救助基金已经开始运作。在市政府和各界人士的关心支持下，仅一个多月就募集基金 21.2 万余元。日前，在常州市红十字会召开的先进集体表彰暨开展人道救助活动大会上，来自市区大、中、小学的 20 名品学兼优的特困学生，分别从副市长、市红会会长周亚瑜等领导手中接过 800 元救助金。

近年来，一些家长向市政府反映，自己的孩子因交不起学费而面临辍学，请求社会和政府救助。市红十字会根据市领导指示，设立了常州特困学生红十字救助基金，有重点、有计划地救助品学兼优的特困学生。市政府、市红十字会为基金各捐赠 3 万元，市红十字儿童医院、广化医院等基层红十字会也慷慨解囊，纷纷捐款。一些已退休的红十字会员，根据市红会的安排，不计时间，不计报酬，深入基层单位和社区，耐心细致地宣传和劝募。飞天集团总经理胡克龙当即拿出 1 万元捐赠给基金。旅居匈牙利的华侨于如晨、冯玉梅夫妇听到消息后，委托国内子女向市红十字会捐赠了 1300 美元。许多学校的青少年红十字会员，主动把节约下来的零花钱捐赠给基金，奉献了爱心。

救助特困学生是市红十字会长期的工作任务。据悉，市红十字会将继续进行宣传劝募，并不断拓展基金，加强基金规范化管理，严格审批手续，有计划地扩大救助对象，使红十字会的人道、博爱、奉献精神永远闪光。（马绿萍，傅康）

（原载于 1999 年第 6 期《江苏红十字》）

金坛市开展红会知识系列宣传

日前，金坛市红十字会组织各乡镇红会开展红十字知识宣传活动，他们除了采用板报、橱窗进行宣传外，还请先进红会会员做事迹报告，同时利用学校、医院的有线广播宣传《红十字会法》等内容。

金坛广播电台专门播放了常务副会长王亚生同志的专题访谈，市电视台连续 5 次播放红十字会工作方面的新闻；金坛报社全面报道了金坛市红十字会发展所走过的历程。金坛市红会开设医疗会诊中心，汇集上海等地医疗专家为患者服务，解决赴上海等地看专科难、看专家难的问题，深受群众欢迎，《金坛报》也予以积极宣传报道。这一系列宣传活动，使人们更加深了对红十字会的认识，为加快全市红十字事业的发展起到了良好的推动作用。(朱春林)

(原载于 1999 年第 6 期《江苏红十字》)

常州开展救灾工作

连日暴雨使得常州市部分地区受淹，出现了不少险情。溧阳市前马乡是革命老区，由于地理环境因素，今年防汛出现了“三超”：降水量、警戒水位和泄洪量全面超历史。

6 月 27 日，第一场暴雨冲毁了前马乡的主圩堤，使几千亩农田陷入一片汪洋，数千户农家进水。7 月 1 日，常州市红十字会副会长曹兴法率红十字救灾医疗队赴前马乡察看灾情，防治疾病，与溧阳市红会一起研究部署灾害救助工作。

医疗队蹚水乘船来到坚守在险工险段堤上的干部和群众中，为他们治病，宣传防病知识，又到受灾地区指导灾民饮水消毒，防病治病。

(原载于 1999 年第 7 期《江苏红十字》)

2000 年

常州红会召开八届五次常务理事扩大会

日前，常州市红十字会召开八届五次常务理事扩大会。15 名常务理事、增补的理事候选人和三市五区红十字会专职副会长、秘书长及新闻记者 40 余人参加了会议。

会议认真传达了中国红十字会第七次全国会员代表大会和全省红十字工作会议精神，审议了常州市红十字会 1999 年度工作报告和 2000 年工作要点，以及 1999 年度备灾救助资金使用情况，增选了新的理事和常务理事。

最后，副市长、市红会会长周亚瑜做了重要讲话，他首先肯定了市红会所做的工作，并要求全市各级政府部门对红会“三列”、红十字慈善资金等方面给予切实的、强有力的支持，还要求各级红十字会深入学习、贯彻落实“七大”精神，要发扬“团结、实干、开拓、高效”的会风和“人道、博爱、奉献”的红十字精神，结合工作实际，突出重点，创造性开展工作，拓展事业，以良好的素质和形象去争取社会各方面的理解、支持与参与。

（原载于 2000 年第 1 期《江苏红十字》）

常州红会举行“敬老爱老”巡回演出

元月 18 日晚，常州市红十字会和市委宣传部、市文化局等单位联合在市红星大剧院举行了“敬老爱老”巡回演出首演式。整台演出有男女声四重唱《红十字工作者之歌》，女声独唱《爱的奉献》以及小品、歌舞、二胡独奏等 10 多个节目。这些节目特邀北京、上海两地艺术家策划，市歌舞团编排，内容上贴近群众，形式上丰富多彩。整台节目还在常武地区近30个乡镇进行巡回演出。

这次巡回演出活动，以文艺演出为载体，以送戏下乡为形式，以弘扬红十字人道主义精神和敬老、爱老为主题，再度唱响了龙城儿女推进常州市社会主义精神文明建设的颂歌。这次巡回演出活动，得到了江苏新科集团空调公司独家赞助。

（原载于2000年第2期《江苏红十字》）

常州市红十字会召开志愿服务工作经验交流会

5月12日，常州市红十字会在钟楼区召开了红十字志愿服务工作经验交流会。5个区的红十字会专兼职干部和8个红十字志愿服务示范区的领导近20人参加了会议，与会代表交流了各自开展红十字志愿服务的工作经验。

常州市红十字会副会长曹兴法回顾了前几年志愿服务工作情况，对今后工作提出了要求。他说，常州市的志愿服务工作是从1996年开始，当年建立了8个红十字志愿服务示范区，现在示范区已发展到17个，志愿服务站由原来的69个发展到1000多个，红十字志愿服务工作者也从原来的1000多人发展到5万多人。5年来，志愿工作者们弘扬人道、博爱、奉献精神，为社会上孤、寡、病、残等特困群体提供无私帮助，为社区居民提供各种免费便民服务。去年，全市共有15万余人次参加了红十字志愿服务活动，受益人数达200余万人次。常州市红十字志愿服务工作的领域和内容的不断拓宽，有力地推动了全市两个文明的建设。常州电台、电视台的新闻记者也出席了会议并做了报道。

（原载于2000年第6期《江苏红十字》）

常州市红十字会开展艾滋病防治宣传活动

12月3日，常州市红十字会会同省疾病预防控制中心、市卫生局、市皮防所、市计生委等单位联合开展的预防艾滋病宣传教育周活动，在市文化宫广场拉开帷幕。

市委、市人大、市政府、市政协的领导来到文化宫广场参加了开幕式，察看了宣传情况。来自市卫生部门的红十字会员，在文化宫广场向市民散发“预防艾滋病宣传资料”，在95块宣传展板前的讲解员向市民们进行了介绍宣传。

在广场集中宣传后，又把展板送至大中专院校、工矿企业、戒毒所、看守所及卫生系统等单位进行巡回宣展。

（原载于2000年第12期《江苏红十字》）

2001 年

常州红会开展博爱送万家活动

元月 15 日至 21 日，常州市红十字会开展了以特困孤老、特困下岗职工、特困师生、特困残疾人及特困烈军属等特困群众为主要对象的“迎新春，送温暖”活动。组织全市广大红十字会员、红十字志愿工作者，深入辖区内的单位、里弄、家庭以及学校、军营、敬老院、福利院进行慰问服务。

元月 21 日，市红十字会李洁荣副会长来到市教委，慰问特困教师，为全市 18 名特困教师送来了 18000 元慰问金。此次慰问的 18 名特困教师，是分布在全市各个中小学、大中专院校的在职及离退休教师，他们中有的是单身带着重病的孩子，有的是家属有重病拖累，有的是多年疾病缠身，家庭十分困难。受慰问的特困教师均由各级红十字会层层推荐，经市红十字会审核批准救助的。

又讯：新世纪第一个新春佳节前夕，常州市东方小学青少年红十字会员，遵循红十字会“救死扶伤、扶危济困、敬老助残、助人为乐”的人道主义宗旨，利用寒假开展了迎新春送温暖活动，他们先后多次慰问了孤老龚生金和杨狗大，帮助特困学生金晨和李一辰。

家住降子桥龚家村的龚生金老爷爷，曾经当过东方小学的门卫，是个孤老。退休离开学校已 7 年多，但学校师生从没有忘记他，每年不是去他家慰问，就是把他请到学校与小朋友同联欢，同过生日。龚爷爷今年80 岁了，王霞萍等老师带领7 位同学赶到降子桥，给老人送去了崭新的棉衣、绒线裤等生活用品，以及水果等营养品。陈玉林老师还和爱人一起给他送去了 10 多斤重的青鱼，祝愿他新春快乐。龚爷爷激动万分地说：“东方小学的老师和学生对我真好，比亲人还亲呐!”

寒假里，丁雯燕为队长的假日小队的会员们，慰问了家住茶山乡丁家塘年已 60 岁的孤老杨狗大。会员们给他送去了水果、糕点等物品。

丁雯燕小队的会员已连续3年在春节期间慰问这位孤老，祝他新春快乐。杨爷爷热泪盈眶地一边擦泪一边说："谢谢！"

金晨是东方小学二（1）班的学生。从他生下来的第四个月起，就失去了父母的爱，从此跟随爷爷奶奶生活。4年前，爷爷瘫痪了，一病就是4年，全家3口仅靠两位老人微薄的退休工资维持生活。如今爷爷已病危，小金晨伤心极了。春节前，学校红十字会的师生会员主动向他伸出了温暖之手，买了崭新的书包、学习用品和水果等慰问品来到金晨家，奶奶姚静华接过慰问品送到老伴的病榻前，流着热泪激动地对他说："老师和同学们给金晨送慰问品来了！"望着眼前的一切，已奄奄一息的爷爷用尽全力，不停地重复着："谢谢！谢谢！"

李一辰是五（1）班的学生，因为她的母亲是残疾人，父亲眼睛高度近视，只好由外公外婆抚养，生活非常困难。红十字会的会员也为她送去了书包和学习用品，李一辰感动地说："我一定好好学习，以优异的成绩向大家汇报！"（伍淑芳）

（原载于2001年第3期《江苏红十字》）

常州开展"5·8"世界红十字日纪念活动

常州市红十字会从4月26日至5月16日开展以"备灾救助，展示人道力量"为主题的为期三周的系列纪念活动。

一、在全市范围内开展"红十字备灾救助基金"募捐活动。此前市红十字会在常州新闻媒体公布了捐赠热线和银行账号，号召全市广大会员、志愿工作者带头捐款，同时组织红十字青少年上街为备灾救助基金劝募。广化医院已于4月26日将第一笔捐款1800元送到了市红十字会。

二、开展国际人道主义法和红十字运动基本知识的传播活动。市红十字会首先在市属53所中小学校通过闭路电视向4万多名师生播放《暗夜明灯》《标志意味着什么》等录像带，组织学习讨论国际人道主义法和红十字运动基本知识。

三、5月8日上午在市文化宫广场举行纪念"5·8"世界红十字日义诊咨询和无偿献血活动。广场上"纪念'5·8'世界红十字日"的大幅标语分外醒目，两侧大红气球下挂着"弘扬人道、博爱、奉献精神""备灾救助，展示人道力量"的条幅迎风飘扬，60余块图文并茂的宣传版面排成多彩的长龙，数百名佩戴红十字标志的医学专家和红十字会员早早来到广场，为前来的市民义诊咨询，测血压血糖、量身高、称体重，同时向他们发放国际人道法、红十字运动基本知识、防病保健等宣传材料。

市人大常委会副主任戴顺瑞，市红会副会长王小宁、李洁荣、王艳萍、屠揆先等领导来到广场参加宣传义诊活动。市红十字中心血站的采血车在义诊广场接受公民无偿献血。20余名志愿者当场每人献血200毫升。各级红十字会、各红十字志愿服务示范区在辖区内悬挂宣传横幅，展出宣传版面，布置宣传橱窗，同时开展各种形式的宣传和慰问活动。

5月8日当天，常州电视台网络点播台两次播放省红会制作的红十字歌曲。（马绿萍）

又讯：常州东方小学红十字会组织400余名青少年红十字会员开展了形式多样的活动。200余名五、六年级的学生举着红十字会旗，抬着宣传黑板，捧着红十字募捐箱到兰陵广场，边向社会群众宣传《红十字会法》，边为红十字备灾救助基金募捐。经过一个半小时的募集，共收到捐款2101.48元。（伍淑芳）

（原载于2001年第5期《江苏红十字》）

常州市显现志愿捐献造血干细胞报名热潮

6月22日，《常州晚报》刊出了《市红十字会接受捐献造血干细胞登记》的消息，同时公布了接受登记地址及热线电话，在市民中激起了一片爱的浪花。此后，登记电话响个不停，许多人冒雨前往市红十字会登记。第一天就有50多人前来登记，有干部、工人、农民、教师、学生、医务人员、私企老板，还有下岗职工、外来民工等。工作人员问他们为什么愿意捐骨髓，商业储运公司的唐晓玉回答说："这是救人的事情，是好事。再说骨髓配型要数万人中才能配上一对。如果恰好有人与我配型成对，那说明我和他有缘。"

常柴股份有限公司的徐军、朱爱华夫妇，武柴厂的王伟国与妻子陈晓艳等双双登记捐骨髓（造血干细胞来自骨髓）；钟楼环卫处工人钱佩英登记时说，她早就想捐献骨髓救人了；河海大学的几位学生打电话咨询后说，他们准备集体到红十字会登记；安徽刚来常州打工的邢同林，一路打听找到红十字会来登记；溧阳市的杨国琴、金坛农民于刚在打电话登记时说，身边还有许多人也想捐献，希望在辖市也能设立登记处；亚邦集团董事长许小初登记后，特派办公室主任到红十字会来联系，准备在全公司内开展宣传，发动广大职工登记。

鉴于要求登记捐献骨髓的市民很多，市红十字会在市中心血站专设了登记处，开通了昼夜24小时登记电话，并增设网上登记，三辖市红十字会同时接待登记。(马绿萍)

(原载于2001年第7期《江苏红十字》)

常州开展普法宣传活动

12月1日一早，常州市文化宫广场已是人群簇拥。这里正在举行以“增强法制观念，推进依法治市”为主题的大型法制宣传、义务法律咨询活动。常州市委常委、政法委书记、公安局长朱龙虎，市委常委、副市长毛伟明，市政协副主席王如青，市红十字会书记糜仁德等参加了活动。

此次法制宣传活动是由市法制领导小组办公室、市司法局、市红十字会等10多个单位联合组织的。在市红十字会的摊位前，红十字会的工作人员向市民们讲解了如何正确使用红十字标志，红十字会的由来、宗旨、性质、组织和骨髓移植有关知识。有一位中年男子问：“如何抽取造血干细胞，对人体有危险吗?”工作人员仔细解答后，他当即填写了《自愿捐献骨髓申请登记表》。

这次活动对实施“四五”普法规划，推进依法治市，扩大《红十字会法》的宣传，发挥了重大作用。(马绿萍)

(原载于2001年第12期《江苏红十字》)

常州市红十字会开展防艾宣传活动

12月2日，常州市红十字会会同市疾病控制中心在文化宫广场举行了艾滋病防治宣传活动，共展出了70多块宣传板，发放宣传手册、宣传画、彩页2000多份，并为群众免费咨询体检。市红十字会会长周亚瑜、市卫生局副局长蔡忠新和市红十字会副会长糜仁德、李洁荣等领导参加了这次活动。

（原载于2001年第12期《江苏红十字》）

溧阳市红十字会召开第二次会员代表大会

溧阳市红十字会第二次会员代表大会于2001年12月6日在溧阳宾馆召开。市委副书记崔国伟，市委常委、组织部部长方国强，副市长张艳等领导出席了大会。

大会审议通过了溧阳市红十字会第一届理事会工作报告，选举产生了第二届理事会和常务理事会，选举副市长张艳为第二届理事会会长、王东育为常务副会长、陆鸿飞为秘书长。（毛新妹）

（原载于2001年第12期《江苏红十字》）

2002 年

常州市红十字会召开常务理事会议

3 月 22 日，常州市红十字会召开了八届七次常务理事会议。副市长、市红会会长周亚瑜等 20 位常务理事出席了会议。

会议内容：糜仁德副会长总结了 2001 年市红十字会工作，部署了 2002 年工作；增补了新的常务理事、副会长；研究着手进行市红十字会第九次会员代表大会的筹备工作。

最后周亚瑜会长做了重要讲话，他充分肯定了去年一年全市各级红十字组织在各项工作中所取得的成就，并对今年的工作提出了三点意见：一是提高认识，进一步增强做好红十字工作的使命感和责任感；二是真抓实干，进一步推动红十字事业的发展；三是练好内功，加强红十字队伍建设。（马绿萍）

（原载于 2002 年第 4 期《江苏红十字》）

江苏省 1999—2001 年度无偿献血先进市县单位、个人名单

先进市县：溧阳市。

无偿献血促进奖：常州戚墅堰机车车辆厂。

（原载于 2002 年第 4 期《江苏红十字》）

溧阳市认真贯彻落实《学校红十字工作规则》

2月21日，中国红十字会总会和国家教育部联合颁布了《学校红十字会工作规则》，溧阳市红十字会会同溧阳市教育局认真贯彻落实，分别于3月15日和3月22日，召开了市红十字青少年工作委员会工作会议和学校红十字工作座谈会。会议认真学习了《学校红十字会工作规则》，相互交流了红十字青少年工作经验，讨论制订《溧阳市中、小学校开展红十字工作办法》。3月28日，市红十字会和市教育局联合向全市89所中学、小学、中专、职校、技校正式颁布了《溧阳市中、小学校开展红十字工作办法》。(陆鸿飞)

(原载于2002年第4期《江苏红十字》)

常州市红十字会纪念“5·8”活动

为隆重纪念我国加入WTO后的第一个世界红十字日，4月下旬，常州市红十字会分别召开了辖市（区）红十字会会长、秘书长和学校红十字工作委员会主任、秘书长专题会议，对“5·8”活动做了周密安排，决定从4月20日至5月30日开展以“关爱生命、捐款捐髓——红十字在行动”为主题的为期40天的系列纪念活动。

在全市范围内开展为中华骨髓库江苏省分库建设资金募捐活动。市红会在常州新闻媒体刊发了“为建立中华骨髓库江苏省分库捐款倡议”，公布了捐款热线电话和银行账号，号召全市广大会员、志愿工作者和红十字单位带头捐款，深入机关、团体、企事业单位劝募，同时组织红十字青少年会员上街劝募。5月8日上午，市红十字会在蓝与白快餐店，苏果超市等处设立了募捐箱，市红十字会副会长糜仁德带头捐款1000元，其他工作人员也200元、100元不等地分别捐了款，在场的电台、电视台、报社记者和服务人员以及群众竞排起了长龙纷纷前来捐款献爱心。连日来，市红十字会电话铃声响个不停。4月26日，市红十字急救中心交来了全体会员和单位的一次特殊会费790元；5月8日，市新桥中学红会等单位也都交了特殊会费；退休工人李殿炳见到市红会的倡议书后，特意赶到市红会捐款500元；73岁的百佳文明市民、离休老人沈士林因外出旅游特地来信认捐100元……

结合“四五普法”，市红会与市委宣传部、市司法局、市卫生局、常州日报社联合举办了纪念“5·8”世界红十字日“人保杯”《中华人民共和国红十字会法》知识竞赛，竞赛试题于5月7日在《常州日报》上刊登，5月22日截止答卷，5月底阅卷完毕和公证抽奖，举行颁奖仪式，这次竞赛活动得到了中国人民保险公司常州分公司的赞助。市红会还举办新会员培训班，学习红十字会“两法”、国际人道法和红十字运动基本知识。

5月8日下午，市红十字会召开了贯彻《学校红十字会工作规则》暨学校红十字工作经验交流会。1市5区红十字会专职副会长、秘书长和学校红十字工作委员会主任、秘书长、先进学校红十字会负责人计30余人出席了会议。会上有5所学校红十字会做了交流和工作研讨。

各辖市（区）红会、红十字会员单位、红十字志愿服务示范区在辖区内组织开展多种形式的宣传服务和募捐活动，宣传红十字精神，树立红十字形象，扩大红十字会影响。一个学习宣传《红十字会法》，拯救生命、爱心募捐的红十字行动正在常州大地上紧锣密鼓地进行。（马绿萍）

（原载于2002年第5期《江苏红十字》）

1996—2000年省红十字会系统先进集体、优秀会员

先进集体：常州市武进区红十字会、常州市东方小学红十字会。

优秀会员：曹菊萍、张岩、张超、王建萍、王亚生、吴祥法、马绿萍、姜华保。

先进志愿者：谢春花、张建国、朱玉康。

（原载于2002年第7期《江苏红十字》）

常州市红十字会考核公路沿线红十字救护点

为了推进公路沿线红十字救护点的标准化、规范化和科学化管理，更好地为公路现场救护服务，常州市红十字会在8月中旬，对本市境内104、312等国道沿线的25个红十字救护点中的平桥、天目湖、漕桥、横林、茅山、朱林、后阳进行抽查。

从检查情况来看，总体情况良好，均有规范的管理、急救人员培训、24小时值班等制度，有齐全的抢救室、器材、药品和台账。但有个别救护点存在着氧气瓶上无明显标牌，县（市）红十字会指导管理不到位等问题。针对问题，现场进行了指导。

通过检查，对全市红十字救护点的工作推动较大。今后，各县（市）红十字会和卫生局将每年对公路沿线红十字救护点进行检查考核；市红十字会和卫生局定期抽查，对成绩突出者予以表彰奖励。（马绿萍）

（原载于2002年第8期《江苏红十字》）

生命之灯

在研究性学习中，我们将目光投到了那一群与血癌做着抗争的勇敢的人们，我第一次深深地感受到生命的挣扎给我的强烈震撼。

一、人口大国的骨髓库

那天一早，我们来到了常州红十字会进行采访，一位伯伯热情地接待了我们，让我们“受宠若惊”。在六杯热气腾腾的茶端上来后，我们开始了采访。渐渐地，听着伯伯的介绍，听着那一个个触目惊心的数字，那一段段血癌患者的故事，我们黯然了：一个有着13亿人口的大国，骨髓却不足万份，一年将会有多少生命消逝，留下的仅是亲人们的哭声……我们的心，变得很沉重，很沉重。

二、枯萎中的绿色

怀着沉重的心情，我们来到了常州市第一人民医院在生命边缘徘徊的白血病患者的病房。白的墙，白的床单，但坐在病床上的一位老爷爷却仍然精神很好，我们不敢相信眼前的这位爷爷竟是血癌病患者。爷爷见到我们，似乎更高兴了，忙招呼我们过去。在震撼中，我们开始了采访。爷爷 76 岁了，脸上微带着些病容，眼睛却灼灼有光。爷爷很健谈，也很和蔼，当我们谈到白血病带给他的痛苦时，爷爷很严肃地说，苦痛都是常人无法想象得到的，但你必须坚强，坚强地对待每一次发病，坚强地对待每一次放疗化疗。我们似懂非懂，但却能深深地体味：坚强，这正是枯萎中的绿色，绝处中的生命。

三、假如上帝给你一天生命，你就快乐一天吧

走出爷爷的病房，迎面碰上了一位阿姨，从她那消逝了的秀发中，我们知道她也是一名血癌病患者。出于敬佩，我们齐声地喊了声：“阿姨好!”阿姨很奇怪：“你们认识我?”“不——不……”我们不知该说什么，我们不愿说出那灼人的三个字。“噢，你们是省常中学生，来采访血癌病人的吧!”阿姨却毫不讳忌，与我们交谈着，丝毫没有对病痛的畏惧，我们的心被阿姨的乐观充斥着。当我们要求与阿姨合影时，阿姨笑了，指指她的头：“形象太差了，不拍，不拍!”一向爱笑的我们此时却怎么也笑不出来。快要离别了，阿姨说了一句话，送给我们也送给血癌病患者：“如果上帝给你一天生命，那你就快乐一天吧!”

走出写有血液科三个鲜红的大字的门，我们黯然无语，病房内那一张张蜡黄的脸不断在眼前浮起，常州还没有骨髓移植的先例，也许他们都将被死神夺去生命。这是怎样的哀痛与无奈啊！但是他们还很乐观，还在斗争，生命的质量比长度更重要，这大概是他们的生活理念吧！社会在发展，人们要生存，大家一定会起来共同帮助他们，为他们点燃生命之灯！（江苏省常州高级中学高一（10）班李培佳）

（原载于李洁主编《水杉林·校园优秀作文选编》，中国矿业大学出版社 2002 年 11 月版，第 70—71 页）

常州市红十字会学习十六大报告精神

11 月 21 日，常州市红十字会全体工作人员在一起认真学习座谈了党的十六大精神，认识到江泽民同志的报告有“新”“深”“明”“实”四个特点，体现了实事求是的思想。大家认为要坚持用党的十六大精神和“三个代表”重要思想为指针，推动红十字会工作；坚持与时俱进，深化红十字会工作；坚持创新求实，拓展红十字会工作；为确保党和国家在新世纪新阶段奋斗目标的胜利实现，做出红十字会应有的贡献。

（原载于 2002 年第 12 期《江苏红十字》）

溧阳强化镇级组织

近年来，溧阳市乡镇区划进行了很大的调整，由原来的 40 个乡镇调整为现在的 18 个镇。一些乡镇红十字会的会长、秘书长的工作岗位和职务发生了变动，使得镇级红十字会组织机构不甚健全，正常的红十字活动开展受到较大的影响，会员也难以履行义务，影响了全市红十字事业的发展。

溧阳市红十字会针对以上情况及时向市委、市政府主要领导汇报，市委、市政府领导高度关注，2001 年 12 月由市委办、政府办联合下发了《关于进一步健全和完善农村红十字会组织的通知》，文件明确要求：各镇红十字会班子原则上由 5 ~ 7 人组成，其中会长、副会长、秘书长各 1 人，学校、医院各有 1 人参加；各镇红十字会会长、副会长原则上由各镇党政主要负责同志兼任；各镇红十字会秘书长原则上由镇分管科教文卫的党委委员或政府组成人员兼任。文件同时规定各镇红十字会班子建设工作必须在 2002 年元月 10 日前完成。

重新组建的 18 个镇红十字会的会长都是镇长兼任，秘书长都由镇党委委员或副镇长兼任；与此同时，又召开全市镇级红十字会会长和秘书长工作会议，学习红十字会各项法律法规和业务知识，部署工作任务，研究探讨开展工作方法，落实镇级红十字会工作的考核办法，使得全市镇级红十字工作走上了崭新的轨道。

今年以来，溧阳农村的红十字工作红红火火，“人道、博爱、奉献”的红十字精神在溧阳各地弘扬，红十字会的工作得到了全市广大人民群众的拥护和赞誉。(陆鸿飞)

(原载于2002年第12期《江苏红十字》)

助人为乐，救人更乐

11月26日上午，常州市首批220多名造血干细胞志愿捐献者，冒着凛冽的寒风，从四面八方来到常州市红十字会，抽取血样，送往省组织配型实验室检验配型相合，检验资料将输入中国造血干细胞捐献者资料库江苏省分库。一旦有患者配型相合，他们将无偿捐献自己的造血干细胞，拯救患者的生命。

参加捐献造血干细胞采血样的志愿者绝大部分是30岁左右的年轻人，其中有机关公务员、医生、律师、企事业职员、工人、农民、个体业主、自由职业者。“瞭望常州”网站副站长孙国红和丈夫戴源双双赶来，孙国红正患膝关节发炎，走路一瘸一拐的，但她坚持由丈夫搀扶着来参加。戴源一年前从常州调任镇江市委组织部工作，从晚上工作到第二天凌晨三点，一大早就赶来常州，抽完血马上又赶去丹阳工作。在此之前，他俩已无偿献血多次。

孙国红说：“我身体虽然不太好，但医生说我造血功能特别好，就想到献血和捐造血干细胞，也算为他人做一些力所能及的事，况且捐造血干细胞无损健康，希望有更多的人来关心这件事，参与这件事。”说完，这对夫妻向常州市红十字会捐款1000元，表示支持造血干细胞捐献者资料库建设。

常州市中医院的徐瑞玉也是一位热心慈善事业的人，她已经献血5次，并多次给贫困病者捐款。这一次又早早地报名捐献造血干细胞，她说：“尽自己一份力量，给他人提供帮助，也是人生一件快乐的事情。”

小伙子方言，静静地等待抽血。问他为什么志愿捐献造血干细胞，小伙子悲伤地说，他的一个好朋友是美术老师，去年暑假后突然得了白血病，就这样看着她，一年零一个月去世了，才26岁。我想多一个人捐献，也许生命就多一次救人机会。

张曙蕾、张亚威是姐弟俩，姐姐还是待业者，姐姐先坐下抽血，弟弟自豪地说："是我动员她一块来的，有人问我为什么捐献，我就一句话：助人为乐，救人更乐！"

戚机厂赶来捐献的江惠琴，她弟弟正患白血病，说起为何前来捐献造血干细胞，她说："即使我弟弟不生白血病，我也会来捐献，因为人间有亲情，有爱心。"

常州市红十字会副会长糜仁德告诉记者，他们将继续开展多种活动，发动更多的人加入到捐献者队伍中来。

（原载于2002年第12期《江苏红十字》）

2003 年

撑起爱的蓝天

——江苏省溧阳市红十字会创新志愿服务工作

志愿服务是国际红十字运动确定的七项基本原则之一，同时也是红十字精神的具体体现。近年来，江苏省溧阳市红十字会在“5·8”世界红十字日期间，在敬老日、春节等节日前夕，在常年的红十字工作中，注重经常组织开展各种形式多样、各具特色的志愿服务活动，赢得了社会各界的广泛好评。

为了加强对全市的红十字志愿服务工作的领导，2002 年元月初，溧阳市红十字会成立了溧阳市红十字志愿工作委员会。3 月 15 日，工作委员会召开了第一次工作会议，会议研究落实了工作委员会的运作机制和工作办法，讨论通过了《溧阳市红十字志愿工作者组织规程》《溧阳市红十字志愿工作者行为规范》。这样，溧阳市的红十字志愿服务工作走上了崭新的发展轨道，相继开展了“送温暖、献爱心”红十字志愿服务活动、“关爱生命、捐款捐髓——红十字在行动”志愿服务活动、“大型义诊”红十字志愿服务活动、“巾帼建功”红十字志愿服务活动等等，志愿服务撑起了一片爱的蓝天。

溧阳市红十字会考虑到人民群众对精神文化生活的需求，考虑到红十字精神的弘扬必须与精神文明建设融为一体，要促进地方精神文明建设，志愿服务工作必须有所创新。在溧阳市委宣传部的指导帮助和市文联的鼎力协助下，溧阳市红十字会于2002 年9 月底成立了溧阳市红十字会艺术志愿服务活动站。溧阳市红十字会首先从预算外资金中拿出经费成立了古筝志愿服务表演队、红十字志愿服务合唱团、老妈妈艺术演出队，同时出台了《艺术志愿服务活动站管理办法》《艺术志愿服务活动站志愿工作者工作规则》，使得活动站创造性地开展红十字艺术志愿服务活动有了扎实的组织体系和严谨的行为规范。

溧阳市红十字会艺术志愿服务活动站的工作人员都是红十字会会员，都具备一定的艺术才能，又都是不计报酬不辞辛劳的志愿者，都有“一颗红亮的心”。古筝队报名工作早就截止了，但热心的志愿者们还络绎不绝地登门报名，有的主动留下电话和地址，他们说，只要队伍扩大就通知他们。有一位叫狄雯君的老太太72岁了，她不仅自己要求参加“老妈妈艺术团”。而且还带来了一大批老年艺术骨干，再三声称“自愿参加、自费演出”，表达了对红十字工作的一片热忱。溧阳市艺术志愿服务活动站成立以来，多次深入城市社区、农村集镇、贫困村以及敬老院进行慰问演出，同时积极参与溧阳市范围内的文艺演出。每次开展艺术志愿服务活动，艺术活动站的成员都踊跃参加，几十个古筝一字排开，几十名歌手齐声高唱。老妈妈们唱着地方戏，跳着健身操，舞着木兰扇。这些适合不同阶层、不同年龄人群的演出，领导看了点头赞许，群众看了拍手叫好，说这样的志愿服务工作宣传了红十字精神，丰富了群众的文化生活，创造了红十字志愿服务的新亮点。(陆鸿飞)

(原载于2003年1月20日《中国红十字报》，又载于2003年第1期《江苏红十字》)

常州白衣战士带头捐献造血干细胞

去年12月29日，常州市红十字会迎来了203名造血干细胞志愿捐献者，采集了血样，他们全都是来自常州市卫生系统的医务人员。

常州市卫生局十分关注支持中国造血干细胞捐献者资料库江苏省分库的建设。卫生局领导认为，卫生系统的医务人员要带头参加造血干细胞的捐献来带动全社会人员的参与。加快资料库建设，常州市卫生局团委、宣传处联袂在全系统组织宣传发动，在短短的时间内，就从300多个报名者中选了203名采集血样。据悉，常州市红十字会将在市卫生系统及其他行业分期分批进行血样标本采集。

(原载于2003年第1期《江苏红十字》)

常州市红十字会开展送温暖活动

1月23日上午，一辆满载5000件冬衣、10余种生活用品的“送温暖”汽车从常州发出开赴泗洪县，捐赠给那里的困难渔民。

泗洪县有相当多的人是以渔业为生，由于上月气温骤冷，洪泽湖封冻，大部分渔民被困湖中，渔业损失惨重。常州市红十字会及时与宿迁市红十字会取得联系，决定向泗洪县渔民献上一份爱心，让他们过好春节。

据悉，春节前，常州市红十字会还分别走访慰问了本市东方小学、新桥中学、新桥小学、龙虎塘小学、龙虎塘中学、卜弋桥中心小学以及金坛、溧阳等中、小学，共向800名困难学生赠送了衣服。还向常州市德安医院赠送了30床棉被、260件冬衣。

（原载于2003年第2期《江苏红十字》）

溧阳市红会举办迎新联欢晚会

溧阳市红十字会于春节前在溧阳宾馆举办迎新春联欢会，市红十字会各位理事、各基层红十字会干部以及全市各界人士100余人参加了联欢会。联欢会上，市红十字会的老妈妈艺术团、艺术志愿服务活动站和捐献造血干细胞志愿者先后表演了以热爱生命、拯救生命、呼唤生命为主题的歌舞、古筝等精彩节目。同时还进行了红十字知识竞赛，整个联欢会歌声、笑声、掌声连成一片，给即将到来的新春佳节增添了欢庆、祥和的气氛。（毛新妹）

（原载于2003年第2期《江苏红十字》）

常州举办“创卫创模、捐款捐髓，争当文明市民”万人签名活动

4月6日上午，常州市委宣传部、市精神文明建设办公室、市卫生局、团市委和市红十字会等单位在市文化宫广场举行了“创卫创模、捐款捐髓，争当文明市民”的万人签名活动。红十字会员和市民数千人参加了这次活动。

常州市副市长、红十字会会长周亚瑜到场讲了话，数千名干部群众在争当文明市民的横幅上签了名。青少年会员向市民们散发了上万份《为建立中国造血干细胞捐献者资料库江苏省分库捐款捐髓倡议书》和相关宣传资料。许多市民纷纷响应市红十字会的倡议，当场表示志愿捐款捐髓。本次活动为“创卫创模、捐款捐髓，争当文明市民”营造了良好氛围。

（原载于2003年第4期《江苏红十字》）

抗击“非典”　保护生命

——红十字在行动

5月8日，香港万基集团深圳万基药业有限公司有关领导来到常州市红十字会，代表公司5000多名员工向常州市防治“非典”的医护人员捐赠了1000盒万基洋参含片。市红十字会副会长糜仁德在接受这批捐赠物资后，向香港万基集团表示感谢。

当天中午，一位40岁左右的男子来到常州市红十字会，他从包里拿出10000元现金交给了红十字会工作人员。按红十字会的惯例要给他一份荣誉证书，可他怎么也不肯要，也不愿留下姓名，唯一的心愿就是为防治“非典”出份力。常州克莱斯无纺布制品有限公司总经理周国仁来到常州市红十字会，捐赠了他们生产的一次性防护隔离服1000套，支持抗“非典”一线医护人员。

5月13日上午，常州市红十字会工作人员来到市军分区，向奋战在抗“非典”一线的官兵赠送了过氧乙酸、口罩等消毒、防护用品，受到

了军分区官兵的欢迎。下午，常州市教育局红十字青少年工作委员会秘书长陈永年把市西藏民族中学师生为防治“非典”捐赠的1690元钱交给了市红十字会，表达了藏汉师生关爱生命的一片爱心。

据悉，5月8日，溧阳市红十字会常务副会长王东育带领该会全体同志来到市防治“非典”工作指挥部，将全市红十字会会员缴纳的特殊会费12600元交给了市防治“非典”工作指挥部，支持抗“非典”斗争。

（原载于2003年第5期《江苏红十字》）

常州市红十字会慰问白血病患儿

5月31日上午，常州市红十字会副会长糜仁德等来到常州市第一人民医院血液科，慰问了正在治疗的白血病患儿徐梦娇。

徐梦娇今年12岁，是武进区运村中心小学五年级的学生。今年初，她被确诊患白血病。她的父母双双下岗，半年来，为了拯救女儿的生命，他们已经倾家荡产，尽管多方资助，仍然负债很多。

在六一国际儿童节到来之际，糜仁德副会长代表市红十字会带着3000元捐款和儿童服装等慰问品，来到病床前看望了徐梦娇，勉励她要听医生的话，积极治疗，争取早日康复出院。

又讯，5月28日，常州市公安局副局长黄广余和部分公安干警代表一起来到市红十字会，为中国造血干细胞捐献者资料库江苏省分库捐赠了47400元钱，表达了救助“白血病”患者的一片真情。

（原载于2003年第6期《江苏红十字》）

溧阳市红十字会对高中新生进行救护知识培训

7月31日下午，在溧阳市国防教育培训基地，一群佩戴着红十字会会章和溧阳市红十字会工作证的同志正穿梭忙碌着，他们正在对参加暑假军训的高中新生进行红十字救护知识培训。

溧阳市红十字会常务副会长王东育向这期参加军训的590名中学生讲了开展红十字救护知识培训的目的、意义和基本要求。红十字会的工作人员组织同学们观看了救护知识培训的宣传碟片，接着对同学们进行心肺复苏演示教育。几台安妮模型平行排开，同学们分组学练，尽管气温很高，大家汗流浃背，衣服全湿，但挡不住大家一丝不苟认真学习、操练的积极性。

溧阳市红十字会在市人武部的支持配合下，将对全市所有参加军训的10批高中新生共7000人全部进行红十字救护知识培训。(陆鸿飞)

(原载于2003年第8期《江苏红十字》)

常州红会庆祝《红十字会法》颁布10周年

10月29日，常州市红十字会召开了纪念《中华人民共和国红十字会法》颁布施行10周年座谈会。来自市区各红十字会员单位的会长、秘书长共50人参加了会议。

常州市红十字会副会长糜仁德代表市红十字会向大家汇报了10年来贯彻施行《红十字会法》所做的6个方面的工作，并且着重汇报了常州市红十字会为建立中国造血干细胞捐献者资料库所做的工作。与会者都认为10年来常州市红十字会依法治会、依法管理、依法独立自主地开展工作，为社会上急需救助的人们做了大量的工作，把党的温暖送到了人们的心坎上，为全面建设小康社会和三个文明建设做出了贡献，赢得了广大人民群众的理解和支持。

(原载于2003年第11期《江苏红十字》)

溧阳市开展造血干细胞捐献血样采集活动

10月30日，溧阳市红十字会在市血站组织开展造血干细胞捐献首次血样采集活动，有271人成为溧阳市首批中国造血干细胞捐献者资料库江苏省分库的志愿捐献者。

今年初，该市红十字会会同市机关工委联合向市机关各部委办局、直属机关党委发出《关于在市级机关开展捐献造血干细胞工作的通知》，号召市级机关干部带头成为造血干细胞捐献志愿者，引导激励全社会踊跃参与捐献造血干细胞活动。通知发出后，市红十字会和市机关工委的同志分赴市各部委办局，上门做进一步宣传发动工作。市各部委办局的机关干部踊跃报名登记捐献造血干细胞。市红十字会又及时向全市各镇红十字会发出通知，要求各镇组织开展好这项活动。同时，市红十字会通过市人民广播电台向全市广大群众宣传了造血干细胞捐献知识，并在市人民广场、市中心劝业场门前广场举行了两次大型造血干细胞捐献宣传和志愿者报名登记活动。通过强有力的宣传教育和组织发动，社会各界人士纷纷报名，捐献造血干细胞的活动气氛空前高涨。

在10月30日的首度血样采集过程中，许多市级机关干部和乡镇领导早早来到市血站要求采集血样，因为他们中有的要去开会，有的要回去办理重要公务。上午9时许，一对年轻的农村夫妻来到现场，市红十字会的同志问他们有什么感想时，他们表示这是爱心奉献，是崇高神圣的行动。市中医院一上午就有18名医护工作者前来采集血样。市红十字会机关全体同志在常务副会长王东育的带领下，个个采集了血样。

溧阳市委副书记崔国伟亲临现场，看望了广大志愿者，他高度赞扬了志愿者的奉献精神，同时号召全市人民进一步行动起来，把捐献造血干细胞这一爱心行动推向新的高潮。（陆鸿飞）

（原载于2003年第11期《江苏红十字》）

顾双林：跨省挽救花季少女

9月24日上午，河南省血液中心，不远千里从江苏常州赶来的顾双林静静躺在采血大厅的第三张病床上。

顾双林家住常州武进市，他和爱人都在一家乡镇企业上班，他有年迈的母亲和一个10岁的女儿。顾双林是个非常热心公益事业的人，2001年夏，他偶尔从中央电视台看到鼓励大家无偿捐献造血干细胞的宣传片后，立即给中国造血干细胞捐献者资料库江苏省分库打电话报名。2002年5月8日，他成为常州首批正式登记的志愿捐髓者。

今年7月中旬，16岁的山东姑娘王明明因白血病来郑州市三院医治，医院在中国造血干细胞捐献者资料库河南省分库查找不到相合的配型者之后，由河南分库上报总库。总库在6万多份捐献者资料中，发现江苏常州的顾双林与小明明HLA（人类白细胞抗原）配型相合。

顾双林接到通知后，先说服了家人，然后找到自己所在私营企业的领导说明了情况。单位立即为他的郑州之行“亮了绿灯”。

9月15日晚，顾双林和常州市红十字会的秘书长千里迢迢坐火车来到郑州。

当记者问顾双林从那么远的地方来郑州捐献造血干细胞是否紧张，他憨厚地笑了笑说：“刚来时有些紧张，我过去在家是农民，也没献过血，没想到第一次抽血就是捐骨髓。”“为什么不让家人陪同呢?”记者又问。顾双林说：“本来我妻子是要来的，后来了解到患者家里为孩子治病都已倾家荡产了，实在不忍给患者再增加负担了，就没让她来。”

（原载于2003年11月30日《大河报》）

常州骨髓捐献者配型成功达7例

11月24日，常州市德安医院22岁的员工吴智燕由省、市红十字会负责人陪同，从南京乘飞机前往福州，为当地医院的一位白血病患者捐献造血干细胞，这是常州人第二次赴外地拯救同类病人。此外，该市还有5位非血缘关系造血干细胞捐献者也已配型成功，时刻准备救治病人。据常州市红十字会常务副会长糜仁德介绍，今年下半年，全国非血缘关系造血干细胞移植捐献者配型成功的只有25例，而常州就占了7例，配型成功比例之高居全国首位。

据了解，目前治疗白血病的最有效办法是进行造血干细胞移植（即人们常说的骨髓移植）。但捐献者与患者之间的HLA（人类白细胞组织相容性抗原）分型必须完全吻合，而在非血缘关系人群中，这种配型相合的概率只有几万甚至几十万分之一。

1992年，中华骨髓库（中国造血干细胞捐献者资料库）成立，但志愿捐献者不多，到目前只有8万名，而大洋彼岸的美国有480万名，台湾地区也有22万名。中华骨髓库库存资料少，配型成功率就很低，不得已要向台湾骨髓库求援。去年4月，常州市红十字会向社会发出了捐献造血干细胞的倡议，目前全市已有超过1000人报名并取样入库，其中7例配型成功。今年9月份，武进人顾双林赴郑州捐献造血干细胞救治了一位白血病人，成为常州市捐髓救人的第一人。（任松筠）

（原载于2003年11月28日《新华日报》）

常州姑娘吴智燕赴福州捐献骨髓

11 月 24 日，常州市德安医院的吴智燕由市红十字会秘书长马绿萍陪同，乘飞机前往福州，为住在协和医院的白血病患者捐献造血干细胞。

吴智燕是武进区湖塘镇田舍村人，今年 22 岁，她有一颗关爱他人生命的善心。去年有一天，她看到报纸上刊发了一条消息，说是一个白血病患者好不容易找到了一个可为自己捐献造血干细胞的健康人，可是后来他又不愿捐献了，那位白血病患者失望地离开了人世。吴智燕看了后感到自己是个共青团员，应该为那些白血病患者捐献造血干细胞。于是她独自来到市红十字会报名填写了《志愿捐献登记表》，并参加了血样检测。

2003 年 7 月，省红十字会发来电传，说吴智燕的 HLA 与在福州协和医院的一位白血病患者配型成功，要求她做好捐献造血干细胞的准备。当市红十字会糜仁德副会长把消息告诉吴智燕时，她很高兴，并克服自学考试等诸多困难，主动配合做好体检等准备工作，她的行为在社会上产生良好影响。随后又有 22 名志愿者来到德安医院报名捐献造血干细胞，并在 11 月 22 日参加了血样检测。

又讯：吴智燕于 12 月 1 日、2 日两次采集造血干细胞已顺利移植到患者体内，供者、患者双方一切情况良好。（常红）

（原载于 2003 年第 12 期《江苏红十字》）

专访常州捐髓姑娘吴智燕

“假如条件允许的话，我还会再一次捐献出自己的骨髓，挽救他人的生命。”昨日下午，常州捐髓成功回常的“小燕子”接受了本报记者的独家专访。

下午 2 时许，记者在预约地点见到了“小燕子”。她给人的第一印象就是一个娇小、可爱的江南少女，而在与其交谈之后，记者才发现她内心所拥有的坚强，及一颗充满爱心的灵魂。

记者：现在身体好吗？是什么原因让你能够正视捐髓？

吴智燕：现在身体很好。捐髓的动力是源自中学时代的一则关于白血病患者在等待中无奈逝去的报道，深深触动了我的心灵。

记者：你是什么时候萌生捐髓的念头的？

吴智燕：那是在 2000 年的夏天，我写信给江苏省红十字会，希望能够捐献骨髓，然而那时江苏捐髓库还未正式启动。2002 年 10 月，在校就读的时候却意外地收到了江苏省红十字会的“捐献同意书”，11 月 26 日，常州红十字会为我登记并进行了血样抽检。

记者：成为志愿者半年，就收到了与福州患者配型成功的通知，你接到通知后心情是怎么样的？

吴智燕：接到通知那一刻我太高兴了，要知道这可是近十万分之一的匹配率，比中大奖还难得，真的很幸运啊！

记者：那你父母当时的意见呢？

吴智燕：接到通知，常州市德安医院的院长和同事都很支持我，中午回去跟父母一说，他们也都同意，我父母是开明的。

记者：当你要捐髓的事被传开后，你当时是什么样的感觉？父母的心态是否有所变化？

吴智燕：当然有了，此事被传开后，村上的邻居们出于关心也希望我不要献，说对身体不好，会短命等等的话，母亲有段时间有些舍不得。让我气愤的是，有些邻居竟说我爸爸是在靠女儿卖骨髓赚钱，那时我真的哭了，很伤心。

记者：这种压力是很大的，但你没有改变想法，这种精神值得鼓舞。11 月 24 日出发前，你是否对福州人有所了解，比如对方性别、年龄等等。

吴智燕：除了姓名以外，我都不知道，到现在我们也没见过面，我到福州后也是从当地的报纸上才看到他的照片，他是位大学老师。

记者：9 月 2 日，最后一滴血完成的时候，你的感觉如何？

吴智燕：我自己弱小的身躯可以挽救一条生命，是多么高尚的一件事！

记者：你现在已经成功地回到了常州，是否有种恋恋不舍的感觉，有什么心愿？

吴智燕：这是一段美好的回忆，也是人生的一次尝试，学着去如何救别人，不过又多了份牵挂！我现在最大的心愿，就是等一年之后，等唐老师病好以后，我想和他拥抱！因为他也是我的亲人！（韩红军）

（原载 2003 年 12 月 10 日《江南时报》）

马建军捐献造血干细胞

中国造血干细胞捐献者资料库陕西省分库首例志愿捐献者——农民出身的马建军与常州市一位不幸身患白血病的女大学生 HLA 配对完全相合，12 月 17 日，他在陕西省红十字会工作人员的陪同下，专程来到江苏进行捐献，受到江苏省红十字会和常州市第一人民医院领导的热烈欢迎。

（原载于 2003 年第 12 期《江苏红十字》）

2004 年

常州志愿者新春联谊

1 月 19 日下午，常州市红十字会会议室里春意盎然，3 位已经捐献造血干细胞的志愿者和十多名新闻工作者在这里参加市红会举办的新春联谊会。

会上，糜仁德副会长首先向 3 位捐献造血干细胞的志愿者表示感谢。他说："你们为挽救白血病患者奉献了一份爱心，为常州人民争得了荣誉，为常州地区捐献造血干细胞志愿者起了带头作用。"同时，糜会长也感谢新闻界的红十字志愿工作者，感谢他们为宣传红十字知识，推动红十字事业的发展做出了积极的贡献。糜会长希望捐献造血干细胞志愿者与新闻工作者建立广泛的联系，通过媒体的宣传报道，使更多的人理解、支持和投身于红十字事业。会上，糜会长等领导向 3 位捐献造血干细胞的志愿者颁发"博爱"奖章和慰问金。

（原载于 2004 年第 2 期《江苏红十字》）

常州市红会确定工作思路

3 月 12 日下午，常州市红十字会召开工作会议，来自所辖市（区）和团体会员单位的会长、秘书长等 40 多人参加了会议。

会上，糜仁德副会长提出了 2004 年的工作思路和工作要点：一是大力宣传红十字会，弘扬"人道、博爱、奉献"的红十字精神；二是开展好社区红十字服务示范活动；三是加强和规范造血干细胞捐献者资料库建设的服务工作；四是坚持依法兴会，加强红十字会自身建设；五是严格常规管理，加强基础工作。

（原载于 2004 年第 3 期《江苏红十字》）

爱心献给姜阳同学

3月31日上午8时，从刘晓寅血液中采集的造血干细胞，通过插入姜阳的颈静脉的输液管，一滴一滴地溶入姜阳的血管里。这些输入的造血干细胞将在姜阳的骨髓里成活，并生长出新的健康的血细胞，姜阳因此可获得新生。

31岁的刘晓寅，在常州市卫生局办公室负责信息网络工作。去年，江苏常州市卫生局团委根据“常红〔2003〕6号”文件，组织开展了“生命不能等待，爱心万人奉献——卫生青年骨髓捐献志愿者活动”。刘晓寅积极响应，报名登记并及时采取了血样。

2004年初，常州市红十字会接到省红十字会发来的通知，刘晓寅的HLA已与白血病人姜阳配型成功，要求刘晓寅做好捐献造血干细胞的思想准备。当常州市红十字会糜仁德会长等再一次问他是否愿意捐献造血干细胞时，刘晓寅非常爽快地说：“去年报名时，我就随时准备捐献造血干细胞。作为一名卫生系统的工作人员，救死扶伤是我的天职，我不会临阵退却的。”

3月26日，刘晓寅按照医疗计划住进了常州市第一人民医院血液科，为姜阳捐献造血干细胞。从3月27日起，每天打两针造血干细胞动员剂，原计划在31日采集造血干细胞，但在29日上午，医生就发现刘晓寅血液中的造血干细胞浓度已达到了最适合采集的高峰值，并决定在30日提前采集。

晚上，刘晓寅把提前采集造血干细胞的消息通过电话告诉了远在上海的父母。他爸妈听了有点担心，说是要赶过来看他，刘晓寅婉言拒绝了。

刘晓寅又平静地休息了一个晚上。30日上午8点多钟，他在医护人员的陪同下，步行到一院隔壁的市中心血站血细胞采集室。9点多钟，刘晓寅血液中的造血干细胞通过血液分离机逐步被分离出来。刘晓寅十分坦然地躺在床上，想尽量多地把造血干细胞捐献给姜阳同学。到下午2时15分，采集结束，共过滤了6300毫升血液，采集到了富含造血干细胞的悬液299毫升。当前来探望的卫生局领导问他感觉怎样时，刘晓寅微笑着说，没什么特别不适，就是时间长了，胳膊有点麻木、僵硬、难以动弹。

3月31日上午，刘晓寅根据需要，又一次躺进了市中心血站血细胞采集室，进行了第二次采集，直到中午1点多钟采集结束。

下午3时多，刘晓寅的父母从上海来到了刘晓寅的身边。看到刘晓寅愉快的神态，两位老人心上的一块石头也落地了。特别是他们亲眼看到市红十字会、市卫生局领导，医院团支部的团员们捧着鲜花不断地前来慰问刘晓寅，看到已捐献过造血干细胞的吴智燕那健康的神态，他们高兴地说，我们也就放心了。

姜阳同学患上了白血病是不幸的，但也是幸运的。有刘晓寅捐献造血干细胞、有医护人员的精心照料、有社会上所有人们的关爱，她一定能康复出院。

（原载于2004年4月30日《中国红十字报》）

市红十字会发出呼吁——关爱生命　捐款捐髓

22日下午召开的市红十字会八届九次常务理事会议就开展“关爱生命　捐款捐髓——博爱万人行”活动做出了部署，副市长周亚瑜出席会议。

此次活动的主要任务是“捐款捐髓，增强红十字备灾救助实力”。具体目标是募集红十字备灾救助基金，确保递增20%以上；募集中国造血干细胞捐献者资料库江苏省分库建设资金，确保递增20%以上；征募1500名捐献造血干细胞志愿者，确保1000名志愿者采样资料入库。

市红十字会向全市人民和全体公务员发出了倡议书和公开信，呼吁大家踊跃奉献爱心。（马绿萍、林以勤）

（原载于2004年4月27日《常州日报》）

常州市红十字会开展“5·8”纪念活动

5月8日上午，常州市红十字会干部冒雨在市人民公园广场举行了纪念“5·8”红十字日宣传活动，完美公司的员工和红十字会会员1000多人参加了这次活动。

8 时半左右，雨淅淅沥沥地下个不停，可广场上空仍然回荡着《爱的奉献》的动人旋律。广场四周宣传红十字知识和捐献造血干细胞知识的彩色版面，吸引了许多市民。他们有的仔细观看，有的边看边议论，还有的干脆拿起相机摄下了这珍贵的镜头。

活动现场，完美公司的员工和红十字会的会员们列队在广场中央，常州市红十字会副会长糜仁德冒雨向大家讲述了红十字会的百年历史和有关知识，向完美公司的员工和广大会员对红十字会的关爱、理解和支持表示了真诚的感谢。在场的会员和完美公司的员工们纷纷参加了募捐，共募得现金 7108 元。262 名身体健壮的青年还当场无偿献血。常州市红十字会的工作人员冒雨向市民散发了数千份有关捐献造血干细胞的宣传材料和《捐款捐髓倡议书》。100 多名市民现场登记捐献造血干细胞。全市 5 区 2 市的各级红十字会也都根据实际情况开展了相应的活动。各红十字会员单位“5・8”当天共捐款 91700 元。

今年是中国红十字会成立 100 周年，常州市红十字会开展了“办实事，庆百年——红十字在行动”的系列活动。市红十字会向全市发出了《为建立中国造血干细胞捐献者资料库江苏省分库捐款捐髓倡议书》和《捐款捐髓、奉献爱心——致常州市全体公务员一封信》，常州电台与红十字会联合现场直播，宣讲了捐献造血干细胞的知识。市电台和电视台连续一个月播放了“关爱生命，捐款捐髓——博爱万人行”的公益广告。5 月 8 日下午，糜仁德副会长还应邀到天宁区兰陵街道为市民做了红十字会百年历史知识讲座。市红十字会还将召开常州市红十字系统先进集体和先进个人表彰会，举办博爱文艺演唱会等重大活动。

（原载于 2004 年第 5 期《江苏红十字》）

常州捐髓人数同类城市居首

昨天是世界红十字纪念日，记者从常州市红十字会了解到，到目前为止，常州骨髓（造血干细胞）捐献者的数量在全国地市级城市中名列前茅。

在 4 月 16 日，常州市妇幼保健医院的徐文华护士作为中华骨髓库第 101 例造血干细胞捐献者，在常州市中心血站成功采集了造血干细胞，使一位上海的 5 岁白血病患者顺利做完移植手术。据常州市红十字会副会长糜仁德介绍，其实在常州，像徐文华护士这样自愿报名捐献造血干细胞的志愿者目前有3000多名，其中已有2400多人采取了血样进入了中国造血干细胞资料总库，占全国入库总数的2.7%。而与全国范围内的白血病患者的HLA（人类白细胞组织相溶性抗原）初配成功的志愿者有8名，到目前为止，已实施成功配对的有5位（其他由于高分辨在某个指标上和受者存在差异而未能实施换髓），占全国配对成功比例的5%，至此，常州的骨髓捐献者数量已在全国地市级同类城市中位居首位，而在江苏13个地级市中，造血干细胞配对成功总数为13例，其中南京2例、常州5例。（杨宇、肖蔚）

（原载于2004年5月9日《扬子晚报》）

关爱生命　捐款捐髓

——博爱万人行在溧阳

日前，一个以扩大红十字会备灾救助基金为目标，以血液病人为主要救助对象的“关爱生命　捐款捐髓——博爱万人行”活动正在溧阳市展开。此次活动从今年起至2006年。

活动本着“一元不少，十元不多”的自愿原则，在国家机关、企事业单位和红十字会基层组织中率先开展。国家机关工作人员每人捐赠20元，要求于10月底前完成；同时动员企事业单位和社会各界参与，争取企业家的支持与赞助；学校红十字会按会员人数交一次特别会费，成人会员每人10~20元，青少年会员每人1~3元；医院红十字会按会员人数交一次特别会费，每人10~20元。

活动期间，将在市人民广场以及城市中心地带组织开展造血干细胞捐献大型宣传活动以及志愿者报名登记工作。同时溧阳市红十字会将设立造血干细胞捐献和捐款热线。（莫言）

（原载于2004年6月10日《常州晚报》）

常州红十字会慰问干警

7月1日，常州市红十字会糜仁德副会长、马绿萍秘书长带着人丹、风油精、藿香正气水等消暑用品，来到常州驾驶员培训中心，慰问在那里担任培训任务的170多位干警。

（原载于2004年第7期《江苏红十字》）

常州市红十字会积极宣传《实施办法》

8月25日上午，常州市红十字会在市人民公园广场举行了“学习、宣传、贯彻《江苏省实施〈中华人民共和国红十字会法〉办法》”大型宣传活动。市红十字会副会长蔡忠新、党支部书记孙育林等参加了活动。

上午8时半，市人民公园广场上挂起了“学习、宣传、贯彻《江苏省实施〈中华人民共和国红十字会法〉办法》”和“办实事、庆百年——红十字在行动”的巨大横幅，广场周围摆放了30多块宣传版面，50多名红十字会员和志愿者在广场上开展了形式多样的宣传服务活动。市司法局宣传处的2名干部在现场接受市民的法律咨询；钟楼区医院的6名医生为群众义诊；南京师范大学生命科学院的大学生主动配合市红十字会举办“点滴爱心，延续生命”为主题的造血干细胞知识的宣传及十米横幅签名活动。大学生还冒着炎热的天气，一遍又一遍地向群众宣读《江苏省实施〈中华人民共和国红十字会法〉办法》，有的还捧着募捐箱在公园内劝募，向市民散发了3000余份造血干细胞科普知识等宣传材料。

（原载于2004年9月10日《中国红十字报》，又载于2004年第9期《江苏红十字》）

常州市红十字会大力建设“红十字服务示范社区”

8月16日下午，在“常州市红十字服务示范社区”命名和授牌仪式上，天宁区椿桂坊的常时鸣等5位社区主任，从市红十字会副会长蔡忠新和市民政局领导手中接过了市红十字会赠送的轮椅、保健箱、血压计等社区服务用品时，常主任激动地说："我代表社区全体干部和居民衷心地谢谢你们!"

开展社区服务活动是常州市红十字会的一项重点工作。近几年来，常州市红十字会在市政府、市民政局等方面的支持下，发挥各级红十字会和志愿工作者的积极性，开展了一系列具有红十字特色的社区服务活动，使许多孤老、病残人员得到及时的救护和救助。

为了巩固社区服务基地，完善社区服务网络，拓展社区服务领域，常州市红十字会按照省红十字会〔2003〕194 号文件和《江苏省实施〈中华人民共和国红十字会法〉办法》的要求，及时与市民政局共同举行了"常州市红十字服务示范社区"的命名和授牌仪式。

会上，市民政局社区建设处负责同志代表市红十字会、市民政局宣读了首批命名5个"红十字服务示范社区"的决定，同时向被命名的示范社区授予了铜牌。市红十字会副会长蔡忠新向被命名的红十字服务示范社区表示祝贺，并提出了"加强引导，协调互动；注重创新，力求发展；规范服务，持之以恒"等具体要求。他希望大家努力做好社区服务工作，当好政府人道工作的助手。

（原载于2004年第9期《江苏红十字》）

我乐意为白血病人捐献造血干细胞

"我乐意为白血病人捐献造血干细胞。"这是柳静在捐献造血干细胞前对常州市红十字会领导讲的肺腑之言。

柳静是常州市医务工作者，今年38岁。2002年时，柳静就报名捐献造血干细胞并取了血样。今年6月份，柳静接到常州市红十字会的通知，要求她在八九月间做好捐献造血干细胞的准备。她很高兴地说了开头的那席话。

柳静的孩子还在学校读书，市红十字会的领导很关心地问她："是在8月份捐献还是到9月份等孩子开学以后再去捐献?"她很爽快地说："这要看病人需要，我个人的困难可以克服。"

2004年9月9日下午，常州市红十字会和她所在医院联合举行了柳静捐献造血干细胞的仪式，柳静在接过市红十字会赠送的鲜花后激动地对领导和医院的同事们说："你们放心，我一定会配合医生做好造血干细胞的捐献工作。”柳静的爱人陈肖鸿也非常理解和支持她的行动，并说还要让儿子也向妈妈学习。

（原载于2004年第9期《江苏红十字》）

常州市红十字会召开常务理事会议 推动红会事业发展

9月23日下午，常州市红十字会召开了八届十次常务理事会议，在常的13位常务理事参加了会议。

副市长、红十字会会长周亚瑜参加会议并讲话。周会长强调指出：首先，红十字会要把学习党的十六届四中全会精神和学习江苏省实施《红十字会法》办法结合起来，找准自己的位置，坚定信心，做好工作。其次，全市各级红十字会要抢抓机遇，突出重点，继续抓好建会百年系列庆祝活动；大力开展社区红十字服务；千方百计增强备灾救灾能力；提高造血干细胞捐献者资料库的服务质量；开展红十字青少年活动；做好无偿献血等好事、实事，充分展示红十字会形象，扩大红十字会影响。最后，周亚瑜会长要求各政府部门加强合作，为市红十字会提供人力、财力等保障，为红十字会事业发展服务，并表示将与有关方面协商，尽快理顺红十字会的管理体制。

市卫生局局长、市红十字会副会长朱雄华做了《认真学习、宣传、贯彻〈实施办法〉，努力推进红十字事业的新发展》的报告。

会上，按照《中国红十字会章程》，依法民主选举孙育林同志担任常州市红十字会专职副会长。各位理事认真审议了蔡忠新副会长代表常州市红十字会所做的2004年上半年工作报告和孙育林专职副会长提出的下半年工作思路，并形成了决议。（常红）

（原载于2004年第10期《江苏红十字》）

人道、博爱、奉献

——写在武进红十字会建会90周年之际

让我们把目光转向90年前——1914年10月1日，本邑医学博士王完白受中国红十字会总会会长沈仲礼委令，在常州局前街福音医院内筹建中国红十字会武进分会。此后，1917 年京直水灾，1919 年长江四省水灾，1920 年华北旱灾，1923 年日本地震，均有红十字武进分会劝募赈款收缴总会。广大群众慷慨解囊，热心捐款，有的妇女儿童捐献首饰饼饵赈灾。1923 年，齐燮元、卢永祥两军阀混战，战争期间，常州为昆山、宜兴两战区后方总兵站。分会担当抢救伤兵的任务，并在武进医院设伤兵诊疗所办事处，负责收容伤兵。在一年多战争时间里，共收住伤兵 200 余人，门诊诊疗伤兵 1000 余人次。1945 年，武进红十字会在厚余建立了第一个红十字服务站，接着又分别在前黄、寨桥、西夏墅等地增设红十字服务站，站内备有一些常用药品，配有医务人员，为当地群众预防和诊治疾病。武进红十字会自建会起就以“博爱恤兵、服务人群”为宗旨，做了许多捐助救灾、解囊济贫的工作。

新中国成立后，在党和政府的关怀和支持下，武进红十字会在扶弱济贫、救治伤员、卫生防疫、抗美援朝、社会服务、国际救灾以及为港澳台胞接转家书、寻根觅籍等工作中，替政府分忧，为群众解难，为社会主义建设做出了积极贡献。改革开放以来，特别是 1993 年 10 月，《中华人民共和国红十字会法》颁布实施以来，红十字事业得到迅速发展。武进全区有医院红十字会 100 个，团体会员单位 30 个，会员 13 万余人，其中成人会员 1 万人，青少年会员 12 万余人。

红十字会作为从事人道主义工作的社会救助团体，以改善最易受损害群体境况为工作目标，大力弘扬“人道、博爱、奉献”红十字精神，广泛开展救援工程、生命工程、爱心工程，为弱势群体奉行人道，广施博爱。

1999 年六七月间，武进区连续遭受特大暴雨侵袭，全区受灾人口达 44. 9 万人，其中被洪水围困 2. 09 万人。区红十字会紧急动员并组织红十字会医院和团体会员单位会员，组成抗洪防病医疗队深入灾区，为灾区防病治病。医疗队走村串巷、挨家逐户发放消毒药品，指导群众预防疾病。抗洪期间，全区组织医疗队 56 个，医务人员 280 名，发放漂白粉 0. 5 吨，消毒片 10 万余片，消毒面积 51 万平方米，为确保大灾之后无大疫做出了贡献。

自 2001 年至 2003 年底，全区各级红十字会单位救灾救助共捐款 270 余万元，其中资助特困职工、学生、儿童、病患者 43 万元，灾区、贫困地区 149 万元，希望工程 78 万元，衣裤 15 万余件（条），成功抢救各类危重病人 13 万余例。

为拯救血液病人的生命，2002 年武进区红十字会为江苏省红十字会筹建“中华骨髓库江苏分库”捐款4万余元，并在全区发出关于捐献造血干细胞的倡议书。目前，已有751名志愿捐献者登记报名、采集血样，成功地为4例白血病患者进行配对移植。

为了保护人民生命财产和健康，长期以来，武进区红十字会坚持不懈地进行群众性卫生科普知识教育、现场心肺复苏和外伤四项救护技术培训，有67万余人次受到教育培训。1995年在武进境内的国道、省道沿线的9个镇的卫生院（医院）建立红十字会救护点，至今成功抢救因车祸、突发事件等造成的病患者3万余人。（张定宇、张雪梅、吴祥法）

（原载于2004年第10期《江苏红十字》）

婆婆已七旬，捐款不留名

10月15日上午，一位白发苍苍的老婆婆来到常州市红十字会，向中华骨髓库捐献了1000元人民币。

市十字会财务人员接过她的捐款后，在开具票据询问姓名时，她连忙摇着手说：“不要写姓名，不要写姓名。”

市红十字会财务室的李会计给她倒了一杯热茶，请她在沙发上坐下歇歇。交谈中，了解到她的一些情况。这位老婆婆今年已71岁，家住清潭五村，老伴快80岁了。两人都是该市的企业退休工人，每人的养老金也就六七百元。老婆婆说，昨天晚上老两口商量好，再向红十字捐款1000元钱。

这次捐款是第四次了。她们家的第一次捐款是在去年5月份，当时“非典”蔓延，危及人的生命健康，老两口心急如焚。为了支援抗击“非典”，他们毅然向市红十字会捐款1000元。当时，她还不知道红十字会的地址，问了好多人，转了几次车，才摸到了市红十字会。在场的市红十字会工作人员听了都很感动，纷纷向老婆婆表示感谢。

老婆婆有3个孩子，两个儿子在常州，一个女儿在上海。老两口已先后向红十字会捐款累计4000元钱。他们的子女都表示理解和支持。

临走时，市红十字会要给老婆婆发荣誉证书，她说：“什么也不需要。”看着老婆婆离去的身影，市红十字会工作人员的心中充满了敬意。

（原载于2004年第11期《江苏红十字》）

千里捐髓田黎明

不久前，陕西青年田黎明由西安市红十字会的陈志超陪同来到常州市第一人民医院，为白血病患者赵普艺捐献造血干细胞。常州市红十字会和第一人民医院联合举行了欢迎仪式。

田黎明非常腼腆，在大家一致要求下，才带着微笑，低声细语地讲了几句话。陪同田黎明前来的陈志超向大家介绍说，田黎明出生在陕西渭南市农村，今年 24 岁，现在在西安市一酒家当厨师。去年他在西安街头报名登记捐献造血干细胞，并当场接受了血样采集。今年 6 月 18 日，他就接到陕西省红十字会通知，说他的 HLA 与江苏的赵普艺初配相合，并要求他做好捐献准备。当时，不善言语的田黎明内心很激动，非常朴实地对领导说："我很乐意"。可是，田黎明的父母听到消息后却顾虑重重。西安市红十字会的领导得到消息后，立即到田黎明家向其爸爸妈妈宣传捐献造血干细胞的科学知识，打消了两位老人的疑虑。田黎明也更加坚定地对父亲说："平时你们也教育我多做好事、善事，如今我真的要去做了，你们不必担心！"看着儿子坚定的神态，两位老人终于支持儿子去捐献造血干细胞，并对陈志超等说："我们全权委托你们了——我们正在秋收秋种，实在抽不出时间陪儿子一起去。"

（原载于 2004 年第 11 期《江苏红十字》）

2005年

常州积极为印度洋海啸捐款

截至1月16日，常州市红会已收到捐款89.42万元。捐款不在多少，每笔捐款都凝聚着市民的爱心。

今年元旦期间，常州市被冰雪笼罩，室外气温都在零下六七摄氏度，但仍有许多市民冒着凛冽的寒风踏着冰雪，来到市红十字会向地震海啸灾区捐款，1月4日大清早，妇科医生李多多就到市红十字会捐了1000元，接着化工设计院团支部的代表、常州天主教堂的代表、市民吴忠等陆续前来捐款。

1月5日，市民政局离休干部李元斌和夫人程玉华托人向市红十字会捐赠了8000元。李元斌今年82岁，身体欠佳，行动不便，但当他听到印度洋地震海啸造成人民生活财产重大损失的消息后，立即表示要资助灾区人民抗灾、救灾，并当即拿出5000元钱；夫人程玉华也有同感，拿出3000元钱捐献给灾区人民。下午，一对穿着朴素的青年男女来到市红十字会捐赠了3000元钱。当工作人员问他们姓名时，他们说什么也不肯留下姓名，只是说“略尽一点心意，不用留名。”家住清潭新村的一位老太第五次来到市红十字会，向海啸灾区捐赠了1000元。自当年抗击“非典”捐款以来，她先后五次向市红十字会捐款，每次都是1000元，但她从不肯留下自己的真实姓名。

连日来，市红十字会捐赠热线电话接连不断，都是咨询捐款事宜的，到市红十字会来捐款的人也络绎不绝。在捐款的人群中，有党政机关干部，有企业家，有外商客人，有白发苍苍的老人，也有牙牙学语的幼儿，他们都对海啸灾民深表同情。

（原载于2005年第1期《江苏红十字》）

常州开展“博爱送万家活动”

常州市红十字会于1月28日在天宁区小东门桥社区举行“博爱送万家”活动启动仪式。市红十字会副会长孙育林指出，“群众利益无小事”，各级红十字会都要时刻关注孤老病残人员和低保家庭的生活，要采取多种形式，广泛筹集“送温暖”的款物，对困难群众实施真诚有效的帮助。活动仪式后，孙育林副会长等驱车数十公里来到西林街道蒋家村，慰问了身患尿毒症的蒋庭亚等特困人员，向他们赠送了棉被、大米、食用油等。

该市所辖各市（区）红会也先后向1100余户困难群众发放价值6.46万元的大米、棉被等物品，帮助他们欢度新春佳节。

（原载于2005年第2期《江苏红十字》）

社区红十字工作站义务咨询受欢迎

江苏省常州市怀德街道安阳花苑社区红十字工作站日前组织青年志愿者开展为居民服务活动。活动内容包括法律咨询、警务咨询、计划生育咨询、量血压、假币识别、自行车修理、理发等，受到社区居民的欢迎。

（原载于2005年4月1日《中国红十字报》）

“为民服务爱心小分队”为民服务

最近，常州市椿桂坊社区的红十字志愿者与常州市第一中学的30多名红十字青少年，深入社区为100名精神残疾、肢体残疾的病人家庭，开展精神慰藉、心理咨询、康复保健和料理家务等服务活动。

2004年8月，椿桂坊社区红十字志愿者就与市二中初中部的红十字青少年结对共建，成立了为民服务爱心小分队。这次椿桂坊社区红十字会围绕“构建和谐椿桂，建立温馨家园”为主题，开展为民服务。这支红十字爱心小分队根据学校特点，利用每周星期一下午的课余时间，开展体现红十字会人道主义精神的教育和实践活动。(椿桂坊)

(原载于2005年第4期《江苏红十字》)

结合党员先进性教育宣讲捐髓知识

前不久，常州市红十字会秘书长马绿萍应邀到该市戚区国税分局，向机关党支部的23名党员及全体工作人员做了有关捐献造血干细胞(骨髓)的科普讲座。

最近，戚区国税分局党支部在开展共产党员先进性教育活动中，有的党员同志提出党员更要关爱生命、奉献社会，做捐献造血干细胞的带头人。为了让党员进一步了解捐献造血干细胞的知识，党支部便特地到市红十字会邀请马绿萍秘书长去做讲座。

税务干部听了马秘书长的讲座，当即就有9名党员同志表示要捐献造血干细胞，有的党员同志还表示要向家属及亲友宣传捐献造血干细胞的科学知识，支持他们向白血病人奉献爱心。(常红)

(原载于2005年第4期《江苏红十字》)

常州市红十字会召开“5·8”座谈会

5月10日，常州市红十字会隆重召开纪念“5·8”世界红十字日座谈会。常州市已经捐献造血干细胞的志愿者、已登记并已采样的志愿者代表、红十字单位的领导和新闻工作志愿者等40余人，应邀参加了座谈会。常州市红十字会副会长孙育林、常州市团市委社会工作部部长沈莉等，与大家一起座谈。

会上，孙育林副会长回顾了红十字运动的起源和发展过程，阐述了中国红十字会在百年历史进程中取得的成绩和所发挥的作用，并重点向大家汇报了常州市红十字会在建立中国造血干细胞捐献者资料库服务方面的工作。最后，孙会长向大家提出了当前的工作任务。接着，团市委社会工作部部长兼常州市志愿者协会秘书长沈莉发言，她感谢全市捐献造血干细胞志愿者支持资料库建设所做出的奉献，并指出“关爱生命，捐款捐髓”是“全市2005志愿者彩虹行动”的一项主题活动，今年要加大宣传力度，动员更多的志愿者参与这次活动。

2003年到福州捐献造血干细胞、被福建人称为“小燕子”的吴智燕，结合自己捐献造血干细胞的体会现身说法。她说刚开始自己的家人、亲友不理解，曾反对自己捐献造血干细胞。自己就和市红十字会的领导一起向他们宣传捐献造血干细胞的科学知识，后来家人终于同意并支持自己捐献造血干细胞。她还说，一年来，自己的身体一直很好，请大家不用担心因为捐献造血干细胞而影响身体健康。市中医院的柳静等捐献者也都踊跃发言，讲述了自己捐献造血干细胞的真实感受。

市中医院的团委书记郑培新、市一院血液科的护士周燕等也都积极发言，畅谈了单位和个人在做捐献造血干细胞志愿者服务工作方面的感受和体会。

最后，常州市第一人民医院血液科主任曹祥山博士还与志愿者们面对面、零距离亲切交流，回答了志愿者们提出的关于白血病的病因及防治、捐献造血干细胞等知识，解除了志愿者思想上的许多顾虑。

该市红十字会马绿萍秘书长在座谈会结束时指出，只要有全市志愿者的共同努力和无私奉献，就一定会使社会少一点眼泪，多一点欢笑，就一定能使我们的家园更加和谐、更加美好。

（原载于2005年第5期《江苏红十字》）

椿桂坊举办红十字知识讲座

近日，常州市椿桂坊社区红十字会和正衡中学红十字会共同邀请该市红十字会秘书长马绿萍，在正衡中学报告厅做了有关红十字运动基本知识和《红十字会法》的讲座。正衡中学初中部的218名学生和部分居民代表参加了学习。（张艳）

（原载于2005年第7期《江苏红十字》）

椿桂坊社区党员红十字志愿者献爱心

7月27日，常州市天宁区椿桂坊社区红十字服务站迎来了一批活跃在社区红十字服务站的党员红十字志愿者。这40多位老党员在社区党总支书记带领下，纷纷向社区红十字服务站“爱心超市”捐款，向社区弱势群体献爱心。(张艳)

(原载于2005年第8期《江苏红十字》)

2005年度红十字报刊宣传工作表彰

市级二等奖：常州市红十字会；县级特等奖：武进区红十字会。

(原载于2005年第10期《江苏红十字》)

2005年《江苏红十字》获奖作品

一等奖：《人道、博爱、奉献》，吴祥法、张定宇、方雪梅。

(原载于2005年第10期《江苏红十字》)

常州市救护培训在“兵营”

最近，常州市红十字会组织了504名高一新生，在该市花山国防教育训练中心接受应急救护培训。该市红十字会聘请张岩教授向大家讲解了在事故发生以后的急救程序和止血、固定、包扎、搬运四项技术的要领和方法。同学们在张教授的指导下，饶有兴致地上台进行实践操作，感到收获很大。

(原载于2005年第10期《江苏红十字》)

2006 年

常州市红会召开八届十一次常务理事会议

去年12月30日，常州市红十字会召开了八届十一次常务理事会议。副市长、市红十字会会长周亚瑜等21名常务理事参加了会议。

会上，首先按照《中华人民共和国红十字会法》和《中国红十字会章程》的规定，以民主选举方式增补了沈汉平等4名常务理事，市政府副秘书长沈汉平当选为常州市红十字会副会长。接着，市红十字会常务副会长孙育林代表市红十字会汇报了2005年的工作，提出了2006年的工作思路和目标任务。在审议报告时，大家对于市红十字会开展传播红十字知识的宣传活动，积极开展“博爱送万家”人道服务工作和建设造血干细胞捐献者资料库等重点工作，给予了充分肯定和高度评价。对于2006年的工作，与会者都认为思路清晰，重点突出。来自市委宣传部和市委统战部、民政局等部门的领导，希望市红十字会在新的一年里，面向社会广泛传播红十字知识，面向社区开展人道服务工作，面向企业拓宽筹资渠道，做好重点工作，树立红十字会新形象。会议还审议了《常州市红十字会备灾救助基金2005年收支情况》，讨论了《常州市红十字会“十一五”发展规划》。

周亚瑜会长要求来自市各部委办局的常务理事，大力支持红十字会工作，共同谱写红十字事业新篇章。(常红)

(原载于2006年第1期《江苏红十字》)

常州涌现第七位成功捐髓者

为挽救一名无锡白血病患者的生命，27岁的常州市捐献造血干细胞志愿者蒋震，近日在省人民医院实现捐献愿望，成为常州地区的第七位捐献造血干细胞志愿者。

蒋震于2004年报名成为一名造血干细胞志愿捐献者，并参加了血样采集。去年8月下旬，他接到了常州市红十字会的通知，他的造血干细胞和一名白血病人配型成功，问他是否愿意捐献。他一听此事，毫不犹豫地满口答应。今年1月6日蒋震从常州赶到南京，住进省人民医院进行捐献前的准备，1月11日上午采集造血干细胞，实现了捐献。当日下午，蒋震捐献的造血干细胞由省红十字会工作人员专程送往苏州，救治正在那里住院的白血病患者。（常红）

（原载于2006年第1期《江苏红十字》）

以红十字活动为载体　推进学校素质教育

——江苏省常州市武进区横林实验小学特色学校建设

我校红十字会建立于1987年。在全面推进素质教育的过程中，我们将广泛、深入、持久地开展有特色的红十字活动作为提高学生整体素质、加强学生思想道德修养的重要载体，寓丰富多彩的红十字活动于学校整体育人的大氛围中，推进了学校的素质教育，深得广大师生的欢迎和社会的赞誉，先后多次被评为区红十字工作先进单位，四项救护包扎现场操作比赛获武进区一等奖，“红十字在行动”专题片获常州市第二名。

我校是一所百年老校，在长期的教育教学实践中，特别是进入90年代以后，更加重视红十字青少年工作。工作实践概括起来一句话：组织建设制度化，阵地建设多样化，活动开展经常化，活动效果较为显著。

1. 领导重视，全员参与。学校重视，是我校红十字会工作长期得以顺利开展的重要保证。17年来，不管校领导更换多少，学校始终有一个由校长领导参加的健全的学校红十字理事会。校长任会长，由副校长主抓此项工作及卫生保健教师担任秘书长，各班主任参与。理事会把红十字工作看成是学校整体工作的有机组成部分，自觉将这一工作纳入学校议事日程和年度工作计划中，时间上给予保证，物质上给予支持。

2. 学校红十字组织机构健全，规章制度明确，活动有记录，工作有总结，档案管理规范、翔实。学校红十字会坚持做到：每年年初订好红十字会工作计划，送由理事会审议讨论。理事会有自己的工作、会议制度，会员有定期学习、活动制度，红十字卫生员轮值制，普及红十字知识和健康教育工作实现网络化。重大事件的处理实行集体研究通报情况制度。实施岗位目标责任制，根据《学校计划》将任务、指标分解，具体量化，落实到理事会各相关的成员，以增强理事的参与意识和责任意识。

3. 学校有固定的红十字宣传阵地，能利用宣传橱窗、板报、“太阳雨”小广播、“灵灵电视台”、《信息窗》《创慧报》等报刊、音像、图片资料以及网络等多种形式，积极宣传国际人道法、《中华人民共和国红十字会法》等有关红十字的法律法规以及学校的红十字章程、红十字会活动等等。每个班级的黑板报上都有红十字宣传版面。这样多渠道、多途径地向学生宣传红会知识，使红会工作深入人心。

我校在科艺天地一楼专门开辟了健康长廊，主要是宣传红十字知识，使每位教师、每个学生关注学校红十字建设的发展，人人参与宣传红十字知识的活动。长廊上除了有喷绘的 12 块介绍国际红十字知识和学校红十字章程、活动、发展等内容外，还张贴了许多教师、学生精心制作的红十字小报、健康知识小报，内容涉及心理健康、活泼开朗，强身健体、预防疾病，医疗常识、急救知识，注意安全、谨防意外，红会知识、信息动态和远离毒品、珍爱生命等六大方面。

我校建有红十字专题网站。该网站建有红会动态、红会知识、宣传工作、社会救助、政策法律、资料中心、网站留言等板块以及“献血专题”和“抗非典专题”，并与“江苏省红十字会”“广州红十字会”“香港红十字会”“中国红十字会”等网站建有超级链接。游客可以随时点击、浏览、留言。

4. 把红十字会工作与素质教育、校园文化建设和德育工作有机结合起来。我们认为只有将红十字会工作与德育工作、校园文化建设等有机地结合起来，学校红十字会工作才能得到持续发展。学校红十字会与德育办、少先队组织一起有目的、有层次地引导学生学习、宣传人道主义宗旨和红十字运动的基本知识；根据青少年的不同年龄、不同知识层次，开展由浅入深的相应的卫生救护知识教育；在校内外广泛开展体现红十字精神的爱心教育、健康教育、救死扶伤、扶危济困、敬老助残、尊师爱幼、助人为乐等活动，使学生真正懂得分辨善与恶、美与丑，以培养爱心，形成健全人格。

5. 红十字活动贵在坚持。我校红十字活动长年不断，关键在于活动内容的具体化、广泛化、形式新。大到人道主义的无私捐助，小到班内的小伤小病的治疗预防，涉及范围广、内容丰富，且不同年段有各自的活动内容和要求，融知识性、趣味性、实用性于一体，深受学生欢迎。我校进一步深化“手拉手”活动内涵，组织全体少先队员开展向手拉手对口学校（陕西安康红旗小学），向新疆、内蒙古雪灾地区捐款献爱心等活动，和外省市的“手拉手”小伙伴继续保持联系；与来自陕西安康的50名学生开展“手拉手夏令营”活动，彼此增进感情，加强联系，武进电视台为此还进行了专题报道……

在红十字精神的熏陶下，会员们增强了文明意识，提高了道德修养，弘扬了中华民族的传统美德，同时也养成了良好的行为习惯。他们还在红十字活动这个第二育人课堂学到了许多知识和技能。我校红十字活动作为学校开展道德教育的一种重要的辅助形式和措施，在实践中不断丰富和创新。（横江）

（原载于2006年4月5日《中国教师报》）

常州市红十字会开展“5·8”纪念活动

5月8日上午，天不时地下起毛毛细雨。常州市红十字会在人民公园广场隆重集会纪念“5·8”世界红十字日。广场上方巨大气幕上“纪念‘5·8’世界红十字日暨江苏省红十字会成立50周年”的大字引人注目。气幕下方，来自市、区红十字会专兼职干部和21家市属红十字医疗单位的专家、教授100余人，现场为群众义诊咨询。场地周围摆放着市、区红十字会制作的数十块宣传版面，广播里不断播放着《红十字志愿者之歌》。当造血干细胞捐献者身佩红缎带出现在主席台前时，全场响起热烈的掌声。

上午9时，纪念活动正式开始，市人大常委会副主任、市红十字会会长周亚瑜和市政府副秘书长、市红十字会副会长沈汉平特地来到现场，看望在场的所有工作人员，参加了现场捐款仪式。来自21个会员单位的代表，向市红十字会捐赠了390050元特别会费。周亚瑜会长一边接受他们的捐款，一边与他们一一握手表示感谢。来自市技术师范学院的20位志愿者，还在现场向市民散发了2000多份《为红十字急难救助金捐款的倡议书》，从而拉开了“博爱宣传募捐月”活动的序幕。

直到上午11点多，天公不作美，雨下得密集了，市民群众才依依不舍地离开了现场，但“人道、博爱、奉献”的红十字精神却留在了广大市民的心中。（常红）

（原载于2006年第5期《江苏红十字》）

常州市举办社区红十字服务工作培训班

6月6日，常州市红十字会举办了为期一天的社区红十字服务工作培训班，来自各区以及部分社区的红十字会专兼职干部50余人参加了培训。

上午，椿桂坊社区党支部书记、社区主任常时鸣介绍了他们开展社区红十字服务工作的经验和体会。与会者还到椿桂坊社区元丰苑红十字服务站实地参观取经。下午，大家认真听取了周屹调研员关于“社区红十字服务工作”的专题讲座。

大家都感到社区工作无小事，可以大有作为，回去后一定认真消化、组织实施，努力把自己的社区红十字服务站建立起来，把红十字服务工作做得更好，为建设和谐常州做出更大的贡献。（常红）

（原载于2006年第6期《江苏红十字》）

常州市民向灾区捐款

近来，常州市红十字会向社会呼吁为帮助广东、福建、湖南灾区群众渡过难关、重建家园而捐款献爱心。

在呼吁发出的当天，就有一位不愿透露姓名的50岁左右的男子来到市红十字会，捐赠了他一个月的工资600元钱。80岁高龄的常州著名书画家谢伯子由他女儿陪同来到市红十字会，捐出5000元钱。长江贸易中心勤丰装饰材料经营部的王老板，打电话给市红十字会要求向灾区捐款，但由于经营较忙，无法离开店铺。市红十字会工作人员当即驱车数十里来到王老板的店铺，接受了他的2000元捐款。全市各级红十字

会也积极行动，呼吁市民奉献爱心。短短10多天时间，我市红十字会就收到市民捐赠的救灾款近2万元。(常红)

(原载于2006年第7期《江苏红十字》)

溧阳市强化景区红十字救护站建设

溧阳市近几年来，全力打造长三角都市圈“后花园”，国家4A级风景旅游区“天目湖旅游度假区”和“南山竹海”吸引着国内外宾朋纷至沓来。

该市红十字会审时度势，抢抓机遇，于2002年10月在车水马龙、人流如潮的天目湖旅游度假区和南山竹海分别建立了红十字救护站，确保游客在受到意外伤害的情况下能得到紧急救护。

几年来，溧阳市红十字会狠抓两大旅游区红十字救护站的建设和管理。每年对救护站的工作人员进行专业救护知识培训，组织开展针对性较强的模拟救护演习；适时补充更新救护器材、配齐配足救护药品；救护人员分工合理，工作制度更趋规范，从各方面保障了对游客的快速有效救护。

今年夏天，美国客商拉林斯先生赴溧阳考察投资，在天目湖观光时不慎跌倒受伤，红十字救护站人员迅速实施救护，并跟踪进行精心护理，使拉林斯先生很快康复，得以圆满完成考察工作。

两大旅游区红十字救护站建成以来，已为数百名意外受伤的游客实施了及时救护，受到各方面的好评。(陆鸿飞)

(原载于2006年第10期《江苏红十字》)

中国红十字运动史料选编·常州专辑二

（第十六辑）下

江　华　张　涛　主编

合肥工業大學出版社

目　录
（下）

2007 年

2008 年

2009 年

2010 年

2011 年

2012年

2013 年

2014年

2015 年

2016 年

2017 年

2018 年

2019年

2020 年

2007 年

第一批省红十字示范学校名单

常州市（13 所）
江苏广播电视大学武进学院
江苏省奔牛高级中学
常州市武进区横山桥中学
常州市武进区湖塘桥初级中学
常州市武进区焦溪初级中学
常州市武进区礼嘉中心小学
常州市武进区湖塘桥中心小学
常州市武进区南夏墅中心小学
常州市武进区横林实验小学
常州市武进区洛阳中心小学
常州市武进区前黄中心小学
常州市武进区夏溪中心小学
溧阳市平陵小学

（原载于 2007 年第 4 期《江苏红十字》）

常州开展“5·8”世界红十字日纪念活动

5 月 8 日上午，常州火车站广场竖起了巨大的气幕，常州市红十字会在这里举办纪念“5·8”世界红十字日大型宣传活动。

气幕下，来自全市红十字会员单位的 100 多位专家、医生为民众开展医疗咨询服务。气幕东西两侧排列着数十块宣传《红十字会法》、捐献造血干细胞、防治艾滋病、开展无偿献血等红十字知识的版面，吸引了南来北往的许多市民。

上午9时，市抗癌俱乐部乐队的队员们，穿着鲜艳的服装，排着整齐的队伍，在火红的队旗引导下进入广场。鼓声、掌声响成一片。他们的精彩表演，让许多观众流连忘返。

常州市红十字会为建立“少儿生命救助金”发出捐款倡议书，来自常州工程职业技术学院的二十多位学生志愿者，在现场向市民发放倡议书等宣传资料。

常州市副市长、市红十字会会长居丽琴，市卫生局副局长，市红十字会副会长等领导来到现场，与广大红十字志愿者一起开展宣传活动，使大家深受鼓舞。

（原载于2007年第5期《江苏红十字》）

省人大常委会对常州苏州贯彻《江苏省实施〈中华人民共和国红十字会法〉办法》情况进行执法检查（节录）

着重要求依法加快理顺县级红十字会管理体制

6月6日至8日，省人大常委会教科文卫委员会副主任朱楚英、委员贾白南等一行，对常州、苏州市以及金坛、张家港市贯彻执行《江苏省实施〈中华人民共和国红十字会法〉办法》（以下简称“实施办法”）的情况进行了执法检查。省红十字会党组成员、秘书长单加海及事业发展部副部长郝宁等陪同执法检查。

执法检查组每到一地都召开有当地人大、政府分管领导，人事、编办、财政、卫生、教育、民政、公安等有关单位负责同志参加的座谈会，认真听取当地政府和有关部门情况汇报，并对当地贯彻“实施办法”的情况提出了具体的意见。

在常州和金坛期间，朱楚英副主任充分肯定了当地党委、人大和政府对理顺红十字会管理体制方面所做的工作。她指出，在政府的关心、支持下，红十字会的人员、编制、经费、办公条件等方面有了很大的改善。红十字会的工作也有进展，特别是金坛红十字会通过创办博爱医院，增强了红十字会的救助实力，给了困难群众更多的救助。她要求常州市政府在现有的基础上，依法加快理顺4个辖区红十字会的管理体制，并对已经理顺管理体制的县、区红十字会要进一步加强支持和保障的力度，使红十字会能够更好地独立自主开展工作。针对常州和金坛市红十字会的工作，她指出，“实施办法”除了对政府依法保障红十字会履行职责方面做了规定外，大量的条款是针对红十字会本身的。她希望常州市和金坛市红十字会要在理顺管理体制的基础上，在上级红十字会的指导下，处理好工作中的各种关系，进一步研究如何加强机构建设、拓宽工作思路、增强工作的能力，在更广的领域内拓展红十字会的工作，履行好红十字会的职责，扩大红十字会的影响，真正发挥政府人道工作助手的作用。在金坛期间，检查组一行还视察了金坛市红十字会创办的“博爱医院”。

（原载于2007年第6期《江苏红十字》）

常州市对军训师生进行急救培训

9月4日下午，常州市红十字会在市国防园基地举行纪念“世界急救日”活动，并为常州市第一中学在这里军训的650多名师生进行了急救培训。市红十字会特聘教授张岩给师生们重点讲解了止血包扎和心肺复苏知识。师生们认真听，认真记笔记，在精彩之处还不断爆发出热烈的掌声。

（原载于2007年第9期《江苏红十字》）

常州捐献造血干细胞报名采样工作扎实

9月13日，常州市红十字会为已报名登记的154位捐献造血干细胞志愿者采取了血样。自去年10月份以来，已有165位符合条件的志愿者到该市红十字会报名登记要求加入资料库，本次采样率达94%，是历次采样率最高的一次。

今年7月，省造血干细胞捐献者资料库管理中心下发《江苏省造血干细胞捐献工作标准操作程序（试行）》后，常州市红十字会即组织全体工作人员认真学习，要求大家准确把握报名、采样、表格填写、等待采样期、标本采集、运输、交接等各个环节的规范操作。在接受新登记志愿者时，工作人员都要按照报名条件详细询问，对于不符合条件的做好宣传解释工作，使志愿者高兴而来、满意而去。

常州市红十字会还把《标准操作程序》及时转发到所辖市、区红十字会，要求上下一致，共同规范地做好捐献造血干细胞资料库建设的服务工作。

（原载于2007年第9期《江苏红十字》）

全省红十字报刊2007年度宣传工作先进单位

市级达标奖：常州市红十字会；
县级一等奖：武进区红十字会；
县级达标奖：溧阳市红十字会。

（原载于2007年第9期《江苏红十字》）

2008年

常州救助物品发放到人

常州市红十字会通过辖市（区）红十字会，向困难群众发放了550条棉被、550袋大米、330桶食用油和7箱全新衣服。向部分中小学的贫困学生，向麻风病医院、社会福利院、德安医院、仁慈医院的病人，向儿童福利院的孤儿、残疾人康复中心的残疾人，发放了棉被450条、大米450袋、食用油270桶、服装8箱。市红十字会送温暖的款物累计达20.5万元。

（原载于2008年第2期《江苏红十字》）

常州市武进区成立镇级红十字会

3月5日上午，常州市武进区镇级红十字会成立大会在武进区行政中心举行，区委常委、组织部长黄汉林及区红十字会领导张美、徐红、王小伟出席了成立大会。会议邀请了常州市红十字会常务副会长俞坚与会。

常州市武进区红十字会，先后获得过全国和省的红十字宣传工作先进单位等奖项，连续多年被评为常州市红十字工作先进集体。现在，镇级红十字会的成立，成为该区红十字事业的又一里程碑，标志着全区红十字事业将进入新的发展阶段。

会上，区委常委、组织部长黄汉林对区红十字会和新成立的镇级红十字会提出了殷切期望，希望大家进一步学习贯彻十七大精神，努力推进武进区红十字事业的健康发展，努力提高为弱势群体办实事的水平。

最后，与会领导为高新区、经发区、14个乡镇、南夏墅街道等镇级

红十字会授牌。(张志英)

(原载于2008年第3期《江苏红十字》)

武进区红十字爱心募捐箱陆续进入各大酒店

4月17日，常州市武进区红十字会在位于该区的金陵明都大饭店、金色南都国际大酒店等酒店的服务总台、收银台设置了爱心募捐箱，以方便爱心人士捐款。今年，该区红十字会将在各大酒店、商场等公共场所设置30多个募捐箱。募集的善款将全部用于帮残助困、赈灾救贫等，并将不定期地通过媒体向社会公布。(刘丽萍)

(原载于2008年第4期《江苏红十字》)

滚烫的心

昨天我市红十字会收到向灾区捐款150万

四川汶川县发生的7.8级强地震，引起常州全市上下的“爱心共振”。从昨天上午9点开始，陆续有市民自发地来到市红十字会捐款，他们之中既有朝气蓬勃的年轻上班一族，也有年过不惑的中年市民，更有白发苍苍的老者，或500，或1000，虽然捐款数额各不相同，但相同的却是对灾区人民一片炙热的爱心。据初步统计，截至记者下班发稿前，市红十字会13日共收到我市各界捐款150万元。

“灾区人民需要帮助，我只是做点力所能及的事情而已，没什么可说的。”这是记者当日在市红十字会采访时听到的最多的话。根本来不及细谈，很多捐款者都是匆匆办完手续就走，留下的只是一个连联系地址都没有的“虚名”；更有甚者，中午时分一位小伙子“扔”下10000元现金就走，只说是给四川灾区的，工作人员疾步追去，小伙子却早已没了踪影。

爱心，洋溢在每一个捐款者脸上；感动，深深地震撼着在场的每一个人。蒋忠泉，一位71岁的军队离休干部，虽然腿脚并不灵便，可他却硬是坚持着走到市红十字会，将上月1600元退休工资和700元补贴悉数捐出；汪业华夫妇，一对普通的城市职工，在市红十字会上午9点开始办公之前，夫妇俩就早早地等在了门口，虽然收入并不丰厚，可留下的捐款却有1000元。

下午2点，两位中年男性走入市红十字会的办公室，“这是我们集团为四川地震灾区筹集的捐款，请帮忙转交灾区人民。”为首者话语不多，可他手中那张现金支票数额之大却令人侧目——100万元！这也成为13日我市向四川地震灾区捐献的单笔数额最大的现金捐款。而后的采访中，记者了解到，前来捐款的是江苏巨凝集团总经理季小兵，“今天上午，董事长和副董事长合计了几分钟，就决定要拿出这笔资金，这比以往生意上动用资金的决策都要来得快。”

当日，市红十字会常务副会长俞坚发出呼吁，请广大市民向四川地震灾区人民奉献救灾捐款。俞坚表示，市红十字会将在第一时间把所有捐款通过省红十字会及时送达四川汶川地震灾区，并将收支情况向市民公布，接受监督。（杨杰）

（原载于2008年5月14日《常州日报》）

提及灾情　松纯落泪

宗教界捐款14万元

昨天，和我市各界人士同样在行动的，还有宗教界人士。下午，我市佛教、道教、天主教、基督教、伊斯兰教团体，市直宗教场所、部分辖市区宗教场所教职人员和群众数百人，聚集在天宁禅寺山门广场，为四川地震灾区捐献善款。谈到四川地震灾区严重的灾情，市佛协会长松纯大和尚不禁潸然泪下，在场者无不动容。半个小时的功夫，捐款仪式共筹得14万元捐款，并现场转交给了市红十字会。（杨杰）

（原载于2008年5月14日《常州日报》）

我市向地震灾区捐赠掀起高潮

市四套班子领导及市级机关干部昨集中捐款220万元

四川汶川发生的强烈地震牵动了无数人的心，常州各界纷纷行动起来，以己之力，向灾区奉献一片爱心。继 13 日向汶川地震灾区发出慰问电和首批救灾捐款和物资后，市委市政府 14 日下午在行政中心举行“常州市向汶川地震灾区救灾捐赠活动”，市级机关干部纷纷慷慨解囊，向四川地震灾区伸出援助之手。

14 时 30 分，市领导王伟成、于超、邹宏国、张晓霞、杭天珑、俞志平、季忠正和市委办公室、市人大办公室、市政府办公室、市政协办公室全体县处级以上领导干部依次走向捐款箱，向灾区人民奉上一片爱心。正在中央党校参加学习的市委书记、市人大常委会主任范燕青特意委托市委办同志前往现场代为捐款。

我市各部、委、办、局以及直属单位的机关干部纷纷捐款并派代表参加了当日的捐赠活动。据悉，为了帮助灾区人民渡过难关，我市广大党员干部此前已开展了多次募捐活动，13 日，市委组织部、市机关党工委、市人事局干部职工共筹集善款 124200 元。

据初步统计，当日的捐赠活动共筹集捐款 2205492 元，市红十字会现场接受了捐款，并将以最快的速度把款项送到灾区。(杨杰)

(原载于 2008 年 5 月 15 日《常州日报》)

爱心催生 2500 元“水王”

一瓶市价仅在 1 元左右的纯净水，在激烈的竞价之后，身价立增一跃成为“水王”。据了解，17 日零时许，在常州市红十字会与常州百度酒吧联合举行的一场慈善晚会中，一瓶起拍价格仅为 1 元的纯净水被放上了拍卖台，其第一次叫价就高达 100 元。经过一番激烈的竞价，这瓶纯净水被一名常州市民以 2500 元买下。“在别人有困难的时候献出自己的一份爱心是值得的。”这位不愿透露姓名的常州市民告诉记者，他竞拍时只想到在四川的同胞们需要大家帮助的时候，自己能够为灾区尽点绵薄之力就足够了。记者得知，在这场晚会上，来宾们慷慨解囊，共计为四川灾区募捐善款 67365.9 元。(张斌、肖蔚)

(原载于 2008 年 5 月 18 日《扬子晚报》)

溧阳累计为灾区捐资770万余元

连日来，有着“大爱之乡”美誉的溧阳，时刻牵挂着四川地震灾区，从13日该市四套班子全体领导带头募捐以来，全市迅速掀起捐款热潮，截至18日5时30分记者发稿时，累计捐款7705343元。

汶川地震的第二天上午，就有热心的溧阳市民致电四川慈善总会要求捐款。下午，溧阳市红十字会半天收到捐款9万多元。14日上午，按照溧阳市委、市政府的紧急部署，溧阳市红十字会发出捐款倡议，并要求各基层红十字会和各理事单位全力组织好募捐活动，溧阳市委、市政府两办联合向机关各部门、各镇区发出组织募捐的紧急通知。继部委办局机关干部半天内全部参与捐款后，镇区、社区紧紧跟上，15日，天目湖镇、竹箦镇、溧城镇分别捐出63.6万元、13.2万元和4万元。教育局及全市中小学累计捐出70万元。全聚香餐饮有限公司和员工捐出4万多元，江苏万恒房地产开发有限公司捐出100万元。

据溧阳市红十字会副会长陆鸿飞介绍，自13日以来，前来红十字会捐款的市民几乎挤满了办公室，连在溧阳打工的外地人也纷纷加入捐款行列；巨伟电器公司老总杨小伟捐出2万元、溧阳大酒店老总周罕捐了5万元，他们匆匆来，默默走，其情其景，感人至深。(李金堂)

(原载于2008年5月19日《常州日报》)

送给遇难者最高的尊严

昨天14时28分，常州上空警报鸣响，所有行人驻足，所有正在工作的人们起立，为汶川地震中的亡灵默哀三分钟。同一个时刻，天地悲怆，山河呜咽，这是炎黄子孙、中华儿女送给遇难者最高的尊严！

5·12悲剧，整整一周了，这7天来，我们的眼泪不知流了多少，为遇难的同胞们，为英勇的救援者，为如海般的爱心，为中华民族不可战胜的力量。抗震救灾的关键时刻，党中央国务院顺应民心，举行全国性的哀悼，不仅是政府对人民的生命表示最高的尊重，也是为了凝聚陷于过度悲痛的人心，以鼓舞斗志夺取抗震的胜利。逝者已去，生者自强。当我们为遇难者默哀时，更增添了我们战胜困难、迎接未来的信心。生命是最可贵的，经过了这次大难，相信每一个人都会更加珍惜生命、更会彼此相守，不抛弃，不放弃，我们永远在一起！前路迢迢，任重道远，我们活着的人不要再哭泣，因为生活仍将继续，只有活得更好、只有把家园建设得更美，才是对亡灵最大的告慰！（秋云飞）

（原载于2008年5月20日《常州日报》）

平时六角车费舍不得，此次专程捐款献爱心

汶川大地震牵动着常州人民的心。连日来，前往各慈善机构捐款的人络绎不绝。昨天下午，市红十字会再现感人一幕：5个残疾人相互搀扶着，代表市残联专门协会，前来捐款16565元，他们中有的拄着拐杖，有的双目失明，有的是聋人。他们说："平时残疾人经常接受他人捐助，现在汶川灾民有难，我们也应该尽一点心意。"

常州蓝精灵儿童智能开发中心主任蔡莉手里拎着的是智障儿童、家长和老师的一片爱心。记者注意到，7760元捐款中有很多一毛、两毛、五毛、一元的零钱。蔡莉告诉记者："有的自闭症儿童家长平时连六毛钱的公交车费都舍不得花，每天步行一个小时送孩子过来接受训练，这次也捐款了，真让人感动，他们说，要把爱心传递下去，让更多的人行动起来，帮助汶川的兄弟姐妹。"

在现场的市红十字会常务副会长俞坚也讲述了前几天发生的一件动人事迹。一位不肯透露姓名的高位截瘫残疾人，只身一人来到市红十字会楼下，打电话给工作人员要求捐款。俞坚赶紧跑到一楼，看到这位残疾人衣服上油迹斑斑，下肢空荡荡的，他捐了200元后就默默离开了。"像这样感人的事每天要发生很多很多。"

由于全市上下捐款踊跃，这几天市红十字会的工作人员、志愿者以及负责清点钱款的银行工作人员都是超负荷工作，每天早晨7：00左右上班，晚上10：00左右下班，中午也不休息。常州交通银行一位姓巫的工作人员说："由于捐款大多为现金，清点任务十分繁重。不过，虽然工作很辛苦，但常常被感动包围，再累也值得。而且，自己能为灾区人民做点事、尽点力，感到很欣慰。"她还抢着告诉记者，前几天，一对80多岁的老夫妻，带着一张刚存不久的5000元存单，来到红十字会

捐款，“这可是他们用来养老的钱啊。”

据了解，为方便、快捷地支付捐赠款项，减轻捐赠机构的工作量，日前，中国银联江苏分公司会同银联商务江苏分公司等省内13个银行卡专业化机构，共同投入数十万元资金，为省红十字会、省慈善总会、省儿童少年福利基金会以及各市的慈善机构总计26家机构开通了捐款刷卡绿色通道。

目前，在市红十字会，我市居民可以采用刷卡方式向灾区捐款，可以提高资金归集和向灾区输送的效率。(崔彦玲)

(原载于2008年5月21日《常州日报》)

战 场

——市红十字会工作现场见闻

杨蕴或许没有想到，她高中时代的最后一个假期会是如此繁忙而又充满意义。汶川地震发生后，通过市刘国钧高等职业技术学校的牵线联系，她和同班的18名同学成为市红十字会的志愿者。从5月14日至今的一个多星期中，杨蕴和她的伙伴们着实体验到了参与抗震救灾工作的艰辛和不易。

21日下午，记者在市红十字会7楼捐款大厅中看到，10多个年轻志愿者一字排开，面对络绎不绝的捐款市民，她们耐心地回答着每一个问题，仔细地填写着每一张票据。“虽然会很累，但想着我们的工作能对四川灾区的人们有点帮助，就会觉得这很有意义，值得!”忙着手中的活计，一位志愿者说。

四川地震发生后，正有越来越多的市民希望能参与到抗震救灾工作中去，哪怕只是做一些看似很细微的工作。王群冠，一位年过花甲的普通退休职工，从16日开始，他每天早晨7点准时来红十字会“上班”，引导捐款人流、维持现场秩序、对捐款人群做知识宣传，一天要忙10多个小时，“本来老伴想一起来的，可她身体不大好，又有小孙子需要照顾，就派我做代表了。”

“他们都是好样的!”提起30多名志愿者，市红十字会常务副会长俞坚赞不绝口，“他们多日来的高效工作为捐款的迅速准确收集起到相当重要的作用。”

另一个层次上，作为接受捐款工作的“主心骨”，市红会仅有的5名正式工作人员连日来也承受着巨大的工作压力。一个多星期中，他们吃住在红会，每一笔捐款，都及时存入专用账户，并第一时间按照省、市统一计划将捐款分期分批汇往灾区。“每天的工作时间几乎都长达14个小时，可没一个人有怨言。”俞坚表示。

21日下午，副市长、市红十字会会长居丽琴专程来到红会捐款现场，看望并慰问了奋战在一线的工作人员和志愿者。居丽琴勉励大家要发扬连续作战、不怕疲劳的精神，本着对灾区人民负责、对常州市民负责的态度，在自己的本职工作岗位上认真细致地工作，切实维护好红十字会的形象和信誉，做好捐赠款物的接收、管理和使用工作。

居丽琴说，目前地震灾区的救援工作还在紧张地进行，灾区在紧急救援阶段和灾后重建阶段的救灾款物的需求十分巨大，仍需我们进一步动员社会各界向灾区捐款捐物支援灾区救援和建设工作；当前，正处于地震灾后救助的关键时期，我们红十字会全体工作人员、红十字志愿工作者要再接再厉，以饱满的精神状态、旺盛的斗志，准备迎接全市掀起的再一次捐款救灾的高潮。(杨杰)

（原载于2008年5月22日《常州日报》）

我市赈灾款物逾亿元

一方有难，八方支援。在四川汶川发生大地震后，龙城大地处处涌现爱的暖流，我市社会各界人士和单位伸出援助之手，踊跃捐款捐物支援灾区，据市民政局统计：截至21日，我市向汶川大地震灾区赈灾捐款捐物已达1.2亿元。其中，市政府捐款500万元，市红十字会收到捐款4593.4万元，市捐助中心、市慈善总会及各分会共收到赈灾捐款3977.57万元，团市委收到希望工程款34万元。另外，还收到一批价值2894.5万元的救灾物资（其中药监局收到医药及器材价值2194.5万元，民政局收到救灾物资价值700余万元）。(郭祥九)

（原载于2008年5月23日《常州日报》）

捐款的收款的一样令人感动

21 日下午，副市长、市红十字会会长居丽琴慰问了连日来一直超负荷工作的市红十字志愿者，并向在现场捐款的爱心市民表示感谢。

汶川大地震发生以来，自发到市红十字会捐款的市民络绎不绝，虽然红十字会工作人员全力投入，但仍应接不暇。从 13 日开始，30 多名来自常州刘国钧高等职业技术学校、常州工学院的学生和热心市民陆续加入志愿者队伍，每天从早上 8 点做到晚上八九点，帮助做好接收单位和市民捐款的工作。同时，常州交通银行天宁支行也派出工作人员到现场支援。

"这里让人感动的事太多了，一些老爷爷捐出了一个月的退休金，许多市民捐了钱，回家看看电视掉眼泪，第二天又来了。"刘国钧学校的女生祁琪 11 日参加完对口招考，13 日就当上了志愿者，说起这阵子的感受一脸动容。今年 61 岁的王群冠是常发集团的退休职工，住在工人新村，16 日从电视上看到红十字会招募志愿者的消息，当天就赶来了，现在每天负责维持秩序、宣传引导。当居丽琴向他们表示慰问时，他们连连摆手："不累、不累。"

在捐款现场，常州外国语学校当外教的两位韩国老师孙明娥、李镇英在捐款后，21 日又相伴而来，各为女儿捐款 5000 元。她们还向居丽琴建议能不能把采血车开到学校去，她们愿意献血，但白天有课。"你们又捐款，又想献血，谢谢你们!"面对居丽琴真诚的感谢，孙明娥红着脸说："应该的，钱不多，如果不是要上课我还想去成都当志愿者呢!"（谢韵）

（原载于 2008 年 5 月 23 日《常州晚报》）

用十分爱心为灾区添百倍信心

昨晚全民捐款赈灾大行动募得 1.67 亿元

在后台候场的演员，没有以往的欢声笑语；步入体育馆的数千观众，也失去了往常观看演出的轻松愉悦。昨晚，由常州市慈善总会、常州市红十字会、常州市总商会共同发起的“献我爱心、救我同胞”——常州全民捐款赈灾大行动晚会在中天钢铁体育馆隆重举行。这台自始至终充满凝重色彩的赈灾演出，感动着在场的和在电视机前观看演出的所有常州人，也实实在在地激发了常州人对地震灾区人民的深情厚谊——晚会共募得赈灾款1.67亿元。

用一分捐助为灾区添十分力量

“我们的一分捐助，会给灾区人民增添十分的力量；我们的十分爱心，会给灾区人民增添百倍的信心。”晚会上，常州市慈善总会名誉会长、中共常州市委书记范燕青动情地说。

汶川大地震发生之后，常州人民在第一时间就迅速行动起来，在地震不到24小时内，市委、市政府将500万元救灾资金和第一批救灾物资驰援灾区。我市的医疗救援、消防战士、电力抢修队伍也火速奔赴灾区。截至23日，我市募集捐款超过1亿元，全市共产党员交纳的“特殊党费”超过2000万元，有关企业加班加点、赶制的7000顶帐篷和2000多万元药品及医疗器械正在火速运往灾区。但是，由于灾情远远超出人们的想象，灾区目前还急等救助，因此，我市在这特殊情况下举行了特殊的晚会。

范燕青在致辞中说，四川大地震发生之后，我们无不深切地感受到党中央和国务院以人为本的拳拳爱民之心，我们无不深切地感受到地震灾区人民极度的悲痛、悲伤和悲壮，我们无不深切地感受到我们强大的祖国国力和强大的民族凝聚力是我们战胜灾难的有力支撑，我们更加深切地感受到我们常州的人民、企业家、共产党员、各界人士、驻常部队和武警官兵与灾区人民手足情深，同呼吸、共命运，心连心。

范燕青说，我们要化悲痛为力量，全市上下同心协力，一手抓好支援灾区，一手抓好和谐发展，同心协力，紧紧围绕率先基本实现现代化的宏伟目标，努力努力再努力，创新创新再创新，发展发展再发展，把常州明天建设得更加美好！

一次又一次自发捐款把晚会一次又一次推向高潮。昨天上台捐款的有市委、市人大、市政府、市政协的领导，有市各部委办局及所属的事业单位工作人员，有常州知名的企业家，有白发苍苍、由志愿者搀扶上台的老红军，有外国友人，有妈妈带着的孩子……而在观众席上，面对流动募捐箱，市民们也争先恐后、慷慨解囊。100元、1000元、1万元、10万元、100万元、1000万元，赈灾晚会现场处处涌动

着浓浓真情。……（谢韵等）

（原载于2008年5月25日《常州晚报》）

支援灾区市民爱心令人感动 所募捐款全额用于四川救灾

——市慈善总会会长、市长王伟成答记者问

连日来，四川大地震的严重灾情时刻牵扯着全体常州市民的心，广大群众自发捐款捐物，广大企业纷纷慷慨解囊，大家的力量汇聚到一起，向困难中的同胞伸出了无私援助之手。在众志成城、奉献爱心的同时，广大市民也十分关注所捐款物是否都及时交付到了灾区，善款的流转是否得到了有效监管，带着这些问题，记者采访了市慈善总会会长、市长王伟成。

记者：请问王市长，5·12四川大地震后，我市总共已募集到了多少捐款？

王伟成：截止到目前，我市各界累计捐款捐物已达2.53亿元，其中，市政府捐款500万元，市红十字会系统共收到捐款8147.92万元，市民政局社会捐助工作中心、市慈善总会及分会共收到捐款12932.89万元，还收到价值3747.5万元的救灾物资。此外，全市共产党员累计交纳用于支援抗震救灾的“特殊党费”2775万元，团市委收到希望工程款34万元。全市上下为灾区人民奉献了强烈而真挚的爱心。

记者：5月24日举行的“献我爱心、救我同胞”全民捐款赈灾大行动晚会，一次募集到捐款1.75亿元，这在我市历史上是空前的。为什么市民会有这么强烈的捐款热情？

王伟成：是的，5月24日的晚会，在自愿登记领票、自愿上台捐赠、自定捐款数额的前提下，广大企业和市民踊跃表达爱心，纷纷捐款捐物，加上各级机关、事业单位的捐款，晚会现场共募集到捐款1.75亿元，我想，这种强烈的捐款热情，来源于常州这座慈善之城的普遍爱心，来源于全体常州市民与灾区群众血脉相连、风雨同舟的真情实感。大家都看到，晚会现场，有白发苍苍的老红军，有刚从灾区风尘仆仆赶回来的残疾勇士，有眼含热泪的企业家，还有一批批捐款后就迅即离开的市民群众，大家都怀着一颗赤诚之心来为灾区人民献一份爱心。同

时，现场的捐赠热线电话也一直响个不停，许多单位和市民打进电话，共捐赠了 364 万多元的善款。这些都说明了我们常州人民具有多么强烈的爱心，我们常州是一座当之无愧的慈善之城、爱心之都。

当然，赈灾晚会的成功举行也离不开市慈善总会、红十字会、总商会等单位所做的许多引导、组织工作，特别是各级慈善会、红十字会的工作人员，在此次地震发生之后，一直加班加点，一丝不苟做好各项工作，确保广大市民的爱心能真正传递到灾区群众身边，他们确实很辛苦，在此，我也向他们表示衷心的感谢。

记者：有些市民反映，现在很多条线都在发动募捐赈灾，他们担心这样的做法会使爱心捐款变味，对此你的看法如何？

王伟成：首先，对于各条线部门发动募捐的热情应予肯定，大家都是想通过自己的努力，来为灾区人民渡过难关、重建家园多尽一份心力。但是，捐款只能自愿，不能搞行政摊派，也不能太多太滥，更不能超出市民的承受能力，为此，我们已多次强调和反复重申了地震募捐活动中的“一个原则”和“三个不准”。“一个原则”，就是“自愿捐款，量力而行，表达爱心，心到即行”；“三个不准”：一是不准下达指标任务，二是不准部门条线层层发动、重复组织，三是不准在工资奖金中扣除。对此，我们将严格督查，确保令行禁止。

记者：我们注意到，你在多种场合都明确表示，我市募集的全部捐款将全额用于四川救灾，市民对此也都十分关注。请问我市将采取哪些措施，确保募集的捐款能专款专用，全部用于四川救灾？

王伟成：请广大市民特别是各位捐赠者放心，我市募集的款物，将确保全部用于救灾。首先，我市的所有捐款将采用多种形式全部用于四川救灾。具体形式包括：一是直接把款项、物资送至四川灾区，到目前为止总共已送款物共计 5670 万元；二是根据对口支援的原则，我省将挂钩支援四川省德阳市，我市将挂钩支援德阳下辖的绵竹市，我市将根据省里的统一安排，分期分批拨送善款，到目前为止，已拨 1000 万元用于绵竹市临时安置房建设，最近还将根据省里的统一部署，分期分批继续拨送；三是用于对四川安置到我市伤员的救治，我市已接到上级通知，28 日左右，将有 100 名伤员转来我市治疗，我们会全力以赴做好救治工作，这也是广大捐赠者的共同心愿。

其次，严格明确资金使用中的各项纪律，坚决做到“三个不允许”：一是不允许截留一分钱用于本地的建设，包括慈善事业，二是不允许在捐款中开支任何行政性费用，三是不允许将捐款临时移作他用。

第三，坚持阳光操作，及时将善款募集和使用情况通过媒体公开，接受市民及捐赠者的监督。

第四，此次募捐活动最终结束后，将组织审计部门严格审计，并将审计结果向社会公布。（王迪）

（原载于2008年5月27日《常州日报》）

2.8亿元：倾城之爱

——常州全民赈灾大行动纪实

刚刚过去的15天，令每个人终生难忘。

四川大地震，像一声惊雷，悲痛之时，激发起全中国人民如潮的爱心。常州，在全市范围展开了一场史无前例的慈善大行动。从市委书记市长，到普通市民，从耄耋老人，到少年儿童，从企事业单位干部职工，到失业下岗的困难群众，捐款捐物、出钱出力，一笔笔款项、一车车物资，带着常州人民的体温和情意，汇往灾区，运往灾区。

截至目前，我市各界累计捐款捐物已达2.53亿元，其中，市政府捐款500万元，市红十字会系统共收到捐款8147.92万元，市民政局社会捐助工作中心、市慈善总会及分会共收到捐款12932.89万元，还收到价值3747.5万元的救灾物资。此外，全市共产党员累计交纳用于支援抗震救灾的“特殊党费”2775万元，团市委收到希望工程款34万元。全市上下为灾区人民捐款捐物合计已达2.8亿元。

大灾迸发出大爱，大爱凝聚成大力；慈善之都铸就了爱的丰碑，常州人民展现了团结的力量。人们从此更加坚信，常州是多么可爱的城市，常州是多么值得敬仰的城市，常州从此将走得更加稳健，更加从容，更加自信！

爱，不能用金钱衡量；但有些时候，又需要用金钱衡量。2.8亿元不是一个简单的数字，它饱含了常州人民的倾城之爱。在这个数字背后，有着太多太多感人至深的故事……

一

灾情就是命令，时间就是生命。惊闻灾情，常州市委、市政府在第一时间就向灾区发出慰问电，并立即捐赠500万元。地震发生不到24小时，市委、市政府已将首笔募捐资金汇达灾区，并将第一批救灾物资火速送往灾区。同时，在市级机关发起捐款大行动。市委书记范燕青、市长王伟成身先士卒，率先垂范，全体机关干部踊跃捐款。紧接着，市委组织部根据中央组织部精神，同意接受党员以“特殊党费”形式向灾区捐款，正在中央党校学习的范燕青特地委托工作人员，到组织部代交2000元“特殊党费”；市长王伟成、市政协主席于超带领市四套班子党员领导，赶到组织部交纳“特殊党费”。

交纳“特殊党费”，成为全市党员心目中的光荣使命。市级机关、市各公司、直属单位，以及民营企业家、离退休人员、农民队伍中的广大共产党员都积极行动起来，加入到交纳“特殊党费”的行列中。躺在医院病床上的92岁高龄老红军、原市老领导池道生通过机关同志转交1000元捐款；同龄的老红军、原市老领导刘瑞祥，三次捐款7000多元，其中5000元作为“特殊党费”。陈玉英、汤永安等市老领导也纷纷捐款。

东恒集团董事长史建明以党员身份交纳了10000元“特殊党费”。57岁的退休党员包玉芳是位盲人，执意前往，辗转3个小时，捐出退休工资2000元。赴新西兰探亲的市审计局退休干部刘吉铭，通过越洋电话交“特殊党费”300元。在英国莱斯特大学读硕士的黄海博捐出160元稿费和打工挣来的500元钱，作为“特殊党费”；一些入党积极分子也主动要求交纳“特殊党费”。

感人的场面一幕幕，感人的事迹一桩桩……

24日，全市在已捐赠1.2亿元的基础上，再掀捐献热潮，捐赠额迅速越过2个亿，彰显了慈善之都的浩大情怀和奉献精神。市委书记范燕青当天晚上在常州全民赈灾大行动晚会上，向全市人民发表讲话。他高度称赞常州人民的爱国觉悟和人道主义精神，代表市委、市人大、市政府、市政协，向全市人民、全市企业家、全市共产党员、全市各界人士、驻常部队和武警官兵，表示衷心的感谢和崇高的敬意！

全市人民的爱心需要发动，也需要引导，这是对爱心的最好保护。市长王伟成在适当时机召集媒体会议，对于市民的爱国热情和对灾区人民的真切感情表示十分感动，“一方有难，八方支援，这是中华民族的传统美德。抗震救灾，常州有爱！常州人民永远和灾区人民同呼吸，共命运，心连心。”同时他也希望全市上下要一手抓支持灾区抗震救灾，一手抓经济社会发展，用经济大发展来体现对灾区人民的大支持。

市领导和广大党员干部的模范带头作用，给全市人民树立了榜样，也极大地带动了全市人民的爱心行动，全市性的赈灾大行动如火如荼而又有条不紊地铺展开来，汇成了一曲曲波澜壮阔的爱的壮歌。

二

大灾有大爱。常州企业界迅速行动起来，担当起对国家和社会的责任与义务。

现代公司在第一时间就捐赠了19台工程机械，并承担19个操作人员的费用。很快，众志成城，众多企业的捐款铸就了慈善之都爱心大厦的栋梁。

中天钢铁集团有限公司捐赠总额达到了1150万元。公司广大员工决心多炼钢、炼好钢，以实际行动支援灾区人民重建家园。集团董事长、江苏省首届“慈善之星”董才平，在第一时间向武进区红十字会捐出100万元。他还在第一时间赶到市委组织部，以一名普通党员的身份交纳“特殊党费”10万元，成为全市迄今为止交纳“特殊党费”最多的一名共产党员，并鼓励本企业党员积极交纳“特殊党费”。

在灾难到来的时候，江苏新城房产做了三件事：第一件，在5月12日汶川大地震后，立即通知在公司的汶川员工，付清其所有工钱，让他们尽快与亲人团聚。第二件，在最短的时间内送他们上火车回家乡。同时在第一时间出资118万元支援灾区。第三件，就是再次为灾区捐赠1000万元。董事长王振华说得好：“这就是新城人的爱心，更是新城集团的社会责任。”

亚邦化工集团捐款捐药800万元，子公司强生药业有限公司支援灾区药品180多万元。总经理杨建说：“捐助受灾同胞是我们企业应尽的社会责任，希望灾区同胞能坚强地面对灾难，重新早日建好家园。”

常州四药连日来加班加点生产灾区急需药品，并且捐款捐赠药品达到600万元。截至20日，我市医药行业已向地震灾区捐赠了2300万元的抗震救灾药品、医疗器械及现金等，其中30家药品生产企业捐献药品价值906.5万元，医疗器械生产企业捐献各类医疗器械价值1288万元。

江苏金峰水泥集团公司到目前为止共捐款530万元，党委书记、董事长徐贵生赶到溧阳市委组织部，交纳“特殊党费”5万元。他说：“金峰是老区土地上脱颖而出的企业，我是老区人民培养的企业家，回报社会，是老区人的天职，我们的捐款，代表了老区对灾区的一份心意！”

江苏常发实业集团有限公司向灾区捐赠300万元，集团员工自发捐款近20万元。

百兴集团在企业发展的同时，没有忘记回报社会，公司紧急筹措三天，价值80万元的帐篷和防雨布收集到位，集团员工自发捐献共计41.846万元。百兴集团总共捐款300万元，董事长茹伯兴说：“我们将尽自己的绵薄之力，增强灾区受难群众抵抗灾难的信心，帮助灾区人民摆脱灾难，重建美好家园。”

“四川有难，华光有爱”。常州华光房地产开发有限公司自发开展为灾区献爱心活动，共向四川灾区捐款达300万元，表达了华光员工对灾区人民的深情厚谊。

红星美凯龙在第一时间捐资200万元，通过全国妇联送往灾区；泰富百货迅速捐款100多万元；世纪金田集团在第一时间通过常州慈善总会向汶川地震灾区捐资10万元，15日、16日，又连续两次举行了捐赠活动。

……

不少企业家深知效益来之不易，日常生活坚守朴素清贫，但是，一旦国家需要，他们都深明大义，慷慨解囊。“钱要用在刀刃上！民族、国家有难，我贡献微薄之力义不容辞，这是做人起码的道德，这是基本的真善美。我做得还远远不够!”华泰房产董事长张琪涛的一番话，说出了许多企业家的共同心声。

许多企业自发捐款都不止一次、两次，随着灾情的发展，企业家的奉献也在继续。得知24日晚我市举行“献我爱心、救我同胞”全民赈灾活动，许多心系灾区的企业，如中天钢铁、亚邦化工、新城房产、百兴集团、江南实业、常发集团、远宇电子、九洲集团、第四制药厂、东海证券、金峰水泥、华朋集团、普灵仕集团等，在前期已经捐款的情况下，又纷纷来到市慈善总会，领取赈灾活动入场券，要求再追加捐赠善款。一些在常的台资企业，如常州光阳摩托车公司、常州振扬电子有限公司、常州旭荣针织印染公司、常州国泰建设发展公司等也争相报名参加。常州公路运输有限公司、常州交运集团有限公司、港华燃气、常州中铁科技、美利隆广告、慧眼保健品等一大批企业，闻讯后也纷纷前往取票。晚会，成为常州众多企业家的爱心大迸发。

三

龙城处处成为爱心的海洋。

十多天来，全体常州人民都投入奉献爱心的洪流之中。每天，在城市的不同地方，一个个感人肺腑的故事在发生，涓涓细流，汇成了爱的暖流，人们不但被灾区的救援场面感动着，也常常为身边普通人的言行怦然心动。

一位平时连6毛钱公交车费都舍不得花的市民，主动走进红十字会捐款点，捐出20元；

一位高位截瘫残疾人，艰难地拄着双拐赶到红十字会，捐了200元后默默离开；

在春江镇煤球厂打工的17名民工，捐出了带着煤屑的3700元现金；

102岁的王传娣老人在小辈的搀扶下，来到村里捐赠点，把100元人民币投进捐款箱；

祖籍常州厚余的97岁日本华侨章英明先生，从电视里看到四川大地震的消息后，急切地想为灾区做点实事，他通过常州亲友向市慈善总会捐出了10万日元；

市一中全校师生一次就募集53万余元，孩子们说："我们可以少吃一点零食，少买一个玩具，少穿一件新衣，把节省下来的钱购置更多的'手拉手'帐篷。"

家住勤业新村106幢的马根法老人已处在病危状态，每当神志清醒时，老人都要盯着电视机，默默关注灾区情况，看到动情之处常常老泪纵横，他执意让子女代捐100元爱心款。当家人捐款后回到家，老人已经与世长辞；

汪小龙（肢残）、周岐南（耳残）、严春荣（肢残）、李柯芝（肢残），4名残疾人日夜兼程，轮流驾车，奔赴四川，把价值10万元的物资送到灾民手中，24日又再次捐款；

24日晚上的赈灾晚会，更多的普通市民自发前来。在场外设立的捐款箱旁，许多已经无法进场的市民捐了款却不肯留下姓名，其中一位带着孙子前来的老人一下子捐出2万元，却怎么也不肯向追问的媒体记者透露姓名。

这样的细节每天都在城市的各个角落发生着，这些默默无闻的普通人，从自己的微薄收入中挤出捐款，救援千里之外素不相识的同胞，他们不求回报，不求被人知晓，只为表达一份诚挚的心意。

2.8亿元，一个温暖的数字，很多很多常州人用爱心汇成了它；2.8亿元，一个闪光的数字，很多很多常州人的精神照耀着它；2.8亿元，一个没有止境的数字，常州人的爱还在延续，延续……（胡国华）

（原载于2008年5月27日《常州日报》）

力量之城

——常州全民赈灾大行动纪实（下篇）

大地在颤抖，仿佛天空在燃烧。2008 年 5 月 12 日下午 2 时 28 分突然袭来的四川汶川大地震，揪紧了全国人民的心，揪紧了常州人民的心。沧海横流，更显英雄本色。从这一刻起，常州在全民赈灾捐款的同时，一场捐赠急需物资和做出人力支持的爱的接力，也全面展开。

据市红十字会和市慈善总会的统计，截至 5 月 26 日 11 时，我市红十字会系统收到捐赠物资价值近 5000 万元；截至 5 月 26 日下午 2 时，我市民政局社会捐助工作中心、市慈善总会及分会共收到捐赠物资价值 1553 万元。并有消防、医疗急救、疾控防疫、供电、供水、公路、心理咨询……多路人马紧急奔赴灾区。

一

当四川大地震的第一震波传到中吴大地时，市委、市政府就发出第一指令：灾区需要什么，常州就支援什么！

帐篷！药品！市领导迅速赶赴药品、帐篷等生产企业察看加班加点生产情况，明确要求保质保量保进度。

5 月 12 日，正在美国参加会议的常州侨裕旅游用品有限公司董事长陈礼斌，从当地新闻中得知这一消息后，当即决定改变计划，连夜回国。13 日早晨，他和总经理杨伟民就出现在车间里。当时，一批出口美国的度假帐篷和野营床正要启运，陈礼斌当即决定，暂缓出口，组织人员以最快的速度改装成适合灾区使用的救灾帐篷和医疗急救床，由此带来的损失由侨裕承担。说干就干！侨裕动员全体员工，分成两班，日夜赶工，就连后勤人员也增补到了一线。添加围布、增设固定绳扣……14 日清晨，一辆辆满载货品的货车驶出厂门，价值 110 万元的 1000 顶救灾帐篷、2000 张医疗急救床作为我市首批捐赠救灾物资之一，紧急发往灾区。和侨裕一样，常州明和塑胶有限公司等，也在日夜生产，保质保量保进度，确保能为灾区群众安上一个临时的家。

拯救生命的药品，同样是灾区最紧缺的物资。常州制药企业在第一时间就行动起来。江苏亚邦药业集团、常州四药制药有限公司、常州奥创集团、常州方圆制药有限公司、康辉医疗器械公司……一个个医药企业开足马力，赶制灾区急需的药品和医疗器械。

集科研、开发、生产、营销于一身的常州四药制药有限公司有着很强的实力，他们开发的新药在全国名列前茅。当他们第一时间得知四川大地震后，立即启动紧急程序，在捐赠药品的同时，从地震第二天起所有员工自愿加班加点，公司也在网上随时关注卫生部、四川省卫生厅抗震救灾办公室发布的药品目录，第一时间了解灾区急需药品。16 日晚，四川省卫生厅公布第二批药品目录，四药公司生产的高效镇痛药芬太克赫然在列。21 日凌晨 5 点多，他们又将第二批救援药品——15 箱高效镇痛药芬太克贴剂空运至灾区。当天下午 2 点到达灾区，立即分发到医疗救助现场，派上了急用。这些天来，常州四药共捐款物 600 万元。为保证灾区人民用药，5 月份他们决定增产 1000 万元镇痛、止血药，作为应急储备；并且实施对指定药品的滚动捐献。

同样作为医药骨干企业的亚邦集团也在第一时间紧急行动。就在 5 月 26 日早晨，两辆满载着高级毛毯、防毒口罩、一次性注射器和头孢克肟胶囊、头孢羟胺苄胶囊、美洛昔康分散片、甲磺酸、培氟沙星注射液等抗生素类药品价值 600 多万元的灾区急需物资，星夜兼程赶往重灾区绵阳。随车护送物资的集团办公室主任周苏云动情地说，“灾区人民正在受难，我们心里很难过，恨不得马上就把东西送过去，早日为抗震救灾发挥作用。”汶川地震发生后，亚邦集团已捐款捐药捐物共 800 万元。

常州现代更是在第一时间想到了救灾急需，立即捐赠了 19 台工程机械，并且承担 19 名操作人员的费用。

曾经经受过 1979 年溧阳地震的江苏华朋集团员工，对地震给人类造成的灾难更有锥心钻骨般的痛，那次地震也给溧阳人民的生命和财产带来很大损失。这次一得到汶川地震的消息，华朋集团立即捐出 500 万元款物。看着电视里四川山崩地裂的画面，集团总经理钱洪金眼睛湿润了，他说，这次汶川大地震给了我心灵的洗礼。1979 年，溧阳地震得到全社会的关爱与援助，关心四川灾区更是每个溧阳人应尽的义务。再说，华朋的发展，离不开社会的支持，回报社会是华朋的责任！

这样的企业家，常州还有很多很多。

二

四川汶川大地震使人民生命财产遭受了重大损失，社会基础设施遭到重大破坏。市委、市政府立即决定根据省里要求派出消防官兵、医护人员和电力工程技术人员等，迅速赶赴灾区第一线。泰山崩于前，而色不变！我市派出的多路人马在随时都有余震，随时都有生命危险的险绝之地救人、修路、消杀、防疫、发电，解救了一个个生命。在艰苦的救灾过程中，他们饿了来不及啃口饼，渴了顾不上喝口水，只有一个信念：救人！5 月 21 日，市委、市政府发出了慰问电，同时鼓励他们再接再厉，再立新功。

常州的消防、医疗急救、疾控防疫、供电、供水、公路、心理咨询等多支队伍在灾区艰苦奋战，谱写了一曲曲英雄壮歌。

一到灾区，常州消防官兵立即投入搜救行动。5 月 21 日常州官兵接到指挥部命令，要火速抽调 20 人组成突击队，从北川赶往什邡增援。具体任务是 23 日一大早前往红白镇红松村一级电站执行搜救任务。而到红白镇，沿途多处山体滑坡成为拦路虎，好不容易队伍赶到这座在地震后一度成为深山中与世隔绝的小镇。而要深入其中到红松村水电站执行搜救，则更加危险。地震之后，红松村发生山体滑坡和泥石流，交通、通信等完全中断。水电站里有 4 名员工，地震之后就没见他们出来，因搜救任务重、山体陡峭危险，还没有搜救人员能够进得去。

我市 20 人的突击队小心地沿着铁轨前进，遇到被阻断的地方，就爬山绕行。途中不时发生余震，脚底下的山体已经松动，每踩一步都有碎石往谷底滑落，一不小心就会摔落山崖。原本架在两山之间的高架铁路桥基本被毁，正在抢修铁路的中铁二局的工人用木板架了一道空中独木桥，“桥面”宽不过四五十厘米，长约四百米，站立在桥上，抬头往上，泥石流随时会滚落；往前，是被冲毁、坍塌的路面；往下，是深不可测的峡谷，只听到急水撞石的响声。

经约 2 个半小时的艰苦跋涉，11 点 30 分，突击队到达发电厂。发电厂的大坝被完全冲毁，宿舍遭泥石流覆盖仅剩下屋顶，一级电站离队员所在位置有约 30 米的落差，坡面呈 60 度。队员们抓着树木，摸着石头，下到坝上，在每一个角落展开搜救。

抗震救灾，消杀防疫工作凸显。从5 月 16 日起，常州疾控中心已经派出三批防疫专家和医生奔赴北川、德阳、什邡等地。在那里，常州疾控人冒着生命危险，每天步行背着 30 多公斤的喷雾器，对遗体、动物尸体和垃圾进行消杀，抓紧时间做流行病调查、疾病监控、环境卫生处理，帮助当地群众到山上寻找饮用水水源并检测。他们深入什邡市银华、红白、八角三个受灾最严重的镇进行工作。22 日，由常州市疾控中心副主任吉俊敏带队的第三批专家，一到什邡发现情况十分严重：有的村民因为没吃的，就找来一些动物尸体吃，有不少地方合格的饮用水也难以找到……面对面广量大的工作，仅靠专家们“十几个人，七八条枪”是远远不够的，当天下午他们就开展屡试不爽的“人民战争”，找到当地村主任、村民小组长，把他们组织起来，先行培训，进行健康教育，然后由他们再教村民如何消杀。

在灾区，常州疾控人员的工作条件非常恶劣，每天，背着 30 多公斤的消毒药水，摸爬 10 多公里的路，面对的是垃圾、粪便、厕所；每天，闻着呛人的消毒剂、杀虫剂的味道，忍着恶臭和烈日蒸烤，汗水肆虐淌下却又无法擦拭；每天，小心提防着余震随时落下的重物，哪怕突然下大雨也不敢找地方躲雨，一天只能吃两顿方便面……但是，没有一个怕死的，更没有一个怕苦的。

在北川、在什邡、在德阳……哪里最需要，哪里有危险，哪里就有常州人的身影。常州的消防、医疗急救、疾控防疫、供电、供水、公路、心理咨询等救灾队伍，时时刻刻都在为抢救灾区群众的生命和财产奉献着！

三

更多的常州人在行动。

一群身体残疾的特殊人群也和全市人民一样，为灾区人民而痛而哭而热血沸腾。常州西湖茶叶公司总经理汪小龙一心想着如何来帮一帮这些兄弟姐妹。他的想法，得到另外三位残障人士周岐南、严春荣、李柯芝的积极响应，他们每人捐出 25000 元，于 16 日星夜兼程奔赴四川。路上食宿在汽车上，饿了吃点饼干、苹果，渴了喝点矿泉水。17 日深夜他们赶到了成都，四川省民政厅的同志看到他们十分感动，民政厅负责同志拉着他们的手感动地说：“你们是全国第一批进入灾区献爱心的残疾人，感谢，感谢!”在经历了 6 级多的余震后，18 日一早他们来到成都麦德龙超市，购买了 500 条棉被、2000 条毛巾、500 件汗衫和洗衣粉、药肥皂，立即装车；中午就在麦德龙超市打了一点饭菜充饥。下午 2 点，他们一路驱车来到都江堰救灾总指挥部的救灾物资接收点，一位从山区来的镇长已经等在那里，物资马上转驳到他们的车上。那位镇长说，山区昼夜温差大，晚上要盖被子的，你们的棉被来得正是时候，灾民们盖在身上是暖在心里啊！汪小龙以自己的切身经历，帮助这些必须面对残酷现实的灾区群众，他说，“身残不可怕，可怕的是心残。我们要做的是正视现实，身残志不残，自强不息!”回到常州后，他代表 4

位残障人士又决定追加捐赠，每人再捐 5 万元现金。

爱心在跳动，热流在奔涌。“请将我的血送到汶川!”常州儿女不仅踊跃捐款捐物，更是伸出胳膊，献上自己的一腔热血。血液，作为一种特殊物资，也是抗震救灾前线最急需的。灾区紧缺 AB 型血，我市市民纷纷涌向各采血点，撸起袖子，伸出胳膊：“请抽我的，请抽我的……”已经有过 5 次献血经历的卜秋静，13 日上午向她的南大同学以及初中、高中同学发送了 100 多条短信，呼吁大家参与到抗震救灾献血者的队伍中去。在她的倡议下，半天工夫就有 11 位同学献出了 2000 余毫升的鲜血。

“请将我的血送到汶川!”还是在这天上午，市民徐文霞和她的朋友耿红强烈要求献血。他俩说，“我们没有更多的办法去帮灾区的兄弟姐妹，只能请求将我们的血送到汶川……”泰富百货老总号召员工献出自己的热血，红十字中心血站的同志赶到“泰富”，为 300 多位员工验了血型、做了登记。同样在行动的还有“无偿献血志愿服务队”，在献血屋前、采血车上，到处都有志愿者忙碌的身影。有的全单位的都来了，也有夫妻结伴前来的，还有全家齐上阵的，更有从乡下打的赶来的。在 13 日以后的四五天里，就登记了 5000 多名献血志愿者。在中国人群中，Rh 阴性血型只占千分之一到二，属稀有血型，血站还建立了 Rh 阴性血源队伍，以备不时之需。

每一个企业都闪烁着仁爱的光芒，每一位市民都奉献着自己的爱心。帐篷、被服、衣服、药品、医疗器械、装载机、挖掘机、行军床、消杀药品……浩浩荡荡，源源不断，送往灾区。常州，每天都在上演着催人泪下的“爱的奉献”。一位年轻的妈妈从电视里看到灾区的孩子正在遭罪，立即买了米粉和奶粉送到我市的捐赠点。她说，我也是孩子的妈妈，我最看不得孩子受委屈，虽然送的东西不多，但这是一个妈妈的心意；25 日，一位年过七旬的老大妈，颤颤巍巍地捧着一条羊毛毯走进红十字会办公室，她喘着气说，请你们一定送到灾区去给那里的同胞挡风御寒；天宁区北环南村幼儿园 200 多位小朋友用幼稚的童音喊出了“少买一件玩具，少吃一包零食”的口号，和家长在捐了 5000 多元钱后，意犹未尽，又捐了一批衣服。

市红十字会秘书长马绿萍动情地说，我们每天都沉浸在常州人民“献我爱心、救我同胞”的巨大暖流中。

常州，一座爱心之城，一座慈善之城，一座力量之城!（周逸敏）

（原载于 2008 年 5 月 28 日《常州日报》）

121 名四川地震伤员昨晚护接抵常

市长王伟成第一时间来到病床前

千山万水，血脉相连。昨晚8时许，从四川成都始发的“救27”次专列缓缓驶入常州站，121名四川地震伤员由60辆急救车经“绿色通道”，迅速转入我市第一、第二、第三人民医院和中医医院治疗。晚上9点30分，市长王伟成来到市第一人民医院，代表市委、市政府和全市人民亲切看望慰问刚刚抵达常州治疗的四川地震伤员，并预祝他们早日康复。

按照中央和省的统一部署，“救27”次专列于5月28日从成都出发，沿途在徐州、镇江分流了部分伤员。为减轻伤员的痛苦和心理创伤，我市专门派出由20名医护人员组成的小分队先期抵达成都全程护接，在转运途中，伤员们得到了精心护理。

据医护人员介绍，这些伤员主要来自四川绵阳地区，伤情大多为四肢、胸和腰部骨折。为了让地震伤员在我市得到一流的医疗服务，我市各大医疗机构连日来都做了精心的准备：腾出了设施环境最好的病房作为收治伤员的“爱心病区”，同时抽调了以中高级职称为主的骨干人员组成医疗护理小组。

当晚，市一院、二院、三院和中医医院均派出医护人员早早地等候在车站，分别将51名、30名、20名、20名伤员接到医院。据了解，伤员在常期间接受的所有治疗护理都将实行免费，该笔费用将主要来自近期市慈善总会和市红十字会所收到的社会各界的爱心捐赠。

地震伤员的到来受到了我市广大市民的热切关注。在火车站出站口，千余市民有序地聚集在通道两侧，对每一辆驶出的急救车投来关切的目光；在第一人民医院病房大楼入口，数百名住院患者自发地聚集在此，每一位伤员转入，伴随而来的是周围一片鼓励的掌声。“此时我又难过，又激动。”

已在常州生活了4年的四川巴中姑娘张瑶瑶正在一院骨科病区治疗，她眼含热泪目送一位位老乡从身旁经过，“让我难过的是他们被无情的地震残忍地伤害，让我激动的是善良的常州人民对他们的真挚爱心，我只想说，感谢常州人民!”

“常州就是你们的家，我们都是你们的亲人，请你们安心养伤，祝你们早日康复!”在宽敞明亮的一院15楼“爱心病区”，王伟成走到伤员的床前，详细询问他们的病情和受灾情况，细心嘱咐他们放心养伤。10岁的小姑娘沈朦来自绵竹汉旺镇，地震时她从学校4楼教室跳下，身上多处骨折。小姑娘看到有这么多热心人都来看她，圆圆的脸蛋上泛起了笑容，连声说:“谢谢伯伯、阿姨!”王伟成微笑着俯下身，轻轻抚摩着沈朦的小脸蛋，安慰她说:“有什么困难都可以和这些叔叔、阿姨说，他们都会帮助你的，在这里就像在家里一样！等你的伤好了，如果你愿意的话，你还可以在这里读书，和常州的小朋友们共同成长!”王伟成还嘱咐在场的医务人员，要为灾区伤员提供最好的医疗和护理服务，并适时进行适当的心理疏导，帮助这些伤员尽快康复。

在记者采访结束即将离开一院“爱心病区”时，热腾腾的粥和各色点心被一辆辆小推车送到了各个病房，护士长告诉记者，这是医院为远道而来的伤员家属准备的点心，而伤员由于今天要进行抽血化验而不能进食，以后医院将保证每一位伤员及其家属的营养需要。

省卫生厅副厅长姜锡梅、副市长居丽琴以及市政府秘书长赵忠齐一同参加慰问。(杨杰)

(原载于2008年5月30日《常州日报》)

武进区红十字会召开第八次会员代表大会

7月18日，常州市武进区红十字会第八次会员代表大会隆重召开。常州市委常委、武进区委书记沈瑞卿出席大会并讲话，省红十字会党组成员、秘书长单加海到会祝贺，武进区领导徐伟南、杨春龙、钱国忠、黄汉林、张美以及常州市红十字会秘书长马绿萍等出席了大会。

沈瑞卿书记在讲话中充分肯定了区红十字会5年来的工作，并对当前及今后一个时期的红十字会工作提出了5点希望：一是要以更新的理念来指导红十字工作；二是要以更实的举措来提升救助能力；三是要以更大的力度来开展人道服务；四是要以更高的要求来加强自身建设；五是要以更强的合力来推进红十字事业。

大会审议并通过了区红十字会第七届理事会工作报告及《武进红十字事业2008—2012年发展规划》，选举产生了新一届理事会理事；理事会聘请市委常委、区委书记沈瑞卿，区长徐伟南为区红十字会名誉会长。大会选举区政府副区长张美为区红十字会会长，徐红为区红十字会常务副会长，王小伟等9位同志为区红十字会副会长；经张美会长提名，王小伟同志兼任秘书长。大会还表彰了在这次抗震救灾中获得荣誉称号的单位。（刘丽萍）

（原载于2008年第7期《江苏红十字》）

2008年全省红十字报刊宣传工作获奖单位

市级先进奖：常州市红十字会；
县级突出贡献奖：武进区红十字会；
县级先进奖：溧阳市红十字会。

（原载于2008年第10期《江苏红十字》）

2009 年

常州市红十字会召开常务理事会议

去年 12 月 26 日，常州市红十字会召开了 2008 年度常务理事会议，副市长、市红十字会会长居丽琴，常务副会长俞坚等 19 名常务理事出席了会议。

俞坚受会长委托，向常务理事会报告了 2008 年工作和 2009 年工作要点。2008 年，常州市红十字会在市委、市政府及省红十字会的领导下，在市各有关部门的关心支持下，在全市红十字工作者的共同努力下，各项工作扎实推进。特别是在去年年初抗冰雪灾害和“5·12”汶川大地震的抗震救灾过程中，全市红十字会系统反应迅速、组织有序、工作有力、成绩突出，市红十字会被省红十字会评为支援抗震救灾先进集体。他全面系统地总结了市红十字会在即将过去的一年中所取得的一系列重大成绩和突破，又从学习实践科学发展观、召开第九次会员代表大会、积极参与灾后重建工作、组建省运会志愿者服务队伍、开展公务员急救知识培训、切实抓好常规工作等 6 个方面对 2009 年的主要工作进行了说明。大会审议并通过了工作报告。

居丽琴会长对市红十字会 2008 年的工作给予了充分肯定，并向各理事单位和各位常务理事对市红十字会的大力支持表示感谢。她说红十字精神是一种伟大的精神，红十字组织是一个了不起的国际性救援组织，开展红十字工作正逢其时，政府推动，群众信赖，国情需要。当前，全球性经济危机、老龄化加剧、医学研究不断深入等等，都为红十字事业的发展带来了前所未有的机遇和挑战。她强调，全市红十字会在新的一年中要不断创新工作思路，进一步让红十字精神成为一种市民文化；并要求市红十字会不断加大宣传力度，宣传优秀组织、优秀会员的事迹，红十字宣传工作要进社区、进街道、进乡镇，进村落户，让红十字精神入心入脑；要不断加强对各辖市（区）红十字工作的指导，横向到边，纵向到底，大力培养基层骨干组织，推动行业组织、基层单位的红十字工作。最后，她希望市红十字会在各理事单位的帮助下，能够将工作开展得更加深入，更加有效，围绕全市经济、社会发展重点、热点，不断开拓新的工作领域，打造新的特色亮点，提升工作水平，塑造自身形象，为和谐常州建设做出应有贡献，让红十字会成为常州慈善工作的领头羊，成为常州的一面爱心旗帜。(张涛)

（原载于2009年第1期《江苏红十字》）

常州市红会援建首个“红十字博爱卫生站”

去年12月31日，常州市红十字会在金坛市朱林镇唐王村举行了“红十字博爱卫生站”揭牌仪式。

2008年，常州市红十字会参加了由市委组织部、市委农工办、市级机关党工委组织的“党员进老区，万人帮万户”活动，结对帮扶金坛市朱林镇唐王村，并捐助5万元在唐王村援建1所红十字博爱卫生站。卫生站建成后，将为唐王村的村民提供医疗服务，改善老区群众的就医条件。同时，常州市红十字会为唐王村42个贫困户每户发放了500元的医疗补助款及博爱卫生站就医卡。常州市红十字会常务副会长俞坚，金坛市副市长、红十字会会长王艳红共同为常州市红十字会博爱卫生站揭牌。(张涛)

（原载于2009年第1期《江苏红十字》）

“即使双眼永闭，也要看见光明”

“兄弟，希望你能带着我的眼角膜，能够看到我的父母慢慢变老。能看到我朋友们的幸福生活，也希望能带给你更新的生活。这是我对你的祝愿……”“通过捐献，既可以让自己以另外一种方式活在这个世界上，又可以帮助两个人摆脱无尽的黑暗，何乐而不为呢?”这是丁波办理捐赠眼角膜手续时给我们说的话，朴实感人而内涵深刻的话语，感动了在场的每一个人。

27 岁，正是青春绽放的年龄。生活原本对于丁波来讲，就像刚展开的一幅美丽画卷：试用期马上就要结束，还有一天就可以和中天钢铁集团签订合同了，下岗、退休后仍在辛劳的双亲也可以歇歇了，还有心地善良的女朋友……

然而，这一切在顷刻之间仿佛全都离他而去，让这个年轻人不知所措。离完成试用期签合同的日子还有一天时间，丁波臀部上长了个肿块，有拳头大小，确切地说，这个肿块在大学时就有了，只是当时只有硬币大小，不痛不痒，丁波也没在意。后来肿块渐渐长大，直到疼痛难忍时，丁波才想到去医院就诊。一查，居然是恶性肿瘤，已发生骨转移。住院 28 天，花去上万元，虽然医生建议要长期住院治疗，但家里实在没钱了，自己还不是正式工，不好意思向厂里提要求，丁波只得出院在家休养。由于骨转移影响了盆骨，丁波走路发生困难，只能拄单拐行走，甚至要靠父亲搀扶。

病情不断恶化，家庭经济又困难，丁波只得又住到当地一家区级医院。生病期间，书籍成了他最好的朋友，也使他明白了许多道理。在书中他看到了希望，更找到了生命的力量。他开始变得勇敢起来。面对不知在哪个时刻到来的死神，丁波坚强而镇定，也就在这个时刻，丁波做出了一个谁也没有料到的决定……“笑着也过一天，痛苦也是过一天。我何尝不笑着面对每一天呢？我还想做一些有意义的事情，我愿意捐眼角膜。”

去年 7 月 3 日，市红十字会工作人员上门为他办理了捐赠手续，颁发了捐献卡和纪念证书。丁波的感人事迹引起了社会的广泛关注，常州电视台《都市新闻坊》专门对其进行了采访，当地知名网络论坛《化龙巷》关于丁波的跟帖长达近 40 页，一些相识的、不相识的市民纷纷前往探望。这些，都给了丁波莫大的力量。医生说，丁波的病情熬不过 3 个月，顽强的丁波挺过了 5 个月、6 个月……所有的人都在默默祈祷，在盼望着奇迹的发生。

2009 年 1 月 2 日 5 时，新年的钟声还在耳边回荡，与病魔抗争极度疲乏的丁波再也没能睁开眼睛。市红十字会工作人员接到电话后，带领市第二人民医院的眼科医生以最快的速度赶到其所在医院，实施了眼角膜捐献手术。

“希望我的捐献能弥补患者自身的缺陷，能够让患者看到世界，就像我也在看着这个美丽的世界。”这是丁波在办理捐赠手续时说的话。丁波，你放心吧，你的愿望实现了，2 名患者将因为你的奉献而重新看到这个美丽的世界。

另悉，去年12月30日，年仅36岁的武进区孟河医院麻醉师陈玉芳走完了她的人生路。在去世的前一天，她做出了一个决定：去世后将自己的眼角膜捐献出来，给两位患者重新带来了光明。为此，丈夫陈海清专程从孟河镇赶到常州市红十字会，为她办理了捐献登记手续。（俞坚、万志伟）

（原载于2009年第1期《江苏红十字》）

常州市红十字会开展导游培训

2月16日至3月7日，常州市红十字会联合市旅游局对全市持有导游证的专兼职人员进行应急救护培训，以增强导游人员的安全意识和救护技能，降低在旅游活动中遭遇意外事故的致残、致死率，切实保护广大游客的健康和生命安全。全市共有1214名导游参加了培训，经过技能考核，全部取得了由市红十字会颁发的《应急急救训练合格证》。（张涛）

（原载于2009年第3期《江苏红十字》）

常州市红十字会对村博爱卫生站进行调研

2月23日上午，常州市红十字会常务副会长俞坚一行第三次来到金坛市朱林镇唐王村，对援建的博爱卫生站运营情况进行工作调研。

在博爱卫生站内，俞副会长一行看望了正在接受治疗的病人，并叮嘱两位医护人员一定要为老区人民提供优良服务。得知该村一位贫困户的老人身患癌症刚去世，目前家中只有一位老太太和两个儿子，一个儿子身患残疾及智障，另一个也身患癌症，均丧失了劳动能力，生活十分困难时，他们来到她家中看望慰问。俞会长和赈济救护部万志伟部长个人各拿出500元现金送到老人手中，并嘱咐医护人员要定期上门为他们进行医疗服务，村委会也要对这户贫困户予以更多的帮助。

唐王村村民们对博爱卫生站的建立十分欢迎。据村民们介绍，以前去医院看病，需要近1个小时的路程去金坛市医院就医，现在碰上小毛病，足不出村，几分钟就可到博爱卫生站就医。博爱卫生站为全村村民提供热情周到的服务，对行动不方便的重病村民，他们还亲自到村民家中上门救治。村民们表示，博爱卫生站的建立为他们解决了实实在在的大问题，便民利民，感谢常州市红十字会为老区人民办了一件大好事。(张涛)

(原载于2009年第3期《江苏红十字》)

居丽琴到常州仁慈医院调研

3月5日下午，常州市副市长、市红十字会会长居丽琴在常务副会长俞坚的陪同下，对常州仁慈医院进行了调研，并给予了高度评价，希望仁慈医院继续为常州的老年人事业提供更好的服务，为老年病研究做出更大的贡献。(张涛)

(原载于2009年第3期《江苏红十字》)

常州组织学生参加青少年红十字知识网络竞赛

为进一步加强大陆与台港澳红十字青少年的交流，传播红十字基本知识，纪念《1949日内瓦四公约》60周年，中国红十字会总会决定从2008年12月至2009年6月举办大陆与台港澳青少年红十字知识网络竞赛。

前不久，常州市红十字会、市教育局联合下发了通知，要求各辖市(区)红十字会、教育局，各市直学校红十字会认真组织红十字青少年以个人或团体（学校红十字会）身份参加竞赛；通过认真组织参与此次活动，让“人道、博爱、奉献”的红十字精神能够在全市青少年中广泛传播，不断扩大红十字会的社会影响。

竞赛活动将于2009年6月15日结束。活动结束后，市红十字会、市教育局还将联合对获奖团体和个人进行表彰。(张涛)

(原载于2009年第3期《江苏红十字》)

常州红会开展学习实践科学发展观活动

3月17日上午，常州市红十字会召开了开展深入学习实践科学发展观活动动员大会。市红十字会全体干部、职工和退休党员干部参加了动员大会，市学习实践活动第十指导检查组一行三人参加了动员大会。市红十字会常务副会长、党组副书记、学习实践活动领导小组组长俞坚做了动员讲话。

俞坚说，红十字会作为政府人道工作的助手，从事社会救助工作，直接面对广大的弱势群体，肩负着协助政府关注民生、保障和改善民生的崇高使命。因此，我们一定要以这次深入学习实践科学发展观活动为契机，把学习实践科学发展观转化为促进红十字事业发展的强大精神力量和物质力量，坚持学以致用、用以促学、学之有效。符合科学发展观的事情、促进红十字事业发展的事情要全力以赴地去践行，不符合科学发展观的事情、影响红十字事业发展的事情要坚决纠正，真正推进常州红十字事业又好又快地发展。

最后，市委第十指导检查组组长宗茵芬做了重要讲话，她充分肯定了常州市红十字会近期在学习实践科学发展观活动中所做的各项工作，要求市红十字会党组、广大党员干部，要充分认识学习实践科学发展观的重大意义，切实增强责任感和使命感；深入学习市委召开的学习活动动员大会精神，切实增强学习的针对性；正确把握科学发展观的特点，确保学习实践活动取得实效。（张涛）

（原载于2009年第4期《江苏红十字》）

武进区红会与江苏春晖乳业共建“春暖关爱基金”

自今年3月起，常州市武进区红十字会与江苏春晖乳业有限公司共同创立了“春暖关爱基金”，每销售一袋“春晖”牛奶，就有一分钱注入春暖基金，用以帮助那些需要帮助的人。江苏春晖乳业是常州市和江苏省的农业龙头企业，也是我省唯一的“奶牛健康生态养殖基地”。春晖乳业在让顾客分享健康的同时，又传递了爱的暖流。

武进区红十字会希望通过春暖关爱基金的创立让全社会都来关注公益事业，并通过《常州晚报》、《武进日报》、武进红十字网站及中国常州网等媒体向全社会公开征集“春暖关爱基金”标志，得到了社会各界的广泛支持，经过全社会的参与，最终确定了“春暖关爱基金”标志，标志由“W、太阳、心、手、柳条”组成。“W”代表武进；“太阳”代表春晖，表示“春暖关爱基金”由武进红十字会和江苏春晖乳业有限公司共同创立，寓意“春暖关爱基金”将春天温暖的阳光洒满人间；“心”体现了“春暖关爱基金”“人道、博爱、奉献”的红十字精神；“手”寓意“春暖关爱基金”号召大家伸出温暖之手，集社会之力量，把爱心献给需要帮助的人；“柳条”是春天的象征，喻示武进红十字事业和春晖乳业充满无限的生机和活力，武进的社会将更加和谐，人民的生活将更加美好！（刘丽萍）

（原载于2009年第5期《江苏红十字》）

常州红会开展“5·8”活动

为纪念第62个世界红十字日和汶川地震一周年，常州市红十字会于“5·8”活动周期间，先后开展了一系列形式多样、内容丰富的纪念宣传活动。

5月8日，市红十字会在仁慈医院隆重举行常州红十字仁慈医院冠名暨红十字志愿者爱心实践基地揭牌仪式，由此拉开了全市红十字会系统“2009红十字博爱周”系列活动的大幕。仪式上，市红十字会常务副会长俞坚首先宣读了冠名常州红十字仁慈医院及建立红十字志愿者爱心实践基地的决定。市人大常委会副主任赵忠和、市政协副主席陆志奋共同为常州红十字仁慈医院和红十字志愿者爱心实践基地揭牌，副市长居丽琴表示祝贺并做了重要讲话。最后，在场的领导、嘉宾、医务人员、志愿者、部分患者纷纷为市红十字会捐款，将揭牌仪式推向高潮。

5月10日上午，以“凝聚人道力量，建设美好人间”为主题的“2009红十字博爱周”大型广场活动在市人民公园广场隆重举行。本次活动内容丰富，形式多样，包括义诊咨询、文艺演出、无偿献血、义卖活动、现场劝募、版面宣传等。此次活动共义诊咨询1500余人次，参与献血100余人，发放各类宣传资料数百份。不少市民还纷纷伸出援手，奉献爱心。

5 月 12 日，该会还参加了由市减灾办统一组织的街头宣传和咨询活动，现场设置了防灾减灾知识版面，发放应急救护宣传单数百份，耐心解答市民应急救护知识提问。(张涛)

(原载于 2009 年第 5 期《江苏红十字》)

金坛市红会召开五届二次理事会

5 月 21 日下午，金坛市红十字会召开第五届常务理事会第二次会议。金坛市副市长、市红十字会会长王艳红，常务副会长钱跃生，副会长吴亦平、李志方、陈林风和其他 31 位常务理事出席了会议。会议审议通过了由常务副会长钱跃生做的工作报告。

会上，王艳红会长要求市红十字会要加强学习、提高认识，进一步增强做好红十字会工作的责任感和使命感；要抓好落实，进一步做好今年的各项业务工作；要加强自身建设，进一步增强红十字会开展工作的能力，努力开创金坛市红十字会工作的新局面。(金红)

(原载于 2009 年第 6 期《江苏红十字》)

常州红会开展六一慰问儿童活动

在六一国际儿童节到来之际，常州市红十字会遵循人道主义宗旨，结合学校红十字工作的特点和实际，开展了一系列丰富多彩的青少年红十字活动，把弘扬“人道、博爱、奉献”的红十字精神与学校德育教育、未成年人思想道德工作紧密结合，与四川灾区小朋友手拉手、心连心，与广大的少年儿童们一起欢度了这个属于他们的节日。

5 月 27 日，该市盛菊影幼儿园在中天体育馆开展“庆六一，盛幼爱心大义卖”活动。通过义卖形式共筹集善款 9000 多元，并全部捐给市红十字会。为了将这份爱及时送达给灾区的孩子们，6 月 1 日，常州市红十字会及时将这笔善款汇给正在重建中的四川省安县双语艺术幼儿园。按照盛菊影幼儿园师生们的意愿，安县双语艺术幼儿园将用这笔钱采购1台电脑、2台电钢琴和数百册少儿读物。

6月1日上午，市红十字会常务副会长俞坚一行来到常州市东方小学，参加该校六一儿童节表彰大会，并向该校赠送了题为“爱心铸希望，携手向未来”的锦旗，向红十字青少年代表赠送了60册少儿课外阅读书籍。（张涛）

（原载于2009年第6期《江苏红十字》）

溧阳市委书记韩立明到市红十字会调研

5月31日，溧阳市委书记韩立明到溧阳市红十字会调研。她在认真听取了市红十字会领导的工作汇报后，仔细询问了市红十字会前一阶段的工作及人员编制情况。她要求市红十字会注重发挥自身的优势和特点，积极参与、主动配合，当好政府人道工作领域的助手；要热忱关爱弱势群体，努力为弱势群体服务，为建设“效率溧阳”做出应有的贡献。（溧红）

（原载于2009年第6期《江苏红十字》）

常州隆重庆祝“世界献血者日”

为纪念“6·14世界献血者日”，6月13日上午，常州市政府在南大街商业步行街中央广场隆重举行了庆祝活动，表彰了一批积极支持和参与无偿献血工作的爱心市民，包括2006—2007年度“全国无偿献血奉献奖”金奖获得者代表、2005—2007年度“江苏省无偿献血奉献奖”获奖者代表，以及2009年度“侨裕杯”无偿献血知识竞赛获奖者代表共30人。

常州市人大常委会副主任赵忠和，市政府副市长、市红十字会会长居丽琴，市政协副主席陆志奋等领导和嘉宾出席了活动，受表彰的市民和热心群众近300人参加了活动。

今年“世界献血者日”的主题是“继续重视通过实现100%自愿无偿捐献血液和血液成分的目标，改善安全和充足的血液供应”。在“世界献血者日”庆祝活动中，赵良、朱沙、张忙大、杜尔雅等4位无偿献血志愿者，被授予“五星级志愿者”称号，他们每人服务时间超过600小时，最高的个人服务时间超过3000小时，4位志愿者全部参与了“长三角五城骑行宣传无偿献血活动”，历时8天骑行420公里。在庆祝活动上，统一集团向常州市献血办捐赠冰红茶，这批冰红茶将向参加街头自愿无偿献血的常州爱心市民发放。

居丽琴副市长做重要讲话，她说，无偿献血是社会公益事业，是事关人民群众身体健康和生命保障的民生大事，体现的是城市文明进步水平，需要全社会更广泛地参与和支持。她要求，必须以科学发展观统领全市的无偿献血工作，加强领导，进一步提高常州大众对无偿献血工作重要性的认识；要统筹安排，搞好无偿献血配套服务，在繁华地带多建献血屋，方便更多市民参与无偿献血这项人类特有的高尚活动。（张涛）

（原载于2009年第6期《江苏红十字》）

常州市红会为全市21名0～10周岁贫困白血病患儿发放专项救助金

6月30日下午，常州市红十字会举行了0～10周岁贫困白血病患儿专项救助金集中发放仪式，全市21名0～10周岁的贫困患儿每人拿到了5000元的专项救助金。市人大常委会副主任赵忠和，副市长、市红十字会会长居丽琴，市政协副主席陆志奋，市政府副秘书长杭永宝参加了救助金发放仪式。

仪式上，市红十字会常务副会长俞坚首先宣读了向21名贫困白血病患儿发放专项救助金的决定。随后，市领导们共同为家长们发放了救助金。患儿家长代表感谢市红十字会对孩子们的救助，并代表全体家长向市红十字会赠送了一面题有“真情润万物，人道暖人心”的锦旗。

最后，居丽琴代表市政府向受到救助的白血病儿童及其家长表示亲切的慰问，祝愿孩子们能够早日恢复健康，向关心和支持红十字事业的爱心市民表示衷心的感谢，同时也对市红十字会在政府人道领域中的助手作用给予了充分肯定。她要求全市各级红十字组织，要继续传播人道理念，更加关注民生，更加关注弱势群体，研究新情况，解决新问题，奋发努力，开拓进取，为推动全市红十字事业又好又快发展，把常州建

设成为“爱心之城，慈善之都”做出应有贡献。（张涛）

（原载于2009年第7期《江苏红十字》）

常州市红十字会关爱四川孤残单亲儿童

7月4日上午，“常州妈妈”牵手遵道镇儿童爱心夏令营在常州市妇儿中心拉开帷幕，作为“常州妈妈”中一员的市委常委、组织部长杭天珑宣布夏令营开营并授营旗。市红十字会常务副会长俞坚参加了该活动，并看望慰问了来自四川德阳市绵竹遵道镇的21名孤残单亲儿童，为每个孩子送去了500元慰问金和1只行李箱，同时祝愿小朋友们在常州期间玩得开心快乐。

去年5月12日，四川汶川特大地震灾害发生后，全市有近1500名（个）妇女或家庭报名争当“常州妈妈”。去年10月，该市部分“常州妈妈”到四川绵竹遵道镇，与遵道镇148名贫困单亲孤残儿童结对，并向他们赠送助学款和秋冬服装。一年多来，“常州妈妈”在生活上、精神上给予灾区孩子们无私的关怀与帮助，用自己的实际行动传递着爱心，把心与心的距离拉得更近。现在暑假到了，“常州妈妈”们希望把遵道镇的孩子接到常州来，度过一个有意义的假期，而遵道镇的孩子也在远方思念“常州妈妈”们。为此，市妇联组织了21名孤残单亲儿童来常州参加为期一周的“常州妈妈牵手遵道儿童爱心夏令营活动”。

绵竹市妇联主席张艳说，很高兴来常州参加这一活动。过去一年来，常州人民的无私大爱源源不断地涌向灾区，今天又让我们再次见证了这份爱，体验着种种感动。这许许多多，都将成为孩子们成长过程中宝贵的财富和珍贵的记忆，从中也看到了灾区美好的未来。

小朋友李雪代表遵道镇儿童发言。她说，地震中我们失去了很多，但我们也学会了很多、得到了很多，特别是我们多了一份沉甸甸的母爱，我们一定会勤奋学习，热爱生活，用实际行动回报“常州妈妈”和社会各界的关爱。（张涛）

（原载于2009年第7期《江苏红十字》）

常州启动乡镇街头献血模式

7月25日上午，62位居民在逛街买菜之余，走上停泊在常州市武进区横山桥镇苏果超市广场的献血车上献血，这表明常州“乡镇街头献血模式”获得了初步成功。

“乡镇街头献血模式”是常州血站经过长期酝酿后，开展的新型乡镇无偿献血工作模式。随着自愿无偿献血工作的开展，常州无偿献血事业不断向农村延伸，乡镇居民的献血热情越来越高。在此基础上，常州血站进一步掌握各乡镇大型集市和重要活动日期，趁时开展无偿献血宣传活动，此后，在宣传地点采取悬挂无偿献血横幅、张贴宣传画、发放宣传折页等方式，保持宣传效应连续性，一段时间后，选择假日时间，安排献血车到该地点服务居民献血。

这次活动没有政府的组织，没有企事业单位的通知，甚至没有事先的预告，60多位居民，以超乎想象的热情，以关爱社会的强烈责任感，以烈日下安静排队献血的方式，向社会真实地证明了乡镇居民的公益意识和奉献意识，常州“乡镇街头献血模式”首战告捷。（张力超、郑培新）

（原载于2009年第8期《江苏红十字》）

武进区红十字会支助四川灾区学生

9月2日，常州市武进区红十字会常务副会长徐红一行来到四川省绵竹市金花镇金花学校，为该镇的8名贫困大学生和20名贫困中小学生发放了援助金花学子助学金；另外还定向捐赠给绵竹市红十字会6万元，用于支助金花镇贫困学生。（刘丽萍）

（原载于2009年第9期《江苏红十字》）

常州市全面理顺市（区）红十字会管理体制

9月7日，常州市红十字会、市编办正式下发了《关于理顺各区红十字会管理体制的通知》，明确要求4个主城区红十字会要按照《红十字会法》和《章程》独立自主地开展工作，管理体制调整为由各区政府领导联系，机构单独设置，正科级建制，列入群团机关管理。各区根据实际工作要求，为红十字会机关核定编制1~2名，配备专职工作人员。9月10日下午，召开了理顺4个主城区红十字会管理体制工作会议，市红十字会、市编办、各区红十字会、各区编办的主要领导同志出席了会议。会议要求力争10月底前各区红十字会管理体制理顺工作全部到位。(张涛)

（原载于2009年第9期《江苏红十字》）

常州市红十字会开展“世界急救日”纪念活动

9月11日，常州市红十字会在该市江苏工业学院为第17届省运会大学生志愿者200多人，进行了一次应急救护知识培训。9月12日上午，在市人民公园广场组织开展了“世界急救日”宣传纪念活动，现场通过展板宣传、发放急救资料等形式向群众宣传急救知识，还运用案例模型对群众进行心肺复苏等操作示范。9月13日，该会又对全市新组建的4支应急救护队伍进行了一次应急救护知识培训。同时，在市行政中心电子屏上，连续一周滚动播出“急救为人道——纪念第10个世界急救日”宣传标语。另外，各辖市（区）红十字会也开展了形式多样的宣传活动，取得了较好效果。(张涛)

（原载于2009年第9期《江苏红十字》）

常州市红十字会为台湾等灾区开展募捐活动

同胞真情飞越海峡，慈善之都再献大爱。台风“莫拉克”侵袭台湾的消息传来后，常州市民纷纷以各种方式表达对台湾人民的关爱之情。截至9月11日，全市红十字会系统共收到社会各界捐款675.95万元，并陆续汇往台湾等灾区，支援灾区灾后重建。

常州和台湾，两地有着长期的友好关系，自1988年常州市兴办第一家台资企业以来，至今已有台资企业1086家，总投资56.15亿美元，台湾同胞为常州经济发展做出了重要贡献。常州市委、市政府主要领导在第一时间通过市台办向台湾同胞表示了深切的问候。常州企业家和在常投资的台商台胞也纷纷向台湾灾区捐款，表达爱心，在龙城大地，演绎着一幕幕感人的爱的奉献曲。

8月15日，常州市红十字会通过新闻媒体发出了向遭受台风“莫拉克”袭击的海峡两岸同胞伸出援助之手的紧急呼吁。16日上午，常州市台湾同胞投资企业协会会长吴家炎亲自将10万元人民币捐款送到市红十字会，通过红十字会将该款定向捐赠给受灾严重的高雄县。这是常州捐出的第一笔善款。17日上午，溧阳市慈善总会、市红十字会在人民广场举行了“天目湖情牵日月潭赈灾募捐暨慈善一日捐”活动，溧阳市四套班子领导、机关干部、企业家代表、台商代表、市民代表、学生代表等500多人到场捐款。当天下午，共募得80万元，定向捐赠给南投县。此次捐款持续一周。18日，市台属孙泰陵赶到市红十字会，代表红梅街道北环社区卫生服务中心向台湾高雄县台风灾区捐赠了10万元人民币，用于灾区社区医疗卫生重建工作。

连日来，还有众多企业向台湾同胞奉献爱心，先后捐款的有：江苏常发集团100万元；江苏新城实业集团100万元；江苏茅山置业投资公司50万元；常州市台湾同胞投资企业协会会员单位捐款30万元，其中永祺（常州）车业10万元、国泰建设20万元等。（张涛）

（原载于2009年第9期《江苏红十字》）

支援汶川地震灾区超亿元
常州红十字会交出明白账

去年四川汶川发生特大地震以来，常州市各界踊跃奉献爱心，截至2009年9月25日，市红十字会实际收到汶川地震抗震救灾捐赠资金共计9897.37万元，合计支出9885.28万元，结余12.09万元；接受捐赠物资折价5004.96万元，已全部用于四川地震灾区的救灾工作。此外，武进区红十字会接收捐赠款共计1107.4万元，全部由武进区直接用于所对口支援地区。

市红十字会相关负责人介绍，一年多来，我市的捐赠资金主要用于以下6个方面：省红十字会统筹4800万元，用于四川绵竹地震灾区板房建设（2008年5月28日汇交1000万元，2008年7月9日汇交3800万元）；2008年5月13日，市政府统筹100万元，用于首批捐赠四川地震灾区；2009年5月4日，市政府统筹4550.21万元，用于四川德阳绵竹市遵道镇对口援建工作；拨付定向捐款175.55万元，用于四川德阳绵竹市、中江县灾区；拨付258.26万元，用于243名四川赴常伤员救治等；2009年7月4日，使用捐赠资金1.26万元，用于慰问四川德阳绵竹市遵道镇21名孤残单亲儿童。

该负责人表示，结余的捐赠资金12.09万元，近期将全部用于对口支援灾区的恢复重建工作。（杨杰）

（原载于2009年10月12日《常州日报》）

溧阳市红十字会设立“李春平博爱救助基金”

9月26日上午，溧阳市举行“李春平博爱救助基金”启动仪式。溧阳市委书记韩立明、市长盛建良、市政协主席崔国伟、市委副书记顾卫东、副市长唐华新、常州市红十字会常务副会长俞坚、溧阳市红十字会副会长施春俊等出席了仪式。李春平先生捐款200万元人民币设立博爱救助基金，主要用于在革命老区溧阳救助配型成功的白血病患者和家庭特别困难的少年儿童重病患者。

李春平是美籍华人，1991年回国后共向社会不同领域捐助了2亿多元人民币，其中包括在中国红十字会、中华慈善总会、北京市慈善总会等设立的5000万元的博爱慈善基金。

“从小父母就教育我，我属于党，属于人民，要为咱们老百姓做好事，要懂得滴水之恩涌泉相报……”李春平此次来到新四军江南指挥部所在地的溧阳献出自己的爱心，是为了完成他父辈的遗志。李春平的父亲李挺是新四军第三师的干部，当年曾在溧阳工作过。

韩立明书记表示，设立“李春平博爱救助基金”后，在李春平捐资的基础上，溧阳市委、市政府将追加配套资金，也希望更多的爱心人士加入救助白血病和家庭特别困难的重病患者的行列中来，共同建好这个爱心基金。(陆鸿飞)

(原载于2009年第10期《江苏红十字》)

武进区举办首届红十字会专兼职干部培训班

10月14日至15日，常州市武进区红十字会举办了首届红十字会专兼职干部培训班，来自全区各镇、开发区、街道红十字会的会长、秘书长等共计40多人参加了培训。

省红十字会常务副会长张立明，党组书记、专职副会长单加海，党组成员、秘书长李玉宁以及武进区红十字中医院脑外科主任刘玉泉分别为大家讲授了有关红十字基本知识，社区红十字服务工作相关知识，备灾救灾、救护知识，技能培训等知识；同时组织大家参观了武进区横林镇南方村社区红十字服务站和横林实验小学。此次培训的目的是使全区专兼职红十字会干部不仅要了解理论知识，更要掌握具体业务知识，全面提高专兼职干部的理论、业务等方面的水平。通过学习，大家从一定程度上加深了对红十字运动知识的理解，掌握了红十字会业务等知识，为做好今后的区红十字工作夯下了坚实的基础。

在结业典礼上，武进区红十字会常务副会长徐红说，红十字工作是一项扶贫济困、关爱生命、备灾救灾的社会工作，为更好地发挥政府人道工作领域的助手作用，要把红十字工作与本职工作、目标考核、科学发展结合起来。目前区红十字工作已纳入区委、区政府的“五好”镇党委考核和文明镇考核中，希望大家在目标考核的推动下，把科学发展观的学习践行和红十字工作结合起来，把红十字工作当作一项事业来做，在实际工作中锻炼身手，增长才干，在红十字运动理念中彰显爱心情怀，共同谱写红十字工作的新篇章。

常州市红十字会常务副会长俞坚等领导出席了开班仪式。(刘丽萍)

(原载于2009年第10期《江苏红十字》)

江苏省首届“博爱杯”
红十字好新闻评选活动揭晓

江苏省首届“博爱杯”红十字好新闻获奖名单

报刊类二等奖：《他捐出了眼角膜，却没找到接受移植者》《他的眼角膜，让两只眼睛重见光明》，作者张建国（常州晚报社），刊登在《常州晚报》2009 年 1 月 7 日、2009 年 3 月 31 日。

广播类三等奖：《武进区红会举办纪念“5·8”世界红十字日暨“春暖关爱基金”启动仪式》，作者姚汗龙、赵翔（武进广播电台），播出：武进广播电台 2009 年 5 月 8 日。

江苏省首届“博爱杯”红十字好新闻评选活动组织奖获奖名单

常州市红十字会；

常州市新闻工作者协会。

2009 年度全省红十字报刊宣传工作先进单位名单

市级贡献奖：常州市红十字会；

县级特别贡献奖：常州市武进区红十字会；

县级先进奖：溧阳市红十字会。

2009 年度《江苏红十字》好新闻获奖名单

图片《救护培训》，拍摄张涛（常州），刊登：《江苏红十字》2009 年 3 月 20 日第三版。

（原载于 2009 年第 10 期《江苏红十字》）

金坛市红会慰问虞洪庚老

10 月 15 日，金坛市红十字会党支部书记钱跃生等一行 6 人，看望了该市尧塘镇 87 岁老人虞洪庚，给他送去了棉被、营养品等慰问品。同时还感谢老人在台湾遭受“莫拉克”台风袭击后，为台湾同胞捐款 1000 元的善举。（王梅）

（原载于 2009 年第 11 期《江苏红十字》）

常州莫建平成功实现造血干细胞捐献

10月28日，常州市第12例造血干细胞捐献者莫建平在省人民医院顺利完成了捐献，载誉归来。

今年7月份，福建一位血液病患者通过中华骨髓库检索，配型与常州市奔牛医院青年医生莫建平吻合。接到中华骨髓库江苏分库的通知后，市、区红十字会的工作人员找到了莫医生，希望其积极捐献，挽救患者生命。莫医生毫不迟疑，爽快答应，其所在单位奔牛医院也大力支持。经过HLA高分辨检验、严格体检等一系列程序后，莫医生就时刻等待着捐献一刻的到来。

由于患者病情变化，捐献具体时间一直定不下来，莫医生甚至还担心会错过这次机会，一再打电话到市红十字会询问消息。“十一”长假后，江苏省分库正式通知莫医生于10月22日赴宁捐髓。10月22日，在常州市、武进区红十字会工作人员及其妻子的陪同下，莫医生入住省人民医院准备捐献。经过连续4天注射动员剂后，莫医生体内造血干细胞数已经超过正常采集水平。10月27日早晨8点，在省人民医院HLA分流捐献室，开始分流采集造血干细胞，下午1点，采集完成。整个分流采集过程，莫建平显得轻松自然，采集过程十分顺利，一次就达到了要求。随后，江苏省分库工作人员乘坐飞机，将凝聚浓浓爱意的100多毫升造血干细胞立即送往福建，挽救了患者的生命。（万志伟）

（原载于2009年第11期《江苏红十字》）

武进区湖塘镇红会召开二届二次理事会

10月29日，常州市武进区湖塘镇红十字会召开了二届二次理事会。14位理事参加了会议，区红十字会常务副会长徐红应邀出席了会议。会议由湖塘镇红十字会会长徐伟主持，她报告了2009年红十字工作情况，布置了下阶段的红十字工作重点。各位理事就如何开展好湖塘镇红十字会工作提出了建议。

最后，徐红常务副会长对镇红十字会今后的工作提出了三方面的要求：一是形成工作合力、壮大红十字组织；二是加大宣传力度、扩大社会影响；三是加强自身建设、健全规章制度。她还要求镇红十字会要结合自身特点，自觉在广大干群中传播红十字知识和“人道、博爱、奉献”的红十字精神，提倡互相尊重、互相帮助、扶贫济困的良好风气，促进城镇、农村的社会主义精神文明建设，将红十字精神在城镇、农村发扬光大，保障全镇红十字事业的健康有序发展。（刘丽萍）

（原载于2009年第11期《江苏红十字》）

“红十字蓝天助学”活动在武进区马家巷小学举行

11月1日上午，虽然气温骤降，但常州市武进区湖塘镇马家巷新市民小学大院内，却暖流涌动，热闹非凡。常州市红十字会组织市志愿者团体——左岸公益联盟在这里举行了“红十字蓝天助学”启动仪式。

这次活动，左岸公益联盟捐赠马家巷小学图书室价值1万余元的书柜和近5000册图书，实现了该校图书室从无到有的突破。市红十字会常务副会长俞坚与左岸公益联盟负责人裴伟明为“红十字蓝天图书室”揭牌。马家巷新市民小学是一所民办学校，现有学生1200多人，全部是外来打工者子女。由于投入不足，学校条件较差，设施不全，学生家庭条件也普遍较差。仪式现场还为3名志愿者老师发放了聘书。来自城区的一位小朋友还与该校一位特困生进行了“天使一对一”结对，今后将在经济和学习上进行长期帮扶互动。

马家巷新市民小学助学活动仅是该市“红十字蓝天助学”活动的第一站。今后，市红十字会将组织左岸公益联盟通过宣传，发动更多的爱心市民加入这个行列，开展形式多样的助学活动。（万志伟）

（原载于2009年第11期《江苏红十字》）

常州红会认真学习贯彻总会“九大”精神

11月2日下午，常州市红十字会召开专题会议，组织全体工作人员学习中国红十字会“九大”精神，常务副会长俞坚首先向大家介绍了本次大会的整体情况，带领大家重点学习了回良玉副总理的致词和华建敏会长的讲话。大家一致表示，这是新中国成立60周年庆典之后召开的一次盛会，为全国各级红十字会未来5年的工作指明了方向。会议要求，全体工作人员要认真学习“九大”精神，把会议要求贯彻到实际工作中去。

当天，市红十字会还向各辖市（区）红十字会、各团体会员单位、市学校红十字工作委员会下发了《关于学习贯彻中国红十字会第九次全国会员代表大会精神的通知》，全文转发了回良玉副总理和华建敏会长的讲话，要求各地区、各单位结合本地区、本单位实际，认真学习贯彻，不断推进全市红十字事业又好又快地发展。（张涛）

（原载于2009年第11期《江苏红十字》）

省人大教科文卫委开展理顺县（市、区）红十字会管理体制执法调研

为深入贯彻《中华人民共和国红十字会法》《江苏省实施〈中华人民共和国红十字会法〉办法》和江苏省编制委员会《关于理顺县（市、区）红十字会管理体制的通知》精神，11月18日至19日，省人大教科文卫委员会会同省红十字会、省编制委员会组成2个联合调研小组，分别对常州、镇江、南通市以及其下辖的金坛、丹阳和如皋市理顺县（市、区）红十字会管理体制情况进行了执法调研，省人大教科文卫委员会副主任朱正伦、委员贾白南，省红十字会常务副会长潘宗白、专职副会长单加海和省编办有关领导参加了调研。

调研组分别听取了常州市、镇江市、南通市及该市所辖金坛、丹阳、如皋市人大、政府以及人事、编办、卫生等有关部门和红十字会关于执行《中华人民共和国红十字会法》《江苏省实施〈中华人民共和国红十字会法〉办法》和理顺县（市、区）红十字会管理体制情况的汇报。

朱正伦副主任和贾白南委员在执法调研中指出，理顺县（市、区）红十字会管理体制工作，是贯彻落实《江苏省实施〈中华人民共和国红十字会法〉办法》和省编委《关于理顺县（市、区）红十字会管理体制的通知》精神的要求和推进红十字事业快速发展的重大举措，要求当

地政府依法履行支持、资助、保障和监督红十字会的职责，为红十字会独立自主开展工作提供必要的条件。同时，对个别动作缓慢的县（市、区）提出了要求，明确了理顺红十字会管理体制的时限，不论难度有多大，通知必须下发，机构必须确立，编制必须到位，人员必须选准，特别是红十字会的专职副会长，要尽快上常委会研究确定，确保体制一理顺，专职人员就到位。对于理顺管理体制后红十字会的办公场所问题，要求政府帮助协调解决；对于今年经费保障因没有列政府财政预算而难以落实的问题，要求政府和卫生部门支持帮助解决，并对明年的经费要尽快列政府财政预算，确保红十字会工作正常运转。

调研活动中，省红十字会常务副会长潘宗白、专职副会长单加海分别就理顺县（市、区）红十字会管理体制有利于红十字会按照《红十字会法》和《红十字会章程》独立自主地开展工作，有利于加强地方党委、政府对红十字会工作的支持和联系，有利于加强红十字会的宣传筹资和人道救助等几个方面与各地人大、政府及人事、财政、卫生等部门进行了交流沟通，提高了他们对加强红十字会组织建设的认识。

在调研座谈中，各地人大、政府和有关部门的领导表示，将按照省编委的通知精神和这次执法调研要求，尽快发文理顺县（市、区）红十字会的管理体制，明确红十字会由卫生局代管改由县级政府领导联系，机构单独设置，列群团机关管理，经费纳入财政预算，并配备相应的编制，选配好专职副会长，为红十字会独立自主开展工作创造良好的条件。(王月飞)

（原载于2009年第12期《江苏红十字》）

溧阳市红会开展中学生救护培训活动

11月24日，溧阳市红十字会深入燕山中学，为该校300多名学生进行卫生救护知识培训。通过观看录像资料、专家讲课示范、互动等形式，参加培训的学生基本掌握了止血、包扎、固定、搬运和心肺复苏等基础救护知识和技能。

多年来，溧阳市红十字会一直坚持深入学校、社区、企事业单位，为广大学生、居民、机动车驾驶等人员进行救护知识培训，每年培训学员一万多人次。通过培训，学员们对常用的卫生救护知识有了进一步的

了解，从而大大提高了他们在突发情况下的自救和互救能力，受到了社会各界的好评。(陆鸿飞)

(原载于2009年第12期《江苏红十字》)

常州市红十字会召开工作交流研讨会

12月3日，常州市红十字会召开全市红十字会系统2010年工作交流研讨会。会上，回顾总结了2009年工作情况，客观分析了工作中存在的问题和困难。各市（区）红十字会结合各自工作实际，围绕推进全市红十字工作又好又快发展献计献策，并就2010年的主要工作提出了一些建议和意见。市红十字会常务副会长俞坚在听取各市（区）红十字会会长合理化建议的基础上，提出了2010年工作思路和要求。(张涛)

(原载于2009年第12期《江苏红十字》)

2010 年

常州市红会、编办对区级红会管理体制理顺工作进行调研督查

2009 年 12 月 9 日和 23 日，常州市红十字会、市编办先后对该市新北、天宁、钟楼、戚墅堰 4 区理顺区级红十字会管理体制工作进行了调研督查。

各区分管红十字会工作的区长、组织部长和编制部门的相关领导参加了该调研督查。常州市红十字会常务副会长俞坚向各区介绍了全省区级红十字会以及本市各区红十字会管理体制理顺工作推进情况，并就理顺区级红十字会管理体制的法律、法规、政策依据及其重要性做了详细说明。他强调，为促进全市红十字事业健康发展，按照省编委、省红十字会、市编办、市红十字会的文件精神，各区红十字会必须在年底前理顺管理体制，希望各区党委、政府高度重视这项工作，按时按要求完成。各区表示，在今年年底之前，一定把这项工作落实到位。

目前，4 个主城区的编制部门均已正式下发文件，明确了各区红十字会的机构级别、机关性质和编制数，红十字会专职工作人员正在抓紧配备之中。(张涛)

（原载于 2010 年第 1 期《江苏红十字》）

患绝症打工女登记捐献角膜

“捐出来的角膜也是我身体的一部分，以后虽然我不在人世了，还能用另一种形式继续活下去。”处于直肠癌晚期的打工者龙武英，住在常州市第二人民医院，等待着生命之火一天天地临近熄灭。不幸的她在

元旦当天竟被狠心的房东赶出了租住屋。但善良的龙武英和其丈夫仍坚持进行了捐献角膜的登记。

意外查出直肠癌

记者昨天在常州二院急诊大厅留观室见到龙武英时，她正蜷缩在病床上，眉头紧锁，显得十分痛苦。见到记者到来，龙武英说了句“你们好”，说话十分吃力。龙武英告诉记者，她和丈夫都是四川人，今年44岁，在常州打工已经十几年了。夫妻俩十分恩爱，日子也算得上平顺。

“去年五一的时候，感觉腰有点疼。”龙武英告诉记者，一开始她还没在意，以为是自己太累了。“第二天上厕所的时候，发现蹲下去之后，根本疼得站不起来。”5月2日下午，龙武英请假来到武进医院进行检查，结果竟是直肠癌。

突如其来的变故让这个原本就不富裕的家庭深深地陷入了贫困之中。龙武英上班时每月收入一千四五百元，而丈夫在打工，多的时候工资有两千多，少的时候，也只有1700元左右；20岁出头的儿子虽然已经工作，但是收入也在2000元上下，在常州武进一直租房子住。“看这个病一共花了7万多了，其中一半左右都是借来的。”龙武英告诉记者，为了给自己治病，家里早已债台高筑，“如今老公要照顾我，也没办法去上班，自然也就没了工资，儿子又远在外地工作，1月7日又要订婚了……”

狠心房东强行赶人

去年12月31日，租的房子到期后，房东见到龙武英病情较重，说什么也不愿意把房子再租给她住。虽然武进礼嘉派出所多次从中协调，但是对方就是不同意续租。“实在是没办法了，房东说，我们要是不搬出去，就把东西扔出去了，我们只得离开那里。”龙武英告诉记者。

1月2日上午，无处安身的龙武英夫妇被民警接到了派出所，住在了门卫值班室。当天，民警又与常州市红十字会取得了联系，红十字会表示帮助龙武英。最终，在红十字会的联系下，常州市第二人民医院同意收留龙武英。想到自己有了安身之处，绝境中的夫妻俩又感到了一丝温暖。1月3日下午礼嘉派出所派车将夫妻俩送到了常州市二院。

丈夫和儿子都支持

记者昨天在医院并没有见到龙武英的丈夫郝树林，只得通过电话对其进行采访。电话中，郝树林豁达地表示，在他看来，人死之后，如果能为社会做些贡献，绝对是好事一件。见妻子病重难返，他鼓励妻子义捐角膜。“去年七八月有一天，她突然很认真地问我，是不是想要让她捐献角膜。”郝树林于是将自己的想法和盘托出，“她一开始担心会很疼、很痛苦。我给她耐心解释之后，她现在已经完全能理解了。”

去年12月底，郝树林为妻子去做了捐献角膜的登记。“那次正好我的身份证丢了，是我儿子签的字，他对捐献角膜的行为也很认同。”

“现在我在想办法，看看能不能让她转回礼嘉当地的医院，这样我就能继续上班，工作间隙也能去照顾她。”郝树林告诉记者，昨天他已经把自己的想法告诉了所在单位的工会，希望能由工会出面协调。“已经到了这种时候，我真的很想陪在她身边。”郝树林显然陷入了两难的境地。

“活着的时候，对她好一点是最重要的，死后的事情，都已经和她没有关系了。”郝树林还表示，等自己百年之后，会将遗体捐出来，“我死后别说角膜和其他器官了，我的整个都可以捐出来，这没什么。”

医院提供临终关怀

1月6日，郝树林夫妇的事情，经过媒体报道，引起社会广泛关注。热心人士纷纷到医院看望他们并给予帮助。面对大家的捐款，善良的郝树林婉言谢绝了。

经过市红十字会工作人员多次做工作，郝树林勉强收下了市红十字会给予的2000元临时救助款。

常州市第二人民医院眼科主任医师卢国华告诉记者：“我们医院将她安置在门诊大厅的留观室，既可以让她有一个安身之所，同时，也便于日后对其进行角膜采集。”卢国华主任医师表示，目前已经免去了龙武英的相关住院费用，“人生的最后阶段，应该享受一定的临终关怀，我们医院会尽自己的一份力的”。

卢国华主任医师还告诉记者，如今的角膜捐献者实在太少，“仅我们医院，现在还有七八个人在排队等着角膜呢！希望这样有爱心和社会责任感的人能再多一些”。(郭靖宇)

（原载于2010年2月2日《中国红十字报》）

常州红会开展“红十字博爱送万家”慰问活动

为了让贫困人群过上一个欢乐祥和的春节，常州市红十字会年前组织了“红十字博爱送万家”活动，共向7个辖市（区）红十字会以及市儿童福利院、社会福利院等单位发放了总价值29.7万元的食用油、棉被、防寒服等物资。另外，还通过该会设立的红十字博爱超市，向4个主城区240户贫困家庭发放了价值2.4万元的“红十字博爱超市卡”，贫困家庭可凭卡到红十字博爱超市领取米、油、棉被等生活必需品。该会已连续9年开展了“红十字博爱送万家”活动，为构建和谐社会发挥了积极作用。

1月14日，常州市红十字会机关6名在职党员赴金坛市朱林镇唐王村走访慰问了6户贫困群众，实施“一对一”的结对帮扶。市红十字会常务副会长俞坚首先来到刘粉喜家中，为她送去慰问金和慰问品。刘老太今年80多岁了，老伴患有脑血栓，常年卧床，刚刚去世不久。大儿子因患癌症前年去世，二儿子患有精神病，全家没有生活来源，每月只靠低保金维持生活。多年来，她家一直是该会的帮扶对象，逢年过节，该会党员干部就带着慰问金和衣物、棉被、食用油等慰问品来看望他们，了解他们的生活情况，让他们也能过一个祥和的节日。(万志伟、张涛)

又讯，1月27日，金坛市红十字会会长王艳红带领工作人员，先后来到本市尧塘、儒林两个敬老院慰问孤寡老人，给他们送去了10箱食用油、10件防寒服、5箱运动鞋、40条棉被和10000元现金。(王梅)

（原载于2010年第2期《江苏红十字》）

武进区红会接收少儿绘画大赛作品

1月16日，常州市、武进区文联及武进区红十字会等相关单位在八零创意工厂举办了“常州市创意少儿绘画大赛感恩社会从我做起”捐赠活动。每位小朋友拿出自己的杰作参赛，评委进行了现场点评，并作画展示，所有参赛作品和评委作品都捐给了武进区红十字会。(刘丽萍)

（原载于2010年第2期《江苏红十字》）

溧阳市红十字会对全市30周岁以下的白血病患者发放救助金

2月5日，溧阳市红十字会在社渚镇举行了社渚镇30周岁以下白血病患者专项救助金集中发放仪式。市红十字会领导和市政府办公室有关领导、社渚镇政府有关领导为该镇8名30周岁以下的白血病患者每人发放了3000元的救助金。从去年开始，市红十字会就开展了全市白血病患者情况的调查工作。去年9月，在市委书记韩立明和其他市领导的亲切关怀下，市红十字会争取到了我国著名慈善家李春平先生捐资的200万元人民币，设立了李春平博爱救助基金。为了公平有序地开展救助工作，市红十字会制订了《李春平博爱救助基金管理和使用办法》，根据该《办法》，社渚镇8名符合条件的白血病患者得到李春平博爱救助基金每人3000元的救助。

截至2月5日，在一周的时间内溧阳市红十字会已为全市35名30周岁以下的白血病患者每人发放了3000元的专项救助金。(陆鸿飞)

（原载于2010年第2期《江苏红十字》）

常州市红十字会召开常务理事会议

近日，常州市红十字会召开了2009年度常务理事会议。副市长、市红十字会会长居丽琴出席会议并讲话。市红十字会常务副会长俞坚向各位常务理事传达了省红十字会八届二次理事会议的有关精神，汇报了2009年度工作和2010年工作要点。

居丽琴会长充分肯定了市红十字会去年所取得的各项成绩。她对今年工作提出了要求：一是各位常务理事要主动配合市红十字会开好第九次会员代表大会；二是各辖市（区）红十字会，特别是4个主城区红十字会，在理顺管理体制的基础上，尽快配备专职领导干部；三是进一步完善体系，包括有条件的中小学校都要成为红十字会员单位、成立高校红十字工作委员会和在全市卫生系统中成立红十字志愿总队等；四是要不断增强救助实力，逐步建立常州自己的红十字基金。最后，她希望各位常务理事，各辖市（区）分管领导，市教育、财政、民政、公安、人事、卫生等相关部门和理事单位，要积极参与支持人道救助工作，制定出台优惠和扶持政策，努力为红十字事业发展创造良好的条件。

会议审议并通过了市红十字会2009年度工作报告及2010年工作要点。(张涛)

（原载于2010年第3期《江苏红十字》）

与爱同行

——江苏80名捐髓者相聚常州，开展大型广场宣传活动，谱写爱的篇章

3月27日上午，常州市国际会展中心广场春意盎然，人头攒动，充满着爱的氛围。来自江苏省近三年内80名已成功捐献造血干细胞的志愿者，从四面八方相聚在这里举办“与爱同行”大型广场宣传活动，以他们的亲身经历，现身说法，宣传捐献造血干细胞的意义和无损健康的科学道理，宣传无私奉献、大爱无声的精神，消除长期存在于人们观念中的错误认识，号召更多的人加入捐献造血干细胞志愿者队伍中来，为挽救白血病人的生命，谱写爱的篇章。江苏省红十字会会长吴瑞林专程赶到常州出席了宣传活动，为江苏省第146名已成功捐献造血干细胞的张儒超颁发博爱奖牌，并发表了热情洋溢的讲话。

这些成功捐献造血干细胞的志愿者来自全省各行各业，每个人的背后都有一段感人至深的故事。

21岁的张儒超是无锡市宝尊汽车销售服务公司的一名普通员工，今年3月23日，他成为江苏省第146例成功捐献造血干细胞的志愿者，救治了两位5岁患有地中海贫血的双胞胎。这个腼腆的小伙子至今回想起接到配型成功的电话的那一刻，还不免有几分激动：“这就像中彩票头奖一样，概率很低。2008年我加入了捐献者队伍，本来也没有考虑那么多，但是去年7月份得到消息，市红十字会通知我说配对成功，当时心里就感觉挺高兴的，自己可以救治两条生命啊！”

“在北京完成捐献隔了一天，我就去爬长城了，一口气爬上好汉坡，心情特别舒畅。”来自苏州的杭彬笑言，生龙活虎的自己站在大家面前，就能打消人们长期以来因误解产生的顾虑。她原本是安利公司的一名销

售员，成为大陆向台湾患者捐献造血干细胞第一人后，也与这个事业结下了不解之缘，2008 年她成为苏州市相城区红十字会的一员，向更多的人宣传捐献造血干细胞的意义。目前苏州已有 3 名女捐献志愿者将造血干细胞捐给了台湾患者。

吴智燕当时是常州德安医院的文员，刚满 22 岁，是一位天真可爱的女孩，于 2003 年 12 月 1 日赴福建省协和医院采集造血干细胞，挽救一位老师的生命，现在已成为 2 岁孩子的母亲，当天也来到了现场。

每位成功捐献的志愿者在回忆接到配型成功的电话时，都说自己“很幸运”。现场来了一位特殊的客人，他就是南通的一名统计系统干部吴玉涛。这名还不到 40 岁的男子，就在 4 年前，他还是个身患白血病、体重只有不到 100 斤的病人，已经被医生下了“病危通知书”，然而，由于徐州一位志愿者捐献了与他全相合的造血干细胞，他得救了。吴玉涛上台现身说法：“我刚才在台下，已经感动得哭了好几回。我是十分幸运的，受到了大家的关爱和帮助，志愿者的无私奉献不但挽救了我的生命，也挽救了我的家庭。像我这样的白血病患者，是多么需要大家的帮助啊。我无数次在脑海里想象救我的恩人的形象，他在我脑海里一直都是那么高大，我的身体里流淌着他的血。可以说，志愿者就是我的亲人，也是世界上最可爱的人，我真想见一见他啊。”经过向中国造血干细胞捐献者资料库申请，为他献造血干细胞的恩人马吉国也到了现场，当志愿者马吉国走上台时，吴玉涛上前一把紧紧抱住马吉国，流下激动的热泪。他抱着马吉国很久都不肯松开，仿佛要把 1000 多个日夜的感激之情尽情地倾诉。马吉国是徐州大屯煤电孔庄矿的一名工人，他于 2004 年报名成为志愿者，2007 年与吴玉涛配型成功并实现捐献。马吉国说，其实他也一直很关心捐助对象的身体情况，周围很多同事朋友都问过他，捐献对象的病治好了没有。这一次见到对方，他也十分激动，自己的善举有了善果，这比什么都开心。

据江苏省红十字会会长吴瑞林介绍，2001 年中国红十字会受国务院委托重新启动中国造血干细胞捐献者资料库，并在全国各省建立分库。自 2002 年 10 月，江苏省分库正式启动以来，在省委、省政府的高度重视下，在社会各界的大力支持下，从无到有，从小到大，发展到现在全省有近 9 万名已报名采样的造血干细胞志愿捐献者、有近 8 万份的库容资料、有 146 位成功实现造血干细胞捐献的志愿者，捐献人数接近全国捐献总数的 10%，江苏省分库的各项综合指标在全国分库中位居前列。

这次，江苏省红十字会以宣传的方式举办造血干细胞捐献者的大型广场活动，如此多的造血干细胞捐献者欢聚一堂，在全国还是首次。这次活动也得到了爱心人士的积极响应，常州市红十字会组织了10多家团体会员单位的医疗专家为市民开展义诊咨询活动；常州市美术家协会和市书法家协会20多位知名书画家在现场进行创作，作品现场进行义卖，义卖所得全部捐给市红十字会；常州广播电视台精心主持了此次活动，通过访谈、知识有奖竞答、表演文艺节目等形式，宣传捐献造血干细胞无损健康的科学道理、宣传“人道、博爱、奉献”的红十字精神，并进行了现场直播。团省委宣读了表彰造血干细胞志愿者的决定。省红十字会常务副会长潘宗白、张立明，省文明办主任助理刘福清，省委宣传部宣教处副处长刘震，团省委志愿者工作部副部长朱烈岭和常州市委常委、宣传部部长徐缨，市政府副市长、市红十字会会长居丽琴，市委宣传部副部长、市文明办主任、市志愿者总会会长张火弦，共青团常州市委书记、市志愿者总会常务副会长胡竹等领导也出席了此次宣传活动，并为参加活动的捐献造血干细胞志愿者颁发了“江苏省优秀志愿者”证书。(苏红)

(原载于2010年第4期《江苏红十字》)

常州市红会接收捐给云南旱区善款

常州市红十字会3月24日上午收到首笔捐给云南旱区的善款，这笔3490元捐款来自该市朝阳中学的36名党员教师，希望能让旱区孩子们喝到水，帮助他们渡过难关。截至3月31日，该会已收到社会各界为西南干旱地区捐款12340元。(张涛)

(原载于2010年第4期《江苏红十字》)

武进区红十字会收到首笔旱灾捐款

3月31日下午，常州市武进区红十字会收到首笔旱灾捐款9400元。该捐款是武进区人事局为大力弘扬友爱无私、仁义互助的传统美德，开展“慈心送温暖、真情促和谐”募捐活动中募得的。他们希望通过区红十字会把这份关爱传递给灾区人民。当日下午，武进区三河口中学也向该会送来了旱灾捐款，计 5866 元。至目前为止，该会共收到旱灾捐款 15266 元。该会将根据捐赠者的意愿，把他们的这份爱心送到灾区人民手中。(刘丽萍)

（原载于 2010 年第 4 期《江苏红十字》）

常州市红十字会系统收到玉树地震捐款 13 万余元

4 月 14 日下午，常州房地产协会和某物流公司负责人分别来到常州市红十字会，各向玉树地震灾区捐款 1 万元。4 月 15 日早上，常州威诺德机械制造有限公司董事长钱凤明带着 1 万元现金，来到武进区雪堰镇红十字会捐出，表达对玉树灾区人民的一份爱心。同日上午，坂上眼科医院代表也在第一时间内来到武进区红十字会，捐出了 1 万元爱心款。截至 4 月 18 日，全市红十字会共接受捐款 13 万余元。(张涛、刘丽萍)

（原载于 2010 年第 4 期《江苏红十字》）

溧阳市红十字会接收玉树地震第一笔捐款

4 月 14 日晨，青海玉树发生 7.1 级地震后，溧阳市红十字会迅速做出反应，在第一时间积极行动起来，迅速向社会爱心企业、爱心人士进行募捐动员。当天下午，溧阳市佛教居士林的代表冒雨前来，将平时居士奉献的善款 30850 元通过溧阳市红十字会转赠玉树灾区，目前该笔捐款已经汇至玉树县红十字会。(陆鸿飞)

（原载于 2010 年第 4 期《江苏红十字》）

中天钢铁集团向玉树捐款 200 万元

4 月 22 日下午，受中天钢铁集团董事长、总裁、党委书记董才平的委托，集团工会主席李林兴来到常州市红十字会，代表集团向玉树灾区捐款200万元。中天钢铁集团创业9年来，在企业迅速发展的同时，始终不忘回报社会，已累计向各类慈善事业捐赠2.5亿元。（张涛）

（原载于2010年第5期《江苏红十字》）

常州市红十字会开展“5·8”活动暨“防灾减灾日”活动

5月11日上午9点半，金坛市朱林镇中心广场上空悬挂着两排横幅：“纪念第63个世界红十字日”“携手人道，服务老区——红十字在行动”。随着音乐的响起，常州市红十字会、金坛市红十字会纪念“5·8”世界红十字日和“红十字博爱周”义诊义捐义卖救护培训活动正式拉开了序幕。常州市红十字会常务副会长俞坚，金坛市副市长、市红十字会会长王艳红和两市红十字会全体工作人员、常州市16家医疗单位的医学专家和朱林镇有关工作人员参加了活动。

来自全市16家会员单位的33名医疗专家为前来的群众义诊200余人次，健康咨询300余人次，分发各类常用药品价值5000余元，发放健康资料上千份。

由常州市河海房产公司提供的200余件爱心T恤义卖会现场，被前来赶集场的群众围得水泄不通，当得知这些T恤义卖所得善款将全部捐给玉树灾区的同胞时，大家纷纷掏钱选购。在防灾减灾救护培训现场，几十位群众围着培训道具惊奇不已。当培训老师向大家介绍初级救护培训知识时，他们一个个听得非常认真，并对照着发放的救护培训资料慢慢体会。经过老师的示范，他们初步掌握了基本的救护方法。

5月12日是我国第二个“防灾减灾日”，主题是“减灾从社区做起”。早上9点，常州市红十字会会同市应急办、市科技局、市民政局等7家单位，在新北区河海街道河海社区进行防灾减灾知识宣传，现场发放防灾减灾宣传资料，接受群众咨询。

据悉，各市（区）红十字会、各会员单位、各级红十字学校，都根据各自的实际情况和特点，开展了丰富多彩的纪念活动。（张涛）

（原载于2010年第5期《江苏红十字》）

常州市红十字会建立红十字通讯员队伍

5月21日下午，常州市红十字会召开大会，建立红十字通讯员队伍。来自全市各辖市区红十字会、各市属团体会员单位、学校红十字工作委员会等31家单位的宣传通讯员参加了会议。常务副会长俞坚向31位红十字宣传通讯员颁发了聘书并讲了话。

他着重谈了红十字宣传工作的重要性，提出了市红十字会的宣传思路和主要举措：首先要建立宣传网络和宣传队伍，其次是创办市红十字会的宣传刊物——《常州红十字》。通过搭建宣传平台，培训宣传骨干，使全市的红十字宣传工作正规化、专业化、长效化，为全市红十字宣传工作打下坚实的基础。

他还对全体宣传通讯员提出四点要求：一是要正确定位，增强责任意识。要重视这项工作，积极主动地完成规定的稿件数量。希望每位通讯员每月至少供稿1篇。二是要坚持正确导向，弘扬主旋律。要按照上级指示精神，围绕红十字会的中心工作进行正面报道，广泛宣传行业文化方面的内容。三是要不断加强学习，提高自身素质。通过自学和培训，不断提高写作水平，初步掌握一些新闻宣传技能。四是要增强纪律意识，执行有关规定。要统一口径，发稿前要经过有关领导审查，避免负面影响。他希望在全市红十字会系统的支持下，在全体红十字通讯员的共同努力下，全市红十字宣传工作迅速打开新局面，为全市红十字事业跨越式发展提供舆论支持和思想保障。

会上，还公布了《常州红十字及上级刊物录用奖励办法》。（张涛）

（原载于2010年第6期《江苏红十字》）

金坛市红十字会慰问小朋友

6月1日上午，金坛市红十字会党支部一行6人在支部书记钱跃生的带领下，来到该市华城幼儿园，为小朋友们送去2000元慰问金和节日的祝福。

（原载于2010年第6期《江苏红十字》）

盛宣怀：中国红十字会第一任会长

中国红十字会历经4年研究，形成3个研究报告，得出结论

中国红十字会第一任会长是吕海寰，还是盛宣怀？长期以来存在不同的意见。近日，由中国红十字会总会主持的研究报告得出结论：中国红十字会第一任会长是盛宣怀。

本着实事求是、尊重历史的原则，中国红十字会总会在2005年到2008年期间，分别与国家图书馆社会科学咨询室、中国社会科学院近代史研究所、上海图书馆盛宣怀档案研究中心合作开展了3次中国红十字会会长研究，形成了3个研究报告《中国红十字会第一任会长考辨》《中国红十字会的首位会长及相关问题考辨》《中国红十字会第一任会长研究》，得出一致结论：盛宣怀是中国红十字会第一任会长。

据史料记载，1904年2月10日，日俄战争爆发。3月10日，沈敦和、施则敬、任锡汾等上海慈善事业活动家联合英、法、德、美各中立国代表发起成立“上海万国红十字会”（也称万国红十字上海支会）。1904年3月15日，沈敦和、施则敬、任锡汾致函盛宣怀，请其审查核定创办万国红十字会的捐启、公函，并表示已经送请吕尚书鉴阅。1904年3月16日，商部给盛宣怀来电（并致吕、吴两大臣），要求吕海寰、盛宣怀、吴重憙与上海绅商联系兴办红十字会，并要求他们“切实承办，以成善举”。1904年3月19日，盛宣怀复电外务部、商部，详细汇报了3月10日沈敦和等人发起创办上海万国红十字会的情况。从上可以看出，上海万国红十字会成立时，清政府因需要保持中立，不便出面，但吕海寰、盛宣怀、吴重憙等清朝政府中央一级官员确实代表政府参与了上海万国红十字会的创办，并且万国红十字会的捐启、公函等文件需要吕海寰、盛宣怀“核定”，两人具有幕后决策的地位。

上海万国红十字会成立后，吕海寰、盛宣怀、吴重憙等人的作用主要是沟通红十字会与中央政府及各部、地方督抚的联系，解决一些需要协力合办的事情，起到集中领导作用；而在东三省日俄战争战区的难民救援活动，主要由担任上海万国红十字会中、西董事的沈敦和、李提摩太等人具体操办。在1904年至1907年间，有关上海万国红十字会事务的文件并没有红十字会会长署名，当时采用的是董事会制度，并没有选

举会长，清政府也没有任命过会长。

1907年6月，吕海寰、盛宣怀联署上奏《沥陈创办红十字会情形并请立案奖叙折》："由中国联合英、法、德、美五中立国，创设万国红十字会，共同推举臣海寰、臣宣怀及臣重熹为领袖，道员沈敦和、任锡汾、施则敬为中国办事总董，任凤苞兼总书记。"（此稿衔名只称商约大臣）在这个奏折后面有"著徐世昌查明具奏该部知道钦此"朱批，表明清政府对于万国红十字会以吕海寰、盛宣怀、吴重熹为领袖，实行董事制的运行机制是同意的。

1910年2月27日，吕海寰、盛宣怀、吴重熹向朝廷上奏《酌拟中国红十字会试办章程请旨立案折》，朝廷于1910年2月27日下谕："吕海寰等奏酌拟中国红十字会试办章程请立案一折，著派盛宣怀担任红十字会会长，余依议。"这是迄今所见最早的一份确认清政府下谕指派盛宣怀担任红十字会会长的原始文献。同一天，盛宣怀将这一上谕通知万国红十字会的董事之一任锡汾，要他告知沈敦和、施则敬等人。1910年6月，中国红十字会以盛宣怀的名义给各国驻华使、领馆发照会，通告盛宣怀被任命为中国红十字会会长，启用"大清帝国红十字会关防"。照会署名"钦命红十字会会长、太子少保尚书衔、正任邮传部右堂盛"，第一次在官方文件署名中出现了红十字会会长的衔名。照会发出后收到了各国领事的复函，表明盛宣怀是清政府正式任命的第一任中国红十字会会长，并得到了世界各国的承认。

基于上述研究，可以得出明确结论：

一、盛宣怀既是中国红十字会的主要创始人，也是中国红十字会建立后官方任命的第一任会长。

二、吕海寰是中国红十字会创建时期的官方最高代表，并在中国红十字会创建初期长期担任主要领导人及会长，是中国红十字会的主要奠基人和卓越领导人。

三、吕海寰、盛宣怀、吴重熹、沈敦和、施则敬、任锡汾是中国红十字会主要创始人。

另讯，专门研究中国红十字会第一任会长的《探本溯源——来自博爱论坛的声音》一书即将出版。（宗红）

（原载于2010年6月8日《中国红十字报》）

“父亲节前，父亲把肾给了我”

22岁的周旭方，是江苏省常州机电职业技术学院大二学生。3月28日，他在常州市第一人民医院查出患了尿毒症，同时伴有严重的肾性高血压、肾性贫血、高钾血、视力模糊、水肿等并发症，医生当即要求他住院治疗。

贫寒家境雪上加霜

周旭方的家在宿迁市泗洪县太平镇一个农村，父母靠耕种6亩薄地维持一家人的生活，供养姐弟三人上学。周旭方的姐姐周远芳说，两年前，父亲因鼻窦肿瘤做了手术，术后不能负重，家中经济重担全部落到母亲的肩上。不幸的是，在一次收废品时母亲不慎割伤了脚筋，至今仍未痊愈。去年3月，父亲又因劳累过度导致肿瘤复发，做了两次手术，家中经济十分拮据。

周旭方是个懂事的孩子。看到家里的情况，在校期间他一直勤工俭学，利用寒暑假打工积攒生活费。虽然时常感觉身体不舒服，但他并没有在意，也没去医院检查，而是选择默默地忍受。

“由于周旭方的病拖得太久，查出来时已是肾衰竭终末期，肾脏已完全丧失了功能，目前只能靠一周三次的血液透析维持生命。”主治医生许医生表示，“虽然血液透析可以暂时维持生命，但费用高昂，而且长期维持下去会引发一系列并发症，因此最好的治疗方法是换肾。”

为救儿子四处借债

“弟弟才22岁，正是朝气蓬勃的年龄，我们不想让他一辈子靠透析活着，希望他换肾之后能过上正常人的生活。”周远芳哽咽着说。

为了挽救周旭方的生命，年过半百的父亲不顾自己体弱，坚持把肾捐给儿子。但高昂的肾移植费用却成了“拦路虎”，仅仅手术费便需要15万元，一家人一下子陷入了痛苦的深渊。“父母当天夜里便赶回家，卖光了家里的粮食，求遍了亲朋好友。虽然亲戚们有心帮忙，可大家收入都有限，最后只凑到3万多元。”周远芳说，“无奈之下父亲只能托人借高利贷，但了解到弟弟术后需要终身服用昂贵的抗排斥药，借贷人怀疑我们家以后的偿还能力，只肯借给我们3万元。为了安抚弟弟的情绪，我们一直跟他说手术费已经筹齐了，让他安心等待手术。”

住院后，周旭方的身体状况有所改善，父亲也做了肾移植前的一系列检查，结果正常，可以供肾。目前手术已申报获批，但手术费却迟迟没有着落。

热心市民伸出援助之手

常州电视台《社会写真》栏目对此事进行了报道，周旭方的病情很快传遍了学校，热心的常州市民也纷纷伸出援助之手。

“这是一点心意，接下来大家会继续努力。你不要灰心，现在唯一的任务就是静下心来好好养病，对未来要充满信心。”温暖的话语在常州市第一人民医院一号楼19楼肾内科病房里不断重复着。

知道周旭方的病情后，常州一些爱心市民陆续送来4500元善款。周旭方的老师和同学第一时间凑了2万多元，他的中小学同学得知病情后，也纷纷从江苏各地的高校赶来看望他。得知这一情况后，常州市红十字会决定拿出3000元救助金。6月，这笔钱送到了周旭方家人手中。目前，借到的钱和爱心捐款已达8万多元。

大爱无疆，父亲捐肾救子

6月19日上午8点多，周旭方坐在病床上发呆，此时父亲周平正在做取肾手术。“父亲很不容易，为了这个家劳累大半辈子。他身体一直不好，前两年还做了两次手术。明天就是父亲节了，本该我送他礼物，他却把肾给了我，等于又给了我第二次生命。”周旭方的声音开始哽咽了。

两天后，许医生介绍，手术非常成功，父子俩恢复得不错，父亲没什么大问题，预计八九天就可以出院。儿子的肾功能也恢复很好，但是两周内可能会出现病情反复，等渡过排斥关和感染关，才可以顺利出院。但是出院后还要吃药，终身需要治疗，每年的医药费也需要好几万元。对他们家来说，这个费用确实很高。

常州市红十字会希望，爱心企业和爱心市民能够继续奉献爱心，一起拯救这个苦难的家庭，给这个正在经受病痛折磨的青春少年一个生的希望。（周青、张涛）

（原载于2010年7月9日《中国红十字报》）

心系居民　情暖邻里

江苏省溧阳市清溪路社区，有一支特殊的红十字志愿者队伍——爱心钟点工志愿团。他们的服务对象是清溪路社区的老年人、残疾人和困难户。

不管风霜雪雨，还是严寒酷暑，社区里总能看到他们忙碌的身影。他们走进每一个需要帮助的家庭，都会用自己的爱心和亲情化的服务温暖每一个人。

"你们快乐我也高兴"

溧阳市清溪路社区是一个"三多"社区——老年人多、残疾人多、困难户多。为了让这些弱势群体感受到社会大家庭的温暖，2006 年 4 月，该社区成立了以红十字志愿者为主的"爱心钟点工志愿团"。

徐清和，是一名红十字志愿者，也是一名爱心钟点工。已是 80 岁的她，家庭幸福，儿女孝顺，本可在家安享晚年，但她却耐不住"寂寞"，经常帮助小区里的独居高龄老人。不仅帮他们解决生活困难，还为他们提供精神慰藉。

煤建路 71 号小区的王白谷、宋品生夫妇，今年都已 90 多岁。由于子女不在身边，宋品生又患有糖尿病，老两口生活不便。得知情况后，徐清和天天跑上门义务为两位老人服务，不仅帮他们洗衣做饭、打扫卫生，还经常自费替老人买药。

"她把我们老两口的事都看成了自家的事"，王白谷、宋品生夫妇看在眼里，记在心上，逢人便夸。当他们表示要给社区写封信表示感谢时，徐清和却说："这点小事算不了什么，你们快乐我也高兴。"

眼香庙 99 号的空巢老人陈琴英，丈夫病故，女儿在外打工，而自己又患有风湿性关节炎、腰椎间盘骨裂，行动不便，一向健谈的老人只能独自在家忍受寂寞。红十字志愿者张仙凤、王云芳得知此情况后，每周都会来到老人家里，和她一起拉家常，慰藉她寂寞的心灵。

煤建路 67 号的独居老人朱爱林，因大腿骨折，生活不能自理。红十字志愿者张秀英、管荣华、葛根娣组成服务小组，每天上门帮助老人打扫卫生、照料日常生活。

感恩于心　将爱传递

家住江南小区11幢楼的高咏晖，是一位残疾人士。当高咏晖含辛茹苦地把儿子抚养成人后，儿子却并不孝顺，还时不时地对母亲拳打脚踢。

社区干部和片警得知此情况后，对她的儿子进行了帮扶教育，让他懂得了母亲的不易。如今，在外打工的儿子已懂得了孝敬老人，这让高咏晖感到十分欣慰。

社区的关爱，让高咏晖心存感激，她觉得应该回报社区，将爱传递给其他需要帮助的人。

与高咏晖同住一栋楼的高丽俊，也是一位肢体残疾人士。去年8月底，她被查出患上结肠癌，急需手术。但由于儿子不在身边，丈夫又患有严重哮喘和肺气肿病，根本无法前去医院护理，高丽俊一家一下子陷入了困境。

此时，红十字志愿者高咏晖，主动找上门，承担起高丽俊的护理工作。她日夜陪护在病床前，为高丽俊端水送药，倒尿倒屎。而且为了让病人获得好的治疗效果，高咏晖还主动找到医生商量，用善意的“谎言”安慰高丽俊。

住院期间，高咏晖在精神上和生活上给了高丽俊无微不至的关怀。当高丽俊一家表示感谢时，高咏晖却说：“我们都是兄弟姐妹，这是我应该做的”。

就在高丽俊结肠癌术后化疗期间，丈夫杨建华的病情突然恶化，生命垂危。此时，经常受社区帮助的栗小强、盛国蓓夫妇主动承担起了照顾杨建华的任务。他们陪伴在病人左右，精心护理，直至病人走完人生的最后一程。

自立自强，展现与众不同的美丽

谢筱敏也是一位残疾人，下岗后生活艰难，社区主动帮他办理了低保。后来，谢筱敏通过自学当上了国画老师，生活条件有了改善，便主动要求退出低保，并将自己掌握的做皮鞋技术无偿地传授给其他残疾人。“5·12”四川大地震，谢筱敏组织社区的残疾人参与社区的赈灾募捐活动，并带头捐款500元。

为了帮助残疾人家庭增加收入，社区的几十名红十字志愿者和爱心钟点工一起帮助残疾人糊纸盒；并主动和溧阳市鑫怡针织制衣厂联系，为他们找到帮外贸服装剪线头的工作，暂时缓解了一些残疾人家庭的生活困难。

如今，在清溪路社区，红十字志愿者和爱心钟点工已成为一体。“虽然我们给予不了经济上的帮助，但是我们有爱心，享受别人的给予是快乐的，而享受给予别人的快乐却更幸福。”这是红十字志愿者和爱心钟点工共同的心声。（张小兵、刘秋珍）

（原载于2010年7月23日《中国红十字报》）

金坛市红会召开五届三次理事会

6月13日上午，金坛市红十字会召开了五届三次理事会，37位常务理事出席会议，会议增补市红十字会第五届理事会理事，通过《市红十字会2010年的工作要点》，通报了去年和今年全市为台湾同胞、玉树灾民捐款情况。副市长、市红十字会会长王艳红到会并讲话。（王梅）

（原载于2010年第7期《江苏红十字》）

常州市红会召开争先创优活动动员会

6月18日下午，常州市红十字会召开了争先创优活动动员会。市红十字会全体党员和工作人员参加了会议。党组副书记、常务副会长俞坚主持并传达了在全市机关党组织和党员中深入开展争先创优活动文件精神，并作了动员讲话。

俞坚说，争先创优活动是学习实践科学发展观活动的延续和深入，要从战略和全局的高度，充分认识活动的重要意义，围绕市争先创优活动领导小组安排和部署，制定好符合本会实际的争先创优活动方案，有序地推进我会争先创优活动，确保圆满实现既定的目标和要求。（张涛）

（原载于2010年第7期《江苏红十字》）

情系舟曲，大爱无疆

市红十字会自8月12日发出捐款支援舟曲抗灾的倡议后，不少市民纷纷冒着烈日高温，来到市红十字会捐款。当日下午，一位30多岁的女市民来到了市红十字会，捐出3000元给舟曲人民，却不肯留下姓名。8月13日下午，一家私企员工来到红十字会捐款8000多元，她说："这是几十位员工自发捐的款。"13日下午，一位老太太汗流浃背地从口袋中摸出500元交给工作人员，说是代上班的女儿来捐的，女儿虽然一个月工资才800元，但"我们要尽一点心意。"当日下午下班时，又有一位约40岁左右的男子来到市红十字会，捐出2万元，但他说不是他捐的，是代两位朋友来捐的。截至9月6日，常州市红十字会共收到捐款35.03万元。

（原载于2010年第9期《江苏红十字》）

常州红十字急救箱登上出租车

为迎接江苏省第十七届运动会，当好东道主，9月28日，常州市红十字会在部分公共交通设施（出租车）和城市志愿服务亭（站、岗）配备了"红十字急救箱"，这是该市红十字会为支持省运会所办实事之一。

为将该项工作落到实处，该市红十字会和市运管处、公交集团公司对全市公交系统、出租车的运营现状进行了认真周密的调研，决定第一批以市公车公营出租车、出租车站点、公交场站为试点，在出租车、出租车站点配备红十字急救箱800只，在公交场站配备红十字急救箱200只，在城市志愿服务亭（站、岗）配备红十字急救箱26只，总计配备红十字急救箱1026只。每只红十字急救箱内还配备急救手册、绿药膏、清凉油、弹力绷带、纱布、三角巾、创可贴、胶带、酒精棉球、三七粉、颈托等急救物品。箱内用品不足时，市红十字会将及时给予补充。

该市红十字会在今后几年内，将对全市公交、出租车等公共交通设施全部配备"红十字急救箱"，并对全体司乘人员开展急救知识培训，以有效增强公共交通设施安全程度。(张涛)

（原载于2010年第10期《江苏红十字》）

“农民健康百村工程”走进武进牛塘镇

11月11日，由江苏省红十字会、团省委《风流一代》杂志社、《农民日报》江苏记者站以及南京中医药大学共同举办的“‘农民健康百村工程’走进武进牛塘”启动仪式在牛塘镇隆重举行。省红十字会常务副会长潘宗白，南京中医药大学党委副书记、副校长陈涤平，团省委宣传部部长周永忠，武进区委组织部部长黄汉林，常州市红十字会常务副会长俞坚，共青团常州市委书记胡竹等省、市、区、镇相关领导参加了启动仪式。

在启动仪式上，黄汉林对“农民健康百村工程”给予了极高评价，他说百村工程走进武进对于建设和谐武进做出了极大贡献，是真正为民办好事办实事，也是南京中医药大学和武进政府贯彻“民生为本”方针的具体体现。陈涤平教授对当地政府、领导的大力支持表达了感谢，并表示南京中医药大学将会秉持“关爱农民健康，共建和谐社会”的一贯方针，继续将百村活动发扬壮大，将岐黄仁爱精神普洒给更多农民百姓。

潘宗白常务副会长也讲了话，他说，现阶段各级政府对医疗卫生的投入日益增加，但农村看病就医困难的问题仍然没有得以根本解决。牛塘镇经济虽然发达，但医疗水平还是明显不足，此次活动对于牛塘镇人民可谓久旱逢甘霖，是真正利民惠民的务实举措。郑晓代表南京中医药大学团委向共青团常州市委书记胡竹授牌，与当地政府签约，将牛塘镇列为南京中医药大学社会实践基地。胡竹向“农民健康百村工程”服务团赠送了锦旗。

启动仪式结束后，各位领导还到义诊现场看望了参加义诊服务的各位专家、红十字青年志愿者和患者，考察了武进区中医特色一条街。

（原载于2010年第11期《江苏红十字》）

武进区举行红志工委挂牌暨红十字志愿者服务基地授牌仪式

11月3日下午，常州市武进区举行区红十字志愿者工作委员会挂牌暨红十字志愿者服务基地授牌仪式，区红十字会常务副会长徐红、区教育局副局长张世善为区红十字志愿者工作委员会揭牌，徐红为新成立的11支红十字志愿者服务队授旗。(刘丽萍)

(原载于2010年第11期《江苏红十字》)

常州召开高校红十字工作务虚会

11月5日下午，常州市红十字会召集全市10所高校的团委书记参加高校红十字工作务虚会，会议由常务副会长俞坚主持。参加会议的有常州大学、江苏技术师范学院、常州工学院、河海大学常州校区、常州信息职业技术学院、常州纺织服装职业技术学院、常州工程职业技术学院、常州轻工职业技术学院、常州机电职业技术学院、常州建东学院的团委书记。

俞会长介绍了红十字会在世界和中国发展的历史和重要性，同时根据教育部、卫生部、共青团中央和中国红十字会总会联合通知的精神，为进一步推动我市红十字运动的普及，使“人道、博爱、奉献”的红十字精神在全市10所高校的大学生中得以弘扬，并真正成为推进我市大学生素质拓展计划和志愿服务活动的有效途径和载体，成立全市高校红十字工作委员会势在必行。筹备常州市高校红十字工作委员会，目的在于引导大学生热爱祖国、关心社会和他人，增强自我保护和救助他人的能力，激励同学们勤奋学习、大胆实践、勇于创造的积极性，使同学们的思想道德素质、科学文化素质和心理健康素质得到全面发展。他希望大家能够支持高校红十字工作，为将来成立高校红十字工作委员会做准备。(张涛)

(原载于2010年第11期《江苏红十字》)

溧阳市成立基层红十字会

前不久，溧阳市红十字会分别与市卫生局、市教育局联合发文，在全市普遍成立医院红十字会和学校红十字会。目前，各镇（区）中心卫生院、市人民医院、中医院等12所医院成立了红十字会，各镇（区）中心小学、中学和市区各学校等45所学校都成立了红十字会。

（原载于2010年第11期《江苏红十字》）

溧阳市红十字会召开第三次会员代表大会

11月26日，溧阳市红十字会召开第三次会员代表大会。溧阳市委书记韩立明出席会议并做了重要讲话，常州市红十字会常务副会长俞坚到会祝贺。溧阳市领导盛建良、崔国伟、顾卫东、袁再保、杨琪、唐华新等出席了会议。

韩立明说，红十字精神是构建和谐社会的应有之义，红十字工作是适应时代趋势的现实所需，红十字活动是推动精神文明建设的重要载体。市红十字会要充分认识当前形势下做好红十字工作的重要意义，认清红十字事业发展面临的机遇和挑战，增强工作的主动性和创造性；同时要当好党委政府人道工作领域的得力助手，各级红十字会组织要紧紧围绕市委、市政府的中心工作，提升应急抗灾能力，深化社会救助活动，拓宽募捐筹资渠道，加大宣传力度，努力为群众多办好事、实事，进一步树立红十字会的良好形象。

大会听取和审议了市红十字会近年来的工作报告和《溧阳市红十字事业五年发展规划》，选举产生了新一届理事会，聘请市委书记韩立明为市红十字会名誉会长，选举副市长唐华新为市红十字会会长，选举施春俊、陈建忠等7人为市红十字会副会长。大会还对获得“红十字工作先进集体”“红十字志愿之星”“红十字奉献之星”称号的单位和个人进行了表彰。（张小兵）

（原载于2010年第12期《江苏红十字》）

市红十字会举行第九次会员代表大会

昨天上午，市红十字会举行第九次会员代表大会。省红十字会常务副会长潘宗白和市委书记范燕青出席会议并讲话。市领导王伟成、于超、刘建国、朱龙虎、居丽琴及常州军分区司令员陈平出席会议。

范燕青代表市委、市政府向大会的召开表示热烈祝贺，并向为我市红十字事业做出贡献的各界人士表示衷心感谢。他希望市红十字会以这次大会为新的起点，坚持以人为本、服务群众，更好地围绕中心、服务大局、关注民生，充分发挥自身优势，协助政府做好人道主义救灾救助工作；努力在保护人的生命和健康、改善最易受损害群体的境况和在促进社会文明进步、积极构建和谐常州等方面发挥更大作用。同时，他希望红十字会不断加强自身建设；全市各级党委、政府要积极支持红十字事业发展。

目前，全市有地方红十字会8个，基层红十字会58个，团体会员单位364个，会员40.8万名，志愿工作者5万多名；社区红十字（卫生）服务站18个。2005年以来，为印度洋海啸、四川汶川地震、台湾台风、青海玉树地震灾区等募集善款1.17亿余元，物资5000多万元。

大会选举产生了新一届领导班子。范燕青被聘请为名誉会长；居丽琴当选会长，俞坚、杨跃忠、杭永宝、朱雄华当选为副会长。会议还表彰了一批先进。（张涛、顾生庚）

（原载于2010年12月30日《常州日报》）

常州市红十字会召开第九次会员代表大会

去年12月29日，常州市红十字会召开了第九次会员代表大会，省红十字会常务副会长潘宗白和常州市委书记范燕青到会祝贺并讲了话。常州市市长王伟成，市政协主席于超，市委常委、组织部部长刘建国，市人大常委会副主任朱龙虎，常州军分区司令员陈平等出席了开幕式。常州市副市长、市红十字会八届理事会会长居丽琴主持了开幕式。各辖市（区）政府分管领导和红十字会主要负责同志，以及来自各行各业的红十字会会员代表、列席代表和先进代表共250多人参加了大会。

潘宗白在开幕式讲话中盛赞常州是块福地，从盛宣怀、庄录、闻兰亭到孙静霞、邹瑞芳，都是红十字运动中涌现出的常州人的杰出代表。他还分别从组织建设、赈灾募捐、救助项目和救护培训等方面，称赞近几年来是常州红十字会发展最快、业绩显著、最为红火的时期。最后，他就加强能力建设、创新思维模式、扎实开展工作，提出了三点希望。

范燕青代表市委、市政府向大会的召开表示热烈祝贺，并向为全市红十字事业做出贡献的各界人士表示衷心感谢。他希望市红十字会以这次大会为新的起点，坚持以人为本、服务群众，更好地围绕中心、服务大局、关注民生，不断加强自身建设，充分发挥自身优势，协助政府做好人道主义救灾救助工作；努力在保护人的生命和健康、改善最易受损害群体的境况和在促进社会文明进步、积极构建和谐常州等方面发挥更大作用；同时，要求全市各级党委、政府要积极支持红十字事业发展。

大会听取和审议通过了《常州市红十字会第八届理事会工作报告》和《常州市红十字事业 2011—2015 年发展规划（草案）》，选举产生了常州市红十字会第九届理事会。大会聘请市委书记范燕青为名誉会长，居丽琴当选为会长，俞坚、杨跃忠、杭永宝、朱雄华当选为副会长。大会还表彰了一批全市红十字会系统先进集体、先进个人、优秀会员、优秀志愿者，并向 21 家爱心企事业单位颁发了“红十字人道博爱”奖牌。（张涛）

（原载于 2011 年第 1 期《江苏红十字》）

2011 年

常州市红十字会开展博爱送万家活动

自1月13日起，常州市红十字会先后到市儿童福利院、市社会福利院、市残疾儿童康复中心、太湖麻风病医院等单位，开展“博爱送万家”送温暖活动，为困难群众、残疾儿童和患病老人送温暖。本次活动，该会共向7个辖市（区）红十字会以及市儿童福利院等单位发放了总价40.77万元的食用油、棉衣、棉被、电热毯等物资。另外，还通过该会的红十字博爱超市，向4个主城区240户贫困家庭发放了价值2.4万元的“爱心卡”，贫困家庭可凭“爱心卡”到红十字博爱超市领取米、油、棉被等生活必需品。全市红十字会共慰问2000多户困难家庭。

1月12日，武进区红十字会“博爱送万家”活动启动仪式在湖塘镇举行，此次活动向全区19个镇级红十字会发放价值20多万元的棉被、棉衣、毛毯、大米、牛奶等物资。该区去年募集爱心款物160多万元，发放救助款物52万元，灾区救援118万元。1月18日，溧阳市红十字会向本市慧心康复中心智障患者送上慰问金3000元。（张涛、刘丽萍）

（原载于2011年第1期《江苏红十字》）

小燕子

——袁莺燕，一路走好

袁莺燕，女，生于1971年10月，1992年6月参加临床护理工作，后在常州市新北区西夏墅镇卫生院护理注射室担任护士长。她是一位普通而又平凡的红十字志愿者。2010年12月26日晨，她走完了39年的人生路，捐献出自己的眼角膜，成为常州市第10例眼角膜捐献者。

袁莺燕自1992年踏上护理工作岗位后，历经了18个春秋。这18年间，她把最美的青春年华献给了钟爱的护理事业，她用满腔的热忱感染了每一位患者，她言传身教的身影鼓舞了每一位护士。她护理技术精良，服务优秀，是远近闻名的熟悉人。谈起小燕子，街坊邻居无人不知、无人不晓，她正是用自己独特的魅力吐露着芬芳，像是一只真正的小燕子，给人带来欢乐、带来喜悦！

曾记得，和她一起并肩作战、默默奉献，协助患者战胜病魔，给予患者贴心的温暖；还记得，她亲自下厨，端出一盆盆美味的佳肴犒劳一帮年轻的护士；更记得，她像一个贴心的大姐，关注着年轻护士的成长、心情和冷暖。她独守注射室，精于技术、善于揣摩、勤于观察、乐于奉献，是护理工作中的楷模。在得知患胃癌的初期，她乐观地接受了第一次手术。5 年后病情复发，带着大家的祝愿她进行了第二次手术。每次治疗后她都迫切地重返护理岗位，大家都劝她注意休息，她却微笑着说："没事！"今年夏天，她又顽强地接受了第三次手术，而捐献眼角膜是她生病以来的心愿，在妈妈起先不同意的情况下，她委托同事去做妈妈的工作，她说："在把光明带给他人的同时，可以让我的眼睛继续活下去，一起看看这么美好的世界！"她的话让在场的每个人动容，她坚韧的意志和信念深深地感动着大家！在联系了常州市红十字会后，工作人员现场办公，小燕子郑重地签下了捐献协议，并把联系方式张贴在内科护士办，一再叮嘱别忘了及时打电话。

如今，她虽然走了，却把爱留给了人间。就像一位美丽的天使，诠释了护士的真谛！她这种无私奉献、关爱他人的精神值得我们学习，就像是一支蜡烛，燃烧了自己，照亮了别人！在最美的年华吐露出了最感人的芬芳！（黄洁）

（原载于 2011 年第 2 期《江苏红十字》）

溧阳市红会慰问敬老院老人

1 月 27 日，溧阳市红十字会党组书记、常务副会长施春俊带领工作人员来到溧城镇敬老院，看望慰问了敬老院的老人们，为 180 位老人每人送上 100 元慰问金。（溧红）

（原载于 2011 年第 2 期《江苏红十字》）

溧阳市天目湖景区成立红会

近日，溧阳市决定在天目湖景区成立红十字会。此举得到全国人大常委会副委员长、中国红十字会会长华建敏的肯定。华建敏批示：“我支持你们的设想，天目湖景区红十字会和志愿者可为保障游客安全，保护生态环境，促进旅游业发展，提高民众福祉做很多有益的事。希望你们精心筹办，扎实推进，把这件好事办得圆满成功。”

天目湖景区有山水园与南山竹海两个核心旅游景点，是国家4A级旅游景区。溧阳市于2002年成立了天目湖景区山水园、南山竹海红十字救护站，在游客救护、志愿服务、公益助学、无偿献血与增进两岸关系等方面做了大量富有成效的工作。

2010年11月，华建敏赴溧指导工作时，在把产业发展与人文关怀相结合，景区建设与红十字事业相结合，不断拓宽新思路、拓展新领域等方面提出要求。为切实贯彻华建敏会长关于发展红十字事业、成立景区红十字会的指示精神，打造溧阳市红十字会工作新标杆，市委书记韩立明亲自部署此事，并将任务交给了该市红十字会和天目湖旅游股份有限公司。

目前，天目湖景区红十字会正在筹建中，该会的服务宗旨是“发扬人道主义精神，保护游客生命安全”，主题口号是“生态天目湖，大爱红十字”。同时，在天目湖山水园广场和万亩竹海吴越第一峰升挂红十字会会旗，积极开展紧急救援行动，提档升级红十字救护站，设置“红十字水上爱心”募捐箱，设定天目湖景区“红十字旅游开放日”。现已成立了红十字水上救援队、红十字山地救援队和红十字志愿服务队，并积极开展培训演练活动，其他相关工作正在有序地推进中。（陶新月）

（原载于2011年3月5日《中国红十字报》，又载于2011年第3期《江苏红十字》）

“信义夫妻”义感常州

“我丈夫虽然生死未卜，但现在快要过年了，工人的工资我一定要结清。做人要讲诚信，哪怕倾家荡产。”丈夫施阿林出车祸后，虞菊伢擦干眼泪做出了坚定的表示。

这对“信义夫妻”感动了常州，感动了全国。社会各界纷纷为他们奉献爱心，帮助这一家人渡过难关。常州市红十字会、溧阳市红十字会也在第一时间伸出援手。

“做人要讲诚信，哪怕倾家荡产”

施阿林是江苏常州溧阳市南渡镇梅庄村的一名建筑工头，跟他干活的有 15 个民工。1 月 22 日上午，施阿林在开车结工程款的途中发生车祸，经溧阳市人民医院手术抢救后一度昏迷不醒。

虽然丈夫生死未卜，但是虞菊伢表示工人的工资一定会结清，“做人要讲诚信，哪怕倾家荡产”。

她向几个朋友借款 12.5 万元，年前把工人们请到家中，一一付清了 15 人的工资。工人陈云根说：“你们夫妻这么讲信用，我们真的很感激。”工人们表态，开年以后，建筑班子坚决不散，没有做完的工程，一定坚持做完。

2 月 5 日，施阿林转到南京继续治疗。据医生诊断，他可能会全身瘫痪。

“目前他的伤情有所好转，但仍处于半昏迷状态，清醒时会抓住我的手和我讲话，但讲不清，有时连女儿也不认识。”虞菊伢说，目前丈夫的气管仍是切开的，只能通过鼻饲进食。

“信义是相互的，你们都说我信守了承诺，其实我也在被别人的信义感动着。”虞菊伢告诉记者，丈夫的哥哥来医院探望时说，年后 15 个民工全部信守承诺，回到了原工地。

“信义精神”润泽城市

常州市委书记范燕青、市长王伟成对施阿林、虞菊伢的事迹和精神表示肯定，并分别做出批示，希望全市各界积极学习“信义夫妻”，让讲信义、讲道德的精神文明之花开遍常州大地。

江苏省社会科学院副研究员张春龙表示，农民工工资经常被拖欠，农民工的权益经常受到侵犯，“信义夫妻”的行为是负责任的行为，非常高尚。

2 月 25 日，常州市文明委向全市各界和全体市民发出倡议，向“信义夫妻”学习，让“信义”二字成为城市的集体修为，让信义之风成为润泽城市的精神养分。同时，虞菊伢也收到了来自各地的温暖。2月24日上午，常州和溧阳的相关领导送去2万元慰问金；溧阳市南渡镇政府领导特地赶到医院送来慰问金5000元；常州市民封永根驱车来到南京，捐上5000元现金；一位在南京打工的徐州工人送来了700元……

"一个保险公司的员工为我充了200元话费，我打电话过去，他却一直不接。"虞菊伢说，她非常感谢这些好心人，祝愿好人一生平安。

红十字诠释爱心真谛

获知"信义夫妻"的事迹后，常州市红十字会也用自己的行动诠释着"信义无价，爱心永恒"的真谛。

2月25日，常州市红十字会迅速行动，主动与市相关部门进行衔接，与常州日报社、常州广播电视台共同设立捐赠账户，向市民发出了《向"信义夫妻"伸出援手》的呼吁，并及时公布了捐款账号，组织有关人员全力以赴接收捐款。截至3月1日上午11时，常州市红十字会已接受社会各界爱心捐款68480元。

在做好善款接收工作的同时，常州市红十字会工作人员也自发为"信义夫妻"捐款。2月28日，常州市政府副市长、市红十字会会长居丽琴带头捐款1000元。在她带动下，市红十字会机关16名工作人员纷纷献出爱心，捐款5400元。

常州在行动，溧阳也在行动。溧阳市委书记、溧阳市红十字会名誉会长韩立明专门召集相关部门及南渡镇领导开会，号召大家捐款帮助这对"信义夫妻"，并带头捐了1000元，同时布置所有捐款汇总到溧阳市红十字会。目前，溧阳市红十字会已经开始接受社会捐款。（周青、张涛）

（原载于2011年3月4日《中国红十字报》）

从"信义夫妻"到"信义常州"

2月25日江苏省常州市红十字会向社会发出呼吁后，一个星期之内，全市共为"信义夫妻"施阿林、虞菊伢捐款25万余元，其中常州市红十字会收到捐款17.2万余元。

信义成为话题，爱心涌动龙城

2 月 25 日，“信义夫妻”的感人事迹报道后，爱心企事业单位冲在了最前面，纷纷奉献爱心。溧阳市南渡镇政府领导在第一时间赶到医院送来 5000 元。常州日报社参与报道的 12 名记者在采编过程中被“信义夫妻”的事迹和精神所感动，主动捐款 6000 元。常州广播电视台电视新闻部的记者编辑代表也赶到市红十字会捐出 6000 元。

2 月 26 日，“信义夫妻”的事迹引起了近日在常州采访“道德讲堂”建设情况的中央媒体的关注。常州市文明办陪同央视《道德观察》栏目等媒体，赶赴南京和溧阳进行采访，一同带去的还有 1 万元慰问金。

为表达对施阿林、虞菊伢夫妻的敬意和慰问，常州市妇联全体机关干部和职工捐款 6000 元。溧阳市委常委、宣传部长闵建平代表市委、市政府，专程赴南京仁恒医院，看望在院治疗的施阿林，并送上 1 万元慰问金。他还给陪护的虞菊伢颁发了溧阳市“道德模范”荣誉证书，并转达了家乡人民的问候，叮嘱她精心照料丈夫，争取早日康复出院。

2 月 28 日，常州市红十字会工作人员主动加班接受市民捐赠，并慷慨解囊，共捐款 6400 元。

常州是全国知名的“爱心之都，慈善之城”，爱心市民积极为“信义夫妻”捐款，再次印证了这个荣誉。

一位不肯留名的爱心市民，捐出了 1 万元后就匆匆离开了；退休工人夏春泉，在老年大学上完课后，径直来到市红十字会，一下掏出 1000 元；78 岁的孙阿金婆婆，坐着公交赶来献爱心。

就职于江苏武进建筑安装公司信息管理平台分公司的黄才良先生，特向“信义夫妻”捐款 3 万元。黄先生年轻时也做过工程承包，很能体会“信义夫妻”的不易。

“一到年前就要到处奔波讨工程款，一要到钱就赶紧发给工人，在这个行业里，最要讲的就是诚信。”他想用自己的微薄之力，帮助“信义夫妻”渡过难关。

3 月 2 日上午，受集团董事长、党委书记董才平委托，中天钢铁集团代表来到常州市红十字会，一次性捐款 10 万元。这是常州市红十字会为“信义夫妻”收到的最大一笔爱心捐款。

中天钢铁集团宣传部副部长龚艳在捐赠时表示，董才平董事长得知

“信义夫妻”的事迹后，非常感动，委托他们转达对“信义夫妻”的慰问，并祝愿施阿林早日康复。

她说，“信义夫妻”所坚守的道德信念和中天钢铁的《中天九条文化宪章》中所倡导的“守信守律”的德治修养，一脉相承，作为一家信义企业，一方面要回报社会，另一方面要努力将这种精神融入企业日常经营管理中去。

荣获“2010感动中国人物”的湖北“信义兄弟”之一孙东林得知常州“信义夫妻”的感人事迹后，特意通过媒体记者转达捐款5000元的愿望。

在常州各大论坛上，“信义夫妻”的故事被多次转载，成为网友们热议的焦点。

“最最普通的老百姓，让我们最真诚地感动了一下。”

“信守一人，相对容易。夫妻同心守信，且在丈夫生命垂危关头，更属不易。质朴妻子一边要替丈夫兑现承诺，一边还要悉心照料困于病痛中的丈夫，既有守信男人的大气度，又有持家女子的大贤惠。祝早日康复！”……

网友们还互相号召为夫妻俩捐款，帮助他们渡过难关。

市领导专程慰问“信义夫妻”

3月3日，在常州市红十字会常务副会长俞坚陪同下，市委常委、宣传部部长徐缨前往南京仁恒医院看望仍在医院的“信义夫妻”，并带去各界捐款172940元。

徐缨仔细询问了施阿林的医治和康复进展，代表市委、市政府向“信义夫妻”表示崇高敬意，并祝愿施阿林能得到最大程度的康复。“信义是常州的城市底色，守信是常州的城市品格。”徐缨说，“信义夫妻”的出现，以及后续“信义的延伸和传递，都绝非偶然”，再次证明了“好人有好报”的道理。

俞坚代爱心市民转交了几份特殊礼物。一位姚姓女士带去一大盒补品，并特别捎上一双棉拖鞋，同时手写了一封书信。言语之间，情带温暖。

同时捎去的还有常州市市北实验初中八（7）班49位同学的慰问信和1610元捐款。这些来自工薪家庭的孩子表示，他们将从小就笃信“君子义以为质”，争做有道德的好人。

施阿林的女儿施阿英，激动地拿起一个小本子，表示会“把每个好

心人的爱心都记下来”。本子上，记录着爸爸入院救治以来病情好转的点滴变化，而来自社会的关怀“天天都让我们感动”。(常红)

(原载于2011年3月8日《中国红十字报》)

常州市加强红十字通讯员工作

2月25日，常州市红十字会召开了红十字通讯员工作会议，通报了去年市红十字会宣传工作情况，表彰了优秀通讯员。各区（市）红十字会、市直会员单位和红十字学校的31名同志参加了会议。(张涛)

(原载于2011年第3期《江苏红十字》)

常州市红十字会开展志愿服务活动

3月5日是第12个“中国青年志愿者服务日”，常州市红十字会参加了由常州市文明办、市级机关党工委、市志愿者服务总队等部门组织的志愿服务集中行动，并在红梅公园举行了大型广场宣传活动，向市民宣传了近期市红十字会工作内容和红十字知识。(张涛)

(原载于2011年第3期《江苏红十字》)

溧阳市红会慰问重症患者

3月28日，溧阳市红十字会组织爱心企业溧阳市巨神化学品有限公司，来到溧阳市人民医院，看望了年仅22岁、因车祸昏迷至今的孤儿苗龙，并送上慰问金2万元。(陶新月)

(原载于2011年第4期《江苏红十字》)

常州举办2011年“东方公益杯”春季慈善拍卖会

4月3日下午，常州市红十字会、江苏东方项目管理建设咨询公司、常州左岸公益联盟联合举办了“爱心点燃梦想——2011年东方公益杯春季慈善拍卖会”。

拍卖会吸引了热心慈善公益事业的企事业单位、社会团体及个人100余人参加竞拍。现场共54件拍品，有33件拍出。拍品最高价格是陈吉安的书法《八条屏字》，以18000元成交。加价倍数最多的是由一家爱心社捐赠的残疾丝绢花，起拍价为100元，800元成交。拍卖轮数最多的是许明焕的《九鲤图》，经过20轮的竞争，终以5000元成交。本次拍卖会旨在通过对爱心人士捐赠的艺术收藏品进行慈善拍卖，拍卖所得善款主要用于帮助常州新市民家庭中的贫困学生和残障儿童，让他们得到社会关爱和慈善救助。短短一个小时，共拍得63350元善款，所得善款全部捐赠给常州市红十字会，定向用于“红十字蓝天助学活动”。

常州市红十字会副会长杨跃忠在参加拍卖会时表示，市红十字会和左岸公益联盟已经联手开展了三站“红十字蓝天助学活动”，取得了很好的社会效果。希望通过这个平台，让更多的人来关注和关爱农民工子女及残障青少年，帮助他们健康成长。市红十字会将接受社会的监督，用好每一笔善款。(张涛)

(原载于2011年第4期《江苏红十字》)

武进区举办学校红会干部培训班

4月7日至13日，常州市武进区红十字会先后举办了两期全区学校红十字会干部培训班，来自全区100多所学校的红十字会会长、秘书长等参加了培训。培训内容包括红十字运动基本知识、国际人道法、中国红十字运动发展、学校红十字工作介绍及志愿服务等。(刘丽萍)

(原载于2011年第4期《江苏红十字》)

溧阳市天目湖景区红会揭牌

4月26日上午，天目湖山水园广场、南山竹海吴越第一峰，红十字会旗迎风飘扬，溧阳天目湖景区红十字会成立揭牌仪式在这里隆重举行。省红十字会会长吴瑞林、溧阳市委书记韩立明出席了揭牌仪式并致辞。省红十字会常务副会长潘宗白和常州市红十字会常务副会长俞坚共同为天目湖景区红十字会揭牌。溧阳市市长盛建良主持了仪式。

据悉，天目湖景区红十字会是我国率先成立的景区红十字会，此举得到了全国人大常委会副委员长、中国红十字会会长华建敏的肯定。景区红十字会在现有景区红十字救护站的基础上提档升级，在天目湖山水园、南山竹海两个核心景点分别成立了红十字水上紧急救援队、红十字山地紧急救援队，在15处游客集散区及游客进入口处设置了红十字医药箱，并推出了紧急救援、志愿行动、践行公益、弘扬精神等多个版块和一系列扎实的工作举措，大力提升了景区处理突发事件的能力和人道救援工作水平。溧阳市委书记韩立明在仪式上发表了讲话。她说，景区红十字会的成立是我市红十字组织建设工作又一个新的突破，对于拓展红十字工作领域，弘扬红十字精神，保障游客生命安全，促进我市旅游经济发展具有十分重要的意义。市红十字会要抓住景区红十字会成立的机遇，进一步弘扬“人道、博爱、奉献”的精神，推动全市红十字工作再上新台阶。

省红十字会会长吴瑞林对溧阳成立天目湖景区红十字会给予了高度肯定，他说，旅游业是三产服务业当中最有潜力、最有成长性的一项新兴事业，在国家4A级旅游景区成立红十字会组织，是红十字运动在中国的一项创新之举，是红十字会进入基层的一项重要创举，也是一件大事，将在整个江苏推广，使所有景区都有护佑旅客福祉的天使，都有红十字会志愿工作者的身影。景区红十字会组织不仅是红十字会作为党委政府人道领域助手发挥作用的一个平台，也为爱心企业、爱心人士发扬大爱精神提供了平台。通过这个平台，可以做好紧急救护、救援、志愿者服务，给最需要帮助的社会弱势群体提供必要的帮助。

仪式上，溧阳市副市长、市红十字会会长唐华新宣读了《关于同意成立天目湖景区红十字会的批复》。市政协主席崔国伟、市人大常委会副主任袁再保为红十字水上紧急救援队和红十字山地紧急救援队

授旗。(溧阳红)

(原载于2011年第5期《江苏红十字》)

溧阳市启动“粉丝带基金”

由台湾亿光文化基金会董事长简文秀向溧阳市红十字会捐赠10万元人民币建立的“亿光·粉红丝带基金”，于4月26日举行了启动仪式。常州市红十字会常务副会长俞坚，溧阳市委常委、常务副市长汤如军，副市长唐华新出席了仪式。

据了解，简文秀是台湾知名声乐家，其艺术品格的影响力遍及欧美和东亚，曾把自己精心录制出版的声乐作品所得，全部捐献给了台湾妇女乳腺癌防治协会。“亿光·粉红丝带基金”是为救助乳腺癌患者而设立的专项公益基金，由溧阳市红十字会管理和使用，接受社会监督。

仪式上，唐华新向简文秀颁发了溧阳市红十字会名誉副会长荣誉证书。(石来)

(原载于2011年第5期《江苏红十字》)

常州市红十字会开展“5·8”纪念活动

5月8日，常州市红十字会举行“爱心延续生命、奉献铸就和谐”广场捐献造血干细胞集中采样活动，46位市民冒着高温来到现场报名登记，采集血样。活动现场，还有八旬老人到场“捧场”，几位市民特意带着孩子到现场感受爱的氛围。老人详细打听有关献血和捐献造血干细胞的知识，看着年轻人纷纷伸出胳膊采集血样，深受感动地说，回去后也要叫自己的孩子们来报名当一名造血干细胞捐献志愿者。西夏墅卫生院院长虞中良，特意从乡下赶到活动现场，报名捐献造血干细胞。当他听说目前O型血有点紧张时，当即又献了300毫升血。陪他来的妻子杨明珠看到现场这么多人报名捐献造血干细胞，也欣然报了名。目前，该市已有近万名造血干细胞捐献者的资料进入了中华骨髓库，其中14人已成功地捐献了造血干细胞。

5月12日，由常州市红十字会主办，钟楼区红十字会和天皇堂弄社区承办的“防灾减灾扶危济困——红十字社区行”大型宣传活动在该社区举行。来自社区的200多名居民和爱儿坊幼儿园、西横街小学的近100名师生参加了活动。

溧阳市平陵小学以“让红十字精神在校园绽放”为主题，开展了红十字知识竞赛、校园爱心志愿者招募、紧急逃生演练等活动，并于5月6日举行纪念“5·8”世界红十字日活动大会，邀请市中医院的医生为学生做心肺复苏和外科创伤急救处理演示培训。（张涛）

（原载于2011年第5期《江苏红十字》）

爱心带来生的希望

4月27日上午，常州市青年王晓光在省人民医院捐献了造血干细胞，他的造血干细胞将救助远在武汉的白血病女孩。王晓光是常州市武进区科技局干部，他成为常州市第14例、武进区第7例成功实现造血干细胞捐献者。省人社厅副厅长、省红十字会副会长徐文宝为王晓光颁发了博爱奖牌和荣誉证书。（丁玉琴）

（原载于2011年第5期《江苏红十字》）

常州开展“红十字老区行”活动

6月16日和6月23日，常州市红十字会分别在溧阳市竹箦镇和金坛市朱林镇开展了“纪念建党90周年、红十字茅山老区行”活动，常州市红十字会常务副会长俞坚、副会长杨跃忠和溧阳市市委常委、组织部部长杨琪，副市长唐华新以及金坛市市委常委、组织部部长安春燕，副市长王艳红参加了该活动。

在溧阳竹箦镇姜下村新中国成立前入党的老党员叶成言的家中，“红十字茅山老区行”活动一行的同志详细询问了他的生活情况和健康状况。叶成言虽然已经87岁，但精神状态较好，晚年生活比较幸福。在金坛朱林镇敬老院，他们亲切看望了参加过抗日战争和淮海战役、已

95岁高龄的鞠方坤老人，鞠老因子女早亡，行动不便，现在镇敬老院颐养天年。临走前，参加活动的领导还嘱咐朱林镇敬老院的负责人，一定要照顾好老人的饮食起居。

此次“红十字茅山老区行”活动是老区帮扶活动的延续和深化，也是为革命老区“老红军、老游击队员、老党员、老劳模及贫困群众家庭”开展的送温暖、送健康活动。(张涛)

(原载于2011年第7期《江苏红十字》)

常州市召开高校红十字工作协调会

7月7日，常州市高校红十字工作协调会在市行政中心召开，市政府副秘书长杭永宝主持会议，在常12所高校和市红十字会、市教育局、市卫生局、团市委、市中心血站的相关领导出席了会议。

会上，市红十字会常务副会长俞坚向大家介绍了红十字会工作；常州工学院党委副书记、副院长汤正华等高校领导做了发言。大家一致认为，红十字会所倡导的“人道、博爱、奉献”精神，完全符合高校文明建设和素质教育的需要，对培养既有强健体魄又有良好心理素质的大学生，有着积极的作用；借着成立高校红十字会的机会，能够把以前开展的红十字活动提升规范，更好地调动学生的积极性。其他参加单位的领导也表示，将大力支持，密切配合，共同推进高校红十字工作的开展。最后，杭永宝代表市政府对进一步推动全市学校红十字工作提出了具体要求。(张涛)

(原载于2011年第7期《江苏红十字》)

溧阳市红会在人道救助中掀起创先争优热潮

自今年4月全市开展创先争优活动以来，溧阳市红十字会坚持“抓重点、办实事、见成效”的原则，以“人道、博爱、奉献”的红十字精神为主题，充分发挥作为政府人道领域助手的作用，突出抓好人道救助工作，引导基层红会在人道救助工作中创先争优，使创先争优成果及时转化为人民的福祉。同时，在工作中践行科学发展观，不断提高工作能力，壮大工作队伍，扩大红十字的影响力。

加强思想引导，激励基层会员单位广泛参与创先争优

溧阳市红十字会紧紧抓住本市基层红十字会员单位覆盖面广、影响力强的优势，针对各乡镇、学校、医院红十字会和社区志愿者服务站以及企业红十字会等单位的具体特点，年初专门召开会议，下发指导文件，启动了“创先争优——红十字在行动”的实践活动，分别制定出台了《溧阳市2011年镇级红十字会工作考核标准》和《溧阳市红十字示范学校标准》。通过主动学习、互相交流、互评互帮的方式，极大地提高了基层会员单位参与创先争优活动的积极性，加强了基层红十字组织建设，推动了人道救助工作规范、持久地开展。一是以建党90周年为契机，引导基层红十字会广泛开展“学党史、知党情、跟党走”主题教育活动，通过开展“红十字老区行——为老红军、老游击队员、老党员、老劳模及贫困群众家庭送温暖”系列活动，进一步坚定了各基层红十字会实施人道救助的信心和决心。二是以制度和能力建设为重点，结合《溧阳市红十字会十二五规划》，针对红十字会实际进行了系统内大讨论，统一全体人员的思想认识，进一步明确了全市红十字事业发展的形势和任务。

加强宣传，带动红十字工作创先争优成果的转化

市红十字会号召各基层红十字会将人道救助服务辐射到村、户，通过先进个人、先进会员单位、先进基层红十字会评比等一系列举措的推进，实现各基层单位从岗位创优向社会创优转化。一是结合红十字的有关节日，引领基层红十字会开展形式多样富有成效的社会宣传，动员广大民众关心、支持红十字事业的发展。二是依托市中医院，创办了《溧阳红十字报》，围绕红十字宗旨，定期进行卫生保健、红十字知识等宣传。三是联合市广播电视台对红十字会基层组织先进典型进行专访，以“红十字风采”的形式进行宣传报道。四是统一悬挂标志，凡是各基层红十字会举办的各种公益活动都要悬挂会旗或会徽，以便在实施人道救助领域工作的同时接受群众的监督。

募集救助资金，在创先争优中开展救灾助困活动

市红十字会将各基层红十字会与募集能力、救助能力和社会效益相

结合，展现当代红十字会作为政府人道救助领域助手的崭新风貌，通过在人道救助服务中开展创先争优，使红十字工作有效服务于经济社会发展。一是严格按照红十字会募捐管理办法，以及工作激励、导向机制的运用，充分发挥各基层红十字会的主力军作用，有针对性地做好劝募工作。二是继续开展“蓝天助学”救助系列活动，帮助外来务工人员子女共同享受优质教育资源。三是深入开展惠民服务，在为贫困家庭白血病患者和其他特困重病患者进行救助的时候，按照一张笑脸、一杯热茶、一句温暖的话语“三个一”工程标准，认真服务。根据红十字会目前的救助实力，积极联系爱心企业，以正面的舆论导向，带动各基层红十字会发挥人道救助的先锋模范作用，努力提升服务效能，倾力打造弱势群体的救助港湾，掀起了全市“创先争优——红十字在行动”活动的高潮，为溧阳的“绿色崛起、跨越发展”做出新的贡献。(陶新月)

(原载于2011年第7期《江苏红十字》)

溧阳市红会看望救火英雄朱友平

7月20日，江苏省溧阳市红十字会工作人员来到市人民医院，看望慰问因救火而摔伤的朱友平。7月12日上午8点多，朱友平上完夜班回家，发现同村一户农家由于线路老化突然失火。朱友平独自冲进火场，把煤气瓶、煤气灶拖了出来。在他爬上二楼时，由于连日阴雨，地面湿滑，竹梯不稳，朱友平摔了下来，并撞上餐桌桌角。朱友平被迅速送往医院，一度生命垂危。溧阳市红十字会得知情况后，为他送上了3000元的慰问金。(石来)

(原载于2011年7月22日《中国红十字报》)

拯救生命的“诺亚方舟”

——江苏省造血干细胞捐献突破200例小记（节录）

7月27日上午9：00，常州市志愿者贡国金在苏州大学第一附属医院进行捐献造血干细胞的采集，将挽救在北京治疗的一位白血病患者的生命，他成为中华骨髓库江苏省分库第201例成功实现造血干细胞捐献者。

贡国金是常州新北区罗溪中学的语文老师，今年38岁，已参加无偿献血10余次，每年捐款捐物帮助困难群众。2006年12月，他在献血屋献血时，看到有红十字会工作人员在宣传捐献造血干细胞，就报名成了一名造血干细胞捐献志愿者。去年11月，贡老师自己因为胆结石做了胆囊切除手术。今年5月份，接到中华骨髓库的通知，他与一名在北京某医院治疗的25岁男性白血病患者配型成功。惊喜之余，他考虑到自己的身体还在恢复中，贡老师一方面加强营养增加体重，另一方面注意休息调养，尽力保持身体状况良好。当他确认高分辨配型相合后，贡老师又进行了全面的身体检查，结果一切正常。7月22日，常州市红十字会的工作人员陪同贡老师来到苏州大学附属第一医院入院，于7月27日上午进行造血干细胞采集。他是常州市第15例捐献者、全省第201例捐献者。

同日下午，江苏省红十字会在江苏省人民医院举行了“中华骨髓库江苏省分库实现造血干细胞捐献200例新闻发布会”，江苏省红十字会常务副会长潘宗白、张立明，党组书记、专职副会长李新平等领导出席了新闻发布会，通报了江苏省分库工作情况，宣布江苏分库捐献数达到201例（其中3例捐往台湾地区、4例捐往香港地区、1例捐往韩国），成为中华骨髓库捐献数突破200例的3个省级分库之一。

中华骨髓库江苏省分库自2002年10月30日启动以来，得到江苏省委、省政府的高度重视和社会各界的大力支持，目前已有95000多名入库志愿者，志愿者中人数最多的是医务工作者占1/4，其次是教师、公务员、企事业单位员工。江苏省从2002年建库到2008年4月用6年时间实现了100例捐献，2008年至2011年又用了3年的时间完成了第二个100例捐献，捐献速度不断加快。捐献突破200例，一方面说明建立骨髓库的临床意义已经显现，那些身患绝症的血液病及其他需要造血干细胞移植的患者可以从无关供者骨髓库中受益；另一方面说明了江苏省有一大批具有大爱情怀、乐于助人、无私奉献的热血青年以及全力支持造血干细胞捐献工作的爱心人士，默默地为社会奉献着一份爱心，让绝症患者重燃生的希望。在新闻发布会现场，江苏省人民医院部分适龄医务工作者正在捐献血样，他们以实际行动消除人们的疑虑。在江苏省的201个成功捐献造血干细胞者中就有57名医务工作者。（建宁、玉琴）

（原载于2011年8月5日《中国红十字报》）

溧阳市红会举行救护知识培训活动

8 月 3 日，溧阳市红十字会来到天目湖山水园景区，为该景区红十字水上紧急救援队和山地紧急救援队开展了止血、包扎、固定、搬运和心肺复苏等一系列卫生救护知识和技能的培训，使景区两支红十字紧急救援队队员掌握了基本急救技能。(陶新月)

(原载于 2011 年第 8 期《江苏红十字》)

常州市红会领导看望重病患儿

8 月 9 日，常州市红十字会常务副会长俞坚和市慈善总会常务副会长何祖大到市第一人民医院看望了患有罕见 Burkitt 淋巴瘤的市第二实验小学学生杨雪娇，并分别向娇娇捐赠了 5000 元临时救助款，祝愿她早日康复。(张涛、周茜)

(原载于 2011 年第 8 期《江苏红十字》)

溧阳市红会开展“世界急救日”活动

8 月 22 日，溧阳市“红十字急救药箱进岗亭”活动在交巡警大队城区一中队举行，溧阳市红十字会党组书记、常务副会长施春俊亲手把一只只装满急救药品和用品的急救箱交到了岗亭负责人手中。还将分期分批对交巡警进行急救知识培训，为广大市民的出行提供紧急救护保障。按照《溧阳市红十字事业 2011—2015 年发展规划》，溧阳市交通岗亭将在未来几年内全部配备红十字急救药箱，所有交巡警接受系统的救护培训，真正做到“一岗一箱一救护”。(石来)

(原载于 2011 年第 9 期《江苏红十字》)

常州市红会赴四川中江县举行红十字博爱小学揭牌仪式

9月2日，常州市红十字会援建四川灾区两所红十字博爱小学授牌仪式在中江县会龙镇联盟村小学举行。授牌仪式由常州市政府、市红十字会，德阳市政府、市红十字会，中江县政府、县红十字会共同举办。常州市副市长、市红十字会会长居丽琴，市红十字会常务副会长俞坚，江苏普兰纳涂料有限公司总经理王卫民，常州市侨商会副会长、常州新月箱包有限公司董事长须月平以及德阳市市长、市红十字会会长宋玉华，市红十字会常务副会长邱绵山，中江县副县长、县红十字会会长兰序武等出席了仪式。

2008年四川汶川发生特大地震后，常州市红十字会、市慈善总会积极开展募捐赈灾活动，全市各机关、企事业单位、市民纷纷奉献爱心，支援灾区抗震救灾，帮助灾区人民灾后重建。全市共募集救灾款物4亿多元，其中市红十字会募集了1.6亿多元。市政府用了两年时间，圆满完成了对口援建任务。为了帮助灾区的孩子能够上学读书，江苏普兰纳涂料有限公司和常州新月箱包有限公司两家爱心企业，分别捐资86.72万元和50万元，在中江县山区定向援建了两所红十字博爱小学。项目于2010年5月开工，今年8月完工并投入了使用。新学校建成后，可为500余名乡村小学生提供较好的学习环境。两位爱心企业家此行还为两所小学的学生带去了价值数万元的学习用品。

在授牌仪式上，俞坚和王卫民向中江县会龙镇联盟村小学授了“江苏普兰纳红十字博爱小学”牌匾，俞坚和须月平向中江县柏树乡观井村小学授了“常州新月侨心红十字博爱小学”牌匾。中江县政府分别向两位企业家赠送了锦旗，并在两所援建小学教学楼前树碑立传。

仪式上，居丽琴首先向大家介绍了常州的基本情况，同时感谢常州企业家们的爱心。她说，常州是一座“爱心之都、慈善之城”，你们有难了，我们有责任、有义务帮助你们；看到灾区现在建设得这么好，学校如此美丽，同学们如此开心，觉得一切付出都是值得的。她衷心希望通过此次活动，能与德阳市、中江县建立起更为密切的联系，让友谊长存，让爱心传承，共同推动两地红十字事业和教育事业的发展。

宋玉华代表灾区人民向常州人民表示深深的谢意，希望两所冠名红十字学校要铭记常州人民的深情厚谊，并以此为契机，要在青少年中进一步弘扬“人道、博爱、奉献”的红十字精神，老师们要不断提高教学水平，为社会培养更多的人才。

当天下午，居丽琴一行还在德阳市政府、绵竹市政府领导的陪同下，参观考察了常州市对口援建的绵竹市遵道镇棚花村年画传习所、遵道镇卫生院和市政务中心的运行情况，对援建项目的使用情况表示满意，并祝愿灾区人民的生活更加美好。（张涛）

（原载于2011年第9期《江苏红十字》）

溧阳市成立乡镇白血病专项救助基金

9月8日，溧阳市社渚镇政府会议室暖意融融，社渚镇“黄丝带”爱心基金在此宣告成立。溧阳市红十字会党组书记、常务副会长施春俊，社渚镇镇长花建国，副书记、镇红十字会会长施雪芹出席了成立仪式，施春俊和花建国共同为该基金揭牌。

该基金是由社渚镇红十字会发起，并号召全镇各机关、企事业单位、商会共同参与而创办的，专项救助社渚镇的贫困家庭白血病患者。由乡镇红十字会为主体创办白血病专项救助基金，这在常州市属首创。目前该基金已筹得资金17万余元，并在全镇设立了10个流动募捐点继续接受社会捐助。在成立仪式上，该基金向19名白血病患者发放了首批爱心救助金，并为部分出资单位颁发了“爱心单位”奖牌。今后，社渚镇红十字会将以“黄丝带”爱心基金为平台，把镇区慈善救助活动开展得更好，让更多的贫困家庭受益，促使全镇形成团结互助、扶危助困的良好风尚。（石来）

（原载于2011年第9期《江苏红十字》）

妈妈送子捐献骨髓　拯救北京白血病少女

9月21日上午，常州市武进奔牛医院麻醉师朱志怀的妈妈，满脸笑容地陪着手捧鲜花的儿子，坐上了常州市红十字会派来的专车，直奔江苏省人民医院。这位朴实的妈妈是送儿子去捐献造血干细胞，拯救一位正在北京等待造血干细胞移植治疗的白血病少女的生命。

32 岁的朱志怀曾多次无偿献血，2003 年他报名登记成为中华骨髓库的一名捐献志愿者。今年 6 月、7 月，中华骨髓库江苏分库先后发来信息，朱志怀的组织配型与北京一位白血病少女完全吻合，可以做造血干细胞移植手术，市红十字会立即征求朱志怀是否愿意捐献造血干细胞的意见，朱志怀答应了。

朱志怀的妈妈说，自己是 33 岁才生了这么一个独子，是自己的心肝宝贝，开始听说他要献造血干细胞，吓了一跳，后来儿子耐心地向她解释捐献造血干细胞是怎么一回事，尤其是儿子的科主任莫建平捐献后身体很好，而且常州已有 15 个像莫建平一样献了造血干细胞，身体都很好，渐渐打消了顾虑。

据了解，朱志怀的科主任莫建平，2009 年 10 月已捐献造血干细胞拯救了一位福建白血病病人，现在病康复了，莫建平的身体也棒棒的。据市红十字会工作人员介绍，3 年间同一家医院同一个科室先后有 2 人“中彩”，这在全国还是首次。(张涛、张建国)

（原载于 2011 年第 10 期《江苏红十字》）

省红十字会领导赴常州、无锡开展调研（节录）

9 月 26 日至 29 日，省红十字会党组书记、副会长李新平一行赴无锡、常州市开展调研，听取了工作汇报，考察了常州市红十字会救护培训中心、武进区红十字会、溧阳天目湖旅游景区红十字会及应急救护点，了解理顺县（市、区）红十字会管理体制和开展工作情况及存在的困难和问题，探讨推进“十二五”我省红十字工作的思路、方法。

调研中，李新平充分肯定了常州市红十字会工作。他说，常州市红十字会积极推进组织建设，理顺县级红十字会管理体制走在全省前列；加强自身建设，包括领导班子、干部队伍、制度、能力建设等，成效显著；救助外来务工人员子女、建立旅游景区红十字会并设立景区应急救护点、组织捐献造血干细胞等工作很有特色。

李新平强调，面对当前的形势和任务，做好红十字工作，一要建立信心，负重奋进。红十字会当前面临一些压力和挑战，既要正视，更要充满信心。红十字运动一百多年来历经许多挫折，依然发展前进，充分说明其强大的生命力。在当前社会转型期，尤其需要强化社会管理，红十字会作为党和政府人道领域的工作助手，一定能在社会管理和社会服务中大有作为。我们要认真履行好肩负的人道工作职责，热忱服务广大人民群众，努力救助困难群体，树立红十字会的博爱形象。二要理顺体制，打牢基础。在前期工作的基础上，一鼓作气，抓出成效。市红十字会对理顺县级红十字会管理体制负有重要责任，要一着不让抓紧落实。三要突出特色，打造品牌。红十字工作面广、量大、事杂，必须做到有所为有所不为，有所侧重。对于政府想做没做、群众急需做、红十字会有能力做的事情要积极做。尤其是具有自身特色又不与其他慈善组织业务重叠的工作，包括应急救护、捐献造血干细胞、捐献人体器官、关爱人的生命和健康等，要加大力度，创新方法，做出品牌，扩大影响。同时要认真做好救灾救助等红十字会传统业务工作。四要强化宣传，树立形象。加强与主流媒体的沟通，健全募捐救助款物的公开透明机制，通过包括网络、微博、公益广告在内的各种平台开展宣传，提升红十字会的公信力和影响力。五要巩固阵地，增强后劲。切实加强学校和冠名医疗机构的红十字工作，培养青少年的爱心意识，强化他们对红十字会人道救助团体的认识和理解，不断深化红十字会的社会基础、群众基础。六要苦练内功，提升能力。不断加强自身建设，通过配好班子、配强干部、转变作风、完善制度、强化培训、深入调研等多种方式，提升红十字会干部队伍的能力水平，为更好地推进红十字工作提供保障。

常州市红十字会党组副书记、常务副会长俞坚，副会长杨跃忠等陪同调研。(晓明)

(原载于2011年第10期《江苏红十字》)

濑水畔，博爱之心如光如华

——溧阳市李春平博爱救助基金实施两周年纪实

在我们身边，有这样一群人，无情的白血病病魔夺去了他们的健康，夺去了他们幸福的权利。本应是人生最绚烂的时光，他们的生命却因病失去了光彩。

随着医学事业的发展，白血病已成“可治之症”，然而对于贫困家庭来说，面对着数十万元的巨额医疗费用，即使万般不甘不愿也只能选择放弃，后果就是一个个鲜活的生命逝去，一个个家庭遭受巨大的打击。

决不能让他们的生命如此默默无闻地凋谢！2009 年 9 月 26 日，“大爱之乡”的溧阳催生了又一朵爱的奇葩——美籍华人、著名慈善家李春平先生捐资 200 万元，在溧阳市设立了“李春平博爱救助基金”，重点救助配型成功的贫困家庭白血病患者和 30 周岁以下的贫困家庭白血病患者，同时兼顾其他特困重病患者。

岁月不居，天道酬勤。基金设立两年来，溧阳市红十字会按照《李春平博爱救助基金使用和管理办法》救助贫困患者 123 人次，支付救助金额 402800 元。简单的数字背后，承载着对生命厚重的企盼，也许，这份企盼的重量只有红十字工作者和一线医务工作者最能感受。

2011 年新年上班第二天，溧阳市红十字会迎来了一位特殊的客人——白血病患者汤浩的父亲。他带着全家的谢意，专程乘车一个多小时，向红十字会送上了一面写有“全心全意救患者，永世不忘恩人情”的锦旗。这位老实巴交的农民用他最朴实最直接的方式表达了对红十字会一直以来关心、救助汤浩的感激。其实，对于奉献者来说，最大的快乐不是被感激，而是受助者得到实在的利益。为了充分发挥救助基金的作用，溧阳市红十字会主动作为：2010 年 2 月，向全市 37 名符合条件的白血病患者每人发放救助金 3000 元；2011 年 1 月，向全市 20 名 15 周岁以下的白血病患者每人送上了 3000 元救助金。

有钱并不万能，造血干细胞移植需要成功配型。如果说，善款是重生的希望，那么，成功的配型就是重生的本源。李春平博爱救助基金设立以来，重点救助了 2 例造血干细胞移植成功的白血病患者。徐凌是第一例。2008 年 10 月，年仅 7 周岁的徐凌被确诊为急性淋巴性白血病，2009 年 7 月进行了骨髓移植，移植后，排异反应严重，小徐凌坚强地挺了过来，慢慢进入康复期。但是，两年求医路，110 多万元的医疗费，小小的徐家早已承受不起。了解情况后，市红十字会专程赶赴上海，将 5 万元救助金交到了徐凌手中。2011 年 3 月，市红十字会又为造血干细胞移植成功的上兴镇缪巷村村民华治国送上了 5 万元的专项救助金。

爱心涌动懒水畔，通过李春平博爱救助基金的带动，更多的爱心人士加入救助白血病患者的行列中来，大家同心同力，共同努力维护好这个爱心基金。一颗真诚之心，一腔奉献之情，一个“人人为我，我为人人”的博爱精神和慈善氛围，正构成溧阳这座山水佳城一道动人的风景线。（石来）

（原载于 2011 年第 10 期《江苏红十字》）

徐志群再次向溧阳市红会捐赠20万元

10月14日，溧阳市政协委员、市红十字会理事、溧阳曙光置业有限公司董事长徐志群向市红十字会捐赠了20万元人民币，用以救助那些因病致贫失学的学子们，这也是她继去年向溧阳市红十字会捐赠20万元以来的又一次爱心捐赠。5年来，她共为新疆特克斯县和溧阳本地的贫困学生捐助80多万元。（溧红）

（原载于2011年第10期《江苏红十字》）

江苏省第二届“博爱杯”红十字好新闻揭晓

广播电视网络类：《同单位同科室两医生先后捐献干细胞》电视；消息作者：李祉萱、冯旭（常州广播电视台）；播出：常州广播电视台《常州新闻》2011年8月21日。

2011年《江苏红十字报》好新闻获奖名单：《从“信义夫妻”到“信义常州”——常州市各界纷纷为施阿林、虞菊伢奉献爱心》，作者张涛，刊登于本报2011年3月25日四版。

（原载于2011年第11期《江苏红十字》）

溧阳开展造血干细胞采样活动

11月3日，溧阳市红十字会在别桥镇开展了造血干细胞血样采集活动。此前，天目湖镇、竹箦镇、社渚镇、上兴镇已开展过采样活动，成功采集血样114份。目前，该市已有957名造血干细胞志愿者血样入库，1名志愿者成功为患者捐献了造血干细胞。（陶新月）

（原载于2011年第11期《江苏红十字》）

博爱常州　人道传扬

——江苏省常州市红十字会2011年工作回顾

一年来，江苏省常州市红十字会克难求进，开拓创新，全面完成了年度工作目标任务。

突出重点　打牢事业根基

科学编制“十二五”专项规划。争取各级党委政府支持，将红十字工作列入市、县、区国民经济和社会发展第十二个五年规划。市、县红会分别编制“十二五”专项规划。

推进理顺管理体制工作。7个县（市、区）红十字会人员编制全部落实，作为财政一级预算单位，实现财政计划单列。

加强基层红十字组织建设。全市新发展基层组织56个，新增会员2.8万人。

提升各级干部的能力素质。全年参加总会、省会及市里组织的各类业务培训班30多个，自办培训班2个。

广泛宣传　扩大社会影响

深入宣传争取支持。今年，市红十字会的社会救助工作首次被列入全市60项重点工程，综合工作纳入了全市重点目标管理考核体系。

积极拓展宣传领域。将红十字工作纳入全市整体宣传工作之中。增补为市文明委成员单位和“三下乡”活动组织单位。

扎实开展主题宣传。利用纪念日开展主题宣传活动，加强与媒体的合作。发挥红十字新闻志愿者作用。

多方筹措　壮大救灾救助实力

开展主题活动促筹资。5月8日举行大型宣传活动，5月12日举行“防灾减灾扶危济困——红十字社区行”主题宣传活动。红十字“博爱周”期间，共募集救助款物68万余元。

打造品牌项目促筹资。在全市掀起向“信义夫妻”学习的热潮，开展“信义夫妻”募捐救助工作，募得善款近20万元。

探索筹资新路促筹资。成立“亿光粉红丝带基金”和“黄丝带爱心基金”。通过慈善拍卖和短信捐款募集善款6.5万余元。

发动救灾备灾促筹资。在日本、盈江等地相继发生大地震时，市红十字会系统共募集救灾善款200多万元。

围绕中心 开展“三救”工作

加强应急体系建设。修订完善《常州市红十字会自然灾害应急预案》。强化并规范灾害应急反应的机制和流程，对备灾仓库进行清理。

扎实做好灾害应急救援。积极支援盈江、日本、新疆等地抗震救灾，完成四川灾区灾后重建工作。

积极开展社会救助。全年发放救助资金达110万余元，送温暖物资价值80多万元。

扎实开展救护培训工作。全年培训机动车驾驶员45000多人次，培训企事业单位员工1000多人次，培训公务员和公安干警200多人次。

上下联动 实施生命救援

宣传和支持无偿献血工作。新增献血点2个，无偿献血突破4万人次。市区人均献血量保持全省第一。

高度重视造血干细胞捐献工作。全年共完成血样采集800多人份，其中4人成功捐献，有效血样样本累计达7600多人份。

推进人体器官捐献试点工作。有3人成功捐献眼角膜，全市累计已有13人捐献。

制订《常州市红十字会艾滋病预防与关爱工作规划（2011—2015年)》，开展防艾宣传教育的受益者达8.92万人次。

打造品牌 做细做实工作

参与高校暑期志愿服务活动，常州三所高校200多名志愿者参与红十字志愿服务活动。

推进红十字青少年品牌项目建设。开展红十字示范（模范）学校创建工作。目前，在常高校全部成立学校红十字会。

做好重建家庭联系与交流工作。日本地震后，启动寻人服务。市红十字代表团赴台湾察看“莫拉克”灾后重建工作。

切实加强自身建设。全年制定了10项内部管理制度，健全岗位责任制。严格执行“捐赠款物公开，财务管理透明”的承诺。

（原载于2011年12月30日《中国红十字报》）

2012 年

全省红十字会 2011 年十件大事（节录）

五、溧阳市天目湖景区成立红会获华建敏会长肯定。2011 年 4 月 26 日，溧阳市举行天目湖景区成立红十字会仪式，江苏省红十字会会长吴瑞林等领导出席。与此同时，在景区还成立了红十字水上紧急救援队、红十字山地紧急救援队，在 15 处游客集散区及游客进入口设置红十字医药箱，并推出紧急救援志愿行动。此举得到全国人大常委会副委员长、中国红十字会会长华建敏的肯定："天目湖景区红十字会和志愿者可为保障游客安全，保护生态环境，促进旅游业发展，提高民众福祉做很多有益的事。"

（原载于 2012 年第 1 期《江苏红十字》）

常州开展博爱送万家活动

常州市红十字会 2012 年"红十字博爱送万家"大型救助活动，于 1 月 4 日启动，全市红十字会系统共投入 100 多万元款物，为全市 5000 多户贫困家庭、困难群众、单亲家庭、孤儿、残疾人、麻风病人、福利院儿童、困难空巢老人以及最需要帮助的困难群众送去了温暖。

"红十字博爱送万家"活动自 1999 年起开展以来，已连续 12 年为常州地区的困难群体奉献爱心。12 年中，市红十字会已累计投入救助款物 600 多万元，使数万个贫困家庭不同程度得到帮扶，受益人口覆盖全市 7 个辖市区。

1 月 6 日，该会还参加了 2012 年全市文化、科技、卫生"三下乡"活动在金坛市直溪镇启动仪式，市委常委、宣传部部长徐缨代表市委、市政府向直溪镇10户农村特困家庭赠送慰问金。常州市红十字会作为“三下乡”活动成员单位，由杨跃忠副会长带队，向直溪镇的贫困户送去3万元的救助金，并送去了新年的慰问和祝福。1月10日，由溧阳市副市长、市红十字会会长唐华新带领红十字会工作人员走访慰问了北门社区4位困难群众，送去了慰问品和慰问金，让他们度过一个平安快乐的春节。(张涛)

(原载于2012年第1期《江苏红十字》)

常州召开全市红会系统通讯员工作会议

日前，常州市红十字会召开了通讯员工作会议，总结2011年全市红十字会系统宣传工作，表彰了一批优秀通讯员，部署了2012年宣传工作任务。市红十字会常务副会长俞坚出席了会议并讲话。俞坚在讲话中通报了2011年全市红十字会系统宣传工作取得的成绩：全年投稿170篇，录用137篇；刊印《常州红十字》4期，并启动《常州红十字志》编纂工作。他重点强调：一是要多投稿，希望各位红十字通讯员能深刻挖掘工作中的素材，按规定完成撰稿任务；二是要投好稿，希望大家在做好信息上报的同时，多写出质量高的稿件。他还希望通讯员能积极开展有关红十字历史研究和理论研究方面的工作。(张涛)

(原载于2012年第1期《江苏红十字》)

溧阳市红会对15周岁以下白血病患者进行救助

1月10日，溧阳市红十字会对溧城镇7名15周岁以下白血病患者每人发放救助金3000元。据悉，这是该会连续三年对此类白血病患者开展的集中救助活动，通过前期调查摸底，今年将对全市20名符合条件的白血病患者进行每人3000元的救助。(溧红)

(原载于2012年第1期《江苏红十字》)

溧阳市红会助力全市“千亿园区百亿镇”创建

1月30日，溧阳市红十字会召开全体机关干部会议，传达全市“千亿园区百亿镇”创建动员大会精神，部署当前红十字会主要工作，要求全员把思想和行动统一到全市“紧跟苏锡常，同步现代化”的目标定位上，在促进社会和谐、做好民生工程等方面发挥红十字会独特的优势。（溧阳红）

（原载于2012年第2期《江苏红十字》）

新北区红十字志愿者开展志愿服务活动

春节期间，常州市新北区100多名红十字志愿者放弃节日休假，深入农村、社区、敬老院和公共场所等，帮助弱势群体欢欢喜喜过大年。图为区人力资源和社会保障局的红十字志愿者为贫困户贴春联（略）。（朱讯华）

（原载于2012年第2期《江苏红十字》）

常州红会开展学习雷锋活动

3月2日，常州市举行了“学习雷锋好榜样”志愿服务集中行动暨“心系百姓，情暖万家”志愿服务月活动启动仪式。市委常委、宣传部部长徐缨，市人大常委会副主任邵长生，市政协副主席张晓霞等领导出席了活动。常州市红十字会全体人员和30名红十字志愿者参加了启动仪式，并在星聚广场开展了志愿服务行动，现场进行了造血干细胞登记采样、人体器官捐献咨询和无偿献血，向市民发放人体器官捐献倡议书和造血干细胞捐献知识、应急救护知识等宣传资料1000多份。

溧阳市红十字会召开了“学习雷锋好榜样，志愿有我，文明溧阳”志愿服务活动动员会，部署全市红十字会系统开展学雷锋志愿服务活动工作。同时，还组织全体工作人员与红十字志愿者一起冒雨走上街头，为过往群众传播红十字精神，散发了有关红十字知识和卫生保健知识的宣传资料，接待前来咨询的市民。

戚墅堰区红十字会与区委宣传部、文明办、妇联、团委、人武部联合举办了“学习雷锋好榜样——与爱同行志愿服务春风行动”，弘扬志愿服务，表彰身边优秀志愿者和志愿服务团队，活动中全区的女企业家纷纷慷慨解囊，捐款10余万元，在区红十字会成立了“常春藤”妇儿爱心救助基金，帮助该区的贫困家庭。(张涛、俞瑜、陶新月)

(原载于2012年第3期《江苏红十字》)

天宁区红会开展无偿献血活动

3月6日，常州市天宁区红十字会组织全区各街道、机关各部门、事业单位300多名干部职工参加了无偿献血活动。区委常委、组织部部长蔡旭带头献了血，这已是他第5次无偿献血。当天，共有350名机关干部参加了献血。(李静)

(原载于2012年第3期《江苏红十字》)

常州认真落实“百万救护培训”项目

3月31日，常州市红十字会在溧阳召开了一季度辖市（区）工作会议，传达了全省2012年公益性应急救护百万培训项目专题工作会议精神，并对全市救护培训工作进行了部署。常州市红十字会还走进觅渡桥小学，开展了历时1个月的生命教育系列活动。钟楼区红十字会副会长李鹰对低、中、高年级的学生分别进行了主题讲座，重点介绍了红十字运动基本知识和应急处理、自救互救等相关知识。(胡霄)

(原载于2012年第4期《江苏红十字》)

短讯二则

日前，常州市红十字会、市教育局联合召开了市直属学校红十字工作会议，要求市直属学校红十字会组织于4月份全部建立或恢复。

3月22日，溧阳市红十字会在溧城镇清溪路社区举行了红十字博爱家园授牌启动仪式。

（原载于2012年第4期《江苏红十字》）

常州开展“5·8”世界红十字日纪念活动

5月5日，由常州市红十字会主办，市义工联合总会、钟楼区红十字会协办的以“红十字——人道的力量”为主题的造血干细胞捐献暨人体器官捐献大型宣传纪念活动在人民公园广场举办，由此拉开了全市红十字博爱月活动的序幕。市人大常委会副主任赵忠和、市政府副市长居丽琴、市政协副主席张晓霞、市红十字会常务副会长俞坚为去年成功实现造血干细胞捐献的王晓光、贡国金、朱志怀、杜洁等4名捐献者颁发了荣誉证书。来自市义工联合会的20多名志愿者们现场表演了精彩的节目，同时还穿插了红十字知识有奖竞猜活动。现场30余名志愿者无偿献血，6人登记成为造血干细胞捐献志愿者并现场采样，16人登记并成为人体器官捐献志愿者。截至目前，全市造血干细胞捐献志愿者已超过1万人，实现成功捐献17人；已有73位市民登记人体器官捐献，49人登记捐献遗体，60人登记捐献眼角膜，其中15人已成功实现眼角膜捐献。

溧阳市红十字会与地震局联合举办了“防震减灾、应急救护”知识讲座，与市文明办在清安小学举行了以“实施蓝天助学工程，促进流动儿童健康成长”为主题的纪念“5·8”世界红十字日活动。（张涛）

（原载于2012年第5期《江苏红十字》）

溧阳市红会积极部署红十字志愿服务活动

今年以来，溧阳市红十字会结合全市“志愿有我，文明溧阳”志愿服务活动，积极开展红十字志愿实践活动，有力推动了基层红十字志愿活动上档次、上水平。

一、开展红十字知识宣传志愿服务。每逢重大节日、重要活动，组织红十字志愿者走上街头普及红十字知识，并组织红十字志愿者服务队，定期到乡镇、社区、学校、企业义务开展防病减灾、卫生保健等知识的宣传。

二、开展扶危济困红十字志愿服务。组织红十字志愿者深入村户为孤寡老人、残疾人、留守儿童、失学儿童和农民工子女提供生活救助、扶贫帮困等服务。

三、开展保护环境红十字志愿服务。充分利用各学校组织开展的“道德讲堂日”活动，组织学校红十字会积极开展清除白色污染、捡拾杂物、清运垃圾、清理小广告和清洁护绿等红十字志愿服务活动。

四、开展应急救护培训红十字志愿服务。加强红十字应急救护志愿队的建设，组织各个行业红十字志愿者代表参加上级红十字会组织的应急救护培训班的学习；组织红十字志愿者及聘请医院专家深入各个行业开展防灾避险、疏散安置、急救技能等应急处置知识的普及活动。(陶新月)

(原载于2012年第7期《江苏红十字》)

武进区红十字会召开八届三次理事会

6月20日上午，区红十字会召开第八届理事会第三次会议，区政府办副主任、区红十字会副会长李荣主持会议。

会议上，区委组织部副部长单虎林传达了相关干部调整的提名通知，增补陆雅芬、王云芬为区红十字会理事、常务理事。会议选举产生了新一届区红十字会理事，区政府副区长陆雅芬同志任区红十字会会长，王云芬同志任区红十字会常务副会长。(刘丽萍)

(原载于2012年第7期《江苏红十字》)

常州市人体器官捐献试点工作实现零的突破

7 月 18 日凌晨 1 点半，在省红十字会和常州市红十字会工作人员的见证下，27 岁的外来务工人员钱胜在武进医院实现了器官捐献，共捐献肾脏两枚，成为该市首例器官捐献者。这也是该市自 2011 年成为全国第二批器官捐献试点工作城市后首次成功捐献，实现了零的突破。截至目前，该市共有 87 名器官捐献志愿者，1 人成功捐献。(罗杰)

(原载于 2012 年第 8 期《江苏红十字》)

常工院红十字志愿者开展自行车环城宣传活动

2012 年 8 月 5 日，常州工学院红十字会的志愿者们进行了以“博爱青春、无偿献血”为主题的自行车环城宣传活动。作为常工院博爱青春系列暑期社会实践的最后一个环节，这次自行车环保宣传活动取得了非常好的效果。

在活动现场，此次活动的负责人倪维伟同学首先对数十名志愿者车手做了动员讲话，他感谢红十字会的志愿者们积极参与到“无偿献血”的队伍中，并希望通过这个活动能够对博爱青春暑期实践活动起到全方位的宣传作用，让广大市民认识并支持这个爱心活动，使“人道、博爱、奉献”的红十字精神深入人心。随后，倪维伟一声令下，“博爱青春、无偿献血”自行车宣传活动正式开始了。由十余名志愿者组成的单车队伍，身着统一服装，高举宣传横幅，成为途中移动的风景线。沿途，不时有市民上前询问，志愿者们会立即停下进行解释，这一举动将不断使宣传活动影响扩大、变深。

此次自行车宣传活动，不仅把他们的系列暑期活动推向了高潮，同时也锻炼了志愿者的意志，向广大市民展现了当代大学生的形象。(程元)

(原载于 2012 年第 8 期《江苏红十字》)

天目湖景区红十字会开展水上生命救护协同演练

春去暑来，俏枝披绿，美丽的天目湖畔，天目湖景区红十字会在大暑的浪潮中激流勇进，再一次吹响了应急救护演练的号角。8 月 21 日上午，溧阳市天目湖景区红十字会生命救护协同演练活动在风景秀美的山水园水域正式举行。常州市海事局副局长季靖德，溧阳市红十字会党组书记、常务副会长胡雪芹，溧阳市旅游局副局长蒋一枫等出席活动。来自溧阳市海事处、溧阳市消防大队、景区红十字会的 120 余名志愿者参与了此次演练活动。

溧阳市天目湖旅游股份有限公司副总裁史耀锋宣布生命救护协同演练活动正式开始。来自山水园景区和南山竹海景区的两位工作人员对演练活动进行了精彩的解说。

这次活动集水上救生、岸上救护、各种（型）船只协同搜救演练于一体。景区红十字应急救援队通过水上安全救生技能演示、模拟救援演练，全方位实景展现从水上救生到岸上救护整个救援流程。同时，溧阳市海事处、溧阳市消防大队展示水上协同搜救技能，对水上游船发生触礁渗水急救、船只着火救援、落水失踪人员搜救等进行了全面演练。

溧阳市红十字会常务副会长胡雪芹点评指出，景区红十字会组织开展生命救护协同演练活动，意义十分重大。近年来，景区红十字会以弘扬“人道、博爱、奉献”的红十字精神为己任，做了大量有益的工作，特别是在山水园和南山竹海两个景点，本着“生态天目湖，大爱红十字”的人道救助理念，积极筹措专项资金搭建了生命救助绿色通道平台，为促进我市红十字文化的传播和旅游业的发展做出了积极的贡献。

此次景区红十字会开展生命救护协同演练，既是景区红十字会对生命救护的延续，也是对溧阳市红十字人道救助方式的创新。通过此次演练活动，进一步提高了景区员工、游客自救互救和景区突发事件应急能力，提升了人道救援和志愿服务水平，推动了我市红十字事业不断发展壮大。（陶新月）

（原载于 2012 年第 9 期《江苏红十字》）

常州市造血干细胞捐献历史上首现“结伴行”

9月14日，常州市在同一天为第19例造血干细胞捐献者薛海翔和第20例捐献者袁小鸽举行欢送仪式，他们因此成为该市造血干细胞捐献历史上的首对“结伴行”。

当天上午，常州市红十字会在市第一人民医院学术报告厅隆重举行欢送仪式，欢送该院耳鼻喉科青年医师薛海翔赴南京捐献造血干细胞。仪式上，市红十字会常务副会长俞坚和市第一人民医院副院长杨伊林分别致欢送辞，医院职工代表献花。与此同时，另一场欢送会也在武进区红十字会会议室举行，市红十字会秘书长范为民、武进区红十字会常务副会长王云芬、常州靓宇焊割有限公司董事长张建生参加欢送会。范为民秘书长致欢送辞，王云芬会长为袁小鸽献上鲜花，张建生董事长及袁小鸽分别发言。

据了解，35岁的薛海翔一直热心公益事业，他常常利用休息时间到社区和农村开展义诊活动，参加“一加爱心社”公益活动，为残疾人和孤寡老人提供医疗帮助。2003年，他报名成为中华骨髓库首批造血干细胞捐献志愿者。当他得知自己与一位27岁的北京白血病小伙子配型成功时，毫不犹豫地答应下来。“作为一名医生，我知道病人是不能等待的，救人一命的机会也不是谁都会碰上的。八十万分之一的机会更是冥冥之中的缘分。”刚上小学一年级的女儿听说爸爸要去捐献骨髓，不知道是怎么回事，薛海翔就耐心地向她解释是做好事、救病人。“我就是要为女儿作个表率，要做一个有爱心的人。”

37岁的袁小鸽是常州靓宇焊割有限公司一名普通的仓库保管员，已无偿献血1400毫升。2010年国庆期间，袁小鸽到市中心血站献血时，填写了造血干细胞志愿捐献登记表。没想到很快就与苏州一位白血病人配型成功。由于患者病情变化快，9月7日，省骨髓分库要求袁小鸽9月14日赴南京捐骨髓，而袁小鸽已准备9月15日送儿子去上大学。当市红十字会工作人员征询她能否如期前往捐骨髓时，她一口答应：“自己家里的事情，自己解决，不能影响捐献。”

薛海翔和袁小鸽这两位“70”后，用他们的实际行动，展现着他们的风采与担当，弘扬着“人道、博爱、奉献”的红十字精神，诠释着常州“慈善之城”“博爱之都”的大美所在。（张涛）

（原载于2012年第10期《江苏红十字》）

常州市人大听取红十字会工作汇报

为了认真落实国务院《关于促进红十字事业发展的意见》，11 月 9 日，常州市人大常委会副主任俞志平、贾宝中、杨建率领市人大调研组一行 14 人来到市红十字会，对全市红十字工作情况进行调研。副市长、市红十字会会长张云云，市政协副主席、市红十字会副会长陈建国，市红十字会党组书记、常务副会长俞坚，市政府副秘书长、市红十字会副会长梅向东，市红十字会专职副会长杨跃忠、秘书长范为民参加了汇报会。

市红十字会常务副会长俞坚向市人大调研组汇报了红十字运动在国际、国内和常州的发展进程，详细介绍了近 5 年来全市红十字会系统在“三救”“三献”等主要方面取得的成绩，并就目前发展中遇到的问题和下一步工作打算进行了汇报。

11 月 22 日，市十五届人大常委会召开第五次主任会议，专门听取全市红十字工作情况汇报。副市长、市红十字会会长张云云参加了汇报，市红十字会常务副会长俞坚受张云云会长的委托向会议做了题为《携手人道共建和谐》的工作报告，市人大常委会教科文卫工委主任曹建荣做了《关于我市红十字工作情况的调研报告》。

在认真听取了全市红十字工作情况汇报后，市人大常委会副主任俞志平对全市红十字工作取得的成绩给予了充分肯定。他指出，党和国家历来重视红十字会工作，市委、市政府非常重视和支持红十字会工作，全市各级红十字会坚持依法建会、依法治会、依法兴会，思路清晰，勇于创新，近年来做了大量有益的工作，尤其是在灾害救援、人道救助、无偿献血、器官捐献、救护培训等方面工作开展得有声有色，成效显著，得到社会各界的一致好评。

就市红十字会发展中的问题和下一步的工作，会议建议市政府要高度重视，切实解决红十字会工作所需的基本保障；同时要求市红十字会加强自身建设，提升红十字会依法履职能力，塑造良好形象，提升社会公信力；建立健全社会捐赠款物管理监督机制，拓展红十字会募捐筹资渠道，吸引社会各界人士的爱心善举，增强红十字会的救助实力；采取有效措施，大力宣传红十字工作，努力营造良好的社会环境。

会议要求，市人大办公室会后以市人大主任会议纪要的形式向市政

府提出建议。(张涛)

（原载于2012年第12期《江苏红十字》）

志愿服务　共建和谐

为了庆祝“世界志愿者日”的到来，常州市红十字会将在12月份集中开展以红十字“生命工程”为主题的志愿服务月活动。

红十字“生命工程”旨在大力弘扬“人道、博爱、奉献”的红十字精神，致力于改善人的生存与发展境况，保护人的生命与健康。活动主要包括无偿献血、应急救护培训、造血干细胞捐献、人体（遗体）捐献、防治艾滋病知识普及与宣传，通过广泛招募红十字志愿者，向市民传播“奉献、友爱、互助、进步”的志愿服务理念，激励更多的人参与志愿服务，关注红十字“生命工程”。

志愿服务月活动中，市红十字会将与市中心血站联合开展以“志愿服务，奉献爱心；无偿献血，关爱生命”为主题的无偿献血活动。开展造血干细胞捐献、人体器官捐献志愿活动。开展应急救护培训，在市民群众中普及自救互救的知识和技能。积极参与全市“世界艾滋病日”宣传活动。同时，市红十字会还将开展0～10周岁贫困白血病与先心病患儿集中救助活动。通过系列活动的开展，号召更多的爱心市民参与到红十字志愿服务活动中来，汇聚人道力量，帮助弱势群体，共建和谐常州。(张涛)

（原载于2012年第12期《江苏红十字》）

2013 年

常州市红会为 57 名贫困患儿发放救助金 21.1 万元

元旦前后，为尽快把救助金发放到贫困患儿手中，市红十字会分三次向市区、溧阳、武进三地57 名0 ~ 10 周岁贫困白血病、先心病患儿发放救助金 20.1 万元。常州市红十字会副会长杨跃忠，溧阳市副市长、红十字会会长唐华新，武进区副区长、红十字会会长陆亚芬参加了发放活动。

武进区小患者冬冬出生于2010 年1 月，满月时被检查出患有先天性心脏病。全家带着他四处求医，前前后后花费了 20 多万元，让这个不算富裕的家庭负债累累。冬冬的父母说：“我们孩子经过手术已经基本恢复健康，非常感谢市红十字会和社会各界人士对我们的援助，真的非常感谢。”（张涛）

（原载于 2013 年第 1 期《江苏红十字》）

武进区博爱送万家活动

1 月 14 日上午，武进区红十字会“和谐在武进、博爱送万家”活动启动仪式在雪堰镇举行。

在过去的 2012 年，武进区红十字会不断加强组织、制度、能力、公信力建设，关注弱势群体，开展人道救助，全年共募集发放各类爱心款物价值 183 万元，其中发放各类社会救助物资近 20 万元、助学特困金 15.5 万余元、定向捐赠学校建设款 148 万元。

活动现场，武进区副区长陆雅芬、区红十字会常务副会长王云芬、雪堰镇镇长张燕玲等，将总价值 5 万余元的救助金发放到雪堰镇的 50 户困难家庭代表手中，并下拨 2 万余元的救助物资给雪堰镇红十字会用于镇级的博爱送万家活动。

随后，一行人员还对镇上的 2 户特困家庭进行了走访慰问，为救助对象送去了棉被、棉衣、食用油和 1000 元救助金，并鼓励他们努力克服眼前困难，好好生活。

今天的活动只是我区博爱送万家的启动，我区红十字会积极筹集款物 15 万余元用于全区的博爱送万家活动，把党和政府的关怀、红十字会的关爱送到贫困家庭中。(刘丽萍)

（原载于 2013 年第 1 期《江苏红十字》）

江苏省红十字会春节前集中开展为困难群众送温暖活动（节录）

2013 年是江苏省红十字会连续第 17 年在春节前开展“博爱送万家”活动。在社会爱心企业的支持下，省红十字会还与省委组织部联合开展了走访慰问贫困老党员活动，携带救助物资深入常州等 8 个市的农村，为他们送去党委政府和社会各界的关心。在常州市，慰问组一行入户看望了省道德模范王德林、新中国成立前入党的老党员祁秀凤、安徽在常州打工的流动党员郑必才。王德林本人高位截瘫，父亲病故，母亲年老体弱，省慰问组称赞其身残志坚、积极进取，创造了不凡的业绩，要求当地红十字会为其开展志愿服务提供帮助。(郝宁)

（原载于 2013 年第 2 期《江苏红十字》）

穿越赤道的爱心接力

——我国首例向新西兰成功捐献造血干细胞志愿者孙萌婷

2 月 4 日，一袋由一位 80 后江苏女孩捐献的“生命的种子”满载着希望，飞过赤道，穿越太平洋，最终在新西兰落地。6 日，这袋“生命的种子”被移植到一位患有嗜血细胞综合征的 3 岁新西兰小男孩体内，完成一场生命的接力赛。常州 80 后女孩孙萌婷的这次成功捐献，也让她成为我国首例向新西兰成功捐献造血干细胞的志愿者，同时也是江苏第10位和常州市第1位涉外造血干细胞捐献志愿者。

难忘的“十全十美日”

1980年出生的孙萌婷戴着眼镜，斯斯文文。她和大多数80后女孩一样，平淡而幸福地生活在父母身边。从南京师范大学毕业后，她回到常州，在一家公司从事财务工作，因为工作踏实勤奋，连续5年被公司评为优秀员工。2011年她还入了党，2012年又当选为公司团支部书记。

在父亲的影响下，她始终保持着在大学里养成的习惯，积极参加各种公益活动，主动到街头献血点参加无偿献血。至今她已无偿献血12次。在这12次献血过程中，最令她难忘的是第9次献血，也就是这一次献血让她在冥冥之中与另一个小生命结下不解之缘。

那天是2010年10月10日，传说中的“十全十美日”，孙萌婷在献血的同时，也参加了造血干细胞采样，由此加入了造血干细胞捐献志愿者的行列。没想到这个偶然的决定，竟然这么快就配型成功，而且还是一次跨国捐献。

上帝让好人的愿望成功

据省骨髓分库的工作人员介绍，2012年7月，中华骨髓库正式加入世界骨髓库。7月30日向总部位于荷兰的世界骨髓库首先上传5万份数据。8月份，省红十字会就接到来自新西兰骨髓库的检索申请，在高分辨比对后确定孙萌婷是最佳人选。

在得知这一消息后，孙萌婷没有一点犹豫，十分开心地答应了捐献。当记者问到她的想法时，孙萌婷说：“这毕竟是救一条生命，不管是中国人还是外国人，既然轮到了我我就应该上。”市红十字会领导十分重视这次捐献，担心孙萌婷的父母不同意女儿捐献，专门到孙萌婷家准备做他们的思想工作，没想到这对普通退休工人非常支持女儿的善举。他们对女儿说：“这是救人的好事，你自己决定的事自己做主，我们支持你。”原来，孙萌婷的父母都是热心公益事业的人，她父亲曾多次参加过无偿献血。

9月份，孙萌婷又顺利地完成了高分辨确认和体检工作，原定于11月28日的捐献，由于小患者的病情复发，没能成行。今年1月份患者病情稳定后，中华骨髓库再次启动了移植程序，因此就有了这次春节前的捐献，她也成了中华骨髓库首位为新西兰患者捐献造血干细胞的志愿者。

充满爱意的救命种子

1月25日上午，市红十字会为孙萌婷举行了简朴的欢送仪式。1月29日上午，孙萌婷在市红十字会工作人员的陪同下，坐上了开往北京的高铁，正式开始了她跨越赤道的生命接力。

孙萌婷抵达北京后，入住北京空军总医院。自1月31日起，她每天都要打1针动员剂，为采集造血干细胞做准备，至捐献当天她一共打了5针动员剂。4日上午，在市红十字会杨跃忠副会长的陪同下，孙萌婷进入医院造血干细胞采集中心。9点，一切准备工作就绪，医护人员启动了目前国内最先进的采集设备，分别在孙萌婷的两个手臂上插上管子，开始采集。到中午12点多，采集工作顺利完成，在这一过程中，血液外周循环1万多毫升，共采集造血干细胞混悬液140毫升，这是她献出的救命种子。

捐献刚刚结束，来不及下床活动，孙萌婷首先想到要给远在常州的父母和同事发短信报平安，告诉他们任务圆满完成，自己很好。

让生命的花朵绚丽开放

下午1点多，中国红十字会总会中华骨髓库管理中心副主任高东英以及新西兰骨髓库的负责人菲舍尔赶到医院向孙萌婷表示慰问，并颁发了捐献造血干细胞荣誉证书。高主任告诉孙萌婷她是我国第3294例造血干细胞捐献者、第111例涉外捐献者，并向她表示祝贺。市红十字会杨跃忠副会长也代表市红十字会为她送上了鲜花和慰问。

对于孙萌婷的善举，年过七旬的新西兰骨髓库负责人菲舍尔感动得热泪盈眶，她说："患者是一个3岁的小男孩，您是与他唯一配型成功的志愿者，非常感谢您的善举。"为此，她还特意送上了中国新年祝福，祝孙萌婷春节愉快。

办理完交接手续，菲舍尔将造血干细胞放在特殊的保管箱中，连夜转机飞往新西兰。目前这些承载着希望的"生命的种子"，已经顺利送抵新西兰奥克兰市，并在当地时间6日上午为小患者进行移植。

希望出现更多的孙萌婷

据省医学统计报告，我国有400多万白血病患者，每年有3万多名白血病患者死亡，其中一半以上是花季青少年。目前，造血干细胞移植是治疗白血病最为有效的方法之一。而造血干细胞非血缘关系的配型相合率仅为几万分之一，孙萌婷能和一位远在新西兰的 3 岁小男孩配型相合，用她的话来说“这是生命的缘分”。两个不同肤色、素未谋面的人，却因为造血干细胞的捐献，就这样成为“生死之交”。孙萌婷在北京空军总医院实现捐献的同时，还把市红十字会给她的 5000 元营养费捐给了一位正在住院治疗的白血病大学生，同时向全社会呼吁让更多的爱心人士加入这一行列中来。

孙萌婷用自己的奉献挽救了一条鲜活的小生命，诠释了一位 80 后青年的责任与担当，诠释了爱心无国界的美丽故事。(张涛)

（原载于 2013 年第 2 期《江苏红十字》）

常州红十字会积极参与“学雷锋”志愿服务行动

2 月 23 日上午，常州市“学习雷锋好榜样”志愿服务集中行动在人民公园广场拉开序幕。市委副书记戴源及相关部门领导陈志良、司勇、段瑞典、吴晓晶、潘儒等出席盛会，并为荣获 2012 年省、市两级优秀志愿服务组织以及优秀志愿者颁奖。市红十字会常务副会长俞坚，副会长杨跃忠、朱成凤，秘书长范为民和部分工作人员参加了活动。

在本次活动中，市红十字会开展了造血干细胞采样登记、人体（遗体）器官登记、无偿献血宣传等活动，通过展板和图片展示、发放资料，接受市民咨询和采样，受到了广大市民朋友的好评。活动中，共有 3 人登记成为造血干细胞捐献志愿者并参加采样。刘亚芬是欧尚超市的一名员工，半年前参加了“一加爱心社”。她说，自己一直有个心愿，就是去世后把遗体捐献出来，可是暂时还没有取得家人同意。所以，她决定先完成另一个心愿——捐献造血干细胞。刚刚到市红十字会工作不久的赈济救护部副部长杨可可，主动要求参加采样，延续了市红十字会凡是符合采样年龄和标准的工作人员均登记采样成为造血干细胞捐献者的优良传统，并以此带动更多的人奉献爱心。

活动中共有 2 人登记器官捐献。一个是淮安人陈学飞，他今天带着女儿来逛街，见到市红十字会在接受登记器官捐献，便毫不犹豫地进行了登记，在一旁的女儿冲他竖起了大拇指，连声说：“老爸真棒。”另一位是80后的史琼艳老师，她同时登记成为造血干细胞捐献志愿者和器官捐献志愿者。

在献血车上，市民陈百海自告奋勇，率先捐献了200毫升的血液，他说自己已经参加无偿献血四五次了。在他的鼓励和带动下，两个90后的侄女陈同、陈岩也自愿献血，每人捐献了200毫升的血液。一家三口都献血，为今天的志愿服务活动开了个好头。

红十字会积极参与“学习雷锋榜样，汇聚道德力量，彰显常人尚德”为主题的活动，为学雷锋志愿服务行动增添了“人道、博爱、奉献”红十字精神的光彩。（张涛）

（原载于2013年第3期《江苏红十字》）

老百姓说“红十字”，因你们的行动更加光彩

为进一步弘扬新时期雷锋精神、拓展红十字志愿服务与讲文明树新风活动有机结合途径，引导群众广泛开展社会志愿服务，推动社会志愿服务活动常态化，3月2日，溧阳市红十字会组织机关和部分红十字志愿者到市平陵广场开展了丰富多彩的便民服务活动，唱响了“学习雷锋榜样、关爱百姓、服务社会”的爱心主题。

来自司法、公安、检察院、法院、交通、药监、卫生、计生等部门、单位的8支志愿服务队，共计36名红十字志愿者，在广场为百姓提供了医疗咨询、涉法咨询、妇女儿童权益保护咨询等便民服务；工作人员向现场群众发放了造血干细胞捐献、义务献血、艾滋病防治、结核病防治、应急救护知识等宣传资料800余份。活动展示了红十字志愿者的优秀素质和精神风貌，展现了“红十字人”的服务理念和良好的为民服务形象。前来接受咨询的市民唐先生一语道出自己的心声：“你们放弃休息时间开展一系列这样的便民活动，是对我们老百姓的真情关爱和一片爱心，‘红十字’因你们的志愿行动而更加美丽”。（陶新月）

（原载于2013年第3期《江苏红十字》）

汇聚青春热血，点燃生命希望

为更好地传承雷锋精神，充分发挥卫生系统团员青年模范带头作用，进一步普及造血干细胞捐献知识，动员更多适龄、健康团员青年积极加入捐献造血干细胞志愿者队伍，帮助更多血液病人，3 月 22 日上午，溧阳市红十字会联合市卫生局开展了以“汇聚青春热血，点燃生命希望”为主题的造血干细胞血样集中采集活动。市红十字会、市卫生局相关领导在现场分别做了动员讲话。

活动现场，红十字会的工作人员耐心为咨询的团员青年讲解造血干细胞血样采集的相关知识，为他们解惑答疑，咨询、填表、抽血采样等步骤井然有序，稳步进行；医务工作者规范操作，耐心服务，热情周到。据了解，当天活动共有 96 人进行了捐献造血干细胞志愿登记、采样，成为捐献造血干细胞志愿者中的一员，他们通过积极参与造血干细胞血样采集的方式，表达了对公益事业的支持，用自己滚烫的热血抒写了爱的篇章，展现了当代团员青年携手人道力量、热心公益事业的高尚风采。

市红十字会的工作人员表示，此次在全市卫生系统中开展的造血干细胞采集活动非常成功，希望通过广大团员青年积极踊跃加入捐献造血干细胞志愿者队伍的行动，进一步引导社会的关注、支持和参与红十字事业，使更多的人加入志愿捐献队伍中来，用奉献的行动拯救血液病患者的生命，创造更多的生命奇迹。(陶新月)

(原载于 2013 年第 4 期《江苏红十字》)

常州市红十字会开展“情系老区、结对捐书”活动

为进一步深入推进茅山老区“百千万”帮扶工程和机关党组织书香工程，近日，市委组织部、农工办、机关党工委联合发文，决定继续以纪念第十八个“世界读书日”为契机，开展系列读书主题活动，组织市级机关部门和单位开展“情系老区、结对捐书”活动。

市红十字会高度重视该活动，并召开会议部署此项工作，决定把参加活动作为推进全年帮扶工作的务实举措和重要载体，要求各部（室）、中心认真组织，精心落实。连日来，全体党员干部积极行动起来，纷纷把家中书籍捐献出来。市红十字会遵循保质保量原则，认真做好登记工作。截至4月8日，全会19名在职党员干部共捐书126册。

据悉，本次捐赠的书籍将用于充实老区镇“万册图书馆”、中小学以及村“农家书屋”，对提升老区文化事业的发展有较大的促进作用。（张涛）

（原载于2013年第4期《江苏红十字》）

武进区召开全区镇级红十字会秘书长季度例会

为了进一步开展好乡镇的红十字工作，加强对基层红十字会工作的业务指导，4月9日上午，武进区红十字会在行政中心2号楼1楼会议室召开季度基层红十字会秘书长工作例会。武进区红十字会常务副会长王云芬主持会议并讲话。王会长首先简要传达了近期市、区有关会议精神，然后在充分肯定季度工作成绩的同时，对如何做好下一季度工作，提出三方面要求：一、思想上要高度重视，要围绕全区红十字年度工作要点与考核细则，认真推进工作落实；二、精心组织特色活动，上下联动，整合资源，形成工作合力；三、加强红十字宣传工作，充分利用现有资源，做好红十字筹资、会员发展、志愿者招募及造血干细胞捐献、应急救护培训等核心业务工作。

会上，各基层红十字会秘书长分别汇报交流了季度工作开展情况，并汇报了全年工作设想。武进区红十字会副会长王伟国通报全区基层红十字会季度信息上报情况，并对二季度重点工作进行了具体部署。（陶美娟）

（原载于2013年第4期《江苏红十字》）

常州人民踊跃为灾区人民捐款

芦山地震发生后，常州市红十字会全体干部职工主动放弃双休日，发扬连续作战精神，积极开展募捐救灾工作。在热情接待来访来电，认真接受每一笔捐赠款物的同时，该会还开展“发扬红会精神，积极奉献爱心”的捐款活动。4月22日，在会领导的带头引领下，全体红会干部职工踊跃捐款，奉献爱心，共捐款4600元，为灾区人民早日重建家园奉献了自己的一份力量。

攒了几年的零花钱，这次全捐给了灾区

4月21日下午4点，常州市红十字会已收到市民捐款42260.6元。这天上午10点多钟，一位叫杨思仪的小朋友，捧着储蓄罐来到市红十字会赈济救护部，要给四川地震灾区捐款。说着，她打开储蓄罐，“哗啦啦”地将一罐硬币全倒在桌上，然后帮着赈济救护部阿姨清点，1元、5角、1角，一共242.4元。送她来的父亲说，这是她积攒了几年的零花钱，这次主动要捐出来。

杨思仪今年8周岁，实验小学二年级3班学生。父亲骄傲地介绍说，孩子很有爱心，2008年四川汶川大地震时，才3岁的她一面看电视一面哭，当年就把储蓄罐里的100多元钱捐了出来。“我今天上午刚出差回来，她一看到我就说芦山地震了，想献爱心，帮帮人家。我当然赞成，就陪她来捐款了。”

9位中小学生捐出了零花钱

昨天，像杨思仪这样捐献零花钱的中小学生有9位。一位叫施杨帆的小学女生，暂时不在常州，她叫妈妈代她来到市红十字会，把她储蓄罐里积攒的853.2元钱全捐了出来。妈妈说，孩子平时很节俭，不乱花钱，但有爱心。为女儿的善举所感动，施杨帆的父母又另外捐了1000元。

行动不便的爷爷，叫孙子代他到红十字会捐款5000元

昨天下午3点半，一位小伙子来到常州市红十字会赈济救护部捐款5000元。记者采访他时，他说是替83岁的爷爷朱玉康来捐款的，爷爷腿脚不便，而且说了不接受采访。（张涛、杨可可）

（原载于2013年第5期《江苏红十字》）

常州市上下联动纪念第66个“世界红十字日”

5月4日，常州市红十字会、钟楼区红十字会、新闸街道红十字会在新闸街道中心广场联合举办纪念第66个“世界红十字日”大型广场活动，来自全市各行各业的200多名红十字志愿者和群众参加了活动。副市长、市红十字会会长张云云，市红十字会常务副会长俞坚，钟楼区副区长、区红十字会会长何海平参加活动，市、区、街道红十字会相关领导一同出席。

今年活动的主题为“红十字志愿者在行动”，活动内容主要包括团体会员单位义诊义疗、无偿献血、造血干细胞采样、应急救护技能演练、芦山地震捐款等五项内容。活动中，张市长一行先后来到义诊咨询台、造血干细胞采样处和采血车上，慰问了医务工作者和造血干细胞捐献及无偿献血志愿者，并观摩了应急救护演练。

活动中，钟楼区新闸街道工商联合会会员企业远东电器有限公司、皓月涂料有限公司、华东人防设备有限公司、鑫灿食品有限公司、新闸街道社区卫生服务中心、金牛减速有限公司、钟楼开发区江苏洛克电气有限公司等多家爱心企业纷纷向芦山地震灾区捐款，奉献自己的一片爱心。爱心企业家们希望通过自己的方式，号召大家通过力所能及的方式来支援灾区，帮助受灾群众恢复正常生产生活，重建美好家园。

为了鼓励更多人加入造血干细胞捐献志愿者的行列，我国首例向新西兰捐献造血干细胞志愿者、全市第21例造血干细胞捐献志愿者、2013年2月份“常州好人”孙萌婷还特地来到现场，现身说法，用自己的亲身经历，呼吁更多人来奉献自己的爱心，挽救他人的生命。来自新闸街道的“中国好人”朱金荣现场为献血者和造血干细胞志愿者送上一杯杯热饮。这位8年来无偿献血2900多毫升的“熊猫血大侠”用自己的实际行动延续着志愿者的爱，他还现场为芦山地震捐款200元。

活动现场，市、区红十字会，新闸街道宣传、民政、团委、统战和民族宗教部门通过展板宣传、义诊咨询、发放资料等多种活动形式，让广大市民和外来少数民族人口对红十字运动有了更加深刻的了解。同时还在现场组织开展了心肺复苏、止血、包扎等应急救护技能演练，通过急救员与市民朋友们的零距离互动，生动地普及了卫生救护知识和基本技能。

据统计，本次活动共为群众义诊义疗300余人次，7人登记并参加造血干细胞采样，9人登记眼角膜捐献，2人登记器官捐献。18人参加无偿献血，共献血5300毫升。市红十字会共为200多人次进行应急救护演练培训。活动中，爱心企业和市民共为芦山地震灾区募捐善款79655元，港币1100元。(张涛)

(原载于2013年第5期《江苏红十字》)

常州市召开全市人体器官捐献工作推进会议

为了进一步推进人体器官捐献工作，6月5日下午，常州市红十字会、市卫生局在常州一院召开了全市人体器官捐献工作推进会。市红十字会分管领导、各辖市（区）红十字会常务副会长、卫生局分管局长、市人体器官捐献办公室协调员、信息员共60余人参加了会议。

会议由常州市红十字会副会长朱成凤主持，市卫生局副局长秦锡虎出席并讲话。人体器官移植技术是20世纪医学领域取得的重大成果之一，但人体器官来源不足却严重制约了人体器官移植事业的发展。我国每年约有150万患者需要器官移植，而每年器官移植手术仅1万例左右，150∶1的器官移植率使得我国面临着非常严峻的供体短缺问题。自2011年常州市开展人体器官捐献试点工作以来，常州市红十字会在人体器官捐献组织机构的建立、规章制度的拟定、宣传动员的开展、人员队伍的培训、运行资金的筹集等方面做了艰苦不懈的努力。市卫生局从技术方面全面支持红十字会开展工作，组织协调医疗机构实施器官捐献和移植工作，并将设立人体器官捐献宣传点、上报符合捐献条件人员信息纳入对各家医院的年度目标考核。在大家的共同努力下，常州市共实现了人体器官捐献2例。对如何做好下一阶段人体器官捐献工作，秦局长要求卫生系统的广大协调员和信息员，一是要做有爱之人，要怀着对生命的尊崇和敬畏，怀着一份爱心和责任，履行好协调员和信息员的职责；二是要做有心之人，在繁忙的工作中多留心发现潜在的捐献者；三是要做有技术之人，要全面掌握涉及人体器官捐献工作相关的法律、医学和伦理知识。

会上，市第二人民医院协调员杨巧云医生介绍了该院今年人体器官捐献的相关经验，苏州市红十字会赈济救护部钱晓军主任对全市的协调员和信息员进行了专题培训。

朱成凤副会长对两年来人体器官捐献工作做了简要的回顾，并对工作中取得的成绩表示了充分肯定，对成绩突出的个人和单位进行了表扬。最后，朱会长提出：一要认清形势，增强事业心和责任感；二要加强领导，严密组织；三要严谨作风，务求实效，力争器官捐献工作更上一层楼。（罗杰）

（原载于2013年第6期《江苏红十字》）

溧阳市红十字应急救护培训走进特殊行业

为认真做好应急救护培训工作，推进救护培训进行业，6月14日上午，市红十字会工作人员来到溧阳罗地亚稀土新材料有限公司，为该公司40名员工进行公益性应急救护培训，讲授救护新概念和应急救护技能。

2013年，溧阳市红十字会继续把实施公益性应急救护百万培训项目作为服务民生和改善民生的重要工作内容，针对特殊行业的培训，市红十字会有针对性地制作了教学课件，配备了教学器材，配合模拟人现场实际操作，并严格进行理论和操作考核。通过学习培训，使特殊行业有一支相对稳定的应急救护员队伍，从而有效提高了高风险行业人员防灾避险和自救互救能力。（陶新月）

（原载于2013年第6期《江苏红十字》）

强化宗旨意识　服务老区群众

在纪念建党92周年之际，6月19日，市红十字会全体党员在党组书记俞坚的带领下来到金坛市朱林镇唐王村，开展主题党日活动，本次活动的主题为“强化宗旨意识，服务老区群众”。活动内容丰富，形式创新，把党员组织生活搬到了基层，与老区党员群众面对面，听民意，解民困，问计于民，问政于民，是集基层调研、老区困难党员慰问、党日学习于一体的活动。

自2008年起，市红十字会先后参加了“党员进老区、万人帮万户”“茅山老区‘百千万’帮扶工程”等项目，连续5年结对帮扶唐王村，帮扶资金近30万元。

活动中，俞书记在了解了相关工作情况后，针对农村的环境整治、秸秆焚烧、安全生产等问题和村民展开热烈讨论，他提出的建议赢得了村民的一致好评，被亲切地称为“了解农民的专家”。座谈结束时，俞书记还为该村10名困难党员每人发放了500元慰问金。他表示一定会将大家反映的问题和情况反映给有关部门，通过开展“三解三促”活动来逐步解决基层面临的困难。

随后，市红十字会全体党员结合市委关于开展主题党日活动的要求，认真学习了党章和有关文件精神。俞书记做了《高扬“红十字”，践行“中国梦”》的发言，他通过认识中国梦、拥有中国梦、践行中国梦，详细解读了什么是中国梦、什么是红十字人的梦、如何践行红十字人的梦。他说中国梦是民族的梦，是全体中国人的梦。爱之梦是红十字人追寻之梦，是中国梦的重要组成部分。中国梦，任重而道远；爱之梦，需要广大红十字工作者、志愿者、会员和爱心市民的积极参与，乐于奉献。

他指出，当前红十字事业面临新的机遇和挑战，一方面各级党委政府越来越重视红十字工作；另一方面，红十字会又面临重大信任危机。在这种形势和任务下，我们要认真贯彻总会和省会的有关文件精神，不断推动人道救助、灾害救援、卫生救护、志愿服务以及社会治理模式的创新，更好履行红会职能，科学提升红会职能。同时要不断加强红十字会机关干部学风、作风建设，促进干部职工理论素养、服务态度、工作效率、工作能力和工作质量的提升。（张涛）

（原载于2013年第7期《江苏红十字》）

热浪滚滚，爱心如潮

7月22日，甘肃省定西市发生6.6级地震，房屋倒塌，生命消逝，灾区人民的遭遇再一次牵动了常州人民的心。连日来，常州正在遭受高温的考验，热浪滚滚，却拦不住爱心人士的脚步。

江苏佳尔利装饰材料有限公司通过网银汇来了10000元，该公司在不久前芦山地震后的第一时间，刚捐过3万元。

常州外国语学校2012级16班的学生顶着38℃的高温，在市民广场进行义卖，将沉甸甸的175元送到了红十字会。

一位年近古稀的老爷爷用颤抖的双手掏出了身上几乎所有的钱，非要凑足1000元。

有位王先生说："我以前在甘肃生活过几年，对那里很有感情，这几天看到电视里放的场景很感动，所以想尽自己的一点力。"尽管王先生家境并不富裕，他仍然坚持要为灾区捐献1000元。

截至7月31日，市红十字会共收到爱心捐款16775元。为了奉献爱心，每一位捐款者都是汗流浃背，他们平凡的善举为这个炎热的夏日带来了别样的清凉。爱无疆，心相连，让我们携手共筑爱的世界！（杨可可）

（原载于2013年第8期《江苏红十字》）

车祸无情人有情

近日，常州市武进区红十字会获悉区内曼恩机械有限公司的员工杨红良在一次交通事故中头部重伤，在重症监护病房抢救十几天后，仍未脱离生命危险。杨红良的妻子去年因手术在家休养，女儿今年刚考上南京的一所本科院校，全家人的生计靠他一人支撑。面对高昂的治疗费用，对原本十分困难的家庭来说无疑是雪上加霜。

得知这一情况的区红十字会联合曼恩机械有限公司，积极开展募捐活动，经过认真组织和大力宣传，短短两天就筹集爱心款55880元。

7月30日上午，区红十字会王伟国副会长和曼恩机械有限公司代表一行带着爱心捐款，来到第一人民医院，看望了仍在重症监护室的杨红良和他的家人，王伟国将55880元的爱心款送到杨红良妻子手中，鼓励她们坚定战胜困境的信心，祝愿杨红良早日康复！（陶美娟）

（原载于2013年第8期《江苏红十字》）

溧阳红会培训景区安全员

8月9日上午，溧阳市红十字会再次来到天目湖景区，为来自各旅游景点120余名红十字安全员进行了应急救护培训。

为进一步提升景区红十字安全员的急救专业水平，加强各景点安全救护工作，市红十字会结合景区救护特点有针对性地安排了培训内容。本次培训专门邀请了市红十字应急救护讲师团资深讲师系统地向学员们传授了安全员应具备的救护理论点，重点对“预防溺亡、心肺复苏”进行了详细地讲解、示范和演练。

由于景区的红十字安全员在第一现场，一旦发生事故时，能充分利用所学的基本急救技能在第一时间进行现场救护，减少事故的危害，保护游客的生命安全。(陶新月)

(原载于2013年第8期《江苏红十字》)

武进区基层红会携手风驰运动网传播救护知识

当前，越来越多的人爱上了户外运动。如何防止发生运动伤害、遇到运动伤害如何处理成为了在户外运动爱好者群体中亟须普及的知识。为此，武进区南夏墅街道红十字会同风驰运动网达成协议，在其网站上开辟专栏，用于普及应急救护技能以及传播红十字知识，进一步提升红十字品牌的影响力。

风驰运动网最初是由一群单车运动爱好者创立的运动论坛，目前已涉及单车、游泳、球类、垂钓、徒步、健身等各项户外运动，参与人群以热衷运动、有较强团队意识的年轻人为主，他们有年轻人特有的活力和激情，大多文化素质较高，热心公益事业，并且这个群体活动范围广，也经常会遇到需要救助的情况。

在此网站设立专版，一方面可以开展红十字应急救护培训，提升运动人员的自我防护意识和自救互救能力，在遇到紧急情况时能将所学知识用于救助；另一方面也可以通过这个平台，大力宣传红十字知识，广泛吸纳红十字志愿者，使“人道、博爱、奉献”的红十字精神深入人心。下一步，武进区南夏墅街道红十字会还要将网络宣传同现实培训相结合，真正做到学以致用，以实际行动检验宣传培训的效果，扩大红十字品牌的公信力和影响力。(南夏墅红十字会)

(原载于2013年第8期《江苏红十字》)

常州市印发《促进红十字事业发展重点工作分工方案》

为深入贯彻落实《国务院关于促进红十字事业发展的意见》（国发〔2012〕25号）和《中共江苏省委江苏省人民政府关于进一步促进红十字事业发展的意见》（苏发〔2012〕22号）精神，9月2日，经市委、市政府同意，市委办公室、市政府办公室印发了《促进红十字事业发展重点工作分工方案》（常办发〔2013〕49号），要求各地各部门要认真抓好落实，特别是46个市级牵头单位和参加单位要相互支持、积极配合，共同完成好有关目标任务。市委办公室、市政府办公室将适时对本方案落实情况进行督查。

《重点分工方案》主要包括积极支持和促进红十字会依法履行职责、不断加大对红十字事业的资金和政策支持力度、以改革创新精神加强红十字会的组织和队伍建设、努力为红十字事业发展创造良好条件等4个部分，既涉及“三救”“三献”等核心内容，又涵盖了合作交流、财政投入、社会募捐、公开透明、法人治理结构、组织建设、队伍建设、志愿服务、组织领导、法制环境、宣传工作等传统和新兴业务，对促进本地区红十字事业的发展做了全方位的部署和具体要求。（张涛）

（原载于2013年第9期《江苏红十字》）

成立志愿新基地　争当花博志愿者

9月4日，武进区红十字会在新成立的红十字志愿者服务基地——武进职业教育中心，举行纪念世界急救日暨红十字志愿者服务基地授牌仪式，并对红十字花博会应急救护志愿者开展强化培训。区红十字会常务副会长王云芬、副会长王伟国，职教中心副校长李辉、团委书记居蕾及红十字志愿者等近80人参加。

活动现场，职教中心副校长李辉致辞，区红十字会常务副会长王云芬为新成立的红十字志愿者服务基地授牌，主席台全体领导为基地内新组建的4支红十字志愿服务队授旗，志愿者集体宣誓。区红十字会常务副会长王云芬对志愿者提出三点殷切希望：一要振奋精神，增强红十字服务花博会的荣誉感和责任感；二要勤学苦练，提升红十字服务花博会的战斗力和凝聚力；三要无私奉献，提高红十字服务花博会的满意度和美誉度。王会长还勉励在场的志愿者要重视知识衔接，做好角色转变，服从组织安排，大力弘扬“人道、博爱、奉献”的红十字精神，积极参与花博、服务花博、奉献花博。

随后区红十字会对基地内新招募的、面向花博会提供应急保障的志愿者进行为期两天半的强化训练，包括组织开展应急救护培训，高校资深老师讲授礼仪课程，武进中医院的业务骨干讲授基础生命体征的检测和意外伤害的处理，并对志愿者进行严格考核与筛选，努力提高红十字花博志愿者服务花博的能力，为举办最精彩、最圆满、最难忘的第八届花博会提供优质的应急保障志愿服务，并以此纪念第14个世界急救日。

（原载于2013年第9期《江苏红十字》）

加强业务培训　提升服务能力

为进一步提升基层红十字会专兼职干部的整体素质和业务能力，常州市武进区红十字会9月24日在区委党校举办了一期红十字专兼职干部培训班。各乡镇、街道、开发区红十字会秘书长，红十字学校、医院红十字工作负责人计160余人参加。

培训班邀请省红十字会办公室副主任聂城就省委省政府下发的《关于进一步促进红十字事业发展的意见》进行宣讲；市红十字会常务副会长俞坚讲授红十字运动起源、发展及红十字会人员能力提升等方面知识；武进日报社时政新闻部主任鞠燎原，就如何更好地掌握新闻写作方法、提升新闻写作水平，从新闻写作的主题、材料、角度、语言、结构等5大环节，结合实例，做了精彩讲授。

培训内容既有理论知识，又有实践经验，使学员们学有所思、学有所获、学以致用。（袁敏娴）

（原载于2013年第10期《江苏红十字》）

常州召开2013年高校红十字工作座谈会

11月20日下午，2013年常州市高校红十字工作座谈会在常州工程职业技术学院行政中心三楼会议室召开。市红十字会党组书记、常务副会长俞坚，常州工程职业技术学院党委书记吉飞，纪委书记、校红十字会会长施福新，市红十字会秘书长范为民，在常12所高校红十字会秘书长参加了会议。

座谈会上，常州工程职业技术学院党委书记吉飞对市红十字会和兄弟学校红十字会到工程学院参观指导表示欢迎，表示在未来的一个时期中，学院将把红十字会的建设作为一项重要工作来抓，加大投入，争创品牌。市红十字会党组书记俞坚为常州工程职业技术学院授“江苏省红十字示范学校”奖牌，施福新书记为荣获2013年“博爱青春”暑期志愿服务全省十佳项目的常州纺织服装职业技术学院颁发荣誉证书。随后，各校汇报了2013年红十字工作和2014年工作打算。

在听取了各高校工作汇报后，俞会长表示很受启发，他说，高校中的很多工作都和红十字会工作有着密切的联系，高校红十字会大有可为。2013年各校红十字会做了大量卓有成效的工作，包括参与省级红十字示范校评选活动，组织大学生参加应急救护培训，组织大学生志愿者服务花博会，参加省、市两级组织的“博爱青春”暑期志愿服务活动和防艾宣传工作等。今年高校红十字会工作取得了三大成绩：

一是“红十字百万应急救护培训进学校”项目，首次被纳入《常州市2013年未成年人思想道德建设目标管理项目》进行目标考核；

二是常州工程职业技术学院成功创建了全市第一家省级红十字示范高校；

三是市连续两年摘取省级“博爱青春”十佳项目。

这些成绩的取得和在座的各位领导和老师是分不开的。下一步，市红十字会将进一步加强与高校的合作，多组织一些项目活动，给高校红十字会更大的施展平台。

他指出，2014年全市高校红十字会的重点工作包括：继续实施省级公益性应急救护百万培训项目；组织参加省、市两级“博爱青春”暑期志愿服务活动；组织部分大学生参加无偿献血和造血干细胞捐献工作。

最后，俞会长还对即将开展的2013年高校防艾宣传活动进行了全

面部署，在高校中开辟第二个防艾宣传阵地，争取把防艾宣传工作打造成常州高校红十字工作的一个新的亮点。(张涛)

(原载于2013年第12期《江苏红十字》)

落实“意见”精神　开展特色工作(节录)

常州：打造特色　创出品牌

2013年，常州市红十字会在志愿服务、救护培训、“三献”工作等方面努力打造特色，创出品牌。

今年，常州市红十字会学雷锋红十字志愿服务活动作为全市重点工作之一，首次被纳入全市精神文明建设整体规划和全市公共文明指标测评体系。在开展各类志愿服务工作的同时，常州市红十字会围绕中心工作，开展特色志愿服务工作。

“红十字百万应急救护培训进学校”项目首次被纳入《常州市2013年未成年人思想道德建设目标管理项目》进行目标考核。年初，全市红十字会系统全面启动公益性应急救护百万培训项目，截至11月，全市共培训初级救护员7085人，普及性培训61889人次，提前超额完成全年任务。在开展走进机关、走进社区、走进学校、走进企业、走进军营的“五进”活动中，全年在各类大中小学校中广泛开展普及性救护培训4万多人次。

造血干细胞捐献工作继续保持稳定发展态势，全年共实现1360例采样，合格入库1030例。实现3例造血干细胞成功捐献，其中1例为我国首例向新西兰患者捐献造血干细胞，捐献者孙萌婷被评为“常州好人”。人体器官捐献试点工作不断推进，累计实现捐献2例。在常州第三人民医院成立全市第一个、全省第三个红十字眼库。全市无偿献血人数突破6万人次，献血量超过16吨。常州市红十字会荣获市级促进无偿献血工作先进集体荣誉称号。

(原载于2013年12月10日《中国红十字报》)

2014 年

武进区红十字会开展麻风病慰问活动

1 月 10 日上午，在 2014 年春节和第 61 个“世界防治麻风病日”来临前，常州市武进区红十字会和民政、残联等相关部门一同前往武进太湖医院看望慰问麻风病患者及医护人员。

今年“世界防治麻风病日”的活动主题是“加速行动，消除麻风危害”，旨在以实际行动关爱麻风病患者和畸残者，消除社会对麻风病患者及畸残者的歧视和偏见，促进社会和谐发展。区红十字会副会长王伟国等领导一行深入病区，详细了解麻风病患者的生活起居和医疗护理情况，并将大米、食用油、被子、牛奶等慰问品送到麻风病人手中，叮嘱休养员们安心休养、重拾信心。

区红十字会长期以来一直重视做好麻风病患者的慰问工作，每年以“世界防治麻风病日”和“中国麻风节”为契机，普及麻风病可防可治的知识，消除对麻风病患者及畸残者的歧视和偏见，倡导全社会共同关心麻风病防治工作，最终消除麻风病的危害。（袁敏娴）

（原载于 2014 年第 1 期《江苏红十字》）

常州市红会开展“红十字博爱送万家”活动

在新春佳节来临前夕，常州市红十字会系统在全市开展“博爱送万家”活动。全市红十字会系统共投入 120 余万元款物，对全市 1000 多户困难家庭、儿童福利院等实施救助，受益人数达 5000 多人。今年的活动重点：一是对困难家庭进行走访慰问。市红十字会联合新北、天宁、钟楼、戚墅堰 4 区，对 200 户困难家庭挨家挨户送上 500 元慰问金，以及棉被、毛毯、食用油等生活用品；金坛、溧阳、武进等区（市）也根据实际情况开展活动。二是对重大病患者进行专项救助。武进区向 65 户“双癌”困难家庭救助 325 万元。三是对太湖麻风病医院、市残疾儿童康复中心、市儿童福利院、德安医院、仁慈医院等特殊单位进行爱心帮扶。

1 月 17 日上午，常州市副市长、市红十字会会长张云云，市政府副秘书长、市红十字会副会长梅向东，市红十字会党组书记、常务副会长俞坚，钟楼区副区长、区红十字会会长何海平等一行在春节前夕，走访慰问钟楼区 3 户贫困家庭，给他们送上了棉被、油等生活必需品，并为每户送上慰问金，鼓励他们积极面对生活，党和政府将是他们坚强的后盾，祝福他们过一个安乐祥和的春节。与此同时，市红十字会领导班子春节期间相继走访慰问了贫困户。

金坛市红十字会在副市长、市红十字会会长王艳红的带领下，一行 4 人来到直溪、朱林敬老院，送去价值 22080 元的棉被 160 条、价值 8720 元的毛毯 80 条和慰问金 10000 元。

溧阳市红十字会党组书记、常务副会长胡雪芹带领机关工作人员，来到天目湖镇慰问特困户，给他们送上党和政府的关怀与红十字会的温暖。此次“送温暖”款物近 20 万元。此外，溧阳市红十字会还动员各基层红十字会、各红十字志愿者服务活动站在社区、村镇组织开展健康义诊、红十字宣传等志愿服务。

武进区红十字会在横山桥镇举行“博爱天使、情暖武进”红十字博爱送万家启动仪式。启动仪式结束后，副区长、武进区红十字会会长陆雅芬一行走访慰问了该镇两户特困家庭，将每户 1000 元慰问金及大米、食用油、牛奶、棉被、衣服等物资送到困难群众手中。据统计，活动当天武进区红十字会向横山桥镇 67 户困难家庭发放 3.6 万元慰问金、30 条棉被，向镇红十字会发放价值 2 万余元的救助物资，用于救助辖区内贫困家庭。武进区红十字会在博爱送万家活动中共计发放各类救助款物 18 万余元。

钟楼区副区长、红十字会会长何海平率红会工作人员先后走访勤业新村刚做过乳腺癌手术的张腊妹和靠骑三轮车送货为生的新岗村贾鹏飞等家庭，送上解燃眉之急的慰问金、毛毯和 10 斤瓶装食用油；1 月 9 日上午，又前往新闸街道看望了夫妻均生病的张国民家和夫妻双双三级残疾的“常州好人”朱金荣家，后前往五星街道慰问了一家三口都身患疾病的黄小燕家。至 1 月 31 日，钟楼区红十字会会同各街道红十字会深入社区，接连开展 2014 年“博爱送万家”活动，全区 50 户贫困家庭相继受惠于红会“博爱送万家”活动，分享市红会雪中送炭的 2.5 万元慰问金和其他救助物资。

新北区红十字会副会长张静以及各镇、街道红十字基层组织领导，分组走进全区50户困难家庭，给每户送去了棉被、豆油等生活用品以及500元慰问金。

天宁区红十字会常务副会长赵阿忠，在天宁街道办事处副主任丁国芳的陪同下，走访慰问了天宁街道辖区内的三户困难家庭。此次“博爱送万家”活动慰问了全区50余户困难家庭，共计送慰问金4万余元。

戚墅堰区红十字会对50户困难群众进行了爱心救助，每户发放现金500元、一瓶食用油和一条毛毯。（胡霄）

（原载于2014年第2期《江苏红十字》）

常州红十字会捐款余1100万　培训7000名救护员

2月19日，常州市红十字会九届三次理事会议在市行政中心举行。会议通报，历年滚存积余的1100.66万元限定性捐款，将全部转为全市首个红十字人道救助基金，并根据《红十字人道救助基金管理办法》管理运作。副市长、市红十字会会长张云云，市政协副主席、市卫生局局长、市红十字会副会长陈建国出席会议。

从会上获悉，今年常州市将继续推行全省公益性应急救护百万培训项目，预计培训7000名初级救护员，完成普及性培训50000人次。今年，常州市将继续依托高校、社区、国防园等，建立长期性培训基地，同时创新培训载体，并在社区、交通网点、事故多发区开展红十字急救箱投放试点工作；广泛宣传发动市民参与应急救护培训，定期组织人员赴各地督导推进项目实施，协调解决培训中遇到的困难和问题。

据悉，全省已连续3年开展该项目，常州市前两年分别完成7万余人次培训，去年提前超额完成全年目标任务，其中培训初级救护人员8074人，普及性培训62943人次，完成率分别为115.34%和110.43%，总完成率位列全省第二，应急救护培训普及率占常住户籍人口的比例提高至20%以上。

会上审议并通过了理事、常务理事、副会长的更换、增补。（红会宣、黄钰）

（原载于2014年2月20日《常州日报》）

常州市红十字会进一步普及和强化市民应急自救互救能力

免费完成培训7000名初级救护员和50000人次普及性培训，争取全年完成应急救护培训达8万人次。2月19日召开的常州市红十字会九届三次理事会上，在2014年，应急救护培训工作依然是该市红十字会提升市民自救互救能力的主要实事工作之一。

目前，该市红十字会已相继在常州国防园、金坛花山国防教育培训中心、溧阳市国防教育培训中心和常州工程职业技术学院建立了应急救护培训基地。为了给新市民开展应急救护培训，武进区红十字会在外来务工人员集中居住区——高新区南湖家园设立了新市民应急救护培训基地。溧阳市红十字会联合天目湖旅游景区股份有限公司和溧阳市地方海事处，在“世界急救日”期间，开展了旅游景区水上搜救第三次综合演练。2013年，该市应急救护培训总完成率为110.96%，提前超额完成全年目标任务，名列全省前茅。在去年省红十字会举办的首届应急救护大赛中，该市有2人被列为省红十字会“最美救护员”候选人，其中1人被评为全省首批“最美救护员”，1人获全省首批“最美救护员提名奖”。

2014年，除了争取应急救护培训工作培训达8万人次之外，市红十字会还将在高校、社区、国防园建立长期性培训基地，同时在社区、交通网点、事故多发区开展红十字急救箱投放试点工作。（张涛、贺燕）

（原载于2014年第3期《江苏红十字》）

武进区红会开展“博爱天使　大爱武进”学雷锋“三献”志愿活动

2014年是常州市武进区红十字会百年华诞，为进一步弘扬“人道、博爱、奉献”的红十字精神，汇聚人道力量，共建红十字事业，武进区红十字会以“博爱天使　大爱武进”为主题，开展4期大型系列活动。第一期学雷锋“三献”志愿活动于3月7日下午在行政中心1号楼举行，红会大力号召机关干部职工积极加入无偿献血、捐献造血干细胞和人体器官（遗体）捐献的队伍，挽救他人的生命。

活动现场，来自机关各部门的141位干部职工参与了无偿献血，他们中既有多次献血的老员工，也有第一次献血的新成员。在献血的同时，很多干部职工还咨询了捐献造血干细胞和人体器官（遗体）捐献的有关情况，并表达了捐献意愿。（袁敏娴）

（原载于2014年第3期《江苏红十字》）

雪中送炭助力特困学生安心学习

新学期伊始，为使家境困难的学生能高高兴兴返校上课。2月19日上午，常州溧阳市红十字会工作人员冒着大雪赶往社渚镇，将溧阳联盟化学有限公司定向捐赠的2.5万元爱心助学金送到了孩子们手中。这是继去年秋季开学后的又一次助学活动，为该镇25名品学兼优的贫困学生每人送去了1000元助学金。市红十字会工作人员勉励孩子们要安心学习，怀着一颗感恩的心成长，顺利完成学业，长大后回报爱心企业的关爱。

手里捧着装满浓浓情意的爱心款，小刘同学表示："感谢爱心企业与红十字会对我们的关心！我们一定会加倍努力学习，以优异的成绩回报社会。"（陶新月）

（原载于2014年第3期《江苏红十字》）

"准护士"志愿者积极投身献血服务

为了缓解医疗临床手术用血和危重患者的急救用血，响应党的群众路线教育实践活动，从2月份开始，常州市红十字会系统联合卫生系统开展了多次大规模集体献血活动。

新北区红十字会的常州卫校志愿服务队的21位同学也积极行动，参与到献血服务中去。同学们放弃休息时间，她们2~3人分为一组，在献血活动现场引导献血人员，向过往市民发放宣传资料，并向市民详细讲解献血的相关知识，鼓励大家来献血。这些卫生学校的“准护士”兢兢业业，认真完成了每项服务工作，帮助人们纠正对献血方面的误解，得到了活动现场工作人员的好评。

活动结束后，志愿者们纷纷表示：走出校园，提供自己应尽能尽的一份责任，为社会贡献一份绵薄之力，是对自己坚持“奉献、友爱、互助、进步”志愿者精神的最好诠释，也是传递爱心、传播文明的良好方式。近期，他们还将继续在校园内发动高年级的同学开展无偿献血活动。（朱讯华）

（原载于2014年第3期《江苏红十字》）

百年红会　人道篇章

——纪念常州红十字会建会100周年

常州市副市长、市红十字会会长　张云云
常州市红十字会党组书记、常务副会长　俞　坚

人生百年期颐，红会百年沧桑。

一百年来，常州红十字会历经风雨，与时偕行，然斗转星移，俯仰之间已为陈迹。回顾总结历史，我们对先辈们的创业历程更加崇敬，也为从事人道主义工作而倍感自豪。

一百年前，年甫三十的王完白先生受总会沈敦和会长之委托，于局前街福音医院内创建中国红十字会常州分会筹备处。自此，人道圣火，代代相传，惠及百姓，泽被龙城。

一百年来，在常州崇德向善的人文空气中，红十字的萌芽在常州的慈善沃土上不断发展壮大。不论是在纷乱的战争年代，还是在和平建设时期，常州红十字会始终本着博爱襟怀，救死扶伤、扶危济困。在曲折中寻求发展、追求卓越，在发展中凝聚力量、铸就辉煌。常州红十字会积八邑名都之灵气、名人辈出之底蕴，业绩昭彰，蜚声遐迩。

百年风雨伴随的是百年求索，百年底蕴累积的是百年升华。值此常州红十字会百年华诞之际，我们欣喜地看到经过数代人的不懈追求，今天的常州红十字会已经成为政府人道领域工作的得力助手，成为常州“慈善之城，爱心之都”的最好注脚。

今天，我们抚今追昔，追寻着先贤睿智高远的吉光片羽；我们蓦然回首，回首那似水流年里曾经的绚烂。我们坚信，无论何时，红十字精神都和人类的真善美相通相容，都和中国的优秀传统文化相辅相成，常州红十字会在新的百年里一定会更加辉煌绚烂，谱写出人道新篇章！

一、管理体制全面理顺

常州市红十字会自 1982 年复会后的 20 多年间，日常工作一直由市卫生局代为管理。2005 年 6 月，中共常州市委研究决定将市红十字会由市卫生局代管改由市政府领导直接联系，并列入全市群团机关参照国家公务员法管理范围。

常州市所辖县（市、区）红十字会管理体制，经历 4 次调整。1987 年 5 月，金坛县红十字会成立，列为政府工作部门之一，一级局建制。1989 年 1 月，溧阳市红十字会成立时，即确定为机关一级局机构。2006 年 10 月，武进区红十字会由区卫生局代管改为区政府领导直接联系，机构级别由正股级、群众性社会团体升格为机关正科级，参照公务员制度管理，经费由区财政单列。2009 年 9 月 7 日，常州市机构编制委员会办公室、市红十字会联合印发《关于理顺各区红十字会管理体制的通知》。之后，新北、天宁、钟楼、戚墅堰区红十字会相继理顺管理体制。至是年末，常州市所辖两市、五区红十字会的机构列位、人员列编、经费列支基本解决，管理体制全面理顺，均单独设置机构，正科级建制，列入当地群团机关参照公务员法管理范围。

二、组织网络逐步形成

1982 年，常州市红十字会复会重组之后，将成立乡镇、街道基层红十字会，作为全市红十字组织建设的一个重点。1984 年 8 月，全市第一个街道红十字会——广化区清潭街道红十字会正式成立。当年，市红十字会发展基层红十字组织 53 个。1987 年 7 月，金坛县金城镇红十字会成立，这是全市第一个乡镇红十字会。1990 年，金坛县列为江苏省红十字会在苏南的试点，探索农村建会经验。1993 年起，常州市红十字基层组织稳步发展。当年，金坛县 28 个乡镇全部成立红十字会，成为常州市第一个实现“满堂红”的地方红十字会。1995 年，钟楼区 8 个街道均成立红十字会，在全市县（区）级红十字系统实现第二个“满堂红”。1996 年，常州城区有 14 个街道成立红十字会，全市红十字基层组织发展到 225 个，有 12 个单位获首批全国红十字团体会员证书。

2003年之后，全市红十字基层组织步入正常发展轨道，红十字基层组织增至314个。2007年9月，武进区14个乡镇、2个省级开发区、1个街道，全部成立红十字会，在全市实现第三个“满堂红”。2008年起，常州市各级红十字组织以前所未有的速度向前发展，初步构建成红十字组织基本框架。武进区礼嘉镇红十字会被中国红十字会总会评为全国优秀乡镇红十字会，授予铜牌。2011年，溧阳市10个镇均成立红十字会，在全市实现第四个“满堂红”。该市天目湖旅游景区红十字会的成立，为全国首创，得到全国人大常委会副委员长、中国红十字会会长华建敏的肯定和赞扬，并欣然题词，成为常州市红十字工作的一个新亮点。至2012年，常州市成立镇级红十字会51个，发展红十字团体会员单位372个，冠名红十字医疗机构3个。常州市逐步形成以市、区红十字会为主体，镇级红十字会为依托，各级医疗机构、企事业单位和社区红十字组织为基础的红十字组织网络体系和基本框架。

全市红十字会员和志愿者队伍，随着时间的向前推进，呈逐渐发展壮大态势。20世纪50年代，全市红十字会员保持在4000人左右。60年代初，猛增到2万多人。80年代复会后，从发展青少年会员起步，逐步扩充，稳定在3000人以上。90年代起，进入平稳发展时期，其中1994年达到2.59万人，为复会后12年之最。1996年，全市红十字会员首次突破5万人。进入21世纪后，红十字会员进入快速发展阶段。2004年，全市红十字会员首超10万人。2006年，全市红十字会员首次突破20万人。2012年，全市红十字会员首次超过40万人，刷新历史纪录，占全市户籍人口的11.03%。

三、赈灾济困业绩斐然

常州红十字会创建以后，无论常州地区，还是外省、市，乃至国外，一旦发生严重自然灾害，均在第一时间组织开展抗灾救援工作。

1921年8月，长江沿岸发生水灾。新成立的常州分会及时组织劝募相助。11月，常州分会组建医疗队，救治常邑遭受水灾的民众。1922年夏，浙江沿海遭受风灾；1923年9月，日本发生地震；1931年夏，长江流域19个省发生水灾；1950年，皖北、河南、河北遭受严寒；1956年，苏北发大水。常州分会得悉这些灾情，都打破域界、国界，募捐钱物，赈济灾民。

从20世纪80年代至2013年，常州市红十字会先后重点实施常州境内救灾8次，外省、市灾区救援20次，国际人道救助5次。1990年夏，常州境内连遭3次台风袭击；1991年6月，常武地区遭受百年未遇洪灾；1992年7月，金坛县发生特大雨涝灾害；1994年入夏后，溧阳地区持续高温干旱；1999年6月，常州局部地区普降暴雨；2007年7月，武进区暴雨成灾；2008年1月，常州地区遭受特大冰雪灾害；2010年8月，溧阳市遭到龙卷风侵袭。这几次灾害发生后，常州市红十字会和相关县（市、区）红十字会，立即启动应急预案，发出救灾紧急呼吁，动员社会各界捐款捐物，同时主动协助当地政府，抽调骨干人员，组成防病防疫医疗队，奔赴灾区第一线，送医送药，抢险救灾，并迅速调拨发放粮食、衣被、药品和生活用品，帮助灾民渡过难关，搞好灾后重建，尽快恢复正常的生活、工作秩序。

常州市红十字会在外省、市发生严重自然灾害时，视同境内受灾一样，迅速组织赈灾救援。1987年5月，大兴安岭发生森林火灾，常州市红十字会接收捐款2700多元。1990年，接连发生云南地震、湘西洪灾、大兴安岭再次森林火灾，市红十字会及时将捐款和会费汇往灾区。1998年，长江和嫩江、松花江流域相继遭受特大洪涝灾害，常州市各级红十字会立即行动，全力募捐赈灾，并组织义演现场捐款。2001年2月，内蒙古3盟2市遭受特大暴风雪，全市募捐款物53万元。2002年12月，洪泽湖封冻，市红十字会调拨衣被5000多件，援助被困湖中渔民。2003年2月，新疆发生强烈地震，全市捐赠9.35万元和一批救灾物品。2006年，全国24个省遭灾，广东、福建、湖南遭受热带风暴，市红十字会组织捐款2万元和一批衣物。2007年6月，云南普洱发生地震，全市募捐4.12万元。2008年5月，四川汶川发生大地震，全系统募集赈灾款11004.77万元，其中市本级8211.97万元，募集救灾物资价值5004.96万元，募捐总额超过1.6亿元，名列全省前茅。同时，市红十字会组织爱心企业投入136.72万元，为四川德阳市援建2所红十字博爱小学。2009年，台湾等地遭受“莫拉克”台风袭击，市红十字会募捐救灾款680万元。2010年，先后发生西南5省旱灾、青海玉树地震、甘肃舟曲泥石流灾害，市红十字会共向这3个灾区捐款847.6万元。2011年，云南盈江发生地震，贵州荔波县遭受旱灾，市红十字会和武进区红十字会向这2个灾区捐赠款物共18万元。2013年4月，四川雅安发生地震，全市各级红十字会迅速启动紧急预案，组织募捐赈灾，共接收社会各界捐款309.8万元，救灾物资价值256.9万元，名列全省地级市前茅。

常州市红十字会以“人道无国界”的理念，对受灾国家灾民予以国际人道援助。1985年，非洲发生干旱。2004年12月，印度洋发生强烈地震并引发海啸。2008 年，缅甸遭受风灾。2010、2011 年，海地、日本先后发生强烈地震。对于这几次国外灾害，市红十字会均组织募捐赈灾，共捐款 203.59 万元，全部通过中国红十字会总会汇往受灾国家。

常州市红十字会历来注重扶危济困，慈善博爱，志愿服务，面向困难群体开展人道救助工作。常州红十字会施行贫民救助，始于民国时期。新中国成立初期，重点为老弱病残和灾民等贫困民众进行慈善救助。20 世纪 80 年代起，由"五讲、四美、三热爱"逐步发展为红十字博爱系列工程，"红十字博爱送万家"活动正常开展，全市人道救助、社会服务走向定式化、系列化。90 年代起，常州市红十字会于每年元旦、春节期间，向孤寡老人、残疾人等弱势群体送温暖，为市民义诊义治。1995 年，首次将每月 8 日定为红十字慈善日，对社会不同对象分别实施不同救助。翌年，全市实施红十字慈善工程。1999 年，武进市红十字会向因病致贫、因残疾丧失劳动能力和特困户核发"医疗优惠卡"。2002 年，常州全面实施"爱心工程"。金坛市红十字会向 60 岁以上老人颁发"慈善门诊优惠卡"，实行"四免、五优惠"（凭卡免缴挂号费、诊疗费、注射费、咨询导医费，医技检查费优惠 20%、中药费优惠 5%、西药费优惠 2%、手术费优惠 10%、床位费优惠 5%）医疗政策。2004 年，常州市二、三级医院全面建立红十字惠民医疗点，对特困市民实行"十免十减半"（门诊挂号、诊疗、注射，住院诊疗、空调、注射、陪护、血常规检查、尿常规检查、大便化验等 10 个项目免收全部费用，急诊观察床位费、住院床位费、护理、手术、X 线透视、心电图、脑电图、B 超、血液透析、肿瘤化疗等 10 个项目减收一半费用）医疗优惠，并建立特困家庭专门档案。2008 年，首次在市区创办两家博爱超市，向特困户发送"爱心专用卡"，特困户凭爱心专用卡领取生活必需品。在新中国成立 60 周年和中国共产党建立 90 周年前夕，市红十字会会同省、市委组织部和省红十字会，对新中国成立前参加革命工作老党员、老战士、老劳模进行走访慰问。2009 年，市红十字会首次为 21 名 0 ~ 10 周岁贫困白血病患儿实行专项救助，发放"少儿生命救助金" 10.5 万元。为协助市政府做好社会救助工作，市红十字会出台《社会临时救助实施办法（暂行）》，重点对外地到常州务工特困人员实施临时救助。在常州红十字仁慈医院首次设立贫困孤寡老人爱心病房，对入住爱心病房老人的药品费、护理费进行补助。从 2010 年起，参与实施全市"困难群体关爱工程"和文化、科技、卫生"三下乡"活动，为农村贫困地区送医、送药、送温暖。2012 年，市红十字会对全市 0 ~ 10 周岁贫困白血病、先天性心脏病患儿实施专项救助，对城区、武进、溧阳57名患儿发放“少儿生命救助金”20.1万元。至是年，全市各级红十字会已连续14年开展“红十字博爱送万家”活动，累计发放救助金300多万元，救助物资价值200多万元，慰问救助困难群众2万余人。2013年，市红十字会再次对全市22名0～10周岁贫困白血病患儿实施专项救助，救助金额达20万元。

常州地方红十字会主要通过社会捐款、建立基金和20世纪八九十年代创办经济实体等途经，为救灾救助募捐筹资。每当灾害发生，遇有重大节日、纪念日，都组织开展募捐活动，依法接受国内外组织和个人捐赠的款物。从90年代起，全市各级红十字会先后建立“红十字人道救助基金”“红十字备灾救助基金”“特困学生红十字救助基金”“少儿生命救助基金”“春晖关爱基金”“李春平博爱基金”“亿光·粉红丝带基金”“黄丝带爱心基金”等救助基金，并与爱心企业建立长期战略合作伙伴关系，开辟筹资渠道，广开经费来源，增强全市红十字会救援、救助实力。

2007—2012年，常州市红十字会市本级依法募集救灾救助捐款10983.24万元，比2006年前5年募捐总额增加10612.76万元，增长28.65倍。

常州市红十字会对捐赠款物，尤其是重大定向救灾募捐款物，均建立审查监督制度，实施“两公开、两透明”（捐赠款物公开，财务管理透明，招标采购公开，分配使用透明）。每一次救灾救助款物使用情况，都提请理事会议或常务理事会议审议。严格实行捐前公示、捐中公开、捐后公布，主动接受社会监督、政府监督和审计监督。2012年，市审计局审计报告评价市红十字会捐赠资金的募集及时有效，使用范围合理合规，审批手续规范完备。

四、生命工程亮点频现

1986年，出台《常州市公民义务献血试行办法》，无偿献血工作开始起步。1990年3月，首次组织无偿献血，拉开全市城乡无偿献血活动序幕。1993年，市政府颁布《常州市公民无偿献血暂行规定》，常州市进入全省无偿献血工作行列。至1998年，全市获市级无偿献血金奖3人，银奖1人，铜奖13人。2003年3月，市政府颁发《常州市公民无偿献血管理办法》。2005年，全市无偿献血量与临床用血总量占比首次达到100%，跃居全省无偿献血工作先进行列。2009年，常州市有4人获五星级无偿献血志愿者荣誉称号，39 人获全国无偿献血奉献奖金奖，29 人获银奖，108 人获铜奖，1 人获全国无偿献血个人促进奖，281 人获江苏省无偿献血奉献奖，2 人获江苏省无偿献血促进奖。2010 年，在常州 5 所大学设立献血屋。至 2011 年，全市已连续 7 年实现临床用血全部由无偿献血提供。2012 年，常州市累计设立献血点 17 个，居江苏省采血机构首位，全市临床用血的 93.8% 来自街头献血。全市拥有经过系统培训的市民注册志愿者 293 人，大学生注册志愿者 517 人，自成立无偿献血志愿服务队后的 5 年中，累计服务献血市民 15 万人（次），计 5.5 万小时。当年，全市无偿献血 51476 人（次），献血总量达 16.2 吨，人均献血量保持全省第一。全市已有 96 人获全国无偿献血奉献奖金奖，68 人获银奖，297 人获铜奖；有 4 人获全国首批无偿献血志愿服务奖终身荣誉奖。2012 年，常州市被评为全国无偿献血先进市，这是《中华人民共和国献血法》颁布以来首次荣获这一最高荣誉。

常州市红十字会于 2001 年启动造血干细胞捐献工作。2003 年开展“关爱生命，捐款捐髓——博爱万人行”活动，9 月全市首例捐献造血干细胞移植成功。2008 年，市红十字会被评为江苏省造血干细胞捐献服务工作先进集体。2007 年 11 月，涌现全国红十字会系统捐髓第一人。至 2013 年 6 月，常州市招募造血干细胞捐献志愿者超过 1 万人，在中华骨髓库保留的有效血样样本达 9000 多人份。至当年，全市实现成功捐髓 23 人，其中涉外捐献 1 例，这是中国大陆首次向新西兰患者捐献造血干细胞。

常州市红十字会开展遗体、角膜捐献登记工作于 2006 年正式启动。2008 年，首例捐献角膜移植手术成功。2011 年，常州市列为全国第二批人体器官捐献试点工作城市。2012 年，全市人体器官和遗体捐献，实现两个零的突破。至 2013 年，常州市遗体捐献登记 115 人，成功捐献 4 例；角膜捐献登记 90 人，成功捐献 16 例；人体器官捐献登记 163 人，成功捐献 2 例。

五、医疗救护成果喜人

新中国成立初期，常州市分会两次组织医疗队赴朝鲜，参加国际战场救护服务。20 世纪 50 年代起，常州市分会重在动员红十字会员和民众投入以除“四害”为重点的爱国卫生运动。会务工作重点，开始转入医疗急救。各综合性医院设立红十字急诊室，基层卫生组织设红十字急救站，逐步形成医疗急救网。60 年代起，逐步转入为群众医治疾病和卫生防疫。80年代初，常州市红十字会先行在市属医院设立红十字抢救小组和救护队。90年代，全市红十字急救工作步入正常轨道。常州境内铁路、公路沿线和重要公共场所设置红十字救护站50个，调配急救员211名。全市建成市、区、乡镇医院（卫生院、沿线企业）三级应急急救网，有效抢救突发交通事故所致伤病员。《生命急救保险卡》的推出，使遇有突发事故的城乡居民得到及时救护，并享有医疗优惠。2005年起，市红十字会在每年9月组织开展“世界急救日”纪念活动。2009年6月，市红十字会依托5所红十字医院，抽调一批骨干医务人员，组建4支紧急救援队，全市形成群众性应急救护网络。2010年9月，在常州召开的第十七届江苏省运动会期间，市红十字会在市区公营出租车、公交车总站和志愿者服务亭、岗、站分别设置红十字急救箱，成为全国首创，常州市“红十字急救箱登上出租车”获全省工作创新奖。

常州红十字会在新中国成立初期，即将救护培训作为一项主要会务工作。1952年，组织全市性大规模急救训练，历时半年，训练工人、居民、师生949人。至60年代，共训练卫生员、急救员1.4万多人。80年代起，逐步转向群众性普及培训。1994年12月，成立常州市联合应急急救培训中心。1996年起，重点对机动车驾驶员、特殊工种、公安干警、导游、教师和大中小学生，分期进行初级卫生救护培训，共150多万人（次）参训，其中经考核颁发《初级应急救护合格证》50多万人。2002年6月，常州市红十字会取得救护培训的《中华人民共和国社会力量办学证》。2005年，在全省率先取得面向社会举办非学历教育培训资格。2008年，市红十字会创新培训模式，急救培训工作走上规范化轨道。救护培训逐步进企业、进学校、进社区、进机关，同时对参训单位实行全程服务，先后为10多家企业上门培训，为4.3万多名机动车驾驶员进行急救培训，为252所小学、172所中学和常州工学院1万多名师生进行救护培训，经受训人员传教，全市10万多名师生初步掌握急救救护技能。2009年，常州市红十字培训中心正式成立，年培训人数达到5万多人（次）。2010年，全市接受初级卫生救护培训累计人数达到户籍人口的13.6%。2012年，机动车驾驶员培训人数超过5万人（次）。从当年起，市红十字会参与全省为民办实事项目——公益性百万应急救护培训项目的实施，当年培训初级救护员16426名，普及性培训56992人（次），培训救护师资和学校健康辅导员113人。2013年，全市救护培训机动车驾驶员7万多名，培训初级救护员8074名，普及性培训62943人（次），培训救护师资100名，提前并超额完成省下达的全年目标任务。市红十字培训中心顺利通过社会力量办学分等级评估验收，全市应急救护培训工作迈上新台阶！

六、志愿服务彰显特色

1994 年 3 月，“学雷锋青年志愿者”活动的开展，拉开常州市红十字志愿者行动的序幕。1996 年，全市设立红十字志愿服务站 64 个，首次组建 1000 多人的红十字志愿者队伍，在全省地级市中居领先位置。9 月，全市首批创建红十字志愿服务示范区 8 个，并组织开展红十字志愿服务万人大行动。12 月 3-5 日，江苏省红十字会在常州召开全省红十字志愿服务工作会议，会上出台的红十字志愿服务组织规程、管理办法、工作计划，得到总会充分肯定，并向全国推广。1997 年，常州市红十字志愿服务工作开始由卫生救护向社会服务转变，全市设立红十字志愿服务点（站）408 个，志愿者发展到 2.3 万人，志愿服务受益 20 多万人（次）。市红十字会制定《常州市红十字志愿服务示范区实施细则》。钟楼区西新桥红十字志愿服务站被共青团中央确定为青年文明社区全国 100 个示范点之一。1998 年，全市红十字志愿服务示范区发展到 17 个，有 4 个被授予最佳红十字志愿服务示范区称号。2000 年，全市红十字志愿服务站（点）发展到 1000 多个，有 10 多万人（次）参与红十字志愿服务活动，社会受益人数达 100 多万人（次）。

2001 年 11 月 22 日，全国人大常委会副委员长、中国红十字会会长彭珮云视察常州红十字志愿服务工作，实地考察清潭等志愿服务示范区。2005 年，常州市红十字会组织“2005 志愿者彩虹行动”。2007 年 12 月 14 日，在苏州召开的全省志愿服务工作会议上，常州市红十字会作专题经验介绍，全市有 2 个志愿服务站评为省级红十字志愿服务先进单位，2 名志愿者评为省级红十字志愿服务先进个人。2008 年 11 月 17 日，中国红十字会总会发出表彰决定，常州市红十字会系统有 7 人被授予红十字志愿者之星荣誉称号。是年，市红十字会在常州仁慈医院创建志愿服务基地。在 2009 年国际志愿者纪念日，全市表彰优秀红十字志愿者 18 名，分别授予“星级”志愿者荣誉称号。钟楼、溧阳分别在常州率先打造“紫荆花”“爱心作坊”等品牌，成为全市红十字志愿服务新亮点。2011—2013 年，市红十字会先后组织在常 6 所高校、500 多名师生，参加全省以“博爱青春”为主题的高校暑期志愿服务活动，分别开展 16 个项目志愿实践服务，其中 2 个项目评为全省“十佳”志愿服务项目。2012 年，全市在册红十字志愿者 2.19 万人，参与红十字服务志愿者超过5万人。2013年末，常州市红十字志愿服务队被市文明办评为“常州市雷锋广场优秀志愿服务组织”。

七、博爱助学成效凸显

20世纪50年代，常州市红十字青少年会员参加“除四害”、勤工俭学、资助贫困儿童等社会公益活动。80年代起，常州红十字青少年会员捐款捐物，救助灾民。90年代，常州市学校红十字会迅速铺开，从城区逐步扩展到乡镇小学。全市学校之间、师生之间互帮互助、扶危济困、敬老助残的良好风尚开始形成。1997年，全市68所大、中、小学校成立红十字会。1998年，成立常州市红十字青少年工作委员会，在全省率先实现学校红十字会建会率100%，首次设立常州市特困学生红十字救助基金，先后为41名特困学生和18名教师发放救助金5万多元。2002年起，常州市学校红十字会各项工作步入规范化发展轨道。全市部分中小学校相继创立帮困基金、爱心基金、旷达基金、温馨苑，开展“爱心一元捐”活动，实施“身边的希望工程”，救助家境贫困和患重病学生，涌现出一批助人为乐、奉献爱心的优秀红十字青少年会员。

2008年起，常州市红十字青少年工作开启新的征程，青少年红十字活动纳进学校教育计划和管理工作，红十字青少年工作逐步成为学校教育的有效载体，“人道、博爱、奉献”红十字精神融入课本知识和道德教育之中，为开辟学校新的第二课堂，产生春风化雨的良效。2009年11月起，常州市红十字会会同相关部门，先后开展4站“红十字蓝天助学”活动，主要为外来工贫困子女和失聪学子提供公益服务，市红十字会共发放助学金和捐赠图书、书库、康复训练器材价值9万多元。2011年，在常州的12所高等院校全部成立学校红十字会。2012年，常州市属28所中学全部恢复建立学校红十字会。至2013年，全市有28所大、中、小学校被命名表彰为江苏省红十字会示范学校，1所小学作为全省5校之一被省红十字会推荐为全国红十字模范学校候选学校。常州市学校红十字工作逐步实现组织化、规范化、常态化。

八、人道传播拓展平台

常州市红十字会从1962年起，开展“5·8”世界红十字日纪念活动，举办“红十字宣传周”。1993年《红十字会法》颁布之后，全市每年开展红十字法规宣传。1995年7月，市政府颁布《常州市实施〈中华人民共和国红十字会法〉办法》。从此，常州各级红十字会以重大节日和重要活动为契机，采取丰富多彩的形式，开展以《红十字会法》为主体的法规宣传活动。在中国红十字会成立80周年、100周年和江苏省红十字会成立50周年之际，常州市红十字会皆多角度、大规模地以纪念活动形式，宣传红十字法规，营造浓厚的舆论氛围。2006年，制定出台《常州市红十字会2006—2010年法制宣传教育规划》。2008年，红十字法规宣传进社区、进学校、进部队、进机关，覆盖面进一步扩大。

常州市红十字会通过各种途径传播红十字文化，尤以广播电视、文娱活动为载体，发挥多种舆论工具导向作用，并开展红十字理论研究，加大传播力度。1993年，创办《常州市红十字会工作简报》。1994年6月，金坛市红十字会在东南九省市第八次红十字会工作研讨会上作交流发言。跨入21世纪，尤其2007年之后，创新载体，拓展平台，红十字文化传播展示新的格局。全市红十字报刊订阅进学校、进社区、进医院、进志愿者队伍，实现全覆盖。2008年，市红十字会续编《红十字工作简报》，开通常州市红十字会网站，在“中国·常州网”开办网络专栏，开展百场电影进社区巡回放映活动。2010年，市红十字会创刊《常州红十字》，首次组建红十字宣传通讯员队伍，与苏州、无锡市红十字会创办红十字运动太湖论坛，编印《开拓、奋进、发展》纪念画册，展现全市红十字工作崭新面貌。全市一批论文（文章）在市级以上报刊发表，市红十字会先后获全省首届“博爱杯”新闻评选活动组织奖和江苏省红十字报刊宣传工作贡献奖、宣传与理论研究工作优秀奖。

九、交流合作持续推进

20世纪80年代初，常州市红十字会开始与外省、市交流互访。90年代起，进入对外交往频繁时期。至2012年，先后与江苏13个省辖市红十字会进行互访，向四川、陕西、湖南、江西、安徽、新疆等省、区资助援建，组团赴内蒙古、广西、广东、甘肃、贵州、江西、山西、海南、深圳、重庆等省、区、市学习考察和参观交流。外省、区、市红十字会也多次组团到常州考察交流，相互学习，共同提高。

20世纪八九十年代，常州市红十字会根据总会和省红十字会部署要求，开展台湾事务工作，为台胞转信寻亲，帮台属查找故旧。共为台胞寻找在常州地区亲友办理转信、寻人101件（人），为台属查找在台湾亲友办理转信61件（人），直面接待查找在台亲友的台属53人，使一些分离几十年的骨肉亲人团聚。从90年代开始，市红十字会与台湾、香港互助互访。1998 年，市红十字会首次派员随省红十字会考察团赴台。翌年，市红十字会首次捐款赈济遭受地震灾害的台胞。至 2009 年，市红十字会 3 次派员随省红十字会考察（代表）团或本会组团到台湾考察交流，4 次向台湾台风灾区捐款 430 万元人民币，台湾地区曾两次派员到常州进行大陆感恩之旅。

20 世纪 90 年代以后，常州市红十字会扩大与国际红十字组织和外国红十字会的交流合作领域，出国学习借鉴先进公益管理理念和科学技术。至 2013 年，随省红十字会代表（考察）团或本会组团，先后赴日本、德国、意大利、美国、瑞士、土耳其、法国、澳大利亚、新西兰等 10 多个国家和红十字国际委员会总部、红十字会与红新月会国际联合会学习考察，并热情接待到访的美国国际援助公司友人。

十、自身素质明显提升

常州市红十字会注重内强素质，外树形象，不断加强自身思想、组织建设，提升全体机关工作人员政策水平、业务技能和综合素质，以此作为担当社会人道救助团体职责的先决条件和坚实基础。

20 世纪 80 年代初，常州市红十字会每年在全市红十字会系统开展争先创优活动，评选红十字工作先进集体和先进个人，推进各级红十字组织和全体红十字会专职人员的思想和作风建设。90 年代，市红十字会制定定期政治学习制度，组织机关工作人员在规定的时间集中学习时事政治、红十字法规和上级文件、指示，提高政策、理论水平和政治思想素质。1993—1995 年，常州地方红十字会有 7 人被评为全国红十字工作先进个人，8 人被评为省级红十字工作先进个人。1996 年起，市红十字会制订目标管理考核标准，分 5 个方面，17 项具体标准，100 分值，在辖县（市、区）红十字会自查自测基础上，逐一进行考核评估验收。对全市红十字会副秘书长以上专职干部，从政治思想品德、业务工作能力、工作敬业表现、完成工作实绩 4 个方面，以优秀、良好、及格、不及格 4 个档次进行自评互评，全面考核，最后由上级主管部门审定。从而促使全体机关工作人员按照思想好、作风实、业务精、管理严的标准，严于律己，取长补短，在日常工作中坚持爱国守法、明理诚信、团结友善、热情接待、礼貌用语、服装整洁、敬业奉献，树立起常州红十字人的良好社会形象。1996 年，市红十字会实施“三五〇”民生工程，在全市范围设立 50 个红十字应急急救站，选择 50 名特困孤老免费就医，为民众办 50 件好事。1997 年，为迎接香港回归和中共“十五大”召开，全市红十字系统举行万人大行动。翌年，市红十字会在全省目标管理考核评比中获优秀奖。

跨入21世纪，尤其2008年之后，常州市红十字会工作一直处于江苏红十字系统第一方阵，多项会务工作在全省处于领先位置。2001年11月，市红十字会首次制定《人事管理制度》，强化和规范机关内部人事管理工作。2004年10月25日，市红十字会副会长孙育林赴京参加中国红十字会第八次会员代表大会。2005年3月，制定《常州市红十字会党支部党风廉政建设责任制实施办法》。2007年，市机构编制委员会首次印发《市红十字会机关职能、内设机构、人员编制“三定”方案》。市红十字会被省红十字会评为目标管理考核二等奖。2008年，市红十字会获省综合考评一等奖、工作创新奖，并评为全省抗震救灾先进集体，时任江苏省省长、现任江苏省委书记罗志军亲自为常州市红十字会颁发荣誉奖牌。常务副会长俞坚被中国红十字会总会评为全国抗震救灾先进个人，马绿萍、钱跃生、陆鸿飞、徐红评为全省抗震救灾先进个人。

2009年，常州市地方红十字会管理体制全面理顺，此项工作走在江苏省辖市前列。是年，出台《中共常州市红十字会党组议事决策规则》。当年，先后派出市、区红十字会44名专职干部，参加总会和省红十字会举办的12个培训班，并派员在市级10个培训班参训，使政治水平、法律意识和业务能力大为提升。全市红十字系统有24人获得总会颁发的“中国红十字会工作者荣誉证章”，其中，金质章2人、银质章10人、铜质章12人。年末，常州市红十字会再获全省红十字工作目标管理综合考评一等奖。在辖市、区红十字会和市属团体会员单位负责人参加的学习实践科学发展观测评中，对常州市红十字会满意度首次达100%。市红十字会常务副会长俞坚当选为全省红十字会系统28名代表之一，出席当年10月27—29日在北京召开的中国红十字会第九次全国会员代表大会，受到全国人大常委会副委员长、中国红十字会会长华建敏的亲切接见，并合影留念。

2010年12月，常州市红十字会制定《常州市红十字事业2011—2015年发展规划》，经市第九次会员代表大会通过后付诸实施。在全省2010年度考评工作会议上，市红十字会分别获综合工作优秀奖和参与省运会、服务省运会突出贡献奖、工作创新奖。在年终市级机关31个党群部门目标管理考核中，市红十字会综合得分名列第9位。是年，全市红十字会系统评选红十字工作先进集体20个、先进个人20名、优秀会员20名、优秀志愿者20名，21个企事业单位获红十字人道博爱奖。2011年3月22日，在全省红十字工作会议上，常州市红十字会连获目标管理考核优秀奖、工作创新奖、突出贡献奖。是年，市红十字会增补为常州市精神文明建设指导委员会成员单位和市文化、科技、卫生“三下乡”活动组织单位。12月15日，在江苏省红十字会八届四次理事会议上，常州市红十字会获组织建设优秀奖、宣传与理论研究工作优秀奖，常务副会长俞坚增补为省红十字会理事。市红十字会社会救助工作作为困难群体关爱工程，首次列入市政府60项重点工程；红十字综合工作，首次纳入全市重点目标管理考核体系。2012年8月，市委决定俞坚任中共常州市红十字会党组书记，在全省地级市红十字会第一个以正处职配备专职副会长。是年，市红十字会核定机关编制13名，其中行政3名、事业10名，在岗专职人员18人。至此，市红十字会的机构格局、人员编制、组织规模、工作业绩等达到前所未有的水平。2013年初，市红十字会切实贯彻中央和省、市委《关于改进工作作风，密切联系群众》的规定，从8个方面做出具体规定，并认真执行。9月，市红十字会党组书记、常务副会长俞坚作为9名代表之一，出席总会在苏州召开的红十字理论研究座谈会，并作特约发言。年末，市红十字会被评为2009—2013年度江苏省红十字会系统先进集体、常州市创建文明单位工作先进单位。至2013年，常州市红十字会系统共获县级以上集体荣誉139项，被评为县级以上先进（荣誉）者168名。

2014年，是中国红十字会成立110周年，江苏省红十字会成立58周年，又是常州红十字会百年华诞。值此喜庆之年，及至“十二五”规划期乃至更长一个时段，常州市红十字事业已进入继往开来、再启征程的战略机遇期。我们深信，在常州市委、市政府直接领导和中国红十字会总会、江苏省红十字会精心指导下，常州市红十字会将进一步贯彻落实国务院和省委、省政府《关于促进红十字事业发展的意见》和市委、市政府两办《促进红十字事业发展重点工作分工方案》，围绕中心，服务大局，在实现“中国梦”的征程中，必将引领全市红十字工作者、志愿者和爱心人士，激发正能量，主动融入苏南现代化示范区建设大潮，创新人道主义体制机制，搭建社会各界人道平台，砥砺奋进，再创辉煌，为民众福祉做出更大贡献，合力开创红十字事业新局面，让红十字旗帜在常州的蓝天上高高飘扬！

（原载于2014年第4期《江苏红十字》）

常州市建立人体器官捐献者纪念碑

近日，由常州市红十字会和栖凤山国际人文陵园共同举办的常州市人体器官（遗体、组织）捐献者纪念碑奠基仪式在栖凤山举行。常州市红十字会常务副会长俞坚和栖凤山国际人文陵园总经理王晖，在撒满菊花瓣的立碑地上，共同为红十字纪念碑动土奠基。

市红十字会副会长朱成凤介绍说，市红十字会在栖凤山国际人文陵园建造捐献者纪念碑，一方面是想营造“让生命在奉献中延续”的良好社会氛围；另一方而是缅怀逝者，感召后人，同时为捐献者家属提供一个缅怀纪念的场所。

据悉，截至目前，在常州市红十字会登记的人体器官捐献志愿者共172人，成功捐献2人；遗体捐献志愿者共124人，成功捐献5人；角膜捐献志愿者共97八，成功捐献16人。

奠基仪式结束后，栖凤山国际人文陵园还将把在“常州公祭网”上专门建立的“网上红十字纪念园”捐赠给市红十字会。以后，市民通过网络、手机了解他们相关信息并献花、祭奠这些捐献者。陵园总经理王晖说：“作为常州首家公园化国际人文陵园，栖凤山始终坚持以公园化、国际化、人文化的标准打造。我们为了让陵园更加人性化，除了运用网络技术之外，还采用最新的二维码技术等，比如，近期推出的‘二维码墓碑’，祭扫者只需用手机扫描墓碑上的二维码，就可以登录到逝者的网上页面进行网络祭扫。”（罗杰）

（原载于2014年第4期《江苏红十字》）

深入推进应急救护进企业活动

自2012年开展应急救护知识普及培训以来，常州市戚墅堰区红十字会做到了“进社区、进学校、进企业”的要求。今年为逐步做好“进企业”的培训工作，年初与区安监局协调，把红十字应急救护知识培训纳入对企业安全生产培训的课程，今年计划进企业举办培训6期。首期培训班于近日在市安全生产保障中心举行，该批培训对象主要是各企事业单位安全生产管理员，共50余人参加了培训，培训内容重点围绕企业生产过程中可能碰到的应急情况的正确处置，以及对心肺复苏规范操作进行讲解传授，让参加培训的人员有了初步的了解，更加重视生产生命安全。（俞瑜）

（原载于2014年第4期《江苏红十字》）

常州志愿者建立了一支民间救援队

4月23日，常州蓝天救援队20位正式队员齐聚新北区河海社区的会议室，接受来自北京的中国蓝天救援总队总队长张勇的授旗，宣告常州蓝天救援队的正式成立。常州市红十字会副会长杨跃忠、新北区红十字会常务副会长张静受邀出席成立大会。

从去年开始，由几位热心公益救援的志愿者发起，常州蓝天救援队筹备组克服了装备、场地、培训等多方面的困难，从无到有，逐渐壮大发展，现已成为拥有百余位志愿者的公益组织。平时，队员们主动参与社区、学校和企业的公益救护讲座，营造“人人学急救、急救为人人”的良好氛围。此次正式建队后，常州蓝天救援队将作为中国蓝天和本地救援体系的民间有效补充力量开始运行。

杨跃忠副会长代表常州市红十字会对常州蓝天救援队的成立表示祝贺，并勉励队员们，市红十字会将提供相关的救护器材和培训平台，帮助提升队伍素质，更好地发挥常州蓝天救援队工作的效能。（朱讯华）

（原载于2014年第5期《江苏红十字》）

常州市钟楼区纪念第67个“世界红十字日”

4月30日上午，钟楼区红十字会、永红街道红十字会在清潭三社区博爱广场联合举办“我与红十字的故事——纪念第67个世界红十字日”活动，来自永红街道各行各业的100多名红十字志愿者和广大群众参加了活动。市红十字会党组书记、常务副会长俞坚，钟楼区副区长、区红十字会会长何海平参加了活动，区、街道红十字会相关领导一同出席。

活动现场，街道宣讲员为大家讲述了该市“熊猫血”朱金荣和该市“跨国”捐造血干细胞第一人——80后女孩孙萌婷两位志愿者的故事；在宣讲员的带领下，大家参观了“博爱广场”专栏，详细了解了国际红十字运动七项基本原则、红十字运动的诞生、百年常州红会概况等知识；组织居民在社区道德讲堂观看了捐献造血干细胞宣教片和《十年风雨路，生命爱相髓》宣传片，进一步普及捐献造血干细胞的重要意义及捐献过程；在广场上开展心肺复苏、止血、包扎等应急救护技能演练，通过救护培训老师与市民朋友们的零距离互动，生动地普及了卫生救护知识和基本技能。

当天，区红十字会，永红街道民政、计生、司法、宣传部门和热心居民还通过展板宣传、义诊咨询、发放资料、免费理发、配钥匙等多种活动形式，让广大市民对红十字运动有了更加深刻的了解，让红十字精神得到了进一步弘扬。（傅红）

（原载于2014年第5期《江苏红十字》）

溧阳市第二个应急救护培训基地成立

为深入开展党的群众路线教育活动，全面贯彻落实省委罗志军书记提出的“让红十字事业成为最阳光最暖心的事业”的要求，大力推进应急救护百万培训项目，切实保护人民群众生命健康，4月30日上午，溧阳市红十字会在竹箦镇举行了应急救护培训基地授牌仪式，市政协副主席、市教育局副局长王勤月参加了授牌仪式，市红十字会党组书记、常务副会长胡雪芹为该镇社区教育中心授牌。

授牌仪式上，王勤月副主席对应急救护培训基地的成立表示祝贺，认为开展应急救护培训工作是市红十字会做的一件好事、实事，为丰富社区教育中心培训内容提供了帮助。她还就如何开展救护培训工作对社区教育中心和同志们提出了意见和建议。

自去年在市国防教育中心成立第一个救护培训基地以来，该市应急救护培训工作取得了较好的成效。新基地的成立，进一步完善了该市应急救护培训体系，为基层群众学习应急救护知识和技能搭建了平台，提供了培训场地，标志着该市应急救护培训工作又有了新的阵地。授牌仪式后，市红十字会讲师团老师为竹篑镇机关工作人员及各村妇女主任进行了应急救护知识培训。（陶新月）

（原载于2014年第5期《江苏红十字》）

传承百年精神 谱写武进篇章

为纪念武进红十字会百年华诞暨第67个“5·8”世界红十字日，5月5日下午，武进区红十字会在行政中心一楼西侧会议室召开纪念大会。区委常委、组织部部长孙金才，副区长、区红十字会会长陆雅芬出席会议，全体理事，红十字医院、红十字学校秘书长代表，镇级红十字会秘书长等160多人参加。

武进区委常委、组织部部长孙金才在回顾武进红十字百年历史，肯定成绩的同时，对全区红十字事业的发展提出希望：要传承历史，高举“人道、博爱、奉献”的红十字精神这面旗帜，以历代先贤为楷模，以各界先进为标杆，以实际行动传承发扬红十字会的优良传统；要奋发作为，充分发挥在改善民生中的重要作用，主动作为，积极有为，努力开创新的业绩；要共创辉煌，红十字事业是一项社会性事业，需要全社会的关心、参与和支持，使红十字会真正成为党和政府靠得住、困难群众信得过、社会各界共同参与的社会公益组织。

活动现场，副区长、区红十字会会长陆雅芬宣读《区红十字会关于表彰“十佳博爱集体”及“十大杰出志愿者”的决定》并进行了表彰。现场还举行了《人道博爱奉献》百年纪念文集一书的首发式和赠书活动；进行了先进事迹报告会，“十佳博爱集体”今创集团、“十大红十字杰出志愿者”献血志愿者杨志豪和献髓志愿者刘刚分别宣讲了先进事迹，传递了红十字正能量。

通过召开纪念大会，让社会各界进一步了解和认识了武进红十字运动百年发展历程，对进一步关心、支持和参与红十字工作起到了积极作用。（袁敏娴）

（原载于2014年第5期《江苏红十字》）

让生命在奉献中延续

2014年5月9日上午，适值常州红十字会建会100周年之际，常州市人体器官（遗体）捐献者纪念碑落成暨揭碑仪式在常州栖凤山国际人文陵园举行。常州市副市长、市红十字会会长张云云，市文明办、民政局、卫生局领导应邀参加了揭碑仪式。市红十字会党组书记、常务副会长俞坚，栖凤山国际人文陵园总经理王晖，成功捐献志愿者家属及红十字志愿者代表等近百人共同见证了这一时刻。

活动在张云云副市长和俞坚副会长共同揭幕的过程中拉开序幕，俞坚副会长在发言中说：希望能以建立捐献者纪念碑为契机，广泛传播"人道、博爱、奉献"的红十字精神，吸引和汇聚更多志愿奉献的爱心人士加入人体器官（遗体）捐献的志愿者队伍中来；也希望社会各界进一步关心、促进红十字事业，支持、参与人体器官（遗体）捐献工作，在社会上树立崇尚科学、移风易俗、尊重生命、团结友爱的良好风尚，为推进捐献工作营造有利的社会环境。

栖凤山国际人文陵园总经理王晖说：栖凤山建造红十字纪念碑，主要是为了搭建一个对捐献者寄托哀思、缅怀瞻仰的平台，使捐献者的奉献精神永远被后人铭记，而这也是栖凤山作为"常州首家公园化国际人文陵园"的具体体现。

揭碑仪式在肃穆庄重的气氛中进行，捐献者家属和志愿者代表发表了感言，与会人员对纪念碑三鞠躬、献上鲜花并绕碑一周以缅怀这些默默无闻的捐献者，他们是捐献的先行者，他们用无私的奉献让生命之花永久绽放。

据统计，全市遗体捐献志愿者登记131人，成功捐献6例；眼角膜捐献志愿者登记100人，成功捐献17例；人体器官捐献志愿者登记179人，成功捐献3例。他们中年龄最大的86岁，最小的才6个月。这种奉献精神一直激励着我们，并永久留存我们的心中。（胡霄）

（原载于2014年第5期《江苏红十字》）

“5·12 防灾减灾日”
把应急救护技能送到百姓身边

为广泛宣传和普及公众应急知识，增强公共安全意识，提高应急避险和自救互救能力，5 月 11 日，常州市新北区红十字会参加了由区应急办牵头组织，民政局、地震局、民防局、环保局、卫生局、公安分局、消防大队等 14 个部门联合开展的“5·12 防灾减灾日”应急知识宣传现场咨询活动。

结合群众性初级救护知识的传播，区红十字会与常州蓝天救援队合作，制作了 8 面贴近生活、图文并茂、生动详尽的救护技能知识展板，准备了充足的《市民安全救护手册》《红十字救护知识》等宣传资料。

活动在新桥实验小学内举行，红十字志愿者们向前来咨询的群众发放了资料，并现场演示心肺复苏（CPR）技能，指导大家进行正确操作。现场的社区居民、物业保安和乡镇干部等纷纷表示，现在大家都越来越重视生命安全，也越来越渴望了解各类急救知识，希望能有更多急救技能讲座来到百姓身边。在红十字救护讲师的指导下，多人主动上前在模拟人上进行了实践操作。(朱讯华)

（原载于 2014 年第 5 期《江苏红十字》）

曹仲植：享誉两岸的慈善企业家

曹仲植（1910—2013），江苏武进人，私塾修业，18 岁到上海的五金行当送货学徒。敌伪时期他自学日语，主动为经理整理各种文件、订单、发票工作，由于经理赏识他刻苦耐劳的精神，教他处理美金、英镑换算的实务与经营。33 岁，曹仲植在上海创立南昌行，经营罐头、杂货批发等；1947 年到基隆开设分公司，1949 年 5 月搭乘最后一班“中兴”轮由上海抵达基隆，1950 年将总公司迁台北复业。他历任南昌渔业公司董事长、南昌行董事长、台湾慎昌行董事长，慎昌行主要代理进口乳品，以澳洲 OAK 奶粉为主力。

曹仲植订定“诚信”为慎昌行的商业信条。在上世纪70年代台湾消费意识尚未萌芽之际，曹仲植首创“如不满意，包退包换”的营业规定，创造了OAK奶粉、奶油的销售佳绩。由于曹仲植推动薄利多销的政策，坚持“服务使人满意，就是自己的成功”的理念，慎昌行因此获得OAK奶粉台湾总代理与总经销权。曹仲植有句名言：“很多人认为我创业过程一帆风顺、运气好，但我不相信运气，只相信努力。愈低潮、遭逢难关，愈要想办法突破。”

曹仲植自幼牢记“为善最乐”“幼吾幼以及人之幼，老吾老以及人之老”的庭训，认为人生价值当以“服务他人，回报社会”“取之社会，用之社会”为目的。上世纪60年代末，他事业有成，即与台北基督教长老会马偕医院合作成立“生命线自杀防治中心”，借着医院的电话，对想要轻生的人进行电话心理辅导，挽回无数可贵的生命。如今遍及台湾的23个生命线协会的防自杀热线电话“1995（谐音‘要救救我’）”，都有曹仲植捐赠的身影。

1977年，曹仲植再捐3000万元台币，设立“财团法人曹仲植基金会”，提供助学金帮助贫穷而真正想要读书的学生，被当时报纸赞誉为“有特色的助学金”。他在台北市士林区平交道，眼见一位肢障者用废轮胎垫着臀部，手拿两块木板支撑身体，艰难地跨越铁轨，这使他久久不能平复，誓言“让所有行动不便者有轮椅可坐”。1969年，曹仲植从美国进口30辆轮椅，捐赠患小儿麻痹学生，成为台湾赠轮椅助残第一人。

1988年，曹仲植重回阔别40年的故乡武进（常州）。1990年，他在台湾购买了136辆轮椅运抵常州，委托常州红十字会代为赠送，开启了向大陆残疾人捐赠轮椅的慈善事业。

曹仲植认为，大陆企业一样有能力制造物美价廉的轮椅，以减低进口轮椅的成本。他与多家大陆企业谈判，改良轮椅的设计，大大降低制造、采购与运输成本，使得更多的残疾者受惠。

曹仲植又提出了“自助人助、相对各半”的捐赠办法：“您捐100辆，我陪捐100辆”，导引更多善心团体捐赠。他与大陆残联等慈善机构共同出资，向各地捐赠轮椅，因此带动了轮椅捐赠事业。以河南省为例，近年曹仲植独力向当地残疾人捐赠了3万多辆轮椅，引起了社会各界极大瞩目。

（原载于吴汉仁、白中琪著《双城故事：从上海到台北的一次文化平移》，上海文化出版社2014年5月版，第278—281页）

溧阳市红十字会开展助残助学活动

5月16日上午，在全国助残日来临之际，常州溧阳市红十字会联合教育局、市妇联、市残联等单位走进市培智学校开展爱心助残助学活动，为校内50多名智障儿童送上党和政府及社会各界的一片爱心。在校园里，孩子们为前来慰问的叔叔阿姨们表演他们精心准备的《感恩的心》《让我们荡起双桨》等节目，在场领导和工作人员与孩子们进行了交流与互动。此次爱心助残助学活动是市红十字会"5·8"博爱月爱心助学活动的延续，受到了学校老师的称赞和孩子们的欢迎。(陶新月)

(原载于2014年第6期《江苏红十字》)

我与红十字共成长的故事

有这么一个组织，她的爱跨越了国界，不分种族、宗教，在她面前人人平等。无论是在战火连绵的过去，抑或是和谐发展的当今，只要有需要帮助的人，她都会在第一时间出现在那里，与其共进退，始终奉行着"人道、博爱、奉献"的精神，把这份无悔的大爱传递给每一位需要帮助的人们。她就是我心中的"红十字"，一个伟大而神圣的国际组织。

我与红会的美丽邂逅

儿时，在我朦胧的记忆中，"红十字"是医院门口那熟悉却陌生的标记，时而近，时而远，她与白衣天使似乎有着不解之缘。青年时，一次偶然的机会，在电视屏幕上看到这样一个镜头：在瑞士苏黎世的苍松翠柏间，耸立着一座白色的大理石纪念碑，碑上正面的浮雕是一位白衣战士，他正跪着给一个濒于死亡的伤兵喂水。碑的背面刻着几行字：

让·亨利·杜南，1828—1910，红十字会创始人。

一颗沙里一个世界，
一朵野花里一座天堂，
将博爱放在你的手掌，
永恒在一瞬间里升华。

那时，便是我对红十字第一次清楚的记忆——它是一个充满爱的组织。

如今，我已成为一名红会人。记得2010年的初夏，我和那些刚毕业的大学生一样，怀揣着美丽的梦想，选择一份充满爱的工作，加入了常州红十字会这份具有博爱精神的岗位。从那时起，让我心中更多了一份责任，一份爱，也为我的青春谱上一首充满爱的乐章……

光荣成为中华骨髓库的志愿者

在一次造血干细胞捐献志愿者募集和采样活动中，我怀着对红十字这份工作的热忱，积极加入了造血干细胞采样的队伍之中。这对于我来说，是希望用我的爱能帮助更多患有白血病的患者战胜病魔，走出困境。如果我能挽救患者的生命，我便是幸福的人儿，那种快乐和激动是由心而发的。在我看来，那就是一份“幸福”。

向红十字的博爱精神致敬

日出日落，不知不觉我来红会已四年多。有人说：红会工作，单调而寂寞。我却说：红会工作，感动而幸福。一路走来，我觉得红会路上，精彩纷呈，处处感动，时时幸福。不论是大灾面前勇当救援先锋，还是应急救护走进寻常百姓家，“三献”行动传递人间大爱，人道救助惠及万千家庭……这一次次爱的行动都包含了一个宗旨——“人道、博爱、奉献”的精神。她鼓舞着我们，激励着我们前行；更是她，让我们把这种无私的爱传递给那些需要帮助的困难群体；还是她，净化了我们的心灵，让我们的爱得到了升华。我珍惜在红十字会的点点滴滴、分分秒秒，以守望者的姿态忠于红十字事业，坚守一份愉悦、一份执着、一份博爱。我向红十字致敬！

祝你生日快乐

2014年，是常州红十字会百年诞辰。就像一首歌《今天是你的生日我的中国》那样，而今天我想说，“今天是你的生日我的红十字”。也许，由于我对红十字这份特殊的感情，感觉“红十字”一直在陪伴着我们成长：当省运会来临之际，我们的红十字急救箱登上了出租车、志愿服务亭、公交场站，她无处不在地在为我们服务着；当面对突发事件时，掌握好红十字应急救护技能，也许能帮助患者渡过难关，转危为安；当面对那些弱势群体的时候，红十字总是能伸出援助之手，用那份无私的爱去点燃希望，开创和谐……是的，红十字其实“救”在身边，当你打开心灵的窗口，用爱去倾听这个世界：红十字其实离我们很近很近……

我与红十字的故事一直在进行着，每分每秒都是在现场直播。没有人会知道它下一秒会有怎样的剧情，但唯一可以肯定的是这是一个与爱有关的故事。也许它没有什么惊心动魄的剧情，但它却有着最朴实、最真实的“博爱”画面。故事里记录着：在这个世界里，有一个组织叫红十字会，她没有高低贵贱，没有贫富差异；有着这样的一群热血青年与她共同成长，不畏险阻，奋发向上；在他们的肩上担负着历史赋予的责任与使命，为这个全世界唯一的国际人道运动和人道事业长期奋斗下去，青春无悔……

祝你生日快乐！（胡霄）

（原载于2014年第6期《江苏红十字》）

舆论宣传六招鲜

做好红十字会业务工作固然重要，但是“宣传开道，舆论先行”同样不容忽视。红十字会做了大量的人道工作，如果不能及时宣传和传播，就无法达到让更多的人了解和支持红十字会工作的目的。华建敏会长提出的“两论一动”，为各级红十字会做好今后一个时期的工作指明了方向。近年来，常州市红十字会在舆论宣传、理论研究、业务工作等方面做了一些积极的探索。

畅通宣传渠道。常州市红十字会积极与市级主流媒体加强联系，定期召开新闻媒体记者招待会，通报有关工作。遇有重要活动或会务，在第一时间和新闻媒体取得联系。如“汶川地震捐款”“全国首例涉新西兰造血干细胞捐献”“信义夫妻人道救助”“人体器官捐献普及”等重大事件，都是在新闻媒体报道之下，产生了积极的宣传效果，把常州红十字工作的正能量传递到省内外甚至国内外。在宣传工作推动下，市红十字会成为市文明办成员单位和市“三下乡”成员单位，红十字会的工作写入了政府工作报告和未成年人思想教育、志愿服务工作等各项规划之中，红会的地位逐步提高，日益为人了解。

组建宣传队伍。除了紧紧依靠主流媒体外，常州市红十字会还在系统内部加强宣传队伍的建设。2010 年 6 月，市红十字会组建了一支 31 人的通讯员队伍，将各辖市（区）红十字会、市团体会员单位、理事单位的优秀宣传资源整合起来，制定考核办法，大大提高了全市红十字宣传工作的整体水平。每年年初召开通讯员工作会议，部署全年宣传重点工作，鼓励红十字通讯员积极撰稿。年末，按照《稿件录用奖励办法》，发给稿费，表彰优秀。通过激励措施，紧紧依靠这支队伍，牢牢占领宣传阵地，从而使我市的红十字宣传工作实现了正规化、专业化和长效化。

打造宣传平台。2007 年常州市红十字会创建网站，2010 年和 2013 年先后两次改版升级，利用网络宣传的快捷性和时效性，广泛宣传红十字工作动态和涌现出来的好人好事。建立新闻发言人制度，关注网络舆情，实行专人负责，由党组成员、秘书长担任新闻发言人。加强业务培训，对来人接待、电话接听等实行规范管理，制定统一的答复口径，提高有效应对和处置网络危机的能力。创办《常州红十字》季刊，自 2010 年 6 月创刊至今，已编印 15 期，成为展示常州红十字会工作的一个品牌和亮点。

创新宣传方式。在加强新闻媒体宣传的同时，常州市红十字会十分重视创新活动载体，引导市民广泛参与。结合重大宣传活动和纪念日，广泛开展红十字运动知识宣传；组织红十字志愿者进社区、进企业、进学校、进老区，开展各类志愿服务工作；举办慈善拍卖等公益性活动，争取社会爱心人士对红十字工作的支持；结合开展大学生暑期志愿服务活动，推动全市高校红十字会的创建活动，让更多人了解、理解、支持红十字事业。

丰富宣传内容。有了自己的宣传队伍和宣传阵地，红十字会的宣传就有了更大的空间，宣传内容不再局限于会务工作报道，开始把触角转向专题报道、深度报道、爱心故事和理论研究等方面。常州市红十字会借势借力，加强与市委宣传部、文明办、机关党工委等部门的交流与合作，把红十字宣传工作纳入本地宣传工作全局，把弘扬红十字精神与加强社会主义精神文明建设、推进和谐社会建设紧密结合起来。结合道德讲堂，广泛宣传身边的好人好事，塑造红十字典型人物和案例。

巩固宣传成果。通过 4 年的努力，常州市红十字会的宣传工作取得了不少成绩，投稿量和录用量逐年上升，在全省的排名比较靠前，先后荣获中国红十字会总会和江苏省红十字会的表彰，不少作品获奖。尽管如此，红十字会宣传工作还没有从根本上转变“体内循环”的模式，还没有真正地实现良好循环和发展。随着新媒体的快速发展，在继续抓好平面媒体宣传的同时，如何保持和巩固这来之不易的成果，如何进一步提升宣传水平，还需要进一步摸索和思考。(俞坚、张涛)

(原载于2014年7月21日《中国红十字报》)

钟楼区红会为社区巡逻队员进行应急救护培训

“如果在地震或车祸中有骨折伤员，我们不能随意移动，应该先尽可能利用现场的工具进行固定。”“发生意外伤害和事故的4分钟内被称为救命的‘黄金时间’，在医务人员赶到现场前，如果能对伤病员采取及时、正确的应急救护措施，就能为医院救治创造条件，有效地降低死亡率和伤残率。”6月19日下午，常州市钟楼区红十字会为勤德家园社区的40余名社区治安巡逻队员进行了应急救护培训，向他们介绍简单实用的应急救护措施。培训内容包括心肺复苏和止血、包扎、骨折固定、伤员搬运四项技术，以及中毒、触电、溺水等意外事故家庭急救的紧急救护知识和技能。

培训过程中，巡逻队员踊跃上台，亲自动手实践心肺复苏术、人工呼吸术等技能。培训老师认真指导，及时纠错。通过模拟培训，使广大巡逻队员掌握了一定的急救知识，在遇到意外情况时，能运用自己掌握的急救知识和技能，把意外带来的生命危险降到最低，为人们的健康支起一道屏障。

钟楼区红十字会现场发放的救护新概念宣传折页和小急救包成为抢手货。宣传折页上有心肺复苏术和止血、包扎、骨折固定、伤员搬运四项技术的详细图解，急救包里有医用三角巾、绷带、人工呼吸口膜、急救毯和酒精消毒片、创可贴等急救用品。大家如获至宝，连声说：这个有用，这个有用，得带回去给家里人好好学学，碰上意外时好派上用场。(傅红)

(原载于2014年第7期《江苏红十字》)

常州市红会召开“博爱青春”暑期志愿服务布置会

为进一步推进高校红十字工作，提高大学生思想道德素质，常州市红十字会积极组织在常高校开展“博爱青春”暑期志愿服务活动。该市共有7所高校、17个项目申报省、市两级“博爱青春”暑期志愿服务活动。其中，6所学校、12个项目获省、市红十字会支持。6月20日，市红十字会专门召开会议部署志愿服务工作。

会上，市红十字会秘书长范为民表示，在高校中开展红十字工作、大力推动红十字青少年志愿服务，既是对传统仁爱观念和人道价值的有效传承，也是建设社会主义核心价值观体系的生动实践。她简要回顾了2011年至2013年该市开展“博爱青春”高校大学生暑期志愿服务的活动经验与成绩，并对今年“博爱青春”志愿服务工作中需要加强改善的地方提出4条建议。事业发展部负责人张涛就活动开展各阶段的具体工作和时间进行了安排，并回答了相关问题。

这12个项目是从7所高校申报的17个项目中筛选出来的，除了常规的关注孤寡老人和留守儿童项目外，进一步扩展了志愿服务领域，包括对服刑人员及其未成年子女、器官捐献者家庭的关爱等。

从2011年开始，该市已连续4年组织参加该活动，并取得优异成绩，连续两年摘得“十佳”桂冠。（胡霄）

（原载于2014年第7期《江苏红十字》）

戚墅堰区红会志愿服务现场普及急救知识

“党员义工365　巾帼服务我先行”，由戚墅堰区妇联牵头的大型志愿服务活动于6月28日上午在花溪公园进行，共有10支志愿者服务队参加了这次活动，戚墅堰区红十字会志愿者服务队也是其中的一支。

为了让群众直接参与应急救护的现场模拟，戚墅堰区红十字会把模拟人搬到公园，进行现场演示，市七院的红会志愿者胡伟医生现场示范指导。为进一步激发群众的参与热情，红会还给参加CPR操作正确的人员发放小纪念品。参加活动的群众通过现场的演示和亲手的操作，学会了三角巾及绷带的正确包扎和气道梗阻的急救方法。活动的方式得到了现场群众的肯定和欢迎，取得好的社会效果。（俞瑜）

（原载于 2014 年第 7 期《江苏红十字》）

举办应急救护培训，关爱员工生命健康

为进一步提高员工人身事故应急救护能力，钟楼开发区于6 月 30 日开展了为期半天的应急救护培训，辖区内企业共安排 80 余名员工参加了培训。

钟楼区红十字会培训老师李鹰给员工现场授课，课程分为理论和实践操作两个内容。理论课上，李老师详细讲解了现场紧急救护的意义，就常见突发性疾病，如猝死、触电事故、溺水事故、异物卡喉、突发性晕厥等创伤救护，常见急症和意外伤害等临床表现及其基本救护理论知识进行了详细的讲解。理论知识授课结束后，老师与参训学员重点就现场紧急救护进行教学互动，进行了心肺复苏、止血、包扎、创伤急救演练，通过视频教学及现场操作，受训员工熟练掌握了现场心肺复苏术等基本操作技能。

通过培训，使受训员工学到了许多急救方面的知识和技能，提高了员工安全素质与应急处理能力。（傅红）

（原载于 2014 年第 7 期《江苏红十字》）

新桥实小开展应急救护知识讲座

夏季是儿童意外伤害高发时期，有数据显示，40% 的儿童伤害发生在夏季。暑假将至，为增强小学老师处置儿童划伤、跌伤、中暑和溺水等突发事件的救护能力，近日，常州市新北区新桥实验小学结合构建平安校园的活动，特邀请区红十字会应急救护师潘洁清为全校 154 名老师开展了一次应急救护知识讲座。

潘老师从小学生常见的流血、晕倒等急症症状说起，讲述了小学生

多发紧急安全事件中的症状类别、主要病因和处理原则。潘老师在现场演示了心肺复苏的技能操作，详细解释了按压的部位、手势、力度和频率等。师生们一致认为，讲座内容贴近实际很实用，极大地提高了老师们的安全意识和处理突发事件的救护能力。(朱讯华)

(原载于2014年第7期《江苏红十字》)

爱心在这里汇聚

云南鲁甸地震灾情牵动着溧阳人民的心。8月5日，先后有几批爱心市民冒着酷暑前来市红十字会捐款，300元、500元、1000元、2000元……爱心捐款在不断增加。爱心人士万先生说："因为突发的地震灾害，使云南鲁甸人民失去了家人家园。一方有难，八方支援，我这次捐出2000元，虽然起不了多大作用，但我相信只要人人献出一份爱、尽一点微薄之力，灾区人民一定会尽早走出痛苦，重建家园!"

地震发生后，市红十字会及时召开会议，号召全体人员迅速行动起来，充分发挥红十字会工作职能，密切关注地震灾情，安排工作人员加班，负责接受社会爱心人士的捐款，开好每一笔捐赠发票，及时做好网上宣传和网上公布工作。(陶新月)

(原载于2014年第8期《江苏红十字》)

武进社会各界纷纷向鲁甸地震灾区献爱心

鲁甸地震后，武进区红十字会积极响应上级红十字会的号召，立即在《武进日报》发出"向云南鲁甸震区献爱心"的倡议，社会各界人士纷纷响应，截至8日下午3点，区红十字会已收到爱心捐款590802元。

8月5日，常州新时代置业有限公司向全体员工和广大商户发出"商品有价，爱心无价""让我们用真爱去帮助云南鲁甸!"的募捐倡议，在公司旗下的家具广场举办"沙发义卖"爱心活动，将义卖所得的11056元爱心款送到区红十字会捐赠给灾区人民。

8月8日上午，礼嘉镇红十字会联合镇团委、镇妇联在礼嘉镇新西街、坂上街、政平街，开展为云南鲁甸地震灾区受灾群众爱心募捐的活动，现场筹集爱心款 33242 元。

8 月 8 日上午，前黄初中退教支会的几名退休老师赶到区红十字会，送上了 5000 元捐款，前黄初中退教支会会长杨泉达对区红十字会工作人员说："我们退休老教师都是身退心不退，希望灾区人民能早日重建家园，这是我们全体退休老教师的一份心意。"实际上这也是每位爱心人士的共同心声。（陶美娟）

（原载于 2014 年第 8 期《江苏红十字》）

溧阳市红十字会积极开展"圆梦公益助学行动"

为积极响应省、市红十字会关于开展 2014 年度困难家庭大学新生"圆梦公益助学行动"的号召，进一步弘扬"人道、博爱、奉献"的红十字精神，动员社会力量，帮助困难家庭大学新生完成学业，实现人生梦想，从 7 月份起，市、镇红十字会对符合条件的救助对象进行调查摸底，认真进行材料申报审核，并及时上报常州市红十字会。

截至 9 月 2 日，通过深入各镇走访慰问，对符合资助条件并审核通过的 7 名大学生，按每名学生 4000 元的标准给予资助。在走访过程中，工作人员与大学新生恳切交谈，鼓励他们克服眼前困难，顺利完成学业，将来回报社会。大学新生们纷纷表态：一定会安心读书，克服生活中的困难，做一个自立自强对社会有用的人。（陶新月）

（原载于 2014 年第 9 期《江苏红十字》）

溧阳市天目湖景区开展应急救援演习

9 月 11 日，溧阳市天目湖景区红十字会在天目湖山水园景区湖面开展了一场水上旅游项目突发事件应急救援演习。参加单位有常州市地方海事局，溧阳市红十字会、公安局、应急办、环保局、交通局、消防大队及天目湖旅游公司等。

此次演习项目有反恐演练、游客落水搜救演练、游船失火灭火演练及对人员应急救护演练等。整个演习过程部署合理，指挥有序，参演人员之间配合密切，动作规范，贴近实战，达到了演习的预期效果，提高了景区红十字应急救援队处理水上旅游突发事件的应变能力。(陶新月)

(原载于 2014 年第 9 期《江苏红十字》)

常州市红会走进社区开展“党员义工 365”活动

为充分发挥党员服务发展、服务民生、服务群众的先锋模范作用，进一步深化党的群众路线教育实践活动要求，常州市红十字会走进天皇堂弄社区开展“党员义工 365”活动。

10 月 31 日下午，市红十字会党组书记、常务副会长俞坚，副会长杨跃忠、朱成风带领全体在职党员冒雨来到天皇堂弄社区“天益”志愿服务基地参加活动。活动现场，俞坚书记感谢各位居民的参与，表示市红十字会全体党员志愿为社区居民服务，坚持为群众做实事、解难题，争取将党员义工活动推广到全市各个社区。随后，党员义工们为社区居民们发放了《大爱常州手册》、《三救三献》册页等急救知识资料，向居民普及急救知识。义工志愿者还对居民进行应急救护培训，现场模拟急救场景，演示急救过程的具体操作。最后，由市红十字会领导带头，党员们分别入户走访了三户贫困家庭，送去棉被、棉衣、食用油等慰问品，鼓励困难家庭学生努力学习，叮嘱孤寡老人保重身体。

市红十字会“党员义工 365”活动进社区，增强了居民的防灾避险意识，强化了居民的应急救护知识，提高了群众的现场救护能力，营造了文明、和谐、温馨的社区氛围。(胡霄)

(原载于 2014 年第 11 期《江苏红十字》)

女辅警捐骨髓传爱心

11 月 12 日上午 10 点，常州市红十字会的工作人员将一张夏溪派出所辅警吴爱萍成功配型造血干细胞的《告知函》送到了武进区公安分局。

44岁的吴爱萍从2006年开始义务献血，迄今献了6次。2007年，在一次献血中，她得知造血干细胞可以挽救白血病人生命后，当场签下捐献造血干细胞同意书，成为中华骨髓库的一名志愿者。今年6月，吴爱萍与一名身患白血病的8岁男童的骨髓配型相合，中华骨髓库工作人员打来了电话，询问她是否愿意捐献，吴爱萍一口答应，并将在11月21日前往南京，采集造血干细胞，移植到那名亟须救助的8岁男童弱小的身体里。拿到这张《告知函》，吴爱萍欣喜地说："没想到这次真的能匹配成功，真是太好了！"

今年44岁的吴爱萍，是武进夏溪派出所户籍窗口的一名辅警，工作已有18个年头。对于吴爱萍来说，捐献造血干细胞就像是命运的安排，让她圆了幼时的一个心愿。12岁时，吴爱萍不慎掉入河中，当时人已经沉到了河底，先后有5个人到河里去救她，最后是她隔壁的一个叔叔把她救了上来。"其实我的生命是他们给予的，那时候我想，他们能够这样无私地救我，我有机会一定要挽救别人的生命，实现自己的梦想。"

据红十字会工作人员刘刚介绍，白血病患者的需求量，是符合配型人员数量的十倍之多，自2007年中华骨髓库成立以来，全国仅有4000多例配型成功，而吴爱萍这次的成功配型，刚好是江苏省的第400例，而常州公安系统至今仅此一例。

吴爱萍说，没想到一个无心之举，如今竟然将自己与一个陌生孩子的命运紧密地联系在了一起。以感恩之心，回馈社会，正是有了这种爱的传递，我们的社会才变得越来越温暖。

（原载于2014年11月17日《常州日报》）

戚墅堰区红会免费为户外登山运动爱好者培训急救知识

当今在快节奏的工作压力下，户外运动成了人们释放压力的一种休闲方式，但许多驴友只是凭着爱好和冲动去运动，并不掌握必要的生存和应急救护技能，因而，时有驴友发生意外的情况。11月13日，由资深驴友牵头，常州市戚墅堰区红会应邀为一批户外登山爱好者进行了红十字应急救护知识培训。红会选派优秀的培训老师为他们讲课，培训为期一天，上午主要学习创伤急救的四项技术以及常见意外伤害的处置，下午学习心肺复苏和海姆立克急救法的理论和操作，培训结束后让队友们下载“掌上急救知识”软件，在空余时间多学习，做到学以致用，应对突发情况。参加这次培训的共有21人，学员学习兴趣浓厚，认真听课，人人操作练习，人人过关，收获颇丰，培训深受欢迎。(俞瑜)

(原载于2014年第11期《江苏红十字》)

传递红色爱心　重燃生命之火

11月11日上午，溧阳市红十字会工作人员来到上黄镇卫生院开展造血干细胞采集活动。在采集现场，溧阳市红十字会工作人员向群众发放了造血干细胞宣传资料，讲解造血干细胞相关知识，积极指导捐献者填写《志愿捐献者登记表》，并向成功采集血样的捐献者发放荣誉证书和纪念章。截至活动结束，溧阳市红十字会共成功采集了9人的造血干细胞血样。(张莉)

(原载于2014年第12期《江苏红十字》)

常州市副市长张云云调研红会工作

11月19日下午，常州市副市长、市红十字会会长张云云在市政府副秘书长梅向东的陪同下调研了市红十字会工作。市红十字会党组书记、常务副会长钱斌，副会长杨跃忠、朱成凤汇报了有关工作。

钱斌分别从践行群众路线、扎实开展教育实践活动，抓住重要节点、开展建会百年系列活动，贯彻“两论一动”、开展红十字业务工作等3个方面，全面总结了市红十字会2014年的工作情况，并从召开第十次会员代表大会、打造人道救助品牌、提升自救互救能力、推进生命工程、加强理论研究、加大志愿服务工作力度等6个方面汇报了2015年的工作思路。

在听取汇报后，张云云副市长充分肯定了市红十字会2014年取得的成绩，认为市红十字会自加压力，开拓奋进，全面超额完成了年度目标任务，在文明常州的建设中发挥了积极作用。对于做好2015年红十字会工作，她提出了三点要求和希望。

一、要突出重点做好主业。红十字会是政府人道领域的得力助手，要有所为有所不为，把主业如捐献工作、应急救护培训工作一定要积极主动地去做好做到位，扩大普及面，提高服务质量，以扎实的工作提升社会认可度和红会品牌、美誉度。

二、红会工作要着眼长远。红会有很多工作，不能只关注目前，更要着眼未来，落实长效机制。无论是志愿服务、红十字救助、博爱项目建设等，一定要保持连贯性和可持续性。

三、要把控好项目和资金。要认真贯彻总会“两公开两透明”承诺的要求，建立健全各项规章制度，认真落实党风廉政建设责任制，努力提高工作的透明度，自觉接受审计部门审计，维护好红会风清气正、一心为民的好形象。(张涛)

（原载于2014年第12期《江苏红十字》）

常州市红十字会参加“12·4”广场法制宣传活动

2014年“12·4”法制宣传的主题是：“加强法制宣传教育，服务教育科学发展。”此次宣传活动旨在迎接全国第一个“国家宪法日”，增强全市广大干部群众法治观念，进一步推进法治建设，形成全社会自觉学法用法遵法守法的良好氛围。当天上午，常州市法治公园的法治广场上开展了一次别开生面的普法活动，全市“12·4”大型广场法制宣传和法律咨询活动在这里举行。市红十字会、市检察院、市公安局、市工商局、市司法局、市财政局等30余家机关和企事业单位参加了活动。

市红十字会抓住“全国宪法日”这一契机，结合自身实际，精心安排，认真组织，以红十字会法、应急救护培训手册、造血干细胞捐献宣传手册和遗体捐献流程介绍为重点，向社会群众、过往行人发放宣传资料。现场共发放《中华人民共和国红十字会法》等宣传资料500多份，并做了一些咨询解答工作。

通过参与法制宣传，营造良好的和谐氛围，增强了广大市民群众对红十字会的了解和认识，真正体会到了红十字就在身边。(胡霄)

（原载于2014年第12期《江苏红十字》）

2015 年

武进区红十字会举行“博爱天使　大爱武进”启动仪式

1 月 13 日上午，常州市武进区红十字会在湖塘镇举行“博爱天使　大爱武进”系列活动之红十字博爱送万家启动仪式。副区长、区红十字会会长陆雅芬，区红十字会常务副会长王云芬，副会长王伟国，湖塘镇镇长蒋志龙、副镇长陈立峰及困难群众代表 60 多人参加。

区红十字会副会长王伟国主持仪式，湖塘镇镇长蒋志龙致辞，主席台领导为困难家庭代表发放慰问金和棉被等，区红十字会常务副会长王云芬向湖塘镇发放博爱送万家物资。副区长陆雅芬发表讲话，她在充分肯定区红十字会过去一年成绩的同时，对困难群众提出三个希望，一是希望大家对未来生活充满信心，二是希望大家要千方百计克服困难，三是希望大家保持一颗感恩的心；相信大家通过自身的努力、社会的鼎力相助和政府的关心支持，大家的生活一定会更加幸福，武进的未来也一定会更加美好。

启动仪式结束后，陆雅芬副区长一行走访慰问了该镇东方社区和降子社区的两户特困家庭，将每户 1000 元慰问金及大米、食用油、牛奶、棉被等物资送到困难群众手中，亲切询问了他们的生活状况，并和湖塘镇相关负责人讨论了如何更好地扶持困难群众自力更生等事宜。

据统计，活动当天区红十字会向湖塘镇 46 户困难家庭发放了 24 万元慰问金、50 条棉被、50 袋大米、50 箱牛奶，总发放物资价值 68 万余元。在博爱送万家活动中，区红十字会共计发放各类救助款 38.1 万余元。后期红十字会还将走访慰问太湖医院的麻风病疗养人员，并对 2014 年新增白血病病人和双癌特困家庭开展专项救助活动。（许屹）

（原载于 2015 年第 1 期《江苏红十字》）

真情救助　爱传万家

——徐志群和她的爱心故事

在美丽的天目湖畔，有这样一位民营企业家，她的公司实力不是溧阳市最强的，但她对困难群众的帮扶救助却很慷慨；她在社会上的知名度不是最高，但她对红十字事业的支持力度却很大。多年来，她以其坚定的信念和不懈的努力，为红十字事业发展做出了巨大贡献，向最需要救助的困难家庭伸出援手，送去温暖，以实际行动对“人道、博爱、奉献”的红十字精神做出了最生动、最真实、最有说服力的诠释。这个人就是溧阳市红十字会理事、溧阳曙光置业有限公司董事长徐志群。

2014 年，徐志群先后被评为“常州好人”“江苏好人”。在 2015 年 1 月召开的溧阳市政协十四届四次会议上，她又被授予“政协委员特别奖”，并受到表彰。

1999 年，徐志群白手起家，从一个废品回收站做起，多年来坚持诚信经营，诚实做人，得到了社会的广泛认可，她也因此与上海宝钢、江苏申特钢铁等企业建立了紧密的合作关系。2009 年，中国再生资源开发有限公司在溧阳设立分公司，由徐志群负责。分公司设立后，当年就为溧阳创税收 4000 多万元。诚信经营，诚实做人的人生信条使她的创业致富之路走得更顺、更远，经过 10 多年的艰苦努力，徐志群拥有房地产、钢结构、宾馆等多家企业。

在徐志群看来，公司的发展得益于社会各界的支持和帮助，在自己收获成功的同时，必须回馈社会。于是徐志群便全身心地投入慈善事业，以扶贫济困为己任，谱写了一篇篇爱的华章。

从 2007 年开始，她先后与光华中学 10 位高中贫困学生结对助学，几年来，共出资助学 30 多万元。光华高中一名二年级学生由于家庭困难，打算辍学打工，徐志群了解到这一情况后，来到这位学生家，亲切地与她沟通交流，耐心地劝解她，让她回校继续学习，并拿出 5000 元现金解决了该学生的入学经费，承诺将一直资助她到大学毕业。

2009 年，徐志群到新疆特克斯县考察，看到破烂不堪的校舍，心里非常难过。在丈夫的支持下，徐志群以曙光置业有限公司和曙光房屋拆迁工程有限公司的名义，出资 30 万元在特克斯县修建“曙光希望小学”，并向特克斯中学捐资 5 万元帮助他们购买体育器材。

从刚开始资助30名大学生到现在，徐志群帮助的贫困生已达200人，捐资助学近百万元。付出总有回报，受她资助的孩子们亲切地喊她“爱心妈妈”，逢年过节，孩子们总会给她发送祝福短信，平日里孩子们也会通过写信的方式向这位“爱心妈妈”表达自己的感激之情。一位刚参加工作的女孩，为了当面感谢这位帮助自己完成学业的好心人，专程从新疆坐了整整48小时的火车来到溧阳，拿出两个月的工资，为徐志群购买了一台电动按摩椅。

据了解，近年来徐志群累计捐款100多万元给新疆等贫困地区。她曾亲自前往新疆，对照着捐助名单上的家庭进行走访慰问，鼓励受资助的孩子们树立信心，战胜困难，奋发努力，长大后回报社会。

作为溧阳市红十字会的一名理事，她带头履行职责，奉献自己的一片爱心，积极参加市红十字会组织的曙光助学活动，连续多年每年向红十字会定向捐款20多万元，她的公司也连续多年被市红十字会评为爱心单位。2012年，有一位年轻的妇女患了白血病，由于看病花去几十万医药费，家里欠了很多债，生活非常艰辛，徐志群得知后，立即通过市红十字会定向捐助了3万元，帮助这位身处困境的白血病患者。

春去秋来，年复一年，徐志群在做大做强企业的同时，始终坚持在捐资助学的爱心之路上坚定地走下去。在一次电视台的采访中，徐志群说：“我在做慈善的过程中，付出的是爱心、关怀之心，但我收获的是真心、感恩之心。这几年来，我一直在尽自己的能力做一些公益事业，不求回报，在我的心底，我就是想真诚地去帮助那些需要帮助的人。”（张莉）

（原载于2015年第1期《江苏红十字》）

市长走访送爱心　群众感受博爱情

1月23日上午，常州市副市长、市红十字会会长张云云，市政府副秘书长、市红十字会副会长梅向东，市红十字会党组书记、常务副会长钱斌等一行在春节前夕，走访慰问了天宁区茶山、兰陵两街道的3户因患重大疾病而致贫的困难家庭，给他们送上了棉被、大米、食用油等生活必需品，并为每户送上慰问金。

每到一处，张云云都与被走访家庭亲切交谈，嘘寒问暖，了解其家庭情况，叮嘱区红十字会和街道、社区切实做好服务工作，尽心竭力为困难家庭排忧解难，让他们真切感受政府的关怀，感受社会爱心的伟大力量，帮助他们渡过暂时的困难，让他们过上欢乐祥和的新春佳节。

天宁区副区长、区红十字会会长魏敏，区红十字会副会长赵阿忠参加了慰问。(李静)

(原载于2015年第2期《江苏红十字》)

溧阳市红十字会开展“博爱送万家”走访慰问活动

1月23日，溧阳市副市长、市红十字会会长唐华新一行前往两户因病致贫的困难家庭走访慰问。一户是丈夫黄某身患脑瘤，为二级残疾，妻子因照顾他而无法出去工作。还有一个儿子在读高中，一家人只能依靠在清溪路爱心作坊织围巾补贴家用，经济十分困难。唐华新副市长一行来到黄某家中，送去了慰问金和棉被、毯子等过冬物资。他详细问了黄某的身体状况，鼓励他要勇于和病魔斗争，坚持做康复训练，争取早日恢复健康。临走时，黄某激动地对唐市长说：“感谢领导的关心，我一定不辜负大家的期望，保证在下次来看我的时候，我可以像正常人一样行走。”

另一户特困家庭是家住码头街社区朝阳一村的肖某，她已与丈夫离婚，独自一人居住在走廊的隔断内，患有癫痫病多年，每天继发性抽搐，习惯性流鼻血，常年需要住院治疗、吃药，自己又没有工作，只能依靠每月重残补助和父母补贴维持生计。看到唐市长一行前来慰问，肖某十分感动，嘴里不停地说着“谢谢、谢谢……”

慰问前，唐华新副市长一行还调研了溧阳市清溪路社区爱心工作站工作开展情况，对爱心工作站的工作给予了充分肯定，并就今后对困难群众的救助提出了新的要求。

自2015年红十字“博爱送万家”活动启动以来，溧阳市红十字会积极参加常州市和溧阳市组织的“三下乡”活动，深入镇（区）、学校、社区走访慰问困难群众和贫困学生，为他们送去慰问金和棉被、毛毯、大米、食用油等爱心物资。溧阳市红十字会始终坚持“人道、博爱、奉献”的红十字精神，将扶贫助困作为日常工作的重中之重，为困难群众送温暖，献爱心，认真搭好密切党群关系的“连心桥”。(张莉)

(原载于2015年第2期《江苏红十字》)

武进区红十字会开展双癌、白血病特困家庭救助活动

2月4日，武进区红十字会在前黄镇开展“博爱天使　大爱武进”红十字双癌、白血病特困家庭救助活动。武进区副区长、区红十字会会长陆雅芬，区红十字会常务副会长王云芬，前黄镇镇长、镇红十字会会长居敏俊，副镇长、镇红十字会副会长陈亚娣等领导参加，前黄镇14户特困家庭得到现金救助。

活动当天，陆雅芬副区长一行还上门看望了前黄镇前黄村的杨岳忠、张美英两户特困家庭，仔细询问了他们的病情及家庭生活，并送上5000元救助款。“现在经济上是比较困难，但社会各界这么关心我，相信以后会越来越好的。”手捧着区红十字会发放的救助款，杨岳忠激动地说。

春节来临之际，为切实帮助困难群众解决实际困难，让他们能开开心心过个年，区红十字会开展了“博爱天使　大爱武进”特困家庭救助活动，此次救助对象为该区双癌及白血病家庭。经前期调查摸底，2014年新增双癌特困家庭94户和白血病患者23人。2月3日至6日，区红十字会常务副会长王云芬和副会长王伟国分成两组带队走访慰问这些特困家庭，这些家庭将分别得到区红十字会发放的3000元至5000元不等的救助款，累计发放救助款53.9万元。（许屹）

（原载于2015年第2期《江苏红十字》）

博爱送万家惠民暖人心

2月10日，溧阳市溧城镇清溪路社区红十字会爱心工作站内充满了欢声笑语，爱心工作站的工作人员以“温暖2015，让我们一起同行之爱心年夜饭”为主题，让清溪路社区16位空巢、失独、高龄老人和残疾朋友提前在爱心工作站内享用了一次热热闹闹的爱心年夜饭。（张莉）

（原载于2015年第3期《江苏红十字》）

常州市级机关开展“三献”活动

3月3日，2015年常州市级机关“三献”在身边活动正式启动，活动共持续两天，第一天共献血12400毫升，1人登记造血干细胞捐献，4人登记器官捐献，副市长、市红十字会会长张云云出席活动。(张涛、胡霄)

(原载于2015年第3期《江苏红十字》)

全省“文明江苏”志愿服务行动启动仪式在常州市举行

3月3日，全省“文明江苏”志愿服务行动启动仪式在常州市举行，省委宣传部副部长、省文明办主任杨志纯，省红十字会副会长徐国林和常州市委常委、宣传部部长徐缨等领导出席了仪式。“文明江苏”志愿服务行动以“践行核心价值观、建设文明新江苏”为主题，主要在公共场所和城乡社区集中展开。常州市将组建5类公共场所志愿服务队和6类社区志愿服务队，在公共场所营造文明有序的公共环境。常州市红十字会在现场向市民演练应急救护技术，发放应急救护知识手册等宣传折页，并布置了展板。目前，该市已经排定了首批44项“文明江苏”志愿服务行动项目，其中市红十字会活动3项，分别为公益性百万救护培训、“三献”在身边、“博爱青春”暑期志愿服务。

(原载于2015年第3期《江苏红十字》)

溧阳开展造血干细胞血样采集活动

3月20日，溧阳市红十字会联合团市委、卫生局开展了造血干细胞血样采集活动，来自全市各镇（区）以及教育局、卫生局、公安局等部门的志愿者们踊跃参与活动，共采集造血干细胞血样78份。(张莉)

(原载于2015年第4期《江苏红十字》)

生命延续　温暖人间

3 月 25 日，常州市红十字会在栖凤山人文陵园开展了“温暖的心愿，生命的礼赞”纪念活动。15 位人体器官捐献者的家属在已故亲人的照片旁系上丝带，献上白花，在寄托哀思的同时，希望受到器官捐助的人们能够更加健康地生活。（胡霄）

（原载于 2015 年第 4 期《江苏红十字》）

溧阳市红会应急救护培训走进溧阳监狱

4 月 15 日，溧阳市红十字会工作人员来到溧阳监狱，分别对 80 多名监狱服刑人员和 90 多名狱警进行应急救护知识培训。（张莉）

（原载于 2015 年第 5 期《江苏红十字》）

常州志愿者吴瑜捐髓救人

4 月 28 日，常州英中电气的职工吴瑜在南京中大医院血液科顺利完成造血干细胞捐献采集，成为常州市第 27 例造血干细胞成功捐献者。她的义举将挽救一名 14 岁少女的生命。省、市红十字会领导对吴瑜同志志愿捐献造血干细胞的行为表示高度的赞扬和崇高的敬意，并倡导更多的人向她学习。（胡霄）

（原载于 2015 年第 5 期《江苏红十字》）

常州市红会参与“学雷锋志愿服务日”活动

5 月 2 日，常州市红十字会学雷锋志愿者走进人民公园雷锋广场，举办以急救知识宣传为主的送健康活动。活动当天，市红十字会工作人

员向现场市民普及了应急救护知识，解答热心市民提出的问题。(胡霄)

(原载于2015年第5期《江苏红十字》)

武进区红会走进政风热线栏目

5月6日，常州市武进区红十字会王伟国副会长等同志走进武进区电视台“政风热线”直播间，现场通过调频88.6武进电台、阳湖网在线收看视频直播、武进政风热线新浪实名微博等平台，与广大听众、网友、观众朋友进行了互动，解疑答问，倾听广大群众对红十字工作意见和建议。该区红十字会通过参与政风热线节目，进一步推动了红十字工作的公开透明。(武红)

(原载于2015年第5期《江苏红十字》)

纪念红十字日　贯彻十大精神

5月13日，常州市副市长、市红十字会会长张云云为“市红十字应急救护培训基地”揭牌，这是市本级第6个挂牌的应急救护培训基地。

5月8日，溧阳市红十字会隆重召开纪念“5·8”世界红十字日暨爱心人士先进事迹宣讲会。溧阳市委副书记、市政法委书记潘云芳，市人大常委会副主任张艳，市政府副市长、市红十字会会长唐华新，市政协副主席王勤月及红十字会的各位理事、社区群众和红十字志愿者等300多人参加了此次活动。活动现场播放了红十字爱心人士先进事迹的宣传片，并进行了表彰和颁奖。志愿者们还表演了《让世界充满爱》《把爱传出去》等歌舞节目。(胡霄、张莉)

(原载于2015年第5期《江苏红十字》)

武进区红会向百名贫困生发放博爱助学金

5月29日，常州市武进区红十字会联合区红十字青少年工作委员会，在湖塘桥中心小学举行了“汇聚人道力量，共建大爱武进”红十字博爱助学金发放仪式，共为全区100名贫困学生发放红十字博爱助学金5万元。（武红）

（原载于2015年第6期《江苏红十字》）

溧阳市红十字爱心车队助力高考考生

6月5日，在一年一度的高考来临之际，溧阳市红十字会联合市汽车客运有限公司举行了爱心助考免费接送车启动仪式。从6月6日至6月9日期间，高考考生均可免费乘坐挂有“爱心助考车”牌子的出租车。

溧阳市红十字会副会长袁伟忠在启动仪式上对市汽车客运有限公司的爱心善举表示感谢，同时叮嘱各位司机在接送考生时一定要注意安全，准时准点地将考生送到考场，切实为有需要的考生们提供服务。

自2013年市红十字会联合市汽车客运有限公司成立“红十字爱心车队”以来，该车队始终秉持着“人道、博爱、奉献”的红十字精神，穿行于溧阳市的大街小巷，为急需帮助的市民提供便利，尤其是在中、高考期间，免费接送考生，为考生保驾护航，减少了考生们的后顾之忧，受到了广大市民和学子们的一致好评。（张莉）

（原载于2015年第6期《江苏红十字》）

常州市红会赴茅山老区结对帮扶

6月18日，常州市红十字会全会人员前往金坛市朱林镇唐王村，慰问了该村11户贫困户，为每户送去了慰问品和500元的慰问金。这是该会机关党支部连续第7年在茅山老区开展党员结对帮扶活动。（胡霄）

（原载于2015年第7期《江苏红十字》）

溧阳市红会应急救护培训走进南山竹海景区

6月30日，溧阳市红十字会通过常州市红十字会邀请了3名应急救护培训讲师来到南山竹海景区，为景区内28名员工进行了应急救护培训；同时向每位参训的景区工作人员发放了应急救护书籍和急救包。溧阳市红十字会还将模拟人留存景区供强化练习。（张莉）

（原载于2015年第7期《江苏红十字》）

常州市红会开展道德讲堂活动

为进一步弘扬传统文化，普及道德规范，7月7日，常州市红十字会举办了道德讲堂活动。活动以“生命的种子”为主题，市红十字会全体人员、江苏理工学院的部分同学参加了学习活动。

“中国老百姓，炎黄好儿孙，重情重义重品行，立志先立人……”一曲饱含深刻道德内涵的《公民道德歌》，拉开了此次道德讲堂活动的序幕，通过“唱歌曲、学模范、诵经典、发善心、送吉祥”5个环节，生动诠释了“加强道德建设，促进社会和谐”这一主题。活动通过对造血干细胞知晓率的调查、造血干细胞科学知识普及为铺垫，以全国红十字会系统捐献造血干细胞第一人刘刚的感人故事为主线，让更多的人来理解和支持这项工作，现场观众还对刘刚的爱心故事分享了道德感悟。大家认为，刘刚捐献造血干细胞的事迹是发生在我们身边的鲜活事例，透露出平凡的红十字工作人员在工作和生活中的不平凡，值得大家学习。

“勿以恶小而为之，勿以善小而不为”，此次道德讲堂在经典诵读之后结束。广大干部职工纷纷表示，要以刘刚同志为榜样，在今后工作中要以实际行动，从自身做起，从身边做起，立足本职工作，爱岗敬业，勇于奉献，为红十字事业又好又快发展贡献自己的力量。（胡霄）

（原载于2015年第7期《江苏红十字》）

常州市红会召开九届四次理事会议

7月10日，常州市红十字会召开九届四次理事会议。副市长、市红十字会会长张云云出席会议并讲话，市政府副秘书长、市红十字会副会长梅向东主持了会议。

会议听取并通过了《常州市红十字会第九届理事会第四次会议工作报告》《常州市红十字会2014年度财务收支情况的报告》和《常州市红十字人道救助基金管理办法》起草的说明，审议通过了拟更换、增补的理事、常务理事、常务副会长、副会长名单。

最后，副市长、市红十字会会长张云云讲话，她充分肯定了市红十字会九届三次理事会以来的工作，认为全市各级红十字会能够围绕中心、服务大局，开展了卓有成效的工作，办了许多惠民利民的好事和善事，对市红十字会的重点工作和品牌项目进行了点评。她还就贯彻落实中国红十字会第十次全国会员代表大会精神和省红十字会九届二次理事会议精神，推进全市红十字事业持续健康发展，提出了具体要求；希望红十字会在开展人道救助、反映群众诉求、协助民生保障和化解社会矛盾等方面发挥独特优势，着眼于最易受损害人群，切实关心贫困家庭、残疾人和大病患者，做好党和政府人道领域的助手。(张涛)

(原载于2015年第7期《江苏红十字》)

江苏志愿者为韩国青年捐献造血干细胞

7月23日上午，常州志愿者石玉明在东南大学附属中大医院捐献了造血干细胞，当天下午他捐献的造血干细胞由韩国骨髓库工作人员带回首尔，输注给一位24岁的韩国白血病小伙，重新点燃他的生命之火。石玉明是全国第5065例、江苏省第436例捐献者，也是江苏第23位涉外捐献者（捐往韩国的第7例）。

平凡人书写人间真爱

石玉明，今年37岁，是一个风风火火、充满活力的年轻人，在一家公司中负责仓储调度，在人员紧缺的时候，他还亲自给客户送货。他在忙碌的工作之余，不忘奉献爱心。他于2010年开始献血，2011年11月在献血的同时加入了中华骨髓库，到现在他已经捐献全血2000毫升、血小板33个治疗量，超过了获得无偿献血金奖的标准。今年4月下旬，他与一位患者配型成功，听到消息后有点中彩的感觉，高兴地配合着做完高分辨确认等工作。因为涉外体检要求在捐献前一个月内进行，为了能一次性体检合格，他保持良好的生活方式，于是6月份体检一次通过。7月17日，在常州市红十字会工作人员的陪同下，入住东南大学附属中大医院血液科，开始为期4天的动员剂注射。

石玉明说到他的献血、捐献造血干细胞的举动，总觉得没有什么，只要能帮到别人就好。每次只要血站一个电话，他就马上安排时间去捐献，献完血也不要献血证，家人也不知道他的爱心举动。这次要不是常州市红十字会专门到血站调出他的献血记录，还没人知道他还是献血达人，捐献造血干细胞也是他来南京捐献时才被朋友和单位知道的。

多部门合作构筑生命的“绿色通道”

造血干细胞采集完毕后，要立即运送到患者所在医院给患者输注。在国内省与省之间运输时，中华骨髓库与民航、铁路都有合作协议，运送人员携带红十字会或骨髓库开具的证明，在安检时可以免于X线照射。造血干细胞出境要经过所在地卫生行政部门及出入境检验检疫部门审批才能放行，所以由中华骨髓库对外联络员统一申请在北京的出关手续，涉外捐献采集都在北京进行。为了提高工作效率，简化工作程序，中华骨髓库在国家出入境管理部门等的大力支持下，争取到了从北京办理各地出关手续，中华骨髓库、海关、出入境检验检疫一起构筑了由志愿者所在省直接采集出境的生命“绿色通道”，开启了涉外捐献在省内常规采集的先河。

拯救生命，我们一直在路上

23日上午11：00，中国红十字会副会长王海京和江苏省红十字会党组书记、常务副会长盛放为石玉明颁发了荣誉证书和博爱奖牌，江苏分库负责人将石玉明捐献的造血干细胞郑重地交到了韩国骨髓库协调员崔有珍手中，这份饱含中国青年爱心的“生命种子”于当天晚上“种植”到韩国青年的体内，半个月后这些“生命种子”将帮助这个韩国青

年恢复正常的造血和免疫功能，一个年轻的生命即将开启新的征程。（丁玉琴）

（原载于2015年第8期《江苏红十字》）

溧阳开展造血干细胞血样采集活动

7月24日，溧阳市红十字会工作人员来到该市戴埠镇开展造血干细胞血样集中采集活动，共采集血样15份。据统计，今年以来，该会已完成造血干细胞血样采集102份，其中有9名志愿者的血样初配成功。（张莉）

（原载于2015年第8期《江苏红十字》）

溧阳市红会和民建支部情系困难学子

9月8日，溧阳红十字会联合民建支部先后来到上沛中心小学和慧心康复中心开展爱心助学活动，为上沛中心小学20名困难学子和慧心康复中心学生送去2万元慰问金。（张莉）

（原载于2015年第9期《江苏红十字》）

溧阳市红会等部门开展景区水上消防及搜救演习

为了让天目湖景区工作人员能正确掌握水上应急救援运行程序和方法，提高景区工作人员的反应和组织能力，保障游客生命财产安全，9月21日，溧阳市红十字会、交通局、公安局、环保局、消防大队、地方海事处、江苏天目湖旅游股份有限公司等单位举办了2015年江苏天目湖旅游景区水上消防及搜救演习。省红十字会赈灾救济部部长郝宁，常州市红十字会党组书记、常务副会长钱斌，常州市地方海事局副局长季靖德等领导参加了活动。

此次演习共有 4 个科目：反恐演练、油库渗油和施放围油栏应急演练、380 客位游船在航行过程中触礁渗水弃船逃生演练、游船在航行途中发生火灾事故（含人员落水施救）演练。演习过程中，救援人员真实地还原了不同情境中的救援全过程，救援动作标准、行动迅速。扮演遇险游客的“群众演员”们在表演跳水逃生时，不惧呛水和失温的危险，毅然跳入湖中……救援人员和遇险人员密切配合，使此次水上救援演习达到了预期的效果。（张莉）

（原载于 2015 年第 10 期《江苏红十字》）

常州旅游商贸开展红十字急救培训

10 月 9 日，常州市新北区红十字会组织急救讲师和常州龙城救援队志愿者们，前往常州旅游商贸高等职业技术学校，为全体师生举行了一次急救知识培训。（新红）

（原载于 2015 年第 10 期《江苏红十字》）

常州两位志愿者同时在宁捐献造血干细胞

为挽救两名血液病患者的生命，10 月 20 日上午，常州市两位志愿者在东南大学附属中大医院血液科捐献了造血干细胞。他们成为中华骨髓库江苏省分库第 458、459 例捐献者。

两位志愿者都是 70 后，一位是来自江苏电力系统的工程师陆素君，另一位是教师沈宁。

陆素君 2001 年加入江苏电力，2007 年公司组织献血，他被现场造血干细胞捐献的宣传吸引，立即加入志愿者队伍。没想到 8 年后，接到了配型成功的通知，一位 49 岁的女性白血病患者等待他的救助。“能帮助别人自然是很高兴的，家人一度担心，并不希望我去捐献。但我相信现代医学不会为了救一个生病的人而去损害一个健康的人。”陆素君说。他在决定捐献前，从网上看了大量资料以及与已捐献者交谈，坚定了捐献的信心。

另一位女性志愿者叫沈宁，救助的是一位11岁患血液病的男孩。去年来采样入库时，她已经41岁了，不符合报名的要求。但她说自己身体很好，每年都献血，就破例让她加入志愿者队伍，没想到今年就配型成功。为一位年仅11岁患者捐献造血干细胞，她直呼多了一个儿子。

10月15日，两位志愿者在家人和常州市红十字会工作人员的陪同下，来到南京入住东南大学附属中大医院，接受了4天的动员剂注射后，于20日上午正式捐献。捐献在愉快的气氛中进行，4个多小时后，两人顺利完成了捐献。（丁玉琴）

（原载于2015年第11期《江苏红十字》）

常州市委书记阎立率人大视察组视察常州红十字蓝天救援队

11月6日下午，常州市委书记、市人大常委会主任阎立带领市人大视察组一行视察了常州红十字蓝天救援队，市人大常委会副主任、30余位人大代表及副市长、市公安局长及市应急办负责人一起进行了视察。

在今年发水期，常州红十字蓝天救援队第一时间到达灾区，帮助灾民排除各种困难，得到了市委、市政府的高度认可。市公安和应急部门将红十字蓝天救援队纳入了市应急救援保障队伍和体系建设，给予重点支持。阎书记此次带领市人大代表视察，是对红十字蓝天救援队无私奉献的肯定，他仔细视察了红十字蓝天救援队水上救援、无线电通信、绳索救援、心肺复苏、担架搬运及各分队的现场模拟演练，鼓励蓝天队员们要搞好日常训练，积极承担各种突发事件，为维护群众生命财产安全和社会稳定做出更大贡献；同时，要求市公安局、应急办和市红十字会大力支持民间公益救援组织的发展，为队伍建设提供必要的物资保障。（胡霄）

（原载于2015年第11期《江苏红十字》）

小写的青春　大写的爱

——“博爱青春”暑期志愿服务活动掠影（节录）

阳光生活里的意义

“他们一会儿笑，一会儿看着视频上三四年未见的儿孙目不转睛。”作为常州工程职业技术学院红十字会暑期志愿服务队中唯一的女生刘悦，至今忘不了年迈讷言的老人们在见到亲人问候视频时脸上露出的欣喜和意外，更忘不了他们在录制回馈视频时，只是对着镜头，不停地重复呢喃“娃娃，好好工作，好好生活”。

水族，是生活在我国贵州省、江西省、云南省、广西壮族自治区的少数民族，总人口约40万。从20世纪80年代末开始，越来越多的水族人来到常州工作和生活，他们集中居住在丁堰街道常丰村等村子，形成了名副其实的“水族村”。然而由于种种原因，一些水族人难以适应城市生活，同时因分居两地受限于经济条件等因素，父母、子女和老人多年难得一见。

为了更多地了解在常水族人的生存状况，帮助他们在常州更好地生活、工作，他们的日常生活便进入了常州工程职业技术学院红十字会的视野。为水族群众编制包含公交、饮食、娱乐、工作机会等信息的生活攻略；对水族村儿童进行课外学习辅导，与他们一起游戏、唱歌、画画、运动、做饭、外出郊游；向水族群众学习水语、学写水书、学唱水歌；走进3个在常州务工水族家庭，带去亲友视频问候……11名志愿者，从2015年7月6日至28日，先后在常州水族村和贵州三都水族自治县开展志愿服务和调查工作。

“家庭的温馨，学校的和谐，都使我感到幸福。在我们充满阳光的生活里，去做一些有意义的事情，尽自己的努力去帮助别人，奉献爱心。”刘悦的话道出了所有参与者的心声。……（洪姝翌）

（原载于2015年第11期《江苏红十字》）

著名书法家恽建新向常州市红会捐赠70幅书法作品

11月25日至29日，中共常州市委宣传部、市文明办、常州日报社、市文广新局、市文联、市残联、市工商联、市红十字会、市企业家协会在刘海粟美术馆共同举办了“著名书法家恽建新捐赠义卖书法作品展”。中国红十字会党组副书记、副会长郭长江，中国红十字会总会报刊社和江苏省书法家协会等分别发来了贺信；江苏省红十字会党组书记、常务副会长盛放到场祝贺。

开幕式上，恽建新向常州市红十字会捐赠了精心创作的70幅书法作品，常州市副市长、市红十字会会长张云云接受了捐赠并向他颁发了荣誉铜牌和证书，高度赞扬了他用书法艺术回报家乡、关爱困难群众的善举。常州市委常委、宣传部部长徐缨宣布活动开幕。

恽建新，笔名寒郇，1945年生，常州武进人，原为溧水县文联主席，现为中国书法家协会会员、中国沧浪书社社员、江苏省红十字会常务理事、省作家协会书画联谊会副会长，江苏省国画院、南京博物院、南京书画院特聘书法家。他习书六十多载，师从古今书法名家，逐渐融会贯通，形成自家面貌，作品风格清新畅达、峻拔瑰丽、华美旷放；擅长隶书、行草书，对大草尤有心得。其作品曾选送至日本、韩国及香港、台湾地区展出，在国内被多地刻碑及多家博物馆收藏。2013年至今，他已先后在北京大学、江苏省美术馆等举办个人书法作品展和个人书法作品义展义卖活动，还担任过全国五十书家《五体书法临摹示范VCD》傅山草书作品示范拍摄，是当今书坛颇受关注的一位书法家。

常州是恽建新的父母之邦，他在70岁寿辰之际，决定用一种特殊的方式来回报常州父老，向常州市红十字会捐赠了70幅书法作品进行义展义卖，以义卖所得在常州市红十字会设立“寒郇基金”，旨在发扬人道主义精神，关爱家乡的困难群众。多年来，他一直致力于公益事业，2014年，在江苏省美术馆举行捐赠书法作品义展义卖活动，义卖书法作品20幅，价值人民币133万元，并在江苏省红十字会设立“寒郇博爱基金”。这次，恽建新先生期望能在家乡把这种义卖捐助持续开展下去，帮助更多的人。（苏红）

（原载于2015年第12期《江苏红十字》）

常州开展“世界艾滋病日”宣传活动

常州市注册成立了江苏省首家艾滋病关爱组织——常州春风艾滋病防治服务中心，这标志着在常州地区针对艾滋病感染者和病人的关爱工作又前进了一大步。11 月 28 日，来自常州市红十字会的领导和省、市、区三级疾控中心的负责人以及医护专家亲临“常州春风艾滋病防治中心”成立现场，与病友们欢聚一堂。(胡霄)

（原载于 2015 年第 12 期《江苏红十字》）

2016 年

洒向小天使的爱

1 月 6 日，常州市红十字会领导与友爱团志愿者，携带慰问品一起来到该市湖塘镇，看望慰问家境困难患有白血病的徐姓小朋友，为他送去温暖，鼓励他勇敢地面对病魔，祝他早日康复。(胡霄)

(原载于 2016 年第 1 期《江苏红十字》)

博爱天使　大爱武进

1 月 14 日，常州市武进区红十字会在洛阳镇举行了 2016 年博爱送万家活动。活动中，区红十字会共计发放各类救助款物 35.77 万余元。为解决基层领取物资的困难，区红十字会创新工作方式，将救助物资统一运送到各乡镇。(武红)

(原载于 2016 年第 1 期《江苏红十字》)

2015 年江苏有 64 位志愿者成功捐献造血干细胞（节录）

施俊杰，听起来有点像男同志的名字，见到本人，是个典型的江南女子，34 岁的她已经是两个孩子的母亲，是常州人。以前在南通的一家外企工作，外企老板曾邀请 2005 年捐献的老师作过关于造血干细胞捐献的讲座，从那时起就在她心中埋下了一颗种子，2013 年在常州献血时报了名。2015 年 8 月接到了配型相合的通知，终于在年底等来了捐献。12 月 29 日上午采集一次后由于细胞数没有达到标准，30 日上午又采集了第二次。（丁玉琴）

（原载于 2016 年第 1 期《江苏红十字》）

数九寒天送温暖　殷殷深情暖民心

1 月 28 日下午，常州市副市长、市红十字会会长张云云，钟楼区副区长、区红十字会会长何海平一行在春节前夕，走访慰问了钟楼区 3 户特困家庭，给他们送去棉被、大米等生活必需品以及慰问金各 2000 元，鼓励他们积极面对生活。每到一处，张云云会长都与走访家庭亲切交谈，嘘寒问暖，了解家庭情况，叮嘱区红十字会和街道、社区切实做好服务工作，尽心竭力为困难家庭排忧解难，让他们真切感受到党和政府的关怀，感受到社会爱心的伟大力量，帮助他们度过暂时的困难，过上欢乐祥和的新春佳节。与此同时，市红十字会春节期间相继走访慰问各辖市（区）贫困户以及结对帮扶单位。全市共筹集款物近 150 万元，对全市 5000 多户困难家庭及特殊单位实施救助，惠及全市重病家庭、单亲家庭、孤儿、残疾人、麻风病人、困难党员、空巢老人等。（胡霄）

（原载于 2016 年第 2 期《江苏红十字》）

学习雷锋精神　展示红十字风采

3 月 5 日，溧阳市红十字会在平陵广场参加由市文明办、团市委、志愿者协会联合开展的学雷锋志愿服务集中活动。活动现场共有 17 支志愿服务队开展系列便民服务，有的开展法律、就业、升学、家政、成长指导等咨询；有的开展家电、生活用品维修等服务。溧阳市红十字会工作人员通过发放应急救护书籍，向市民宣传掌握应急救护知识和技能的重要性，解答市民有关造血干细胞捐献、临时救助申请等问题。（张莉）

（原载于 2016 年第 3 期《江苏红十字》）

最后的奉献，生命的永恒

——常州市红十字会举行捐献遗体器官志愿者公祭活动

3月24日上午，常州市红十字会受中国红十字会总会的委托，在栖凤山国际人文陵园举办了“感恩——生命最后的馈赠”纪念活动，以缅怀逝者，感召后人。常州市副市长、市红十字会会长张云云，中国红十字会总会健康服务处曹橙，江苏省红十字会副会长徐国林和成功捐献者家属近两百人应邀参加。

这是栖凤山国际人文陵园第三次承办遗体捐献纪念活动，捐献者家属表示，通过捐献让家人的生命延续是一件非常有意义的事情，感谢红十字遗体（器官）纪念碑为捐献者家属提供了一个寄托哀思和缅怀纪念的平台。

据统计，常州市红十字会自开展人体器官、遗体（角膜）捐献工作以来，已有241人办理了器官捐献登记手续，230人报名捐献遗体，110人报名捐献角膜。其中，成功实现器官捐献19例、遗体捐献14例、眼角膜捐献32例，40多名器官衰竭终末期患者接受了器官移植，重获新生，64名失明患者移植了眼角膜，重见光明。(常红)

(原载于2016年第4期《江苏红十字》)

红十字：处处为人人

——纪念第69个世界红十字日和全国第8个防灾减灾日

5月6日上午，常州市、天宁区两级红十字会在紫荆公园举行纪念世界红十字日暨天宁区阳光微“孝”大型公益活动启动仪式。常州市红十字会和天宁区相关领导参加了活动，并为青龙街道100位老人发放“心愿礼包”。此次活动，还在天宁区郑陆镇等6个街（镇）开展心愿包发放，帮助1000名老人实现微心愿，并将在重阳节实现1500名老人“观光游”心愿。

同日，溧阳市红十字会联合市卫计局、团市委召开纪念世界红十字日暨捐献造血干细胞宣传动员会。市政府办公室、各镇（区）红十字会负责人以及捐献造血干细胞知识竞赛获奖人员参加了会议。会上，播放了造血干细胞捐献宣传片，为获奖人员颁发荣誉证书。

5 月 12 日，常州市红十字会作为市防灾减灾成员单位之一，参加了省减灾委在常州举办的“江苏省暨常州市 2016 年防灾减灾宣传周”启动仪式，通过宣传展板、现场演示等形式向群众普及自救互救知识，常州红十字蓝天救援队现场开展了绳索救援、医疗急救、无线电通信、水上搜救等四大类别的展示演练，受到了领导和现场观众的一致好评。(常红)

（原载于 2016 年第 5 期《江苏红十字》）

溧阳市红十字会爱心车队免费服务高考学子

又是一年高考季。6 月 5 日，溧阳市红十字会联合市汽车客运公司举行了爱心助考免费接送车启动仪式，溧阳市红十字会和市汽车客运公司相关领导参加了此次启动仪式。

在启动仪式上，溧阳市红十字会领导充分肯定了爱心车队的善举，并叮嘱车队志愿者在接送考生过程中要将安全摆在首位，准时准点地将考生送到相应考点，切实为困难学子提供帮助。

据悉，为让更多的学生了解这一助考活动，爱心车队不仅在广播和网络上进行宣传，还走进江苏省溧阳中学和光华中学进行定点宣传。今年爱心助考活动不仅在宣传模式上有所改变，而且在考试期间还专门增派 2 辆出租车一直停在考点门口，负责服务考生，以备不时之需。(张莉)

（原载于 2016 年第 6 期《江苏红十字》）

溧阳市红十字会党组部署
“两学一做”学习教育

近日，溧阳市红十字会结合自身实际，组织召开了“两学一做”学习教育动员部署会议。市红十字会党组书记、常务副会长胡雪芹就如何深入开展“两学一做”学习教育提出三点意见：一是聚焦聚神聚共识，以“全局之观”掀“学做之风”。红十字工作任重道远，需要有一支具有铁一般信仰、铁一般信念、铁一般纪律、铁一般担当的过硬党员队伍。开展“两学一做”学习教育，就是要结合红十字工作实际，巩固拓展党的群众路线教育实践活动和“三严三实”专题教育成果，为进一步加快红十字事业发展，服务“凝聚精气神，建设新溧阳”提供坚强的政治保证。二是真学真做明重点，用“笃学之思”聚“行动之力”。作为机关党员领导干部，无论是“学”还是“做”，都必须坚持学党章党规更深、学系列讲话更透、做合格党员标准更高的原则。三是不折不扣抓落实，揣“工匠之心”求“常学之效”。会领导班子一定要走在前列、当好表率，坚持“抓在日常，严在经常”的行动准则，防止搞没有实际内容的“假动作”，着力提高组织生活的质量和水平。全会党员要以高度的政治责任感、良好的精神状态和扎实的工作作风，圆满完成学习教育各项任务，为推动全市红十字工作不断向前发展提供坚强保证。（张莉）

（原载于2016年第6期《江苏红十字》）

情牵阜宁龙卷风冰雹灾害，爱心涌动龙城

常州红十字会积极响应、划拨专项救灾款

26日，常州市实验小学五年级的杨思仪捧着储蓄罐来到市红十字会，向盐城阜宁灾区捐出自己的零花钱86.5元，这已经是她第四次来献爱心了。2008年汶川大地震时，她才4岁，第一次到红会捐款，从那以后，很多工作人员认识了这个爱心满满的小姑娘。当天，杨思仪向全市中小学生发出爱心募捐倡议。

6月23日下午14点30分左右，盐城市阜宁县遭遇强冰雹和龙卷风双重灾害，造成大量建筑物倒塌和电力中断。获悉灾情后，常州市红十字会迅速进入救灾响应状态。当晚，红十字龙城救援队4人、红十字蓝天救援队6人，携带专业救援设备前往阜宁，于24日凌晨抵达灾区展开一线救援工作。常州红十字心理救援队进入备勤状态，按心理救援需求拟定分两批共30余人赴灾区展开心理救援工作。这也是市红十字会下属的3支救援队首次集结参与重大灾害救援。同时，根据前方救援队员

传回的物资需求信息，红会协调各方社会力量参与救灾救助工作，于24日下午3点委托小朱自驾公益中心将可充电手电筒、毛毯、蚊香等灾区急需物资运往灾区。

与此同时，市红十字会首次用银行转账、支付宝、微信三种方式开通募捐渠道，方便市民奉献爱心。前往市红十字会捐款的热心市民络绎不绝，除个人外，协会、单位等也积极响应，包括常州公益助学联合会、常州市新时代置业有限公司、平平残疾人车友公益协会等机构。截至27日下午4点，社会各界捐助金额超过13万元。此外，常州市红十字人道救助基金划拨盐城市红十字会10万元专项救灾款。（杨可可、沈芸）

（原载于2016年6月28日《常州日报》）

溧阳红会全力以赴抗洪救灾

连日来，溧阳市遭遇了梅雨期第二轮强降雨，全市河道、水库水位迅速上涨，多处水库和山丘区塘坝发生了溢洪，导致居民的房屋受损，不得不转移到临时安置点。面对险情灾情，溧阳市红十字会深入一线，全力以赴抗洪救灾。

一是24小时值班待命。从7月1日起，该会全体工作人员实行24小时值班制，并保持手机畅通。二是深入一线抗洪抢险。该会工作人员多次前往浒西村港东联圩河岸边了解水位上涨情况，与当地镇村干部一起加固河堤，严防死守，全力以赴抗洪抢险。三是紧急下发救灾物资。根据全市各镇抗洪救灾需要，7月3日，该会为上黄镇和社渚镇送去了雨靴、雨披、编织袋、手电筒等物资；4日，黄永霞等红十字志愿者自发筹集了方便面、矿泉水、凉席、面包等物资，与市红十字会工作人员一道，将这些物资送到了上兴镇受灾群众临时安置点。四是进行紧急救援。溧阳市红十字会蓝天救援队来到社渚镇，为当地受灾群众搬运家具，减少群众财产损失；与此同时，及时向上级红十字会报告灾情。（张莉）

（原载于2016年第7期《江苏红十字》）

溧阳市红会为天目湖交警中队配备小药箱

炎炎夏日，为了及时救助因中暑等突发意外伤害的群众，溧阳市红十字会为天目湖交警中队配备了急救小药箱，药箱内有风油精、人丹、纱布、创可贴、藿香正气水、酒精棉球等急救物品。该会将及时更换、添置小药箱内的急救物品。（溧阳红）

（原载于2016年第8期《江苏红十字》）

武进区红十字会关爱麻风病人

7月21日，武进区红十字会、区卫计局等领导一行慰问在常武太湖医院休养的24位麻风病人，送去了牛奶、饼干、矿泉水、毛巾等慰问品，为酷暑下的麻风病休养员们送去清凉。（武红）

（原载于2016年第8期《江苏红十字》）

开展急救培训　普及救护知识

9月10日是第17个“世界急救日”，今年的主题是“儿童学急救　急救为儿童”，这期间，全市各地红十字会开展了形式多样的纪念“世界急救日”宣传活动。

溧阳市委宣传部、文明办、红十字会、团市委、卫计局联合举办了2016年“9·9”公益爱的奉献宣传展示晚会，溧阳蓝天救援队现场表演了海姆立克急救法，市红十字会向观众发放了应急救护书籍。该会还召开了纪念世界急救日暨救护培训工作推进会，副市长、市红十字会会长唐华新出席会议并讲话，各镇红十字会负责人、天目湖景区红十字会、社区红十字志愿者服务活动站负责人、蓝天救援队成员、国防园应急救护培训基地人员、市城管局环卫处工作人员和救护培训讲师团成员等90余人参加了会议。会上举办了应急救护知识讲座，向与会人员讲解创伤救护和心肺复苏术。钟楼区红十字会深入西二、机一、北大街、万福桥、枫林雅都等社区以及新闸街道、新闸中学等单位开展暑期救护培训，600 余名中小学生和社区居民通过培训初步掌握了救护技能。

（原载于 2016 年第 9 期《江苏红十字》）

溧阳市红会为环卫工人开展急救培训

近日，溧阳市红十字会邀请市中医院医生来到环卫处，给 80 多名环卫工人进行为期两天的应急救护培训。环卫工人常年在户外工作，发生高温中暑和意外伤害的概率较大。此次培训旨在帮助环卫工人掌握应急救护知识，提高自救互救技能，减少伤亡率。（张莉）

（原载于 2016 年第 9 期《江苏红十字》）

溧阳红会联合民建支部关爱困难学子

9 月 20 日，溧阳市红十字会联合民建溧阳支部在上沛中心小学开展助学活动，为 20 名困难学生每人送去 1000 元慰问金。民建溧阳支部已连续三年在该校资助贫困学生。（张莉）

（原载于 2016 年第 10 期《江苏红十字》）

武进博爱家园做好“七个强化”

常州市武进区何留社区红十字博爱家园自试点工作以来，以社区（村）为依托，组织红十字会员和志愿者发挥红十字会在救灾、救助、社会服务等方面的优势，以辖区内群众、特别是弱势群体为服务对象，深入开展了志愿服务、宣传培训、募捐救助等工作，切实做到“七个强化”。

一是强化阵地建设。选取具备条件的湖塘何留社区试点建设红十字服务中心，当年出资32.5万元改造装修布置了集卫生、康复、棋牌、乒乓、阅览、红十字活动、展览及志愿者工作等“八室一体”的武进区红十字博爱家园。在区、镇两级红十字会的指导下，积极组织区内群众开展各类红十字志愿服务活动。

二是强化队伍建设。武进区红十字会协同何留社区居委会整合多方资源，挖掘社区精英骨干参与日常管理，招募组建了社区红十字志愿服务队和救护队。通过队伍培训提升志愿服务能力和服务水平。

三是强化人道援助。整合社会力量大力开展红十字人道援助工作，了解困难人员的真实情况，动员社会力量为困难人员和家庭及时提供人道救助，为他们解决生活上的切身困难，帮助他们渡过难关。

四是强化防灾减灾工作。普及防灾减灾、自救互救、逃生避险等知识，组织急救技能培训、应急演练，提高抵御自然灾害和应对突发事件的能力。今年以来已开设讲座6场，包括提高居民应急自救能力、急救知识培训等红十字志愿者培训2场；居民安全法制教育，消防安全知识，教老年人识别电信、金融、医疗诈骗等安全教育1场；青少年法制教育、青少年暑期安全等讲座1场；老年人春季传染病防治、冬季养生指导等知识讲座3场；组织社区居民学习《弟子规》《做一个智慧母亲》等，学习协调家庭关系的讲座1场，受益居民超1000人。

五是强化健康促进工作。每年的5月8日世界红十字日，社区都积极开展红十字一元捐、发放爱心红手环、无偿献血知识宣传、大型义诊等活动。今年免费为社区居民测血压、血糖上千人次，为社区60岁以上的老人全部建立了健康档案。

六是强化人道传播工作。通过社区报刊、板报、发放宣传资料等渠道开展红十字知识宣传，传播“人道、博爱、奉献”的红十字精神和红十字文化。组织志愿服务，在何留社区形成自助互助风尚，推动社区文化建设和精神文明建设。

七是强化爱心传递。组织开展持续一个月的“书籍点亮希望”旧书捐赠宣传活动，社区的红十字志愿者、热心居民以及曾经受到过红十字帮助的困难居民，纷纷拿出自己家中闲置的书籍参与捐赠活动，向贫困地区送去知识和希望，让西部贫困地区的儿童感受武进人民的大爱。（武红）

（原载于2016年第10期《江苏红十字》）

溧阳市红会参加广场宣传活动

11 月 1 日，溧阳市红十字会联合市应急办、地震局、民防局等部门在平陵广场搭起惠民平台，竖起宣传展板，红十字会工作人员向过往人群发放应急救护手册和造血干细胞捐献宣传单等宣传资料，讲解学习应急救护知识、掌握应急救护技能的重要性。(张莉)

(原载于 2016 年第 11 期《江苏红十字》)

溧阳红会对校医进行急救培训

11 月 4 日至 5 日，溧阳市红十字会联合市教育局为全市各中小学校医进行了公益性应急救护培训。溧阳市红十字会党组书记、常务副会长胡雪芹，溧阳市教育局副局长稽建忠等参加了培训活动。

此次培训由常州市龙城救援队两名队员和溧阳市中医院医生担任应急救护培训讲师，教授学员们心肺复苏术和头部包扎、手臂骨折包扎、胸部包扎等创伤救护知识与技能。授课结束后对学员们进行现场考核打分。学员们热情高涨，积极投入培训，认真做好笔记，不断练习急救技能操作，掌握更多的应急救护知识和技能。(张莉)

(原载于 2016 年第 11 期《江苏红十字》)

钟楼区红会联合区内学校向新疆捐冬衣

11 月 8 日，常州市钟楼区红十字会携手区内觅渡教育集团、实验小学教育集团、怀德苑教育集团、清潭实验小学、钟楼实验小学、西新桥实小、五星实验小学等开展暖冬捐衣活动，每人为新疆伊犁州特克斯县贫困家庭的孩子们捐一件冬衣。短短一天时间，就收到学生们捐赠的冬衣达 13 吨。11 月 4 日，钟楼区红十字会了解到江宁电视台、江宁援疆前方指挥组开展暖冬捐衣活动时，即与区教文局商议，得到该局领导的大力支持，5 日通过微信的校长朋友圈发出倡议，上述学校在 7 日的晨会上向全体师生发出倡议，并通过微信发到家长群，又得到了广大学生家长的积极响应。8 日早晨，师生们捧着一大袋子衣物来上学，里面有的甚至是新衣服。当天，区红十字会委托中铁快运公司到各个学校收取冬衣，中铁快运公司被学生们的爱心所感动，表示免费发运，奉献一份爱心。(钟红)

（原载于 2016 年第 11 期《江苏红十字》）

2017 年

精准扶贫　温暖万家

——常州各级红十字会开展“博爱送万家”慰问活动

1 月 11 日，常州市红十字会副会长杨跃忠等领导来到巢湖社区泰山花园、华山社区前桥新村慰问区内困难家庭，送上慰问金、棉被和食用油等慰问品。同日，常州市红十字会和天宁区红十字会工作人员，走访慰问了辖区内因病致贫的 2 户家庭。天宁区茶山街道红十字会联合市老年书法协会、桃源居书法工作室的 10 多名书法爱好者走进茶山，为居民书写春联；街道红十字会为辖区内困难群众送去棉衣、毛毯各 50 件，慰问金 1000 元，春联 500 幅。钟楼区红十字会携手幸福一百江苏民宙电子商务有限公司，在常州勤业晚晴园老年公寓和勤业一社区举办了送温暖活动，为老人们送去 1000 斤无公害泰国大米；之后又前往勤业一社区向 20 户困难家庭送去 800 斤泰国大米和 20 桶食用油。1 月 13 日，溧阳市红十字会党组书记、常务副会长胡雪芹等一行 4 人来到上兴镇陶村村，慰问了 17 户困难家庭；同时，该会还深入全市 10 个镇（区）慰问困难群众，送去毛毯 200 条、棉衣 336 件、棉被 240 条、鞋子 500 双和慰问金 9 万元；16 日，由溧阳市委宣传部牵头，农林局、科技局、红十字会等多个部门联合组成惠民服务队，在上黄镇开展 2017 年“三下乡”活动，市红十字会为上黄镇的困难群众送去毛毯、棉衣、棉被、鞋子等救助物资计 2 万余元。(常红)

（原载于 2017 年第 1 期《江苏红十字》）

常州红会与疾控中心联手启动“沁心基金”

1 月 22 日，常州市“沁心基金”启动仪式暨 2016 年度贫困肺结核、麻风病患者家庭救助活动在钟楼区疾控中心举行，首批21户困难家庭人员得到救助，共发放救助款2.88万元。

肺结核病、麻风病这两种慢性传染病的患者以贫困家庭人员居多。由于病程和治疗巩固期都很长，患者在医疗费、特殊营养费、交通费、误工费等方面需长期支出，加重了经济负担。有些患者顾忌费用支出，会选择不规范治疗甚至放弃治疗，结果导致病情加重，出现治疗失败、二次复发、耐药结核、形成残疾，甚至危及生命，同时也对公共健康安全带来隐患。为帮助克服病患家庭治疗过程中的实际困难，市红十字会和市疾控中心联合发起成立“沁心基金”，运用该基金每年为常州辖区范围内的此类特殊病患者提供一定的帮助，以促进病患开展规范化治疗，提高治愈的成功率。(胡霄)

（原载于2017年第1期《江苏红十字》）

传承雷锋精神　服务基层群众

3月5日，溧阳市红十字会、市文明办、团市委等部门和无偿献血者协会、汇众社义工协会、溧阳红十字蓝天救援队等民间公益组织在平陵广场开展学雷锋志愿服务活动。红十字会工作人员和志愿者们向过往市民发放捐献造血干细胞的宣传手册，传播捐献知识。(张莉)

（原载于2017年第2期《江苏红十字》）

常州红会开展志愿服务大讨论

3月中旬，江苏省常州市红十字会结合学习《江苏省红十字志愿服务管理办法（征求意见稿)》，组织市红十字培训中心、公益组织、志愿者团队就提升红十字志愿服务质量开展大讨论。(胡霄)

（原载于2017年3月31日《中国红十字报》）

积极参与地方党委政府大走访活动

常州市红十字会按照全市“三大一实干”活动的部署，在“大走访”的同时，开展大讨论，向基层广泛征求意见和问计问策。3 月 19 日，该会工作人员与常州应急救护培训师资管理委员会的 6 名理事座谈，共商急救培训大计。近年来，全市每年接受急救普及培训达 6 万人，经考核合格领取救护员证的近 6 千人。为提升师资管理水平，他们与救护师资管理委员会深入交流并当场提出解决具体问题的办法。一是针对经费不足的问题，市红十字会明确在年度财力安排中予以保障，支持现有师资知识更新再培训，开展师资授课和技能竞赛，购置教材和教学设备；二是针对《救护师资管理委员会章程》具体操作细则缺失的问题，拟制定《师资授课统计和奖励细则》《订单培训激励细则》等，逐步培养出一批精品讲师和品牌课程；三是针对培训老师年龄和结构老化等问题，拟向上级争取在本市开办师资初训班和复训班，并在学校校医、体育老师和基层社区卫生院人员中增加师资比重等。此外，双方还就建立统一的师资信息库，联合发布和组织全市竞赛以及拓展应急救护培训课程，普及灾害逃生、意外群体性突发事件自救互救知识等进行深入交流，达成合作共识。3 月 17 日、23 日，溧阳市红十字会全体工作人员分别来到竹箦镇竹箦村和上兴镇陶村开展大走访活动。每进一户家庭，都了解村民生活状况，询问生活困难，听取意见建议，留下联系方式的卡片。有 3 户家庭因为贫困导致儿子、儿媳离婚，丢下年仅几岁的孩子由老人抚养照顾。溧阳市红十字会将与 3 户家庭结对帮扶，给予他们力所能及的帮助。截至目前，溧阳市红十字会共走访了 150 户家庭，发放联系卡 150 张，收集建议 20 余条。（胡霄、张莉）

（原载于 2017 年第 4 期《江苏红十字》）

生命因短暂而珍贵，因奉献而精彩（节录）

金坛区首座遗体器官捐献者纪念碑落成

3 月 23 日下午，常州市金坛区首座遗体器官捐献者纪念碑在茅山福成园落成，搭建了一个对遗体捐献者寄托哀思、缅怀瞻仰的平台，将使捐献者的奉献精神永远被后人铭记。区人大常委会副主任、区红十字会会长王艳红等出席了揭牌仪式。

该纪念碑由主体碑和副碑组成，主体碑造型为双手托举红十字标志，寓意捐献者用仁爱情怀托举起“人道、博爱、奉献”的红十字精神。副碑上镌刻着捐献者的姓名。阳光下，捐献者的名字熠熠生辉，折射出点点金光。(赵玲玲等)

(原载于2017年第4期《江苏红十字》)

天宁区人大代表视察红十字工作

4月7日，常州市天宁区人大常委会副主任陆东明及部分区人大代表，对区红十字会贯彻落实《中华人民共和国红十字会法》的情况开展视察。副区长、区红十字会会长张洪兵参加了视察活动。

视察组一行先后视察了以防灾、减灾、救护培训、爱心救助等为主体的区红十字会生命体验馆；以居民自救互救、应急救灾、志愿服务为主旨的红十字博爱家园；以健康教育功能区、生命教育活动区、特色教育体验区等为课程的博爱教育集团；以应急救援为主业的区红十字救援队。视察组认为，近年来，区红十字会秉承红十字精神，紧扣“三救三献”等核心业务，在推进红十字会基层组织建设、救护培训、项目建设、志愿服务等方面做了大量的工作，促进了区红十字事业的发展。(常红)

(原载于2017年第4期《江苏红十字》)

武进区红会走进政风热线栏目

5月3日上午，常州市武进区红十字会副会长王伟国等走进武进区电视台“政风热线”直播间，现场通过调频88.6MHZ武进电台、阳湖网在线收看视频直播、武进政风热线新浪实名微博等平台，与广大听众、网友、观众朋友进行互动，答疑释惑，倾听广大群众对红十字工作

的意见和建议。(武红)

(原载于2017年第5期《江苏红十字》)

五四好青年用爱“书”送希望

5月4日，常州市同济桥社区红十字会组织辖区青年志愿者，在同济花园广场开展“书籍点亮希望”图书捐赠活动。志愿者们率先捐出自己带来的书籍，为贫困儿童奉献爱心。社工与志愿者们逐一登记、清点、打包。当日共收到居民群众200余本捐赠图书。(常红)

(原载于2017年第5期《江苏红十字》)

常州市纪念第70个世界红十字日活动

5月6日上午，新北区红十字会组织常州卫生职业技术学院的红十字志愿者到三井街道百草苑小区，无偿为小区居民体检，提供健康常识咨询，发放健康手册，示范教学健康操。5月8日，常州市红十字蓝天救援队走进溧阳市职业技术学校开展应急救护培训，共有80多名学生参加；溧阳市红十字会联合市级机关工委、市文明办召开纪念“5·8”世界红十字日暨“文明溧阳与爱同行”主题演讲会，副市长陆慧琦出席会议并讲话，市红十字会理事、各镇（街道）红十字会负责人、蓝天救援队和献血志愿者协会的代表以及主题征文获奖人员等110余人参加。天宁区在纪念“世界红十字日——红十字会与你同行暨博爱项目大型公益活动”启动仪式上，组织红十字志愿者庄严宣誓。12日下午，武进区红十字会举行纪念第70个世界红十字日暨红十字会法和应急救护知识竞赛，全区18个镇、开发区、街道红十字会参加了竞赛。12日下午，钟楼区红十字会参加新闸街道绿地社区的防震减灾疏散演练活动。溧阳市红十字会蓝天救援队先后到埭头中学和美景天城社区开展避震疏散演练，共有1100多人参加演练活动。

(原载于2017年第5期《江苏红十字》)

常州市红十字救援队联合多家单位开展活动

5月8日至14日，常州市红十字龙城救援队联合多家单位，为腾龙、祥龙、盘龙、府阳、河海几个社区和新桥实验小学开展防灾减灾演练活动，受益超过1000人。(常红)

(原载于2017年第5期《江苏红十字》)

江苏部分红会慰问孤残贫困家庭儿童（节选）

“六一”前夕，常州市钟楼区红十字组织区妇幼保健计划生育中心10名医护人员前往市天爱儿童康复中心，为100多名特殊儿童进行健康体检。(苏红)

(原载于2017年第6期《江苏红十字》)

溧阳市红十字会爱心助考

6月2日，溧阳市红十字会联合市教育局、市交通局举行2017年出租车爱心助考公益活动启动仪式。红十字爱心车队志愿者们始终秉持弘扬红十字精神，坚持“安全第一”“准时准点”的原则，服务好高考学子。市红十字会还给爱心车队志愿者送去防暑物品。(张莉)

(原载于2017年第6期《江苏红十字》)

常州红会参加白内障复明公益行动

6月3日，常州市卫生计生委、市红十字会、致公党常州市委、市第三人民医院等单位共同发起“幸福相伴·光明同行”白内障复明工程公益行动暨大型义诊活动在红梅公园广场举行。

当日早上，闻讯前来参加活动的市民已在各个义诊专家席位前排起了长长的队伍。第一批市民代表荣幸地获得了白内障复明工程公益救助资格。今年 63 岁的陈先生捧着刚领到的受助证书激动地说，“我眼睛不好已经多年了，家里经济条件差，前些天听说三院搞免费白内障复明工程，就抱着试试看的心态报了名，没想到还真的得到了救助的名额”。整个上午，前来进行健康咨询的市民络绎不绝。

市三院眼科主任邓国华介绍，“幸福相伴·光明同行”白内障复明工程是一项长期的公益行动，不仅是帮助贫困老年白内障患者，也会在基金允许的情况下，扩展到其他有眼疾的贫困患者。2015 年，市红十字会就向市三院捐资 10 万元，专项用于救助贫困白内障患者的复明救治。此次，致公党常州市委向市三院捐赠了第一笔爱心款，市红十字会也将再捐赠一笔定向救助资金。相信通过不懈的努力和广泛的宣传，会有更多的爱心企业和人士加入这个公益行动中来，帮助更多的眼疾患者重见光明。(常红)

（原载于 2017 年第 6 期《江苏红十字》）

何权会长赴常州调研基层红十字工作

为贯彻落实省委省政府“大走访、大落实”精神，推动我省红十字工作扎根基层、服务群众，6 月 6 日至 7 日，省政府原副省长、省红十字会会长何权，省政协提案委主任、省红十字会副会长朱步楼，省红十字会党组书记、常务副会长盛放赴常州市调研基层红十字工作。

6 日上午，在位于金坛薛埠镇国防中心的红十字生命体验馆，何权一行详细了解了场馆功能设置情况。该场馆集科普宣传、综合体验、应急逃生、救护培训为一体，分为 7 个功能体验区，设置了 2 个模拟体验项目。在朱林镇唐王村博爱卫生服务站，何权认真了解服务站运行情况，与基层干部和群众代表亲切座谈。何权希望地方红十字会充分利用红十字生命体验馆和博爱卫生服务站两大平台，助推基层红十字工作再上新台阶。下午，何权一行实地调研天目湖水上救援训练基地，观摩了红十字水上救援演练。演练现场模拟了 380 客位游船在航行过程中触礁渗水弃船的逃生演习、游船在航行途中发生火灾事故人员落水的施救演练等科目。何权对景区红十字会突发事件应急处理能力和红十字应急救援队紧急救援能力建设情况表示肯定。

7日上午，何权一行前往溧城镇红十字养老志愿服务站，了解志愿服务开展情况，实地考察竹箦镇红十字应急救护培训基地，听取应急救护培训工作情况汇报，观摩红十字救护培训授课过程。何权勉励常州要将红十字养老志愿服务试点工作做得更好，让应急救护知识培训惠及更多群众。

常州市红十字会会长张云云以及金坛区、溧阳市有关领导陪同调研。(祁明)

(原载于2017年第6期《江苏红十字》)

八百多名高中学生接受应急救护培训

近日，溧阳市红十字会走进国防园，为参加军训的883名高中学生开展应急救护培训。该会注重发挥红十字应急救护培训基地的作用，联合教育局将应急救护培训纳入学生军训课程，让青少年学习应急救护知识。(张莉)

(原载于2017年第7期《江苏红十字》)

常州市红会参加优秀传统文化进校园活动

7月2日，常州市红十字会参加由常州地方文化研究会主办、常州领学教育协办的“常州市优秀传统文化进校园爱心赠书”活动。

活动中，市红十字会等相关部门领导向市清凉、兰陵两小学的小记者和贫困家庭学生赠书。他们购置《儿歌陪伴我成长》校本丛书，赠送给全市的新市民子弟和贫困家庭的中小学生，受到社会各界的广泛支持和参与，得到学生和家长的一致好评。

长期以来，常州市红十字会支持社会组织开展文化研究，努力把弘扬优秀的历史文化、传统文化、民族文化、地域文化与宣传人道文化、慈善文化和志愿精神结合起来，指导拍摄了《小黄山，少年梦》青少年励志院线电影，获得国家“精品电影奖”；以齐梁文化为题材的《兰陵桥边歌声飘》《文选》《读故事，学做人》丛书，被列入全国校本课程精品工程。(常红)

(原载于2017年第7期《江苏红十字》)

“益”起来，爱与奉献同行

她的爱跨越国界，不分种族、宗教，人人平等。无论是在战火连绵的过去，抑或是和谐发展的现在，只要有需要帮助的人，她都会第一时间出现。她始终奉行“人道、博爱、奉献”的精神，她就是“红十字”，一个伟大而神圣的国际组织。

爱相“髓”，与你同行

怀着对红十字的热爱，我积极加入造血干细胞采样的队伍中。我希望用我的爱帮助更多白血病患者战胜病魔，走出困境。如果我的一点努力能挽救患者的生命，我就是最幸福的人。从开始的不解到现在的期待，更多的是一种使命感。

在我认识的捐献成功的造血干细胞志愿者中，有一位“爱萍姐姐”。爱萍姐姐40多岁，在武进夏溪派出所工作，是一名户籍窗口的辅警。从2006年起，爱萍姐姐就定期参加无偿献血，至今已经坚持了10年。2007年，当她得知捐献造血干细胞可以挽救白血病患者的生命时，果断地签下了志愿书，加入中华骨髓库江苏分库。

7年后，一通电话闯入了爱萍的世界：“您的造血干细胞和一位白血病患者初配成功，请问您是否愿意进行高分配吗?”接到电话的爱萍，就像如今的我一样，顿时感到自己是一位幸运儿，怀着激动而紧张的心情，回答着：“如果真的可以救到那位患者，那是最好不过的事了。”爱萍说，这件事如同中奖般激动，没想到，她的造血干细胞可以挽救一名白血病患者，这也许就是生命的意义吧，真的很希望生命的种子可以植入那位患者的身体中，让他更好地生活下去。爱萍花了半年的时间，每天坚持跑步、注意饮食。她希望用最佳的身体状况来面对。高分配的结果出来了，相当吻合。爱萍于2014年11月26日成功捐献，成为中华骨髓库江苏分库第400例捐献者。她用爱在延续着另一个生命的幸福。

“益”青春，相约水族

水族是生活在我国贵州省、江西省、广西壮族自治区的少数民族，人口40万左右。从20世纪80年代末开始，越来越多的水族同胞来到常州工作生活。

2015年，市红十字会组织常州工程职业技术学院的同学开展“博爱青春”暑期志愿服务，我有幸成为这次前往贵州水族考察志愿服务的带队老师。去之前，工程学院的老师和同学们用了4天的时间，在常州丁堰街道常丰村做问卷调查，针对常州人对水族人的了解、接纳程度等问题进行了走访，取得了第一手的资料。同时，志愿者还对水族村儿童进行了课外学习辅导。为实现“互融”的良好氛围，志愿者们也向水族村群众学习水语、水书、水歌以及了解水族非物质文化遗产——马尾绣。

在常州工作的水族儿女为远在贵州水族村的父母录制了一段视频，让我们一同带过去。视频中，儿女含着泪对父母表达了思念之情，很多老人好几年都没看到过自己的儿子、女儿了，老人们摸着电脑屏幕，目不转睛地看着：“孩子过得好就是我们最大的幸福呐。”

在去水族村的路上，沿途碰到一个男孩，手里拿着鸡蛋，边走边叫卖。他说：“这些鸡蛋卖了钱，给我弟弟上学用。”一句话，触动了我们在场的每一位志愿者和老师，跟他们比起来，我们是多么幸福的人。

这次暑期志愿服务不仅感染着每一位大学生，也感染着我们每一位红会人。博爱，不分种族、不分地域。志愿服务在前行，希望通过“博爱”行动，能感染更多人去关注留守儿童、留守孤老这一社会问题。

爱在路上，流淌我心

2016年的“爱在房车的路上”公益活动中，我跟着一群身残志坚的阿姨伯伯们，踏上了一趟“看海之旅”。

这些残疾人平时很少出门，由于行动不便，市红会牵头，蓝益志愿者协会、小朱自驾联盟提供了4辆房车，让这些特殊的人体验一段特殊而又舒适的旅程。

家住孟河的魏秋生下身瘫痪，66岁的他听说这次有机会坐房车外出，早早就报了名。当天，天不亮，他开了一个多小时的残疾车到达集合地点。魏秋生说，他这么大年纪了从未出过远门，这次不去，以后说不定就没有机会了。为了这趟期盼已久的旅行，他特地向邻居借了相机，希望留住珍贵的瞬间。

残疾人中，有的腿脚不便，有的手臂伤残，还有的带上了假肢。即便如此，也改变不了他们对生活的热情和向往。一些残疾人还兼做志愿者，以残助残，帮助他人，快乐自己。

黄华平左手残疾，但坚决表示不需要人照顾。他说："其他人比自己更需要得到关爱与帮助。"

我为这些身残志坚的叔叔阿姨们鼓掌、点赞。因为有了公益组织的帮助，才让他们感受到了一次又一次的幸福。在帮助他们的同时，也让我的心灵得到了净化和升华，"红十字精神"一直在陪伴我成长。

省运会来临之际，我们的红十字急救箱出现在出租车上、志愿服务亭里、公交场站旁，无处不在地在为大家服务；遇到突发事件，掌握好红十字应急救护技能，就能帮助患者渡过难关，转危为安；面对弱势群体时，红十字总能伸出援助之手，用无私的爱去点燃希望……是的，红十字"救"在身边。打开心灵的窗口，用爱去倾听这个世界，红十字离我们很近很近。

我与红十字的故事在进行着，每分每秒都是现场直播。没有人知道下一秒会有怎样的剧情，但唯一可以肯定的是，那会是一个个与爱有关的故事。也许，它没有什么惊心动魄的剧情，但却有着最朴实、最真实的"博爱"画面。故事里记录着，在这个世界上，有一个组织叫红十字会，她没有高低贵贱，没有贫富差异，只有一群热情澎湃的人们不畏险阻，奋发向上，与她共同成长。（胡霄）

（原载于2017年第6期《博爱》杂志）

常州青龙街道开展消防安全体验活动

7月28日，常州市天宁区青龙街道红十字会联合阳光龙庭社区、竹林路消防大队，为辖区内40多名未成年人开展了一场消防安全知识宣讲以及消防演练活动。消防官兵带领孩子们观看消防安全纪录片，讲解家庭火灾事故的预防方法和突发事故中紧急自救互救等知识，实地演示各类灭火器材的操作方法。（龙红）

（原载于2017年第8期《江苏红十字》）

常州通过电视节目宣传红十字养老志愿服务

7月29日，常州市红十字会、民政局和电视台共同录制了以养老为主题的宣传节目《当你老了》，节目录制时长约一个半小时，之后在电视专栏节目《道德正前方》播出。50多名社会观众闻讯报名前来参与了节目互动。

在人口进入老龄化的时代，全社会对养老问题越来越关注。红十字养老志愿服务的开展，引起了媒体的重视，电视台主动要求制作一档访谈节目，让大众来谈养老话题。市红十字会常务副会长钱斌，市民政局副局长、慈善总会副会长杨铁和常州大学护理系主任孙志琴应邀担任现场评论员。幸福天年养老院、天宁红十字志愿服务队负责人和养老护工、老人代表等先后上台，从各自的角度畅谈对养老事业的认识和感受。80高龄的涂大妈说，过去居家养老是首选，当老伴瘫痪在床后，就选择了机构养老，养老院里服务更周到，要是还有志愿者陪着聊聊天，就更好了。天宁红十字养老志愿服务队队长、社区卫生服务中心负责人说，红十字志愿服务队从4月份成立到现在，已经在社区开展面向老人亲属的知识讲座5场，上门定期看望老人30多人次，医护人员的专业知识和技能对老人帮助很大。养老院负责人则指出，护理人员素质不高、年龄结构偏大和知识培训不足，是制约养老机构发展的短板，这个行业紧缺的就是踏实为老年人提供护理和服务的有资质能力的专业人才。

孙志琴点评指出，目前，有专业认证的护理人员在机构和社会养老护工中的比例非常低，因此护理专业发展有广阔的前景。杨铁认为，养老产业是朝阳产业，未来发展有市场，但有个过程，要有信心。钱斌点评指出，红十字会参与养老事业，纳入了省政府2017年度十大主要任务百项重点工作之一，主要是提供专业的居家养老志愿服务，这在本质上是一种人道援助，与红十字志愿精神一脉相承。全市已经成立12支养老志愿服务队，拥有在册队员近300人，其中绝大多数是医护人员，服务对象主要是失独失能和生活困难的老人家庭。未来要从建立队伍向提高队伍能力转型，每支队伍都要配备1名养老师资、1名心理师资；从定期走访向建立经常联系渠道转型，除了回访，还要建立畅通的即时联系，随时回应老人的诉求，解决老人生活生计遇到的困难；从红十字一面旗帜向与各类养老公益组织联合转型，汇集社会力量，为更多的老人家庭提供更加专业和贴心的服务。

《道德正前方》的宗旨是用身边事感动和影响身边人，是收视率较高的常州电视台品牌栏目，与常州市红十字会建立了紧密的合作关系，今年计划共同策划和播出5期节目，大力宣传红十字人道事业。（常红）

（原载于2017年第8期《江苏红十字》）

点燃生命之火

8月24日，江苏省溧阳市妇产科医生谢超娟赴南京市东南大学附属医院捐献造血干细胞，常州市红十字会副会长杨跃忠、溧阳市红十字会常务副会长胡雪芹、溧阳市卫计局副局长金军等为谢超娟送行。8月29日，谢超娟成功捐献了造血干细胞。

谢超娟是常州市新昌医院的妇产科医生，同时也是一名市人大代表。她不仅致力于治病救人，还积极投身公益事业。早在2005年单位组织献血时，谢超娟就报名加入中华骨髓库，进行了造血干细胞血样采集。当得知自己与白血病患者配型成功时，谢超娟义无反顾地决定捐献造血干细胞。她说："我加入中华骨髓库已经12年了，终于有机会去帮助别人，我的内心非常激动！"（张莉）

（原载于2017年8月29日《中国红十字报》，又载于2017年第9期《江苏红十字》）

常州开展图书捐赠公益活动

9月5日，由常州画院、市红十字会、中国常州网、常州社区网联合主办的"用书籍点亮希望"图书捐赠活动在常州画院举行捐赠仪式。

"用书籍点亮希望"是市红十字会于2016年推出的一项长期公益活动，在全市部分社区内设立旧书捐赠箱，向居民募集旧书，为西部贫困地区的学校捐赠图书。常州画院此次共捐出图书画册149本，都是院藏精品，捐赠总价值两万多元，希望这批画册能让西部地区的孩子们去感受、观察、思考、创造美，也希望孩子们能从另一个角度了解这个帮助他们的城市——常州。

著名书法家芮新丰先生为本次活动现场书写“用书籍点亮希望”作品捐赠西部，希望能为西部地区的孩子们带去另一片天空。“捐一缕书香，传一份希望”，他说，我们能做的有限，但我们深信集腋成裘的力量，深信爱心凝聚的力量，涓涓细流，汇聚成海。(张晓红)

（原载于2017年第9期《江苏红十字》）

全市各级红十字会举行世界急救日活动

9月8日晚，常州市红十字会在新北区薛家镇中心广场开展“急救与家庭意外伤害”主题宣传活动。这场宣传活动由新北区红十字会、薛家镇人民政府、常州龙城救援队联合承办，并得到爱心企业的捐助。常州市及新北区红十字会、薛家镇政府、红十字龙城救援队、薛家镇志愿者、媒体记者及当地群众近上千人参加了活动。主题晚会开始前，广场设置的心肺复苏、创伤救护、骨折搬运三个体验区，从下午开始就人头攒动，在红十字龙城救援队急救老师的指导下，社区居民踊跃体验胸外按压，亲手进行创伤救护和包扎，询问各种急症处置的方法，急救队员都一一耐心解答和示范。现场发放家庭急救手册等宣传资料1000余份。

9月6日，溧阳市红十字会走进美景天城社区，举行养老照护志愿服务队授旗仪式并开展应急救护知识培训。该社区的居民和志愿者参加了此次活动。养老照护志愿服务队队长、中医院杨洁医生担任此次培训的主讲师，通过PPT展示和案例分析，给大家生动讲解了关于急性喉梗阻的紧急处置法和应急救护知识。最后进行了互动，居民们积极提问，杨医生耐心解答，工作人员为参加的每位居民发放了救护手册。

8日，武进区红十字会携手太湖湾旅游度假区在嬉戏谷会展中心，举行2017年世界急救日宣传活动暨常州嬉戏谷红十字救护站成立仪式。通过建立嬉戏谷红十字救护站，将红十字工作与景区管理服务工作有机结合，让志愿者们以实际行动践行红十字精神，为周边居民和景区游客提供应急救护和急诊转送的“一站式”服务，配合提升旅游区应急救援体系建设水平，切实保护群众的健康和生命安全。

8日至10日，天宁区红十字非常道救援队在溧阳培训基地开展了为期3天的“世界急救日”主题宣传暨野外急救培训活动。该救援队全体队员和部分志愿者，相关街道养老照护志愿者服务队队员和部分志愿者共25人参加了培训。活动特邀国际野外医学协会的老师授课，这是国际野外医学协会与红十字系统的首次合作。培训采取理论讲解与野外实际操作相结合的方式进行，考核其设置伤患评估、脑神经系统受损、肌肉骨骼系统处置办法、被毒蛇等咬伤的处理治疗、低体温处理、闪电躲避方法等20个科目。通过3天紧张有序的学习和考核，学员们充分认识到了掌握野外急救知识技能的重要性，一致认为学得值。为了让养老照护志愿者们更好地服务于居民，天宁区红十字会还邀请区财政局结算中心高级会计师就当前医保政策进行解读。

9月8日，金坛区红十字会举行了“纪念世界急救日暨养老照护志愿服务队授旗仪式”，金坛第一支以区中医院在职护士为主要骨干及红十字志愿者参加的社区养老志愿服务队，将以华胜社区为依托，发挥志愿服务队的专业优势，每月定期为社区居家老人提供医疗保健和心理咨询等养老照护服务。授旗仪式结束后，社区养老照护志愿服务队为社区志愿者、居民小组长及居家养老家庭代表详细讲解“老年人安全防护”的应急救护知识与技能。

8日下午，新北区红十字会在罗溪镇开展“急救与家庭预防伤害知识讲座”进社区活动，邀请卫生院防保科主任主讲应急救护知识，还向群众宣传了红十字会无偿献血、捐献造血干细胞、人道救助、紧急救援等内容。(常红)

(原载于2017年第9期《江苏红十字》)

溧阳市红会组织学习贯彻党的十九大精神

11月29日，溧阳市红十字会组织全体工作人员学习党的十九大精神，传达了《中共溧阳市委关于认真学习宣传贯彻党的十九大精神的通知》和《关于做好党的十九大精神学习宣传贯彻工作的通知》。市红十字会党组书记、常务副会长胡雪芹强调要不忘初心、牢记使命，将党的十九大精神落实到思想和行动中，做好当前的各项工作。

会议强调，党的十九大报告是我们党新时代的政治宣言和行动纲领，要用习近平新时代中国特色社会主义思想武装头脑，深刻学习领会，切实做到用党的创新理论指导实践，自觉把红十字会各项工作放到学习贯彻党的十九大精神和“四个全面”战略高度下去思考谋划，搭建党和政府与人民群众之间的连心桥，巩固好党的执政基础和群众基础。以党的十九大精神为推动力，力求在红十字工作领域做出特色，努力在为民、便民、惠民上下足功夫，抓好落实，做出成效。

最后，全体工作人员交流学习体会。（车雨辰）

（原载于2017年第12期《江苏红十字》）

2018 年

常州市举办第四届“美德之夜”公益盛典

常州市第四届“美德之夜”公益颁奖盛典于 2017 年 12 月 28 日晚在传媒中心金色大厅隆重举行并向全市直播，副市长、市文明委副主任方国强出席。与前三届不同，本届“美德之夜”公益颁奖盛典是由市文明办美德基金会、慈善总会、红十字人道救助基金会、见义勇为基金会共同主办，着力打造常州“公益之城”的名片。

晚会以“水木清华、德耀龙城”为主题，通过“滴水穿石”“积水成渊”“水润万物”“上善若水”4 大篇章，4 大基金会选送的 10 个慈善项目、10 家社会公益组织的代表和 42 位爱心企业家、14 位市级道德模范纷纷上台亮相，4 大基金会会长亲自为他们颁奖。当晚，金色大厅爱心涌动、暖意融融、充满了正能量。在颁奖晚会上，常州红十字人道救助基金会为此次活动推出的江南农村商业银行等 12 个为人道事业做出突出贡献的爱心企业代表颁奖。红十字春风艾滋病防治服务中心、市女领导干部联谊会、龙城春晓志愿者协会等 3 家优秀社会公益组织的代表，红十字蓝天救援队应急救护普及和关爱生命行动等 3 个优秀社会公益项目的代表悉数登台，接受属于他们的褒奖和荣誉。巨大的背景屏上，滚动播放每个组织、企业和公益志愿者的感人事迹。红十字“春风防艾”服务中心的微视频《红十字会防艾滋》，以纪实的方式平实地再现了近百名志愿者一年来开展特殊人群的干预、为感染者就医体检送早餐、进行预防宣传和治疗知识普及等画面，基本上不用解说，已经感动了所有现场观众，是整台晚会最打动人心的纪实故事。此外，溧阳市溧城镇红十字心愿树爱心工作站荣获 2017 年常州市优秀公益项目称号，溧阳市红十字会理事、溧阳曙光置业有限公司董事长徐志群被评为爱心企业家。

红十字会加入全市“公益之城”的建设中，实现了人道力量汇入公益事业的“大合唱”，这表明红十字会员单位、公益组织和优秀志愿者们的默默奉献，得到了社会的高度认可，向全市展示了“人道、博爱、奉献”的红十字精神，坚定了全市红十字会系统广大工作者和志愿者在红十字旗帜的引领下，扎实工作，种好群众满意的“常州幸福树”的信心。（常红）

（原载于2018年第1期《江苏红十字》）

常州实现新年首例人体器官捐献

1月5日，常州市今年首例人体器官捐献在溧阳市人民医院完成。捐献者董先生为溧阳本地人。1月2日，董先生因脑血管意外被送到溧阳市人民医院抢救。由于脑干受伤严重，病人一直处于昏迷状态。住院期间医生尽全力抢救，到1月4日晚仍无力回天，病人最终被判定为临床脑死亡。1月5日，在医治无望的情况下，其家人提出在其身后捐献器官以挽救他人的生命。当天，常州市红十字会人体器官捐献协调员罗杰赶到医院，与董先生的儿子及父亲进行了沟通，最后他们在《中国人体器官捐献登记表》上签了同意书并按下手印。当日下午，董先生被推进了手术室。约两小时后，这位志愿者成功捐献了1个肝脏和2个肾脏，挽救了3位等待人体器官移植病人的生命。（常红）

（原载于2018年第1期《江苏红十字》）

溧阳市制定无偿献血细则

近日，溧阳市政府召开第12次常务会议，讨论通过《溧阳市无偿献血实施细则（暂行）》（以下简称“细则”）。“细则”对献血原则和献血者的年龄范围做了规定，鼓励符合献血条件的国家工作人员、现役军人、医务人员每两年献血一次以上，高等学校学生在校期间献血一次以上；鼓励符合献血条件的公民多次、定期献血以及捐献造血干细胞；还规定符合下列情形之一的，由市政府和市红十字会给予表彰和奖励：无偿献血量累计1000毫升以上的个人；超额完成年度献血计划的单位；

在献血宣传、教育、组织动员以及采供血、医疗临床用血工作中成绩显著的单位和个人；在医疗临床用血新技术的研究和推广中成绩显著的单位和个人；捐献造血干细胞的个人；对献血事业捐赠或者做出特殊贡献的单位和个人。

“细则”对获奖公民除享有《江苏省献血条例》明确的待遇外，还可以获得以下奖励：1. 在本市获得国家无偿献血奉献奖、无偿捐献造血干细胞奖和无偿献血志愿服务终身荣誉奖的个人，可以免费游览天目湖山水园和南山竹海旅游风景区（不含景区内二次消费项目）；2. 在本市获得国家无偿献血奉献奖金奖、无偿捐献造血干细胞奖和无偿献血志愿服务终身荣誉奖的个人，免费安排一次健康体检和一次疗养；3. 在本市获得国家无偿献血志愿服务奖五星级的个人，可以免费游览天目湖山水园和南山竹海旅游风景区（不含景区内二次消费项目），免费游览本市政府投资主办的公园、旅游风景区等场所，到本市政府举办的医疗机构就诊免交普通门诊诊查费，免费乘坐本市城市公共交通工具。（车雨辰）

（原载于2018年第1期《江苏红十字》）

天寒地冻不足惧

——全市各级红十字会开展“博爱送万家”活动

1月30日，常州市副市长许峥在市红十字会领导的陪同下，来到天宁区青龙街道、红梅街道开展“博爱送万家”走访慰问。许峥一行先后来到青龙街道青龙苑南区和北区，登门慰问困难家庭，了解他们的近期生活情况，鼓励他们树立信心，积极面对生活；最后，送上节日慰问金、食用油、毛毯和年货礼包等慰问品。市红十字会领导还到天宁区红梅街道红东二村慰问困难家庭，送上慰问金和慰问品。1月23日，武进区红十字会在全区开展“博爱送万家”活动，当天发放食用油、大米、被子、毛毯、棉衣等价值35万余元款物；2月1日，武进区红十字会在湖塘镇开展“博爱天使爱心驿站”红十字双癌、白血病特困家庭救助金发放活动，给16户困难家庭发放慰问金共62万元，还对54户双癌特困家庭和28户白血病特困家庭进行走访慰问，并发放慰问金。（常红）

（原载于2018年第2期《江苏红十字》）

春暖花开遇见爱

2月27日，闻讯B型血紧缺的溧阳市热心的志愿者和市民纷纷挽袖献血，在献血屋、在献血车上奉献热血。当天共有30人成功献血10400毫升，其中以B型血居多，达13人。（车雨辰）

（原载于2018年第3期《江苏红十字》）

金坛区红会组织爱心企业跨省捐资18万元

日前，常州市金坛区红十字会与陕西省石泉县红十字会共同举办“金坛·石泉结对帮扶红十字会在行动”活动。该区江苏飞洋鱼制衣有限公司等爱心企业向石泉县红十字会捐赠物品总价值183800元，其中，江苏飞洋鱼制衣有限公司捐赠羽绒服260件、羽绒背心90件，价值121680元；常州康美购物中心捐赠衣服59件、裤子122条，价值62120元。本次所捐赠的31箱物资，由中国邮政集团公司金坛区分公司免费邮寄给陕西省石泉县红十字会。

江苏飞洋鱼制衣有限公司负责人表示，做慈善是企业社会责任的体现，发扬奉献精神，也是弘扬社会正能量。下一步，他们将进一步与相关困难县区开展帮扶活动。（乔煜青）

（原载于2018年第3期《江苏红十字》）

溧阳市红会喜获学习型党组称号

近日，溧阳市红十字会被中共溧阳市委授予学习型党组织称号。2017年以来，溧阳市红十字会紧紧围绕“服务中心、建设队伍”主线，结合“三大一实干”活动，全力打造学习型党组织，为发挥红十字工作在党委、政府人道领域的助手作用提供坚强的思想和组织保证。

一是制度先行夯基础，强化责任意识。严格落实“三会一课”等党的组织生活具体要求，切实履行“一岗双责”，把党风廉政建设要求贯彻到红十字会业务工作，制订学习、办公、财务等制度，将《廉政准则》落到实处，杜绝违反廉政规定行为。落实班子成员联系基层制度。二是教育先行强根基，突出思想建党。组织全体党员原原本本学习党章党规、系列讲话，每月梳理学习完成情况；主动查找问题短板 20 条次并及时落实整改；多次组织全体党员开展专题研讨，筑牢争做合格党员观念。制订全年学习计划，组织政治理论、法律法规、专业技能等知识学习。开展“服务中心，机关党员做先锋”主题系列活动，激励全体党员立足岗位争做先锋，营造学习、培育先进的良好氛围。三是服务先行促效能，狠抓核心业务。围绕市委市政府中心工作，关注、服务民生，全年完成 105 万元筹资任务、12180 名救护人员培训指标、105 份造血干细胞血样采集工作，在各类报刊、网站发表信息 112 篇，荣获中国红十字会总会报刊宣传工作先进集体、江苏省红十字会救护培训工作先进集体、常州市红十字会系统先进单位等称号。认真组织开展世界红十字日、世界献血者日、世界急救日和国际志愿者日等活动，成功召开第四次会员代表大会，积极参与全国文明城市创建活动。(车雨辰)

(原载于 2018 年第 3 期《江苏红十字》)

生命如歌　余音袅袅

——常州市红十字会举行缅怀遗体（器官）捐献者纪念活动

3 月 28 日上午，常州市红十字会遗体（器官）捐献者纪念活动在常州栖凤山举行。市红十字会会长张云云、市民政局副局长杨继洪、常州栖凤山总经理刘保林及捐献者家属 150 余人参加了本次活动。

张云云会长发表讲话，用捐献数据告诉大家常州市红十字会在遗体（器官）捐献工作中做出的努力和取得的成果，同时也向捐献者及其家属表达了崇高的敬意。她特别提到，人体器官、遗体（角膜）捐献工作成绩的取得，最根本的是捐献志愿者和家属的理解与支持。红十字会举行纪念缅怀活动，就是要感恩捐献者，永远铭记他们的功绩功德。要让尊重生命成为每一位红十字人不变的信念，引导我们把人道服务融入实现中华民族伟大复兴中国梦的奋斗中去。

活动中，遗体捐献者周俊玉老先生的儿子同记者讲述了老人捐出自己的遗体用于医学研究的故事，透出老先生对家人满满的关怀、不舍，以及为医学事业献身的无畏与果敢，真实而感人。

常州市吟诵协会朗诵了《为生命喝彩》，常州大学的学生们在现场进行了庄严宣誓。最后，各位领导和家属们将装有格桑花种子的气球放飞天空，以此表达“幸福”“新生”的美好祝愿。

常州市红十字会遗体（器官）捐献者纪念碑于2014年在福寿园常州栖凤山落成。常州市红十字会目前已有296人办理了器官捐献登记手续，391人报名捐献遗体，119人报名捐献角膜；成功实现器官捐献47例，遗体捐献36例，眼角膜捐献42例，让130多名器官衰竭终末期患者接受了器官移植后重获新生，80多名失明患者移植了眼角膜而重见光明。(常红)

（原载于2018年第4期《江苏红十字》）

溧阳红会走进企业开展急救培训

3月30日，溧阳市红十字会走进碧桂园有限公司开展应急救护培训活动。此次培训采用理论和实践相结合的方式，重点讲述心肺复苏术、意外伤害事故现场救护等相关理论知识，以普及应急救护知识，提高员工自救互救能力。(车雨辰)

（原载于2018年第4期《江苏红十字》）

人道——为了你的微笑

常州红十字开展纪念第71个世界红十字日活动

5月7日，常州市金坛区红十字博爱暨防灾减灾科普宣传周在西城街道文化社区启动。去年，金坛区成立了首支红十字养老照护志愿服务队，以华胜社区为试点，提供生活照护、康复保健、文体娱乐、精神慰藉、安全援助服务，服务承接单位啄木鸟义工社获评2017年度常州市十佳公益志愿组织。全区参与养老照护志愿服务的红十字志愿者积极深入社区、家庭和养老机构，切实做到了“一区一计划，一户一方案”。活动中，来自全区各个社区的群众代表现场参与了蓝天救援队救护培训演示、防震减灾科普宣传、老年手工义卖等服务项目。

8 日，溧阳市红十字会联合市文广体局在市奥体国际花园体育馆举办了纪念世界红十字日暨“白金十分钟”急救健身操大赛。在随后的展示中，全市各镇（街道）及溧阳市献血者协会的志愿者共 12 支队伍一同进行精彩的表演。这套舞蹈是将健身操与应急救护基本动作融为一体，以掌握技能、提高体魄为主导的创新项目，以大众喜闻乐见的形式宣传应急救护知识技能。

武进区红十字会联合太湖湾旅游度假区管委会举行应急救护技能大赛，太湖湾旅游区的 10 支红十字救护代表队经过激烈的角逐，最终嬉戏族集团红十字救护代表队获得一等奖。区红十字会还在全区范围内开展防灾避险知识竞赛活动。

11 日，由省民防局、省红十字会、省应急管理办公室、省食品药品监督管理局、南京海关、省地震局、省科学技术协会、省气象学会和省预防医学会主办的“2018 年江苏省应急科普文艺巡演”首场演出在常州工程职业技术学院举行，共 600 余人参加。巡演围绕“传播应急防护知识提高自救互救技能”主题，通过各种节目形式宣传自然灾害救援、气象服务、食品安全和家庭自救互救等知识。演出现场还特别安排了三轮急救知识现场抢答环节。

当日，由常州市减灾委员会主办的“5·12”防灾减灾日宣传活动在紫荆公园举行。本次活动以“行动起来，减轻身边的灾害风险”为主题，通过表演小品歌舞、发放宣传资料、摆放宣传展板、现场咨询等形式，向广大市民普及避险逃生、避免诈骗和简单的应急救护技能等知识，提高安全知识和应急避险能力。市红十字会通过救护知识展板，发放近千本“市民安全手册”，以及红十字蓝天救援队的实操演练，向市民传播应急救护知识。（常红）

（原载于 2018 年第 5 期《江苏红十字》）

常州青年毅然捐髓救人

5 月 15 日，室外艳阳高照，常州市第一医院血液科病房里，一场爱心接力赛在如火如荼地进行。26 岁的常州大男孩殷文超正在采集造血干细胞，去挽救一位 17 岁花季少女的生命。

殷文超是在 2015 年一次偶然的献血时，了解到造血干细胞捐献可以救治白血病患者的生命，他毅然决定加入中华骨髓库。今年 1 月底接到红十字会的通知，获知他和一位白血病患者初配相合，他觉得自己非常幸运，既然当初报名就是为了能“给别人一个希望”，那就必须做好这件事情，这种朴素的想法让前来看望的领导赞叹不已。

上午 10 点半，常州市红十字会会长张云云、副会长杨跃忠以及友爱团的其他捐献者来到病房，看望殷文超。张云云将刻有捐献序列号的纪念牌送给了殷文超，7325 号这个序列号是迄今为止全国成功捐献造血干细胞的志愿者累计位数，殷文超也成为常州市第 45 例成功捐献者。（常红）

（原载于 2018 年第 5 期《江苏红十字》）

常州女村民身后捐献器官一举挽救 5 人

“母亲捐献器官的愿望终于实现了，她可以安心了。”安排好母亲后事、即将返回郑州的邓云告诉笔者，母亲的生命能在 5 个素不相识的人身上延续，她为母亲感到自豪。

邓云的母亲叫王莲芳，今年 61 岁，家住常州市金坛区尧塘街道汤庄村南汤自然村。5 月 30 日 17 时许，正在企业上班的王莲芳突然神志不清倒地，工友连忙将她送到当地卫生院，120 救护车随后将她接到金坛人民医院抢救。医院 ICU 主任介绍，患者入院抢救半小时后恢复心跳，但仍然没有自主呼吸，一直处于深昏迷状态。经头部 CT 检查，显示为自发性蛛网膜下腔出血。5 月 31 日凌晨，远嫁河南郑州的邓云得知母亲病危的消息后，匆匆赶到医院。当医生如实告知病情时，邓云含泪相告，母亲曾再三郑重交代过，如果她哪天生命走到尽头，愿捐出有用的器官。医院很快与市红十字会取得联系，并协助邓云办妥母亲人体器官捐献相关手续。当日 18 时，常州市卫生计生委专家组会诊判定王莲芳脑死亡。当晚，她再次被推进手术室，在场的医务人员向遗体深深鞠躬，开始该院自去年以来的第 3 例人体器官捐献手术。王莲芳共捐献出肾脏 2 个、肝脏 1 个、眼角膜 2 个，且均已移植到了急需的病人身上，挽救了3名器官衰竭患者的生命，同时给2名失明患者带来光明。

尧塘街道汤庄村干部李娟说，王莲芳的丈夫已病故10年，女儿又嫁得远，但她是个热心人，平时很愿意帮助别人。她在企业从事医疗注射器生产，对生老病死看得比一般人透，多次说到死后捐献器官的事，她真的了不起。邓云说，母亲的行为深深影响着自己，她会在暑假带着上一年级的孩子到刻有母亲名字的地方，告诉儿子，他的外婆很伟大。

据了解，王莲芳是今年全市第8例、也是常州市列入省人体器官捐献工作试点城市以来的第51例成功捐献者。在解放思想大讨论的今天，市红十字会既要思考如何为民谋福利，又要宣传像金坛女儿替母亲完成愿望的高尚“利他”行为，让普通捐献者的故事感动更多常州人。（赵鹤茂、蔡洪）

（原载于2018年第6期《江苏红十字》）

溧阳市举办纪念世界献血者日活动

6月14日，溧阳市卫生计生局、市红十字会和无偿献血者服务志愿者协会等单位联合举办纪念第15个世界献血日活动。据统计，有62人献血，献血量达20600毫升。随后，溧阳市红十字会应急救护培训讲师还给参加此次活动的志愿者们，进行心肺复苏术操作流程培训。（金璐）

（原载于2018年第6期《江苏红十字》）

武进横山桥镇红会普及全民健康知识

6月28日，常州市武进区横山桥镇红十字会联合横山桥卫生院开设2018年首届“美丽横山行”文化节——悦享横山·全民健康科普讲座，300余名群众参加。培训分为理论教学和实践操作两个部分，重点讲授了救护概念、心肺复苏、意外伤害现场救护等应急救护知识。（郝培）

（原载于2018年第7期《江苏红十字》）

捐髓志愿者在常州有了温馨的家

7月3日，“中国造血干细胞定点采集医院”揭牌仪式在常州第一人民医院血液科举行。常州市红十字会会长张云云，省造血干细胞捐献者资料库管理中心负责人丁玉琴，常州一院副院长华飞及相关科室人员和龙城友爱团的志愿者参加。

华飞介绍了该医院血液科的发展历程，并表示，“中国造血干细胞定点采集医院”的挂牌，体现了对医院的信任，医院人员将严格按照规范开展造血干细胞捐献志愿者评估和造血干细胞采集工作，全程提供安全、舒适的医疗服务。

张云云为“中国造血干细胞定点采集医院”揭牌，随后到定点捐献病房慰问了正在捐献造血干细胞的志愿者王飞，并对他无私奉献、挽救他人生命的行为给予了鼓励。（常红）

（原载于2018年第7期《江苏红十字》）

溧阳应急救护培训走进军训基地

7月13日，溧阳市红十字会在国防园为常州科技经贸专修学院的军训学生开展应急救护培训。市红十字会培训讲师通过理论授课与实际操作相结合的方式，阐述了心肺复苏的基本知识和重要性，以及实施要点、难点，还通过人体模型进行了模拟操作和示范。（金璐）

（原载于2018年第7期《江苏红十字》）

常州红十字志愿者圆满完成马拉松应急保障任务

10月14日上午8点半，2018常州西太湖半程马拉松赛在美丽的西太湖畔鸣枪开跑！今年是常马升级为“金牌赛事”的第一年，来自美国、德国、法国、日本、加拿大、埃塞俄比亚、意大利等18个国家计

23000余名跑者汇集，共同感受“常马”精彩。在组委会的统一安排下，常州市红十字会委派常州红十字龙城救援队参与本次赛事的医疗保障。

为确保赛事顺利进行，在突发情况下能高效、有序地进行应急处理，红十字龙城救援队在赛前做出了精密部署，成立了统筹指挥组、无线电组、医疗组、后勤组等，比赛现场共有111名红十字龙城救援队员和红十字志愿者参加，主要为30组骑行保障和医疗保障的人员，全部具备红十字初级救护员资质。

在比赛过程中，全体保障人员共处理应急事件1142起，其中一级救援事件4起，即晕倒事件2起和全身不适无法自行行走事件2起，均通过及时有效的紧急处理后，由120急救车送往医院进行下一步观察治疗。其余1138起为三级救援事件：包括肌肉反应940起、局部抽筋122起、擦伤36起、膝盖不适24起、扭伤12起、失温2起、发热2起、呕吐2起、腹痛2起。通过精确汇报，及时处理，准确调度，龙城救援队出色地完成了赛事保障任务，受到参赛队员的一致好评。（常红）

（原载于2018年第10期《江苏红十字》）

武进区红十字会培训专兼职干部

10月30日至31日，常州市武进区红十字会在区委党校举办了“2018年全区红十字专兼职干部培训班”。常州市红十字会副会长杨跃忠，武进区副区长、区红十字会会长张小虎，全区镇级红十字会秘书长、红十字冠名医院和省级红十字示范校的红十字工作负责人等70名专兼职干部参加了培训。

在动员会上，杨跃忠充分肯定了全区红十字系统在人道救助、应急救援体系建设和基层组织建设三个方向做出的大量卓有成效的工作，办了许多惠民利民的好事和善事，在各个领域都取得了突出成绩。同时，他从新理论要学通用好、核心业务要做实做强、新闻宣传要与时俱进等方面提出了意见，指出了努力的方向。

张小虎从提高认识、增强培训学习的紧迫感和责任感，把握重点、不断提高做好红十字工作的能力，学以致用、推进红十字工作再上新台阶等方面对培训提出具体要求。

培训班上，区委党校培训科负责人带领参训人员学习了习近平新时代中国特色社会主义思想；龙城救援队黄炜队长通过 PPT 演示，向大家详细讲授了应急救护处理方法。参训人员集体参观了武进绿色建筑产业集聚示范区和常州市“3211”党员实境课堂——郑陆镇查家村党建文化广场。(武红)

(原载于 2018 年第 11 期《江苏红十字》)

我市召开“盛宣怀与中国红十字事业”学术研讨会

12 月 8 日，市政协文史委员会、市红十字会、盛宣怀研究会、江苏理工学院联合举办“盛宣怀与中国红十字事业”学术研讨会，60 余名高校学者和研究专家与会交流研究成果。

盛宣怀作为从常州走出去的历史名人，是中国红十字会的主要创始人，也是中国红十字会的首任会长，终其一生致力于慈善事业，对中国红十字会事业的发展起到积极的推动作用。研讨会评选出 23 篇论文作品。这些作品围绕盛宣怀与慈善事业、盛宣怀与中国红十字会、盛宣怀救国思想、盛宣怀教育思想等主题，展现了丰富的盛宣怀文化研究成果。当天，与会专家学者还实地考察了盛宣怀故居、常州市方志馆。(黄钰、顾敏琪)

(原载于 2018 年 12 月 10 日《常州日报》)

“雪堰好人”华友根行善几十年上交了 7 份遗体捐献书

“老华，刚才我的摩托车是不是倒啦？谢谢你帮我扶!”

“华友根，这里有你的信，是不是云南你资助小孩寄来的?”

“华老，这儿的米，有点出虫了，你不介意就拿去。”

……

每天，雪堰街上，华友根出现时，左邻右里都爱和他聊上两句。在当地，“雪堰好人”的名气很响：热心环保，10 多年来守护着身边的漕桥河；照顾村里多名孤老、病患；给地震灾区捐款捐物；为失学儿童订阅报纸杂志……

华友根家里的几面墙上，贴满了各种感谢信、各级媒体的报道。唯独有一份文件，他用一个布包包在文件夹里，是他颇看重的一份证书——遗体捐赠志愿书，2014 年 4 月 28 日，他在市红十字会登记。此后，华友根陆续带动了 6 位老人加入捐献行列。

说起捐献的初衷，华友根坦言：20 多年前就萌生了这样的心愿。今年 69 岁的华友根家有兄弟姐妹 12 人，他排行最小。19 岁，他到内蒙古参军，退伍后回到常州，自己做点小生意，和战友们一直保持联系。20 多年前，一位战友因为尿毒症去世，只有 40 多岁，“如果当时有合适的肾脏可以移植，他就不会死。但苦等了好几年，一直没有等到捐献者。”痛失挚友，让目不识丁的华友根十分难过，随后他留个心眼，多方学习，渐渐知晓，遗体可以救人！“我听过一个报道，一位药剂师在车祸身亡后，他的肝脏、心脏、两个肾脏和一对角膜，拯救了 4 个病人的生命，并帮助 2 人重获光明。这太有意义了，我也要捐赠！只要对社会有用的器官，全部都拿去！”随后，他找到了武进区红十字会……

数年来，他又多了一个身份——遗体捐献的义务宣传员，他向邻里科普捐赠知识，帮有意向的老人们跑腿、实现心愿。华友根坦言，交流中，他得知有一些人有捐献意愿，但不知道捐献程序或腿脚不便，自己帮帮忙，很顺利。当然，更多人顾虑很多，有的一口回绝表示“没听说过”，有的十分忌讳不愿多谈，还有的本人同意子女不支持。

面对不理解和冷脸，华友根从未气馁，在乡间，他住着木板、废弃物搭建的房子，多年不买新衣服，自己剃头，晚上基本不开灯，每个月默默捐资助学、帮助病弱乡邻。“做好事不是做一天做两天，我认定了是好事，就努力，不求结果。”（汝馨、沈芸）

【链接】

1. 常州市红十字会捐献工作部副主任科员罗杰表示，今年市红十字会一共接受了 117 人登记捐献遗体，其中成功捐献了 12 例；器官捐献的登记数约 50 例，去年成功捐献了 22 例，是历年最多的一次。他呼吁市民积极参与到器官捐献队伍中，为社会奉献爱心。

2. 对话

华友根说：“人体有很多宝贵材料，烧了就可惜了。”

记者：在农村，很多老人都有“入土为安”的传统观念，而您选择了遗体捐献。您是怎么考虑的？

华友根：我不认识字，也没文化，但我知道，每个人都要为社会做贡献。人身上有很多宝贵的材料，去世后如果烧掉，那就太可惜了。比如器官可以救人，而且一个捐献者的器官可以救好几个人；遗体还可以做解剖，对医学事业的发展都是有用的，往大方面说，是对人类对社会有用。

很多人忌讳谈死，但我不忌讳，我一辈子做好事，要让自己发挥最大作用，死了烧了太可惜了，捐献遗体是我能为社会做的最后的贡献。

（原载于2018年12月25日《常州日报》）

2019 年

2019 年“博爱送万家”活动掠影

武进区红十字会联系全区 33 家红十字会基层组织，发放食用油、大米、被子、牛奶、花生、瓜子等价值 67 万余元爱心款物。溧阳市红十字会常务副会长胡雪芹带队到溧城、戴埠、天目湖、昆仑等镇（街道）爱心工作站，为困难群众送去大米、菜籽油等生活必用品。天宁区红十字会发放米、油、大礼包等物资价值约 5 万元，用于救助辖区内 100 户家庭突遭变故、陷入困境、重病贫困、因灾遭受损失的贫困家庭和造血干细胞成功捐献者以及其他生活贫困家庭。（常红）

（原载于 2019 年第 1 期《江苏红十字》）

常州红会走访理事和团体会员单位

春节刚结束，常州市红十字会党组书记、常务副会长江华带领分管领导和各部室负责人，先后走访了市第一人民医院、市第二人民医院、市中心血站、江南农村商业银行等 10 多家红十字理事单位和团体会员单位，交流 2018 年工作情况和新一年工作打算，并为各单位送去节日问候。（常红）

（原载于 2019 年第 2 期《江苏红十字》）

溧阳市红会参加“三下乡”活动

由溧阳市委宣传部牵头，2019 年溧阳市文化科技卫生“三下乡”

活动于2月1日在天目湖镇举行。市红十字会是此次活动的惠民服务队之一，积极参加广场宣传咨询活动，发放应急救护手册，向群众宣传“三救三献”、志愿服务等核心业务，并热心解答市民的咨询。(金璐)

(原载于2019年第2期《江苏红十字》)

让大爱永留人间

——溧阳14岁少女捐献遗体和眼角膜

2019年2月18日，一名年仅14岁的少女在妈妈的怀里永远地睡着了。但她留下了自己的眼角膜和身体，以另一种方式延续着生命。

2018年下半年，家住溧阳的李昕检查出患有脑瘤，高昂的治疗费没能挽留住她年轻的生命。看着日渐凋零的孩子，李昕的妈妈萌生了捐献孩子眼角膜，让孩子的生命用另一种方式得以延续的想法。在李昕还有意识时，妈妈问她：“你愿不愿意捐献你的角膜，去帮助有需要的人。”李昕不假思索回答妈妈：“好的，如果我的眼角膜可以帮助其他人恢复光明，这是很有意义的事情，我同意捐。”但此举却遭到李昕姥姥的强烈反对，李昕从小由姥姥带大的，姥姥想让孩子完整地离开，李昕对姥姥说：“我的生命已经走到尽头，但可以用捐献器官的方式，让生命得到另一种方式的延续，不仅帮助了别人，也能让他(她)代替我去看我不能去看的世界。”最终，李昕说服了姥姥，同意她捐献眼角膜。

2月6日，溧阳市红十字会接到李昕家人的电话，说想要捐献李昕的眼角膜，该会积极与常州市红十字会联系沟通协调，帮助李昕完成遗愿。在办理捐献角膜的过程中，李昕了解到，自己去世后遗体也可以捐献给医学院用于教学研究，她在征得父母和姥姥的同意后，决定捐出自己的遗体，并办理了遗体捐献手续。

李昕在人生的最后时刻，自愿捐献遗体和器官，为人类医学事业做出贡献，让他人获得光明。她和家人用无比高尚的行为让生命获得永恒，让生命的价值得以升华，让大爱永留人间！(陈丽)

(原载于2019年第3期《江苏红十字》)

溧阳郑晨赴常捐献造血干细胞

3 月 14 日，溧阳市红十字会在卫健局会议室举行隆重的欢送仪式，为即将动身前往常州第一人民医院进行造血干细胞捐献的郑晨送上美好的祝愿。

郑晨是溧阳市卫健局办公室的一名骨干，工作上勤恳负责，兢兢业业。早在 2014 年任职戴埠镇医院团支部书记时，他就报名加入中华骨髓库，进行了造血干细胞血样采集，并号召更多同事加入捐献造血干细胞的队伍中。2018 年 12 月，郑晨接到市红十字会电话，得知与患者配型初配成功后，便义无反顾地决定捐献造血干细胞。这一决定充分展现了一名优秀医务工作者救死扶伤、热心公益的高尚情操。郑晨也成为常州第 53 例成功捐献造血干细胞志愿者。（金璐）

（原载于 2019 年第 3 期《江苏红十字》）

几万人中选中我，很幸运！

昨天溧阳一名医生成为我市第 53 位造血干细胞捐献者

“能在几万人中选中我去挽救另外一条宝贵的生命，我很幸运，也很开心。”昨天上午，溧阳戴埠镇中心卫生院预防保健科医生郑晨赶到常州，为一名白血病患者捐献救命的造血干细胞。据了解，他将成为溧阳市第 3 位、常州市第 53 位、江苏省第 713 位造血干细胞捐献者。

郑晨今年 32 岁，2014 年，他加入中华骨髓库，进行了造血干细胞血样的采集。去年 11 月，他接到溧阳市红十字会通知，称他与一名 57 岁的白血病患者初次配型成功，问他是否愿意捐献造血干细胞。“我立即就答应了，爱人也很支持，主动表示会照顾好家里”，郑晨说，接到电话后，他觉得很幸运，“我是一名医务工作者，我知道非血缘关系的骨髓供需者之间，配对成功的概率只有几万分之一。”

今年 1 月底，郑晨顺利通过高分辨配型，2 月底又顺利通过体检。捐献日期定于 3 月 19 日。昨天上午，常州及溧阳两地红十字会、溧阳市卫健局给郑晨举行了欢送会。会后，郑晨便赶到我市第一人民医院，做捐献前一系列的准备工作，包括注射动员剂、抽血验血等。郑晨动情地说："我这份微不足道的付出就可以给白血病患者生的希望，让他迎接一个崭新的未来，我想，这就是我们捐献造血干细胞的意义，也是中华骨髓库建立的初衷。我只是做了一件自己喜欢做的事情，如同开始一段愉快的旅行。"

据了解，郑晨是溧阳市第3位、常州市第53位、江苏省第713位造血干细胞捐献者。欢送会上，溧阳第一位造血干细胞捐献者蒋科、第二位捐献者谢超娟也到场对郑晨表示祝贺。巧合的是，包括郑晨，这3位捐献者都是医务人员，蒋科是省人民医院溧阳分院泌尿外科医生，谢超娟是溧阳市新昌卫生院妇产科医生。

常州市红十字会秘书长范为民说，我国在2001年建立了中华骨髓库，当时，志愿者中大多数是医务工作者，现在已经有很多其他行业的人了解到造血干细胞移植的意义，且对身体无伤害，也主动加入了志愿者队伍。目前，我市共有15000多名造血干细胞捐献志愿者，已有52人成功捐献。（吴叶飞、芮伟芬）

（原载于2019年3月15日《常州日报》）

常州举行首台公益AED投放仪式

3月28日，常州首台公益AED投放仪式暨常州国际机场急救演练在奔牛国际机场举行。据了解，常州机场每年的旅客吞吐量高达300万人次，这台"救命神器"被设置在了机场候机楼。为了充分发挥其作用，投放仪式结束后，龙城救援队救护培训师资与民用航空急救工作人员一起对机场工作人员进行急救及AED使用培训，一旦有旅客心搏骤停，AED就能真正成为"救命神器"。（常红）

（原载于2019年第4期《江苏红十字》）

延续生命的礼赞

3月28日，由常州市民政局、市卫生健康委员会、市红十字会、常州大学主办的“生命如花”遗体和人体器官捐献者缅怀活动在栖凤山园区举行。常州市红十字会会长张云云，中国人民解放军江苏省军区常州第一离职干部休养所政治委员刘才德，市红十字会党组书记、常务副会长江华及市民政局、市卫健委、常州大学护理学院、市第一人民医院、市殡仪馆等单位领导，以及生态葬家属、常州大学护理系学生、社会各界爱心人士近200人参加了缅怀仪式，市政府副秘书长薛晔主持仪式。张云云希望全社会大力宣传捐献者的事迹，让群众更加理解遗体和人体器官（组织）捐献事业，也希望相关部门和社会各界一如既往地关心支持这项崇高的事业，让人道主义精神在常州这座“尚德之城”“文明之城”光芒闪耀。

据悉，目前常州已有350多人办理了人体器官捐献登记手续，520人报名捐献遗体，120人报名捐献角膜，2018年，常州成功实现人体器官捐献22例，位列全省第二。（常红）

（原载于2019年第4期《江苏红十字》）

爱心相伴　“救”在身边

5月8日上午，常州市红十字会联合武进区红十字会共同开展以“爱心相伴　‘救’在身边”为主题的系列活动，通过组织应急救护培训、专家义诊、发放宣传资料、民俗表演等形式，对“三救三献”、艾滋病预防等相关知识进行宣传普及；同时还开展了“博爱一元捐”活动，湖塘镇各界爱心人士和爱心企业现场共捐款66万余元。7日，武进区红十字会开展了“博爱天使——共享同一片蓝天”关爱特殊教育学校青少年助学活动，为在校学生送去了书包、毛巾和水杯等价值5万余元的助学物资，同时为特教师生发放伙食补贴2万元。8日上午，溧阳市红十字会联合市文明办、团市委、市卫健委联合开展以“爱心相伴　‘救’在身边”为主题的造血干细胞集中采样活动，150名志愿者参加了造血干细胞采样。10日，武进区红十字会又联合区教育局、横林镇红十字会，在横林实验小学举办红十字青少年自救互救知识进校园活动。

（原载于2019年第5期《江苏红十字》）

十年奉献，爱满龙城

——记常州市红十字会“爱满龙城——公务员‘三献’活动”

近日，一年一度的“爱满龙城——公务员‘三献’活动”在江苏省常州市行政中心星聚堂如期开展，这已是龙城公务员集中开展“三献”活动的第十个年头。

十年相约，十年相聚

2010年至2013年，常州市级机关开始组织集中献血活动，取得良好社会效应。

从2014年开始，常州市红十字会与常州市中心血站、市文明办、市级机关党工委联合发文举办公务员“三献”大型活动，2018年又增加两个主办单位：常州市总工会和共青团常州市委。近两年的活动通知明确提出：献血人数不得少于本机关单位人数的15%。

每年活动举办前，红十字志愿者都到行政中心各部委办局当面递送文件及宣传资料，现场为大家答疑解惑。同时通过电子显示屏发送活动时间地点、宣传口号和宣传录像。活动前一天于午餐时间在行政中心食堂再次进行发送宣传资料，并配合主题快闪表演，提高活动知晓率。

十年相守，十年相知

十年来，市级机关党员干部职工参加活动的人数逐年上升，参加集中“三献”活动累计超过4000人次，献血人数由最初的171人到562人，累计献血量从最初的41600毫升到150620毫升，活动时间也随着人数的增加从最初的一天延长至两天。他们中既有参加工作不久的青年人，也有每年都坚持来参加的老同志，定期献血在常州公务员群体中已经逐渐养成一种习惯，越来越多的“老熟人”出现在活动现场。很多人都表示，只要身体允许，就会把定期献血这个习惯一直坚持下去。

活动现场，常州市红十字会联合“龙城友爱团”（成功捐献造血干细胞志愿者组成的关爱白血病儿童的社会组织）成员，宣传造血干细胞捐献知识。

在大家的共同努力下，造血干细胞捐献采样登记从最开始的少有人问津，转变成为多数人主动咨询，有些人在得到文件通知后，就已经做好采样登记的准备。十年来，市级机关造血干细胞捐献采样登记人数超过 300 人。

十年相依，十年相继

常州市河道湖泊管理处副主任韩红波还有其他多个头衔：红十字志愿者、江苏省“最美水利人”、江苏省水利工程管理先进个人、“最美常州人”以及常州道德模范候选人。

自 2001 年开始参与无偿献血以来，韩红波已献血 12 次，献血总量达 4500 毫升，累计献血量已相当于一个成年人全身血量。2011 年，韩红波参加公务员“三献”活动时，看到“加入中华骨髓库，挽救白血病患者”的宣传横幅，一向热心的他毫不犹豫地留下了血样，加入了中华骨髓库。

2013 年 9 月，当得知一名白血病患者与他的造血干细胞基因初配成功，需要他捐献造血干细胞时，韩红波没有丝毫犹豫，当即表示愿意捐献。

2014 年 3 月，韩红波在家人的理解和支持下成功捐献造血干细胞，成为常州水利系统首位、常州市 2014 年第一位、全市累计第 24 位造血干细胞捐献者。捐献之后，他主动要求现身说法，推动造血干细胞捐献工作。

这是公务员“三献”活动的第一个十年，这项爱意满满的活动还将走过下一个十年，爱心传递没有终点，活动参与者全心全意为人民服务的初心始终不会改变。

常州市红十字会负责人表示，公务员的特殊地位，更决定了这个群体在各项社会公共事务上的先锋模范作用。作为人民的公仆，公务员不仅肩负着保障民生的重大责任，还要有责任意识、服务精神和奉献精神，理应成为老百姓的楷模。

“作为市级机关工作人员，通过‘三献’这种方式，用实际行动展现了市级机关党员干部职工心系人民群众、带头参加社会公益活动的良好形象，有力助推了文明城市建设和全社会文明水平提升。”一名坚持参加了 10 年活动的志愿者表示。（陈丽）

（原载于 2019 年 5 月 28 日《中国红十字报》）

常州红十字会工作写入《常州史稿》

日前，常州市首部区域通史《常州史稿》由江苏凤凰出版社正式出版发行。《常州史稿》是我市第一部通史性质的地方史稿，由市地方志办公室编撰。该书分为古代卷、近代卷、现代卷3个部分，时间跨度从史前时期到2010年，全书100万字，全面总结了常州地区有历史记载以来数千年的发展脉络、经验和教训。

常州红十字会1914年筹备，1921年正式成立，已经走过了百年风雨历程。100多年来，常州红十字会始终坚持大力弘扬红十字精神，秉承红十字运动的宗旨，积极参与人道主义工作，经受住了战乱和自然灾害的严峻考验，为常州百姓以及国内外其他地区的群众办了许多实事、好事。无论是在印度洋海啸、汶川地震、玉树地震、舟曲泥石流灾害、雅安地震等灾害救援工作中，还是在人道救助、应急救护、关爱生命、造血干细胞捐献、人体器官捐献等重点工作领域，都做出了积极的贡献。

在《常州史稿》近代卷，用了近10页的篇幅，全面介绍了盛宣怀参与慈善事业的历史，对中国红十字会创立做出的贡献；介绍了常州红十字运动的兴起和发展经历，对王完白、屠寄等人的历史贡献给予肯定；介绍了常州卫生会的成立对常州城区环境改善的贡献，特别介绍了王完白个人的作用；并在常州大事记1921年条，专门记录了常州红十字会成立的过程。（常红）

（原载于2019年第6期《江苏红十字》）

常州开展“中国器官捐献日”宣教进高校活动

6月11日是全国器官捐献日，今年是中国红十字会总会发起的“6·11中国器官捐献日”公众宣传教育活动的第三个年头，当天上午，常州市红十字会、常州市卫生健康委员会、常州市第一人民医院联合常州大学（武进校区）开展“6·11中国器官捐献日”公众宣传教育进高校活动。市红十字会党组书记、常务副会长江华，市卫健委副主任蔡正茂，常州大学副校长黄海燕，市一院副院长华飞及常州大学100余名学生志愿者参加活动。

江华表示：“在器官移植界，医生们把捐献的器官称为‘生命的礼物’，这份礼物特别而又珍贵，志愿者的捐献行为平凡而又伟大，所有的捐献者都值得我们铭记和传颂。广大青年学生是社会的生力军，是器官捐献公益事业一支重要支持力量。今年在常州大学举办宣传活动，就是为了发动大学生投身普及器官捐献相关科学知识、传播器官捐献工作理念中来，为大学生践行‘人道、博爱、奉献’的红十字精神进行有益探索创造有利条件。”

当人的生命不可挽救时，自愿、无偿捐献器官，让生命以另外一种方式延续，正在成为越来越多人的选择。截至目前，常州共实现71例器官捐献，帮助200多位病人找回了健康。（常红）

（原载于2019年第6期《江苏红十字》）

儿子不幸离世　父母做出两个决定

捐献3个器官捐出爱心余款

昨天下午，王奇杰的母亲把在“水滴筹”筹来的爱心款剩余部分19000元捐给常州市红十字会。5天前，在市一院手术室，30岁的王奇杰因脑死亡，在其父母代签了《人体器官捐献同意书》后，捐献出了一对肾脏和一个肝脏，他成为2019年我市第7例人体器官捐献者。

5月31日，王奇杰突然晕倒，被送到医院抢救，诊断为脑干出血。由于病情危重，虽经大力抢救，病情仍不断恶化。6月12日上午，王奇杰被宣布临床脑死亡。在得知儿子能被抢救过来的希望破灭后，其父母决定捐出儿子的器官去挽救其他人的生命，希望他的生命能以另一种方式得以延续。

王奇杰住院期间，通过“水滴筹”得到很多陌生人的鼓励和帮助，其父母希望用剩余的爱心款去帮助其他有需要的脑干出血病人。（罗杰、赵雪煜）

（原载于2019年6月18日《常州日报》）

不忘初心再出发　牢记使命勇作为

——“农民健康百村工程”走进常州市孟河镇

6 月 29 日至 30 日七一前夕，省红十字会结合“不忘初心、牢记使命”主题教育，联合南京中医药大学组织 10 名专家教授、30 名红十字青年志愿者奔赴齐梁故里、孟河医派的发源地、革命先驱恽代英的故乡常州孟河镇，开展“农民健康百村工程”医疗卫生志愿服务活动，把党和政府的关怀送到百姓身边，是祖国医学、中华美德和红十字精神的有机融合，是实现“健康中国”梦想、促进人民生活高质量发展的有力举措。省红十字会党组成员、副会长李培森，南京中医药大学团委书记姜劲松，常州市红十字会党组书记、常务副会长江华，常州市新北区副区长孟靓参加活动。

此次“农民健康百村工程”志愿服务活动前，主办方通过走访，发现当地群众到省城医院找专家看病不容易，特别是找知名医疗专家看病更不容易，在了解孟河镇医疗卫生需求后，有针对性地组织省内中医药学专家教授，冒着高温酷暑，放弃休息时间，走进孟河为乡亲们提供内科、男科、妇科、皮肤科、消化科、骨科、针灸、推拿等疑难杂病的诊治；同时，志愿服务团还开展了应急救护技能普及、中医药文化讲座和体验、中药材鉴定、农村基层医务人员专题培训、安全用药咨询服务等活动，医疗服务农民群众 300 多人次，发放宣传材料 300 份、药茶药粥 400 份。南京中医药大学还与孟河镇人民政府共建了“大学生社会实践基地”。

通过此次活动，参加的党员干部和广大师生以实际行动，接受了一次“不忘初心、牢记使命”主题教育的现场教学。大家纷纷表示，这样的活动为那些没条件去省城医院检查和治疗的群众解决了看病难的问题，也搭建了医疗专家与基层百姓沟通互动的桥梁，为当地百姓送去了健康，送去了希望。下一步我们将加大活动力度，进一步增加群众的获得感，以实际行动践行“不忘初心、牢记使命”。

“农民健康百村工程”由省红十字会、南京中医药大学等单位主办。自 2007 年 7 月启动以来，坚持不忘初心、牢记为民服务使命，围绕党和政府的中心工作，为农民健康做贡献，助力“健康中国”梦想。目前，已在 5 省 29 个县开展了 32 站大型医疗服务活动，直接服务群众 82000 余人，捐赠药品、物资总计 90 余万元，培训基层医护人员近 1500 名，所到之处受到群众的热烈欢迎。该项目2016年、2017年连续两年，在中央宣传部、中央文明办等11部门组织的“全国学雷锋志愿服务四个100先进典型”评选活动中，被评为“最佳志愿服务项目”。(苏红)

(原载于2019年第7期《江苏红十字》)

母亲捐献遗体感恩社会

4月23日，本报以“一心救儿子，父母弃治捐遗体”为题，报道了溧阳市彭婉英一家三口的不幸遭遇。7月22日，在溧阳市红十字会工作人员的指导下，58岁的彭婉英在《常州市遗体捐献申请登记表》上郑重地填写了相关信息，签名、摁手印，了却了自己的心愿。

彭婉英夫妇和儿子一家三口身患重症，在巨大的经济压力下，彭婉英夫妇决定放弃自身治疗，一心救助得了肝癌的儿子。此事经媒体报道后，引起了社会的广泛关注，各界爱心人士纷纷向这个不幸的家庭伸出了援助之手，让彭婉英一家感受到了社会大家庭的温暖和爱。彭婉英告诉记者，在上海做了肝移植手术的儿子病情已慢慢稳定，现回到家中静养，每隔半个月去医院复查一次。夫妇俩一颗悬着的心也随着儿子病情的好转而放下，慢性病也得到了控制。

在彭婉英看来，生活的好转离不开社会的关爱和帮助。在身体条件允许的情况下，2个月前，她加入了市聚惠爱心志愿者协会，参与了社区送爱心、送清凉等多场志愿者服务活动，她说：“我想通过自己微薄的力量去回报社会，为需要帮助的人送上一份爱心！在志愿服务中，我重新体会到了人生的意义。人活一世，不能只想着得到别人的帮助，还要奉献自己、帮助他人！”

彭婉英告诉记者，捐献遗体的想法她早就有了，“把遗体捐献出去，至少可以为医学发展做点贡献。”填好遗体捐献申请登记表后，彭婉英郑重地将登记表交给了溧阳市红十字会的工作人员。她说：“有些激动，毕竟了却了一桩心愿！哪天我真的走了，也没什么好遗憾的了。谢谢你们！”

溧阳市红十字会工作人员告诉记者，他们将把彭婉英这份申请书寄往常州市红十字会，常州市第二人民医院将成为她的遗体接受站。(小波、陈雅)

(原载于2019年7月31日《常州日报》)

镇江、常州举办红十字救援力量长江防汛联合演练

为认真贯彻习近平总书记关于防灾减灾救灾的一系列重要指示，进一步提升应急处置能力，加强红十字应急救援力量地区间协作和应急联动机制，全力保障人民群众生命财产安全，在长江持续处于高水位、又遭遇超强台风“利奇马”来袭的防汛关键时期，8 月 10 日至 11 日在长江镇江段水域举办了镇江—常州地区红十字救援力量长江防汛联合演练。参加演练的有镇江市红十字应急救援中心、常州市红十字龙城救援队、金坛市金沙救援队、东台市蓝天防减灾应急救援中心的 60 名队员。省红十字会党组成员、副会长赵凯和镇江市应急管理局以及常州、镇江两市红十字会的领导出席活动并观摩了演练。本次演练得到镇江和常州两市海事局、江苏镇扬汽渡有限公司等有关部门的大力支持。

演练以长江北侧支流水域出现船只翻覆、多人落水为背景，设置了 IRB 救生艇编队搜索、快速救援、定点救援、活饵救援、翻艇自救等科目。5 艘 IRB 救生艇在浪尖飞驰，一项项急流和岸际救援科目在严峻的实战气候条件下逐一进行，具有国际搜救教练联盟（IRIA）专业资质的教官指挥着经过专业训练的队员们，按技术要求完成每一个救援科目；被施救上岸的落水者则由医疗组分别开展心肺复苏及外伤包扎、骨折固定等急救措施。

参演的红十字救援队在台风带来的疾风暴雨白浪中，以果敢坚毅的精神、科学严谨的态度、专业细致的技能，战胜风浪，圆满完成所有既定科目。（周同政）

（原载于 2019 年第 8 期《江苏红十字》）

播撒生命种子的普通工人

9 月 3 日，常州市红十字会党组成员、秘书长范为民和溧阳市红十字会党组书记、常务副会长胡雪芹等一行，到常州市第一人民医院看望正在进行造血干细胞采集的捐献者闵建强。

闵建强是溧阳市德威新型建材有限公司的一名普通工人，他平时工作勤恳负责，兢兢业业，为人热心诚信。在2017年无偿献血时，他就报名加入了中华骨髓库，并进行捐献造血干细胞血样的采集。当得知自己与白血病患者配型成功后，闵建强义无反顾地决定捐献造血干细胞。他说："作为一名普通人，能够用一份小小的付出给白血病患者带来生的希望，我觉得很值!"

范为民向闵建强颁发了荣誉证书，并称闵建强无私奉献的行为和高尚的人道主义精神值得每个人学习，希望这种大爱精神能广为传播，让更多的人加入捐献造血干细胞志愿者队伍中来。(金璐)

(原载于2019年第9期《江苏红十字》)

嬉乐湾图片展

为庆祝新中国成立70周年，彰显"人道、博爱、奉献"的红十字精神，9月21日，常州市红十字会在武进嬉乐湾农业生态园举行红十字图片展暨红十字志愿服务基地授牌仪式，省红十字会党组成员、副会长李培森，常州市红十字会党组书记、常务副会长江华，武进区副区长、区红十字会会长张小虎等有关领导及部分公益组织代表、红十字工作者、志愿者共200余人参加活动。本次展览共展出图片200幅，分为国际红十字运动、中国红十字起源、常州红十字历史、新时代新作为等四大篇章，集中展示了全市各级红十字会围绕中心、服务大局，在参与"健康常州"建设、助力脱贫攻坚等方面所取得的显著成绩，也展现了常州社会各界在重大历史时刻、历史事件中表现出的博爱情怀和奉献精神。(张涛)

(原载于2019年第9期《江苏红十字》)

红色传承牢记使命，"红妈"队伍服务城乡

沂蒙有红嫂，金坛有红妈。常州市金坛区红十字会以红色党建品牌——小红妈爱心社等社工机构为主体，组建红十字养老照护志愿服务

队，每年以百余场活动、千余人服务、万余人受益，“六红六进”服务城乡，打通红十字志愿服务的“最后一公里”。2019年8月26日，学习强国平台以《江苏常州：“红妈精神”代代相传，“六大主题”服务城乡》为题，予以大幅宣传报道。

红妈进广场，红歌红舞振人心。组织红妈宣讲团，以歌伴舞、快板、三句半等形式宣讲小红妈事迹、卫生健康知识、法治建设和红十字理念，开展“我是文明小红妈”“小红妈红歌汇”“红十字大篷车”等活动80多场。

红妈进社区，红衣红帽献爱心。实施红细胞先锋工程，开展党员红飘带行动，实行菜单式服务。当服务对象发出指令，党员志愿者锁定需求上门服务。“红飘带行动”实施1年来，服务于春风、朱庄、华胜、华兴等20多个社区，服务老人3000名。

红妈进军营，红旗红心暖兵心。持续开展“红妈送老兵”“红妈拥军行”“军营体验日”“警营读书日”活动，把金坛人民的深情厚谊带到子弟兵身边，谱写军民一家亲的时代新篇章。

红妈进学堂，红叶红蕾护童心。设立红妈三点伴护蕾吧，从儿童私密部位“三点伴”发散立意，通过多一点时间伴护——红妈读书汇、多一点欢乐伴护——红妈萌工场、多一点心灵伴护——红妈护蕾吧，从家庭亲子、社区融合、社会支持三个维度去实现和促进春蕾成长。

红妈进老区，红游红读耀党心。开展“红领金”漂流读书会、“红妈向党，益路成长”老区游学活动，通过游红色茅山、学红色村史、讲红色文化、访红色家园、观红色影像、听红色诵读，开展农家体验和乡村帮扶，培养少儿家国情怀，树立崇高理想追求，分批次组织老区游学达300人。

红妈进市场，红工红品扶贫心。实施红色手工传承计划，开发红妈蒲扇、香囊、鞋垫、中国结等红色手工产品，相继在各种旅游、文化活动中亮相推广。特别是在第三届江苏省志交会上，光荣代表金坛公益组织参与展出，得到省内外嘉宾的广泛好评。红妈手工社被评为2019年度常州市妇联党建示范工作室。（沈灿军）

（原载于2019年第10期《江苏红十字》）

天宁区红会启动“计生特殊家庭帮扶”项目

10月10日，天宁区“同心圆”之春晖暖心行动——计划生育特殊家庭就医绿色通道在郑陆镇举行启动仪式，标志着“计生特殊家庭帮扶”项目正式实施。天宁区红十字会常务副会长曹福章现场接受了区政协委员、爱心企业家的捐款167100元，并向40户需要帮助的计生特殊家庭发放每户1000元的慰问金。

“计生特殊家庭帮扶”项目是区政协联系九三学社天宁基层委员会开展的“同心圆行动”的一部分，也是区红十字会成立以来的首个专项公益基金项目，此项目实施单独账目管理，将全部用于全区计生特殊家庭帮扶工作。近年来，天宁区红十字会以人道救助为己任，积极动员社会力量，帮助辖区最易受损群体，激发了红十字事业发展活力，弘扬了“人道、博爱、奉献”的红十字精神。（天宁红）

（原载于2019年第10期《江苏红十字》）

2019年常州市红十字应急救护技能大赛成功举办

10月15日至17日，常州市红十字会联合市总工会、市人社局等单位联合举办了“第十五届职工职业技能竞赛——2019年全市红十字应急救护技能大赛”。省红十字会党组成员、副会长徐国林和市纪检委、总工会、人社局、应急管理局、教育局等相关单位的领导出席活动。

本次比赛由全市所辖市（区）红十字会、高校、救援队、景区救护站等经过初赛选拔，最终11支队伍44名选手晋级参加市级比赛。市级比赛分预赛、决赛两个环节。其中，预赛包括心肺复苏及创伤救护操作，决赛为现场教学。全部比赛内容丰富，特色鲜明，充分展示了全市红十字应急救护师资的专业水平和团队风采。

经过两天的激烈角逐，钟楼区红十字会代表队从11支代表队中脱颖而出，获得团体一等奖；张建忠荣获个人一等奖。本次比赛总成绩前三名的参赛选手，将被市总工会、市人社局授予“常州市技术能手”荣誉称号；荣获第一名的选手，经综合考察合格后，将由常州市人民政府授予“常州市五一劳动奖章”。

徐国林对本次大赛的成功举办给予高度评价和充分肯定，要求各级红十字会认真履行《红十字会法》给予的职责，为提高群众的应急救护能力，减少各种灾害造成的损失，为共建共享健康、安全、和谐的美好家园而努力奋斗。

近年来，常州市红十字会大力开展应急救护培训，以学校学生、社区居民和重点行业、特殊岗位为重点，积极开展“进社区、进学校、进机关、进企业、进农村”等活动，累计培训救护师资583人，初级救护员7.1万人次，普及性培训49.5万人次，并通过建设红十字生命体验馆、应急救护培训基地、红十字景区救护站等载体，极大地提高了应急救护知识在全市的知晓率和普及率。(张涛)

(原载于10月29日《中国红十字报》，又载于2019年第10期《江苏红十字》)

应急救护能力，一座城市现代化的“文明刻度”

建培训平台、建师资队伍、进机关、进学校、进企业、进社区……
市红十字会发力7年，普及性救护培训49.5万人次，
救护培训师资583人，初级救护员7.1万人

11月初，常州工程职业技术学院体育学院党总支副书记洪煜赶到一家企业进行应急救护培训，从理论到操作，完成心肺复苏、创伤救护全套课程。6年来，她以红十字培训师的身份开启职业生涯“第二课堂”。

常州市红十字会党组书记、常务副会长江华介绍，自2012年起，省政府将“公益性应急救护百万培训”列为为民办实事项目，在全国率先提出到2020年实现接受应急救护培训人数占全省总人口比例达到15%的目标。从2013年开始，市红会推动应急救护培训平台的建设，推进应急救护培训“四进——进机关、进学校、进企业、进社区”，建立培训师资队伍，加强培训工作的制度化和规范化建设。从固定培训点到“四进”连成面，从师资的深度到普及的广度，培训工作纵横开展。

经过7年的努力，截至2019年10月底，常州市红十字会累计培训了救护培训师资583人，初级救护员7.1万人，普及性培训49.5万人次，我市普及性救护培训已占全市户籍人口总数的14.8%。加上其他形式的相关培训，我市接受应急救护培训人数已经占到户籍人口的25%以上。

应急救护培训工作多年来接续发展，缘于整个团队“不忘初心，牢记使命”的责任担当和“为国奉献、为民造福”的自觉意识。江华说，常州市应急救护是红十字会的法定职责，是政府应急管理系统的重要组

成部分，应急救护能力更是衡量一个地区现代化的“文明刻度”。

一场场培训、一个个项目、一支支队伍……在不断地学习实践中，常州市红十字会汲取营养、总结经验、升华认识，贴近全市实际、满足群众需要。在提高城市应急救护知识普及率、增强群众防灾避险和自救互救能力方面，市红会始终努力扮演着“领航员”的角色。

建平台：把培训对象请进来
推四进：让培训师资走出去

2013 年起，常州市红十字会积极推动应急救护培训平台建设。现已建成红十字生命体验馆 1 个，溧阳、武进、天宁、新北的省级红十字应急救护培训基地 4 个，常州工程职业技术学院、常州机电职业技术学院、常州卫生高等职业技术学院、江苏省常州技师学院、常州龙城救援队的市级基地 5 个。

“基地是固定的场所，每年组织培训大量人员，是请进来的方式。但要发掘更多的培训对象，就必须走出去。”市红十字会副会长朱成凤介绍，要让更多人接触到应急救护培训，就必须让培训师资深入到社会各个层面，于是，“四进”工作逐步推进。

“进学校”涉及的面最广，市红会除了与 12 所高校联合启动了“大学生救护培训提升工程”，还走进中小学开展师生救护培训，2019 年已完成体育老师、校医、班主任等老师培训约 2000 人次，切实保障学生安全。在全市百余所学校开展相关急救培训和演练，学生培训逾 5 万人次，增强自救互救意识。

新北区红十字会副会长林菊琴介绍，今年在全区 12 所学校（含幼儿园、中小学）开展普及性救护培训，部分学校还组织了急救演练、知识竞赛等活动。同时，49 所中小学的校医、体育教师、班主任接受了初级救护员培训，截至 2019 年 10 月底，已培训了 214 人。“今年的《健康行动（2019—2030）》中提出，将学生健康知识、急救知识，特别是心肺复苏纳入中小学考试内容，对我们下一步推进学校救护培训工作提出了更加明确的要求。”林菊琴说。

在天宁区，应急救护培训“进企业”是一大亮点。“不少企业主动上门，应急救护能力是他们企业人人都必须掌握的，今年已有 20 多家企业主动邀请师资上门培训。”天宁区红十字会秘书长李静介绍，一些制造业公司要达到职业健康安全管理体系标准，为保障生产安全，员工必须掌握自救互救基本知识和基本技能，这也是他们寻求培训的一大动力。“天宁区的师资力量很特殊，45 人中有 32 人来自卫生系统，强大的医疗背景，让他们在进行培训时能真正做到因人施教，深入浅出。”

龙城救援队队长黄炜感叹，过去等着别人邀请他们去上课，从 2018 年开始，他们主动走出去，走到不同行业、不同人群中，为人们量身定制培训内容。他也从一名兼职公益事业的职场人，变成全身心投入的培训师和救援者。

办比赛：技能竞赛锻炼师资队伍
见成果：救援队救护站实力说话

10 月中旬，在为期两天的“第十五届职工职业技能竞赛——2019 年全市红十字应急救护技能大赛”里，共有 11 支代表队 44 名获得国家红十字救护师资认证的选手参加比赛。从 2016 年开始，大赛已连续举办 4 届。

“应急救护培训项目要很好地推进，首先离不开一支规范、强大的师资队伍。”市红十字会赈济救护部部长杨可可说，比赛不光是为了展现多年的培训成果，也是为了锻炼师资力量，增加彼此交流和团队意识，吸纳更多优秀师资一起推动应急救护培训全面开花。

洪煜说，虽然能参加比赛的选手都拿到了师资认证，但是每 3 年要复审，国家每 5 年更新心肺复苏指南，作为培训师需要不断学习，比赛是一个检验自己、发现问题的好机会。

对于技能满满的培训师而言，比大赛更能考验实力的就是真实的救护。“我们龙城救援队共 23 名队员，其中 16 人有培训师资格，我们在各类赛事、大型活动中的救护保障经验，实打实展现了日常培训的成果。”黄炜说，在最近的一次半程马拉松赛事中，队员们共处理一级救援事件 4 起，其中成功实施心肺复苏 2 例；三级救援事件 230 余起，包含擦伤、抽筋、扭伤、肌肉酸痛情况等。

这次参加技能大赛的代表队中，还有一支来自景区救护站。杨可可表示，从 2019 年起，我市全面启动 5A 级景区红十字救护站建设，年内要完成天目湖、恐龙园、春秋淹城救护站建设，2020 年起逐步向 4A 级景区推广，同时在景区成立红十字志愿服务队，切实保障游客人身安全。

“救护站既是切实保护游客安全、解决突发情况的场所，也是宣传培训应急救护知识的阵地。”天目湖景区游船部副经理理陈旭萍介绍，天目湖 120 位工作人员全部接受了应急救护培训，大部分是初级救护员，两位是培训师，在日常工作中遇到游客扭伤、摔伤，基本在 5 分钟能到达现场并处理。“曾有位 200 斤的游客在 110 米高的龙心岛扭伤脚，6 名救护员第一时间把他抬下山，并为他做了简单治疗。”

提建议：形成长效协同管理机制
促希望：AED 配置引发社会关注

市红十字会发力的这 7 年，我市居民应急救护知识普及率逐年提高，超过全国平均水平。但是与发达国家相比依然落后。江华表示，我市应急救护工作尚未完成顶层设计，只有完善应急救护联动管理机制，明确红十字会应急救护培训的主体责任，建立红十字会与教育、卫健、应急、旅游等部门的横向联动工作机制，形成工作合力，才能共同推进应急救护培训工作在全社会的展开。

“对像教师、健身教练、公交司机、导游、警察、保安这样的重点人群制定培训标准和要求，各行业主管部门把应急救护培训覆盖率纳入系统应急考核体系，保障目标的落实和实施成效，才能形成长效协同管理机制。”江华说。

“市民的救护意识其实是有很大进步的，这点从救命神器——AED（自动体外除颤仪）上就能体现出来”。杨可可表示，现场急救离不开专业的救护设备，我市公共场所应急救护设施建设处于起步阶段，救护设备配置率不高，去年通过社会募捐，在常州机场配置了全市第一台公益性 AED 后，在各方积极呼吁下，今年取得了突破性进展。

连续两年，龙城救援队在网络上发起 AED 的众筹活动，今年 10 月 24 日，上海爱姆森医疗科技有限公司主动捐献了 2 台。同年 9 月，钟楼区红十字会组织学生开展义卖和爱心企业筹款活动，共募集到资金近 25 万元。钟楼区红十字会会长蔡峰表示，善款将用于购买 11 台 AED，重点配置在学校和人流密集场所，还有 2 台捐给扶贫对接的安康市镇坪县。

“无须使用者具备高水平判读心电图能力，只要根据录音指示，AED 接通电源，按动放电按钮，即可完成心电图自动分析、除颤。”杨可可介绍，一般非医务人员在接受 4 小时学习演练后，都能完全掌握。AED 不仅是种急救设备、更是一种急救新观念，一座城市应急救护硬件实力的体现。（赵雪煜）

（原载于 2019 年 11 月 19 日《常州日报》）

我市举行无偿献血宣传月主题活动

500 余人参加热血定向挑战赛

12 月 14 日，2019 年常州市无偿献血宣传月主题活动——热血定向挑战赛在江南环球港热力开跑，来自全常州各行各业的献血达人和热血青年共计 500 余人报名参赛。

据了解，本次赛事由常州市献血办公室和常州市红十字会主办，由常州市中心血站和江南环球港承办。活动现场，100 多位献血者或造血干细胞捐献者召集了 300 多位亲友组成 100 多支队伍，分别前往 5 条线路，寻找每条线路上分布在商场各个角落的 8 个任务点，完成每个任务点的活动项目和无偿献血知识问答才能通关。当天的活动项目包括保龄球体验、撸猫大作战、超爽滑梯、疯狂卡丁车等等，40 余项挑战任务让所有的参赛者大呼过瘾。

此外，常州市中心血站为了鼓励更多爱心市民参与到无偿献血的行动中来，特地在活动中插入了彩蛋环节，现场的近 500 位选手中，献血次数最多的组合获得特别大奖。经过重重 PK，赵良、朱沙、朱碧、殷刚一组 4 人以总献血次数 480 次当之无愧拿下特别大奖。

当天活动现场还进行了简短而又隆重的揭牌仪式，江南环球港积极助力无偿献血公益事业，协力培育爱心商户，并为献血者和造血干细胞成功捐献者提供各种优惠福利待遇，成了常州首个“无偿献血爱心共建基地”。（周欢欢、汤怡晨）

（原载于 2019 年 12 月 17 日《常州日报》）

2020 年

集聚人道资源　加大助困力度

各地红十字会开展“博爱送万家”活动

1 月 10 日，常州市红十字会参加了 2020 年常州市文化科技卫生“三下乡”集中服务活动，红十字志愿服务队在金坛区薛埠镇仙姑村现场向来往群众宣传普及“三救三献”知识，演示心肺复苏急救方法；同日，常州市红十字会党组书记、常务副会长江华带领全体党员冒雨到金坛区竹林镇唐王村，开展春节前“阳光扶贫”暨党员“一对一”结对慰问活动，深入结对帮扶贫困户和老党员家中走访慰问，共走访贫困户 22 户，发放慰问金 7000 元，并送上大米、食用油、牛奶、饼干等慰问物资。溧阳市红十字会组织开展了“博爱送万家”活动，该会负责人到溧城、别桥、天目湖等镇，为困难群众送去大米、菜籽油等物资。常州市红十字会按照省红十字会统一部署，配合市委市政府做好元旦、春节期间向困难群众送爱心、送温暖活动。活动前期，常州城北国家粮食储备库主动提供仓储库为市红十字会存放救助物资，并积极协助市红十字会将物资运送至各辖市区及慰问点。今年全市将筹集慰问款物约 100 万元，慰问困难群众 3000 余户。

（原载于 2020 年第 1 期《江苏红十字》）

巨凝集团向市红十字会捐赠 200 万元

2 月 5 日上午，巨凝集团向常州市红十字会捐款人民币 200 万元，助力常州应对新型冠状病毒感染的肺炎疫情防控。2 月 7 日，捐赠仪式在市红十字会党建活动室举行。

巨凝集团常务副总、财务总监邵志平介绍，自疫情发生以来，巨凝集团第一时间行动，发挥企业的责任担当，在全面部署企业防控疫情工作的同时，积极承担履行社会责任。

截至目前，常州市红十字会系统累计接收新型冠状病毒疫情防控捐款1680.45万元，接收捐赠物资价值188.33万元，常州市红十字会将本着公开、透明、高效的原则，按照捐赠者的意愿积极使用好善款，除了定向支援武汉市等地的捐赠款物外，其余款物将交由市疫情应急指挥部统一调配。市红十字会将依法依规公布捐赠接收和使用情况，接受社会监督。(张涛、赵雪煜)

（原载于2020年2月10日《常州日报》）

全力以赴援鄂　众志成城抗疫

常州市红十字会积极做好社会捐赠接收工作，通过主流媒体对外公布捐赠热线。第一时间组织所辖市（区）红十字会、各红十字志愿服务队、各红十字医疗冠名单位、各红十字学校积极参与联防联控工作。发动广大红十字志愿服务队和志愿者，结合各自专业技能，广泛开展各类志愿服务工作。常州红十字心理救援队组织50位心理咨询师志愿者，开通400公益心理热线为市民提供免费心理辅导。金坛红十字蓝天救援队队员在交通卡口配合交通管控和疫情排查。溧阳市红十字志愿者分赴3个隔离点进行为期30天的隔离志愿服务。龙城救援队和金沙应急救援队在乡镇（街道）进行防控疫情宣传。全市24支红十字养老照护志愿服务队配合所在社区开展疫情宣传和登记工作。各基层红十字志愿者配合住地村、社区开展排查、消毒等工作。常州市红十字会从“江南农村商业银行公益基金”中拨出专项资金10万元为该市33家养老机构购买了4250公斤鲜活水产品，为4000多位老人的生活提供保障。常州市红会通过中国常州网、常州日报、常州电视台、常州道德讲堂微信公众号、“常州赞刚老”抖音号等广泛宣传社会各界爱心捐赠情况。1月23日，常州市红十字会接收首家爱心捐赠企业康道尔生物医药科技（江苏）有限公司价值40.506万元的物资。常州四药制药有限公司捐赠价值420余万元药品。新北区市民陈金舟个人从韩国采购价值9万元的10万只口罩运抵常州，这是常州首笔境外物资捐赠。巨凝集团捐款200万元，江苏嘉宏投资集团捐赠50万元抗疫防护物资。武进区星火爱心助学协会371名爱心人士（企业）捐款22.55万元，武进星河实验学校、清英外国语学校以及洛阳初中共捐款约23万元。“圆梦行动”爱心大使章程医生捐款10万元。中天钢铁通过武进区红十字会捐赠1000万元，东方润安集团捐赠1000万元，这是常州市红十字会系统有史以来接收的两笔最大捐赠。江苏武进不锈钢股份有限公司捐款500万元，苏华建设集团捐赠100万元。江苏上上电缆集团有限公司捐款200万元。2月9日，新北区一位坚决不留名的老大爷捐给武汉50万元，落款是：常州公民。经过调取监控多方查找才找到他，他是奔牛的一名退休工人。热心市民张元根捐助武汉8000斤大米。现代江苏工程机械有限公司捐赠一批防疫物资，是由公司在韩国的控股方现代建设机械株式会社主动协助采购而来，价值67.73万元。（常红）

（原载于2020年第2期《江苏红十字》）

凌晨1点，500碗羊肉面温暖一座城

常州市红十字志愿者动员全家助力疫情防控

凌晨1点，奋战在疫情防控工作一线的医护人员、特警、交警纷纷向江苏省常州纺织服装职业技术学院的党员教师、红十字志愿者杨萍一家人发来信息，感谢他们在寒冷的冬夜，为他们送来一碗碗热气腾腾的羊肉面。

连日来，杨萍一家和许多战疫一线的工作人员交上了朋友。自疫情发生后，看到很多医护人员、民警连日奋战在战疫一线，杨萍就一直想为大家做点什么，这个想法得到了家人的支持。一家人集思广益做什么最实在，就想到了做羊肉面。有了目标，全家说干就干。爸妈负责面条制作，杨萍和丈夫、弟弟负责打包装盒，装车送面，婆婆在家带娃。3天来，他们先后为一院、二院医护人员、特警、交警、常州高速出入口的各岗位工作人员和志愿者送去500余份羊肉面。

几天下来，这些岗位上的工作人员都知道了杨萍一家人：“他们凌晨1点还在送夜宵，我们朋友圈都知道了，为他们点赞!”

“我们要隔离病毒，更要守望相助。”杨萍说，她是党员，和家人一起做公益，相信爱的力量一定能共克时艰。

据悉，杨萍在2013年至2016年连续4年作为红十字博爱青春暑期志愿服务项目带队老师指导参与博爱青春活动，其带队指导的“喜迎花博，备战荷园，共筑博爱青春梦”项目获2013年江苏省“博爱青春”优秀项目奖。（常红）

（原载于2020年2月18日《中国红十字报》）

奉献爱心　贡献力量

为打赢这场疫情防控阻击战，天宁区的爱心企业、爱心人士各尽所能，汇集力量，为防控疫情做出贡献。2月14日上午，常州四药制药有限公司再次通过常州市红十字会，向武汉、十堰、荆门、恩施等4市共24家医院捐赠264箱、价值216万元的抗疫药品。这是四药继1月26日和2月11日之后的第三次捐赠，累计共捐赠515箱、价值420万元的药物。此外，从年初五开始，常州四药按日常双倍量安排与疫情相关的药品生产，确保我市在内的各方临床急需药品。2月14日，华利达通过天宁区红十字会定向捐赠湖北武汉、黄石、荆州等市15家医院5000件保暖物品，价值299.5万元；15日，又向北京大学医学部及附属医院捐赠426件防护保暖用品，价值约17万元。……（罗翔、姚海燕、葛街轩）

（原载于2020年2月20日《常州日报》）

常州市红十字会与常州市应急管理局建立防灾减灾救灾联动工作机制

为深入贯彻习近平总书记关于防灾减灾救灾工作系列重要指示，认真落实市委市政府决策部署以及省红十字会和省应急管理厅相关文件精神，更好地发挥各自优势，有力有效应对自然灾害、生产安全事故等突发事件，维护人民群众生命财产安全和社会稳定，常州市红十字会与常州市应急管理局于3月初正式建立起防灾减灾救灾联动工作机制。

该机制规定，双方依托市应急管理局信息系统建立信息共享网络，互通各类自然灾害和生产安全事故等突发事件灾情和应急需求信息，实现数据共享共用，建立信息共享通报机制；强化应急联动，建立统一指挥调度机制和资源协同保障机制；共同研究推进社会力量的发展和培养，整合优质社会应急队伍，建立社会力量引导发展机制；加强应急救援人才培训，定期开展场景演练，建立应急演练和培训合作机制。(常红)

(原载于2020年第3期《江苏红十字》)

雷锋精神在红十字战“疫”一线传承

3月5日是学雷锋纪念日，而疫情当下的这一天意义尤为不同。一大早，常州市红十字会党员志愿者周侃、孙小江，来到钟楼区花园新村第一社区，参与联防联控工作，用实际行动践行着雷锋精神。

在疫情防控期间，这样的事例还有很多。有在凌晨1点，用900碗羊肉汤温暖一座城市的红十字志愿者杨萍，她说：“我们要隔离病毒，更要守望相助。”有从1月31日起，在溧阳市的隔离观察点，进行为期30天的志愿服务的红十字志愿者史建中，他说：“疫情不结束，我绝不退缩。”有身残志坚，从疫情防控的第一天起，每天十几个小时坚守在社区卡口，筑起了小区疫情防控的第一道“墙”的红十字志愿者杨志安，他说：“我是共产党员，尽我所能护小区平安。”有在1月25日就开通了400免费心理咨询热线，疫情期间，接受微信、电话咨询100余个，现在，又走向一线，向长期坚守在防疫一线的工作人员提供心理援助的常州心协红十字心理援助队，她们说：“要将心比心……”

没有豪言壮语，没有英雄壮举，有的是像雷锋那样默默无闻的奉献。在新冠肺炎疫情防控期间，常州红十字人团结一致，第一时间投入战斗，用微薄之力汇聚成战胜疫情的力量源泉。(常红)

(原载于2020年第3期《江苏红十字》)

常州红十字凝聚人道力量

近千家企业、逾万名爱心人士捐赠款物8577.43万元

2020年5月8日，是第73个世界红十字日。在长达3个多月新冠

肺炎疫情防控工作中，常州红十字人用实际行动诠释了“人道、博爱、奉献”的红十字精神，在疫情大考中书写责任担当，向全市人民交上一份满意答卷。

截至目前，全市红十字会系统累计接收新冠肺炎疫情防控捐赠款物8577.43万元，其中累计接收捐款6125.53万元，汇缴省红十字会定向湖北捐款661.55万元，直接汇湖北100.06万元，拨付本地疫情指挥部、防控一线相关单位5191.48万元；累计接收物资价值2451.9万元，其中定向湖北物资1488.95万元，已全部及时发往目的地，其余由各辖市（区）所属指挥部安排防疫一线使用。

在战疫前线的每个日夜，常州红十字人及时响应，迅速行动，主动作为，做好物资接收分配、联防联控、志愿服务、关爱群众等工作，始终保持高效运转，始终做到公开透明，汇集博爱暖流，凝聚人道力量。

高度　提高政治站位，服务防控大局

“1月21日，我就意识到这个春节要打一场硬仗，所有红十字人放弃春节休息，提前返岗、全员到岗，从小年夜连续工作60多天，很多人没有完整休过一天。”市红十字会党组书记、常务副会长江华说，疫情防控是一项严肃的政治任务和压倒一切的头等大事，必须思想统一、步调一致，红十字会作为党和政府在人道领域工作的助手，要主动服务防控工作大局。

疫情发生以来，市红十字会坚决贯彻中央、省、市决策部署，把人民群众生命安全和身体健康放在第一位，及时启动应急预案，制定防控工作方案，明确职责分工，全体工作人员积极应对疫情防控，做到政治站位高，工作谋划早，工作效率高。

第一时间和市卫健委、市应急局建立了互通渠道；制定了4位会领导带班的24小时值班制度；成立协调、应急、宣传3个工作小组；开展有序接收社会捐赠；开展疫情防控宣传，参与社区联防联控和志愿者服务工作……

作为湖北仙桃人，市红十字会工作人员陈壮国忍受着巨大的悲痛投入战疫行动中。他在家乡封城前后两次往返，送别了重病的父亲，除了隔离的28天在家办公外，他每天都坚持在社区参与联防联控，参加健康监测、入户排查、人员登记、困难走访等工作；和其他20多位红十字会机关干部、基层组织、会员、志愿者一起，累计服务时长超过2000小时。

“每个红十字人都会在‘战时’冲到前线，守土有责、守土担责、守土尽责，作为党员更要牢记使命，不忘初心。”陈壮国说。

硬度 坚持公开透明，抓好三防重点

本次疫情捐赠款物的接收和使用，每一笔都在阳光下运行。无论捐赠的渠道是现场还是网络，更无论金额大小，每个捐赠者都会收到捐赠收据。同时，市红十字会通过主流媒体、官方网站、微信公众号等方式及时进行公示，向捐赠者汇报每笔款物的具体去向和用途。

市红十字会副会长朱成凤说，来自各方的款物仍不断汇聚而来，市红十字会要时刻把维护自身公信力和良好形象作为组织发展的生命之基，始终坚持公开透明，取信于民。“我们坚持‘集体决策、快进快出、物走账清’的原则，用好每一笔捐款，使用好每一件物资。”

市红十字会每天向市疫情防控应急指挥部报告款物接收情况，除了定向捐赠外，所有接收到的捐赠物款均由市疫情防控应急指挥部统一调配使用，确保专款专用、专物专用。“内部设立监督组全程监督，外部接受纪检、财政、审计等部门的审计、监督。如此硬核的管理，让每一分钱的来去都清清楚楚。”朱成凤说。

管理上的强硬，不仅体现在疫情防控的工作强度、风险防范的层层把关，还体现在自身防护上的一丝不苟。红十字会的工作人员一直在防控的一线，除了卡口、社区的联防联控，接触上门捐赠者也有一定的风险。除了定时消杀、全员戴口罩、分时段测量体温，市红十字会还整理了三间会议室，专门作为外来人员的接待室，避免捐赠者的聚集风险。

精度 对接定向捐赠，款物快进快出

1 月 23 日，市红十字会接收首家爱心捐赠企业康道尔生物医药科技（江苏）有限公司价值 40.506 万元的物资，当日协调顺丰快递发往武汉红十字会转交卫健部门。26 日物资抵达后，即刻用于医护人员的辅助防疫工作。

市红十字会赈济救护部部长杨可可说，疫情暴发后，武汉接收了来自全国各地的款物，市红十字会为了把爱心传递到最需要的地方和最需要的群众，全体红十字人做到了精准对接、精准支援、精准发放，架起爱心企业、爱心市民和疫情防控相关部门之间的桥梁。

武汉封城后，定向捐赠的物资如何在最短时间内到达目的地成为难题，市红十字会根据武汉、黄石等地区疫情需要，提前与常州四药、千红药业等公司协调沟通，筹集药品1000余万元，做到“快进快出”“零库存”“零差错”，在第一时间把药品送达疫区相关医院。“仅常州四药一家就先后6次通过市红十字会，向湖北11市近60家医院捐赠价值512.22万元抗疫药品和呼吸机等医疗设备。”杨可可说。

落实好定向捐赠不是件容易的事情。有家企业想捐36万元给武汉火神山医院，市红十字会联系武汉后得知火神山不接收捐赠，便与企业协商更换捐赠对象。经过多次联系，最后这家企业拿出6万元在某高校成立了疫情防控基金，30万元用于江苏省援鄂医疗队关爱行动。后来还捐赠了30万元的负离子消毒空气净化器给常州三院。

捐赠要做到精准，红十字会工作人员需要把大量的时间用在对接上，晚上接到电话和微信咨询是家常便饭。“最多一天加了20个人的微信，帮他们联系定向捐赠。”杨可可说。

抗击疫情是一项系统工程，全市红十字会系统坚持问题导向、需求导向，深入基层一线当好战斗员、服务员，出台了一系列制度和办法，不断完善款物接收流程和管理使用办法，高效、快捷、准确地服务全市近1000家企业和1万多名爱心人士进行捐赠。

温度　关爱困难人群，延续大爱捐赠

除了汇集爱心企业、爱心市民的力量共同抗疫，市红十字会还延续着日常工作中的温度，关爱困难群众，关心一线医护。同时，正常开展造血干细胞、器官和遗体捐献工作。

疫情期间，市红十字会联合市民政、妇联等部门开展为困难人群送温暖活动，拨出专项资金10万元采购4250公斤鲜鱼送到33家养老机构；联合常州心理协会开通疫情防控心理咨询热线，通过线上线下心理援助，对数百位居家市民、学生、援鄂人员家属开展心理辅导；联合社工和志愿者参加入户排查、人员登记、困难走访，为隔离观察的居民提供生活物资上门服务；联合千红制药为108名援鄂医疗队队员和1014名常州三院疫情防控一线医护人员，发放爱心慰问金共计106.2万元……

市红十字会捐献部部长黄洁表示，2月底，受疫情影响，市中心血站血库紧张，市红十字会联合相关部门一起组织公务员无偿献血，活动时间从往年的2天延长到5天。2月中旬到4月初，市红十字会还完成了4例器官捐献、2例遗体捐献，挽救了12位器官衰竭病人的生命。到了4月，造血干细胞的捐献恢复开展，目前已完成全市第60例的捐献。

广度　纵向横向联动，志愿全面出击

为了防控工作的高效开展，市红十字会做好纵向横向两大联动，很好贯彻落实了市防控指挥部和省红十字会的要求。

纵向联动保畅通：及时把上级指令传达到各辖市区红十字会，并建立日报制度，及时汇总防控工作进展，解决发现问题。横向联动保服务：与卫健、防疫等部门及时沟通，掌握一线需求，做好捐赠物资调剂；与民政联合，及时解决部分机构民生保障；与纪检、财政、审计等部门联合，确保捐赠安全、有效。

纵横联动保障了红十字会工作良好开展，也让红十字标志出现在战疫每个角落，让红十字精神广泛传播，而这其中，还有红十字志愿者投入前线的那份热情。

金坛蓝天救援队成立了防疫工作先锋队，每天出动志愿者 15 人，在金坛高速路口、白塔卡口、S340 省道薛埠卡口、S240 省道儒林收费站卡口等 5 个卡口，协助金坛区疫情防控小组执行任务；龙城友爱团的志愿者们在各自的岗位、辖区开展了多种形式的抗疫行动；应急救护培训师采用线上授课方式，为复工复产企业提供线上应急救护培训；武进蓝天应急服务中心在湟里 239 收费站卡口协助工作，还负责 2 个医学隔离点执勤登记；溧阳市献血者协会的红十字志愿者分赴 3 个隔离点进行为期 30 天的隔离志愿服务……

为了保障复工复学有序进行，常州红十字龙城救援队、天宁区红十字非常道救援队、武进蓝天应急服务中心又投入到繁重的消杀工作。红十字志愿者构筑起防控疫情的“铜墙铁壁”，化作抗击疫情的希望和力量，体现出红十字人的温度和担当。

通过常州红十字会系统捐赠款物 50 万元以上企业名单

中天钢铁集团有限公司

东方润安集团有限公司

常州千红生化制药股份有限公司

常州华利达服装集团有限公司

常州四药制药有限公司

江苏武进不锈股份有限公司

江苏上上电缆集团有限公司

常州巨凝房地产开发有限公司

苏华建设集团有限公司

江苏常宝普莱森钢管有限公司

常州星宇车灯股份有限公司

江苏晨光涂料有限公司

江苏江南农村商业银行股份有限公司

江苏国色天香油用牡丹科技发展有限公司

钟楼区凌家塘市场永旺果品经营部

现代（江苏）工程机械有限公司

溧阳中纺联针织有限公司

常州昌瑞汽车部品制造有限公司

常州聚为智能科技有限公司

江苏诚达石化工业有限公司

常泰建设集团

常州市健龙金属制品有限公司

常州嘉宏东都置业发展有限公司

遵循捐赠人意愿，部分捐赠款物50万元以上企业未在名单中。（新北1家、钟楼1家）

（原载于2020年5月8日《常州日报》，后又以《常州红会：多维度凝聚人道力量》载于2020年5月15日《中国红十字报》）

“第73个世界红十字日”宣传月 嬉乐湾助力大学生志愿服务发展

昨日，常州市红十字会在嬉乐湾红十字志愿服务基地举办“助力疫情防控，红十字救在身边”——“5·8”世界红十字日暨全国防灾减灾日主题宣传纪念活动。

活动中，市红十字会在园区内设立“景区青少年社会实践服务站”和“景区红十字急救站”，以支持大学生志愿活动更好开展。

据悉，自去年9月，江苏嬉乐湾生态农业示范园成为市级红十字志愿服务基地后，一直致力于人道精神的传播，支持大学生志愿者在园区开展红十字宣传、志愿服务、应急救护知识技能普及、社会实践等。截至今年初，常州工程职业技术学院红十字志愿服务队累计在基地开展志愿服务130余人次，志愿服务时长超1000小时。

从5月1日开始，市红十字会在园区开展为期1个月的纪念“第73个世界红十字日”主题宣传月活动。“五一”期间，向游客发放宣传折页、家庭急救手册、宣传袋5000余份，并开展急救培训和逃生演练等活动。(张涛、赵雪煜)

(原载于2020年5月9日《常州晚报》)

关爱女性盆底健康公益项目昨日启动

计划100人可免费接受盆底疾病治疗

为提高女性对盆底障碍性疾病的知晓率、治疗率和控制率，促进女性盆底障碍性疾病防治，关爱女性健康，深入推进健康常州建设，昨日，常州市卫健委、妇儿工委、红十字会联合启动实施“健康悦她，幸福一生”关爱女性盆底健康公益项目。

本次关爱女性盆底健康活动，以加强女性盆底障碍性疾病的防治工作，提高盆底障碍性疾病知晓率、治疗率和控制率为目的，通过多学科交叉、多技术联合、多医疗单位合作的方式，推动我市健康教育、评估、治疗、随访等全程防治体系建设，构建妇女全生命周期的盆底健康管理，从而促进常州地区妇女盆底保健事业的高质量发展。

据悉，该公益项目将开展多元化的健康教育、盆底讲座，并向到医院门诊就诊盆底康复的患者发放调查问卷进行现场普查。项目首期试点单位为常州市第一人民医院，计划为有盆底功能障碍性疾病且家庭困难的患者提供免费诊疗，免费检查500人，其中100人可以享受免费治疗。(张涛、赵雪煜)

(原载于2020年5月9日《常州晚报》，又载于2020年第3期《江苏红十字》)

纪念常州造血干细胞成功捐献60例

日前，常州市红十字会举办“生命种子，播撒希望”红十字道德讲堂暨常州市造血干细胞成功捐献60例纪念活动。

造血干细胞捐献项目启动于 2001 年 6 月，60 位成功捐献造血干细胞的市民来自社会各行各业，有一多半是共产党员，有常州第一位捐出造血干细胞的顾双林、我国第一例给新西兰捐赠造血干细胞的孙萌婷、造血干细胞配对过三位患者的张春晓……

市红十字会会长张云云表示，目前，全市加入中华骨髓库的志愿者达1.6 万人，成功实现捐献60 例，挽救了来自我国和新西兰、韩国等地60 名血液病患者的生命。市红十字会将用好各级道德讲堂平台，在各类先进评选时大力推介成功捐献者，努力让捐献“生命火种”的高尚行为，成为常州的文明新风尚。(张涛、赵雪煜)

(原载于 2020 年 6 月 23 日《常州日报》)

市委全面深化改革委员会举行第五次会议（节选）

昨天（22 日）下午，市委书记、市委全面深化改革委员会主任齐家滨主持召开市委全面深化改革委员会第五次会议，学习贯彻落实中央、省委深改委会议精神，审议相关改革文件，部署当前和下一阶段改革工作。市委副书记、市长陈金虎，市政协主席白云萍等市四套班子领导出席会议，市委深改委委员及有关部门负责同志参加会议。

…… ……

会议审议并原则同意《常州市红十字会改革实施方案》。会议指出，要始终坚持党的领导，把增强政治性、先进性、群众性作为主线贯穿改革全过程，以高度的责任感，大力弘扬“人道、博爱、奉献”的红十字精神，推动各项改革举措落到实处、取得实效，形成高效、透明、规范的工作机制，更好发挥党和政府在人道领域的助手和联系群众的桥梁纽带作用。……（舒泉清）

(原载于 2020 年 7 月 23 日《常州日报》)

市红十字会召开十届三次理事会

市红十字会日前召开十届三次理事会议。会长张云云出席会议并讲话。市纪委监委派驻市卫健委纪检监察组列席会议。

会议通报表扬了在疫情期间涌现出的一大批先进爱心单位、志愿服务团队和优秀志愿者，审议了常州市红十字会十届三次理事会工作报告、常州市红十字会2019年度财务收支情况的报告，审议了市红十字会关于调整、增补理事、常务理事、副会长人选的议案，并进行表决。(张涛、赵雪煜)

(原载于2020年8月5日《常州日报》)

常州红十字会积极开展博爱青春志愿服务活动

常州工学院：学习非遗技艺，弘扬优秀传统文化

8月9日下午，常州工学院经济与管理学院知一团队联合常州智多星艺术培训中心开展第四场刻纸公益活动，带领孩子们学习世界级非物质文化遗产——金坛刻纸。活动邀请了金坛刻纸研究所王文昌、常州民间刻纸艺术家殷明欣及其团队，招募了50名学生，30名志愿者参与。

活动现场，王文昌从金坛刻纸的非遗传承人、刻纸的不同技艺等方面生动形象地为同学们还原了金坛刻纸的特色。殷明欣展示了以抗疫和历史人物为主题的特色刻纸，吸引了同学们的目光。在老师的指导和志愿者的帮助下，同学们亲手操刀，体验了刻纸艺术。活动最后评选出表现突出的20名同学，并为其颁发奖品。

常州机电职业技术学院：科技课堂，陪伴成长

7月15日至7月16日，常州机电职业技术学院“博爱青春”红十字会志愿服务队18名青年志愿者在常州市孟河镇齐梁社区开展“同心战‘疫’　暖心守护　助力复工”志愿活动，为当地30名双职工孩子打造七彩暑期课堂。

动力课堂上，孩子们体验了3D打印、玩转魔方、拼装模型，领略到了科技制造的魅力。在志愿者的帮助下，孩子们设计并打印了恐龙小玩具，极大调动了孩子们对科技探索的兴趣。虚拟现实课堂上，志愿者介绍了VR眼镜的原理并演示基本操作，孩子们逐一体验，身临其境地遨游在科技的宇宙。(宗红)

(原载于2020年8月14日《中国红十字报》)

常州市红十字会举办“疫情下的急救”专场活动

昨日（12 日）是第 21 个“世界急救日”，一场“疫情下的急救”专场活动在龙湖天街举行。活动是由常州市红十字会主办，钟楼区红十字会承办，龙湖天街、常州市社区天天乐文化惠民服务中心协办，旨在传播应急救护知识与理念，引导市民朋友消除焦虑、恐慌心理，学习科学的自救互救知识，以积极的心态面对这场突如其来的疫情。

今年是特殊的一年，新冠疫情发生以来，全市社会各界积极响应，踊跃捐款捐物，支援疫情防控。在市委、市政府的坚强领导下，全市红十字会系统累计接收社会各界爱心捐赠 7293 笔，共 8642.49 万元，其中捐款 6129.6 万元，捐赠物资价值 2512.89 万元，充分展现出常州人民的大爱精神。

此外，红十字志愿者的身影也出现在大街小巷，为学校师生、敬老院老人、社区群众等普及疫情下的自我防护和急救知识。

近年来，市红十字会始终将应急救护培训作为一项重要工作常抓不懈，积极宣传和普及急救知识，动员和鼓励社会各界广大群众积极参与急救训练，提高救护意识。力求能在遇到突发情况时，人们不仅能采取科学的自救措施，还能在关键时刻有能力帮助他人。（张涛、赵雪煜）

（原载于 2020 年 9 月 13 日《常州晚报》）

市红会开展“世界骨髓捐献者日”活动

9 月 19 日是第 6 个“世界骨髓捐献者日”，常州市红十字会联合常州市公共交通集团有限责任公司共同开展“友爱同行，志愿有你”的造血干细胞捐献宣传和采样活动。当天，红十字志愿者在 BRT1 号线武进中心站开展快闪活动，在相关站台发放宣传资料和纪念品，号召更多的人加入捐献造血干细胞的志愿者队伍，用人道精神和奉献行动点燃生命希望。今年，常州已完成了 6 例造血干细胞捐献。截至目前，全市共有有 64 位志愿者成功捐献。（张涛、赵雪煜）

（原载于 2020 年 9 月 22 日《常州日报》）

我市开展今年第三个“学习日”活动（节录）

昨天是2020年全市第三个学习日。本次学习日的主题是“弘扬伟大抗疫精神，决胜建成全面小康”。连日来，各部门、单位纷纷开展学习日活动。

市红十字会组织工作人员集中学习习近平总书记在全国抗击新冠肺炎疫情表彰大会上的重要讲话精神，激励各级红十字会组织和红十字工作者、会员、志愿者学在深处、干在实处，大力弘扬抗疫精神，学习抗疫先进集体和个人，紧紧围绕市委、市政府中心工作，更好发挥红十字会的作用，以工作新成效推动红十字事业高质量发展，为高质量建设“五大明星城”做出积极贡献。(陈荣春)

（原载于2020年10月18日《常州日报》）

梁惠玲来我省调研红十字会工作

10月17日至20日，中国红十字会党组书记、常务副会长梁惠玲一行来到江苏调研红十字会工作。

梁惠玲实地考察了我省红十字博爱家园、水上应急救援、红十字志愿服务等工作，并召开省级和地市级红十字会改革发展座谈会，对我省大力发展红十字事业、着力打造群众身边的红十字会、精心打造“博爱家园”、应急救援等做法给予充分肯定。

梁惠玲强调，要深入贯彻落实习近平总书记关于红十字事业重要指示精神和党中央决策部署，全面落实中国红十字会第十一次全国会员代表大会确定的目标任务，紧紧围绕党和国家中心任务，以深化改革创新、推动高质量发展为主线，加强自身建设，开展人道救助，真心关爱群众，充分发挥红十字会作为党和政府在人道领域联系群众的桥梁纽带作用。

梁惠玲指出，各级红十字会要聚焦主责主业，高质量做好特色工作，以项目化实施、品牌化打造，推动重点工作在重点领域、关键环节实现突破，着力增强能力实力，提升服务质效。要精心打造“救在身边”品牌，广泛动员社会参与，完善优化人道救助机制，不断提升应急救援、应急救护、人道救助、无偿献血、造血干细胞捐献、人体器官捐献等工作水平，竭力保护人的生命和健康，真心关爱群众。要精心打造“博爱家园”品牌、打造网上红十字会，并着力提升宣传能力，讲好红十字故事，弘扬正能量。（叶真）

（原载于2020年10月22日《新华日报》）

中国红十字会领导来常调研

中国红十字会党组书记、常务副会长梁惠玲日前来常调研红十字会工作，省红十字会党组书记、常务副会长齐敦品和副市长陈正春陪同调研。

梁惠玲一行调研了我市府成社区红十字博爱家园，观摩了常州工程职业技术学院“博爱青春”项目展示和常州红十字龙城救援队水上演练。

目前，我市建有红十字博爱家园34个，市红十字会联合12所在常高校组织实施“博爱青春”项目110多个，市红十字会与市应急管理局建立了防灾减灾救灾联动工作机制。（李青、张涛）

（原载2020年10月25日《常州日报》）